革命文献与民国时期文献保护计划成果

民国时期

重庆电力股份有限公司档案汇编

第7辑

重庆市档案馆◎编

唐润明◎主编

學苑出版社

目录

三、职员名册（续）

重庆电力股份有限公司全体职员名册（一九四六年）……二
关于秘书室检送一九四六年度考绩册及考绩办法致稽核室的函（附办法、名册）（一九四七年七月二十五日）……四一
重庆电力股份有限公司关于请查收公司主管人调查表致重庆行辕的代电（一九四八年四月十二日）……九四
重庆电力股份有限公司一九四八年职员动态表（一九四八年）……九六
重庆电力股份有限公司职员人数统计表（一九四九年八月）……一三五
重庆电力股份有限公司职工人数、薪酬统计表（一九四九年十月二十四日）……一九六
重庆电力股份有限公司稽核室及所属各股职员姓名、薪金清册（时间不详）……一九七
重庆电力股份有限公司稽核室稽查股现有职员名册（时间不详）……二〇二
重庆电力股份有限公司稽核室现有及拟添用人员职务分配参考表（时间不详）……二〇四
重庆电力股份有限公司稽核室催收股职员到职日期表（时间不详）……二一一
重庆电力股份有限公司各科科长及各办事处主任名册（时间不详）……二一三
重庆电力股份有限公司全体职员姓名、薪级册（时间不详）……二一六
重庆电力股份有限公司各科、股职员姓名清册（时间不详）……二二〇
重庆电力股份有限公司全体工友名册（时间不详）……二四三

目录

重庆电力股份有限公司各科室职员一九四一年度考绩改支薪金清册（时间不详）……四〇九
重庆电力股份有限公司各科、厂、处、组、社高级职员一九四三年、一九四四年度考绩清册（时间不详）……四四六
重庆电力股份有限公司职员考绩册（时间不详）……四九九
重庆电力股份有限公司一九四三年到职职员册考绩后记（时间不详）……五二八
重庆电力股份有限公司一九四五年到职职员名册（时间不详）……五三七
重庆电力股份有限公司一九四七年到职名册（时间不详）……五四二

三、职员名册（续）

59

重慶電力股份有限公司全體職員名册

卅五年

重庆电力股份有限公司全体职员名册（一九四六年） 0219-1-33

5-9-1

重慶電力股份有限公司经理室

職工別	姓名	年齡	籍貫	到職年月	學歷	經歷	薪金	備註
總经理	劉航琛	五六	四川省泸縣	二十一年四月日	北平大学政经系畢業			
協理	程本臧	四三	浙江省奉化縣	二十二年二月日	交通大学電机工程系畢業	一〇〇〇	一〇〇〇	外支超級一百五十元
秘書	張君鼎	四二	四川省長寿縣	二十八年十一月日	上海法科大学经济系畢業		三六〇〇	
助理秘書	何逸飛	四三	四川省重庆縣	三十五年一月日	四川法政専校法科畢業		一四〇〇	兼办收費及用核組事宜
主任秘書	劉正華		省縣	三十年月日			三〇〇〇	
秘书	董毓庚	四一	四川省成都縣	三十一年四月日	成都縣立中学畢業		二六〇〇	
	楊新民		省縣	年月日			三〇〇〇	
			省縣	年月日				
			省縣	年月日				
			省縣	年月日				
			省縣	年月日				
			省縣	年月日				
			省縣	年月日				
			省縣	年月日				

60

重慶電力股份有限公司總工程師室

職別	姓名	年齡	籍貫	到職年月	學歷	經歷	薪金	備註
總工程師	吴錫瀛	四一	四川省貴池縣	二十二年六月日	交通大學機械系畢業			兼工務科長
工程師	周傳甲	三七	浙江省杭縣	三十四年四月日	浙江大學電機系畢業			
工務員	郭大成	二九	四川省瀘縣	三十五年一月日	武漢大學電機系畢業			

重慶電力股份有限公司總務科

61

職別	姓名	年齡	籍貫	到職年月	學歷	經歷	薪金	備註
科長	張儒修	四九	四川省成都縣	三十年四月日				用電檢查組長
副科長	董毓庚	四一	四川省成都縣	三十一年四月日	華陽舊制中学			調為本公司秘書
工程師	汪振祥	四〇	浙江省杭縣	三十二年五月日	浙大高級工科職校畢業			
科員	劉大有	二八	四川省巴縣	三十年十二月日	四川工業專科学校畢業			
			省縣	年月日				
			省縣	年月日				
			省縣	年月日				
			省縣	年月日				
			省縣	年月日				
			省縣	年月日				
			省縣	年月日				
			省縣	年月日				
			省縣	年月日				
			省縣	年月日				

62

重慶電力股份有限公司文書股

職工別	姓名	年齡	籍貫	到職年月	學歷	經歷	薪金	備註
股長	闞倬雲	五一	四川省渠縣	二十四年五月 日	上海震旦大学文学系肄業			
副股長	周丕南	四八	四川省達縣	二十七年二月 日	私塾			
科員	江海東	五八	四川省華陽縣	二十八年四月 日	四川法政校肄業			
〃	楊同培	三五	四川省宣汉縣	二十八年十月 日	達縣高中畢業			
〃	陳志唐	二八	浙江省杭縣	三十四年二月 日	慧蘭高級中学畢業			
〃	龔伯皋	三三	湖南省湘潭縣	三十四年四月 日	國立湖南大学文学系畢業			
〃	蕭克光	二九	四川省岳池縣	三十一年四月 日	南充中学肄業			
〃	張懋玉	三七	四川省梁山縣	二十七年一月 日	舊学			
			省 縣	年 月 日				
			省 縣	年 月 日				
			省 縣	年 月 日				
			省 縣	年 月 日				
			省 縣	年 月 日				
			省 縣	年 月 日				

水一石庵

重慶電力股份有限公司人事股

職別	工號	姓名	年齡	籍貫	到職年月	學歷	經歷	薪金	備註
副股長		許文煦	四八	浙江省海寧縣	三十二年五月 日	南洋大学畢業			
科員		祝振庭	三一	安徽省宿松縣	三十一年十二月 日	南京体专卒業			
〃		曾德風	三〇	四川省璧山縣	二十九年十一月 日	重慶高商畢業			
〃		韋在中	二五	四川省閬中縣	三十年十二月 日	閬中縣立中学高中部肄業			
〃		孟世德	二三	四川省巴縣	三十年十月 日	新沙高中校肄業			
〃		謝景安	四七	江西省南昌縣	三十の年八月 日	江西豫章法政校畢業			
見習		朱興中	二〇	四川省巴縣	三十三年六月 日	東方中学肄業			
				省 縣	年 月 日				
				省 縣	年 月 日				
				省 縣	年 月 日				
				省 縣	年 月 日				
				省 縣	年 月 日				
				省 縣	年 月 日				
				省 縣	年 月 日				

53

長傚

64

重慶電力股份有限公司材料股

職工別	姓名	年齡	籍貫	到職年月	學歷	經歷	薪金	備註
股長	鄔仲廉	三五	四川省巴縣	二十三年十一月日	實高商校畢業			
副股長	陳西黎	三一	四川省巴縣	二十三年七月日	商職校肄業			
工程師	王殿鰲	五一	山西省朔縣	三十二年六月日	山西大學機械工程科畢業			
科員	朱家鈺	三〇	四川省閬中縣	二十六年六月日	縣立中學畢業			
〃 〃	王永思	三八	四川省瀘縣	廿八年十月日	中大高中校畢業			
〃 〃	陳銘謨	三〇	四川省瀘縣	二十六年六月日	瀘縣中學肄業			
〃 〃	喻邦仕	三〇	四川省巴縣	二十三年一月日	中大工校卒業			
〃 〃	李重芳	二九	安徽省合肥縣	二十九年九月日	安徽中學肄業			
〃 〃	胡黼文	三四	四川省巴縣	三十二年十二月日	縣立中學畢業			
〃 〃	陽光化	二二	四川省岳池縣	三十一年一月日	岳池縣立中學卒業			
	陳文璟		皖省壽縣	三十一年五月日	洛陽軍校畢業			
	湯徵英	二三	浙江省杭縣	三十二年十一月日	九江御村師範卒業			
	陳麗之	二三	江蘇省南京縣	三十二年十一月日	實驗中學肄業			
	吳摯儂	二八	四川省重慶縣	三十五年三月日	立信會計校畢業		二〇〇	

65

重慶電力股份有限公司燃料股

職工別	號數	姓名	年齡	籍貫	到職年月	學歷	經歷	薪金	備註
股長		曾昭允	三一	四川省巴縣	二十二年一月日	大同大学肄業			
副股長		周立剛	二九	四川省巴縣	二十の年一月日	中央工校畢業			
科員		楊紹勳	二四	四川省萬縣	三十年七月日	華西專校畢業			
〃		胡智成	五〇	四川省開縣	三十一年二月日	舊制中学畢業			
〃		馮業礽	二八	浙江省諸暨縣	三十二年一月日	安定中学肄業			停職
〃		連鍾毓	三五	江苏省吳縣	三十二年九月日	江苏省立師範卒業			
〃		嚴正	三三	江苏省無錫縣	三十二年十二月日	復旦大学畢業			
〃		周顯熹	二五	四川省達縣	二十九年十二月日	華西專校肄業			
〃		龔伯階	三六	四川省巴縣	三十の年一月日	川東師範畢業			
〃		林鯤化	二三	河北省天津縣	三十三年一月日	廣東中学肄業			
〃		楊子玉	二三	江苏省上海縣	三十三年六月日	中華職校畢業			
				省縣	年月日				
				省縣	年月日				
				省縣	年月日				

66

重慶電力股份有限公司購置股

職別	工號數	姓名	年齡	籍貫	到職年月	學歷	經歷	薪金	備註
股長		王德華	三二	四川省巴縣	二十七年九月日	北平大学電机工程畢業			工程師
副股長		唐鶴生	二九	江苏省上海縣	二十六年八月日	高職校畢業			
科員		晏懷憶	二六	四川省隆昌縣	二十六年八月日	隆昌中学卒業			
		周自舉	三〇	四川省雲陽縣	三十〇年八月日	實商高中卒業			
				省縣	年月日				
				省縣	年月日				
				省縣	年月日				
				省縣	年月日				
				省縣	年月日				
				省縣	年月日				
				省縣	年月日				
				省縣	年月日				
				省縣	年月日				
				省縣	年月日				

67

重慶電力股份有限公司庶務股

職工別	姓名	年齡	籍貫	到職年月	學歷	經歷	薪金	備註
股長	劉鳴皋	三二	四川省巴縣	二十四年四月日	高商校畢業			
副股長	甯席君	三〇	四川省犍為縣	三十一年三月日	中央軍校畢業			
科員	徐世和	三四	湖北省武昌縣	二十九年八月日	舊学			
〃	譚謀遂	二九	四川省巴縣	三十一年五月日	佛特汽車專校卒業			
〃	劉煥成	二七	四川省岳池縣	二十八年九月日	南充中学肄業			
〃	王祥璋	二四	四川省泸縣	三十年八月日	華中戰校肄業			
〃	劉子傑	三六	四川省德陽縣	三十二年六月日	綿竹舊制中学肄業			
〃	盧國全	二八	四川省巴縣	三十年八月日	萬善中学畢業			
			省縣	年月日				
			省縣	年月日				
			省縣	年月日				
			省縣	年月日				
			省縣	年月日				
			省縣	年月日				

68

重慶電力股份有限公司醫務室

職工別	職數	姓名	年齡	籍貫	到職年月	學歷	經歷	薪金	備註
主任醫師		羅廿一	三八	四川省閬江縣	二十七年一月日	上海大学畢業			
醫師		劉維成	五四	河北省北平縣	三十三年月日	美國華盛頓大学畢業			
〃		傅文祥	三二	四川省達縣	二十七年三月日	達縣联中畢業			
助理醫師		王咸康	三二	浙江省紹興縣	三十年七月日	衛生署衛生人員訓練所畢業			
〃		葉文全	二九	四川省達縣	三十一年十一月日	達縣联中畢業			
		杜朝鑫	二四	四川省潼南縣	二十六年四月日	高小畢業			
		柏濟民	二六	四川省岳池縣	二十八年三月日	高小肄業			
		謝慶餘	二七	四川省成都縣	三十二年三月日	高小畢業			
				省縣	年月日				
				省縣	年月日				
				省縣	年月日				
				省縣	年月日				
				省縣	年月日				
				省縣	年月日				

69

重慶電力股份有限公司工務科

職別	號數	姓名	年齡	籍貫	到職年月	學歷	經歷	薪金	備註
副科長		易宗樸	三八	四川省合川縣	二十七年十月 日	比國列日大学電机畢業			兼機務主任及第一發電廠主任
〃		宋達金	三九	浙江省紹兴縣	二十三年十月 日	浙江大学電机系畢業			兼電務主任
線路設計股長		朱福駟	五二	浙江省吴兴縣	三十二年六月 日	交通大学電机系卒業			
線路維持股長		吴昌恕	二九	四川省青神縣	三十年九月 日	重慶大学畢業			
工程師		唐政權	三四	四川省重庆縣	二十二年一月 日	川東联立高工校畢業			
副工程師		張謁瑞	四五	浙江省鄞縣	三十一年七月 日	上海同善学校畢業			
工務員		鄧德元	三三	四川省璧山縣	二十四年八月 日	重庆工專校畢業			
〃		張继琴	三二	四川省巴縣	二十二年十二月 日	西里中学畢業			
〃		曾淵湘	二九	四川省華陽縣	二十五年二月 日	天府中学肄業			
〃		王一宇	二五	浙江省青田縣	三十四年 月 日	浙江大学畢業			
〃		余威鈿	二六	四川省萬縣	三十四年 月 日	西北大学畢業			
〃		何紹明	二五	四川省岳池縣	三十二年十月 日	中央工校畢業			
				省 縣	年 月 日				
				省 縣	年 月 日				

70

重慶電力股份有限公司業務科

職別	姓名	年齡	籍貫	到職年月	學歷	經歷	薪金	備註
科長	張玠	四六	四川省南充縣	二十〇年八月日	吴淞同濟大学電工機械畢業			
副科長	陳景嵐	三六	四川省富順縣	二十〇年五月日	國立北平大学電機工程畢業			兼用戶股長
科員	陳樹風	三三	四川省隆昌縣	二十五年九月日	四川省立第二高級商科職業学校肄			
科員	李子洛	三八	四川省巴縣	二十九年十二月日	巴縣贛江中学高中部畢業			

重慶電力股份有限公司用户股

職工別	姓名	年齡	籍貫	到職年月	學歷	經歷	薪金	備註
副股長	李德全	三八	四川省巴縣	二十三年九月　日	重慶商職校商科卒業			
工程師	王紹倫	五一	四川省自貢縣	二十三年十一月　日	天津高工校機械科畢業			
〃	李培陽	三二	山西省陽高縣	三十年十月　日	北平大學工學院			
工務員	曾澤民	三四	四川省璧山縣	二十五年九月　日	省立陶瓷中學畢業			
〃	馮先富	二七	浙江省紹興縣	二十三年十一月　日	杭州省立高級職業校			
〃	羅鴻璨	三七	山東省掖縣	三十三年六月　日	哈尔濱電工學校機械電氣畢業			
助理工務員	任培江	二八	四川省南充縣	三十一年十月　日	四川省立成都高級工業職校畢業			
科員	劉正昌	二八	四川省巴縣	二十六年八月　日	南充嘉陵中學高中部畢業			
〃	孫續亨	二六	四川省石砫縣	二十九年十月　日	四川省立四中高中部肄業			
〃	蕭一可	二四	江西省吉安縣	二十九年十二月　日	東吳大學法科肄業			
〃	毛日章	三二	浙江省奉化縣	二十九年十二月　日	上海聖芳濟學院英文畢業			
〃	王大緒	二五	四川省巴縣	二十七年六月　日	成都成城中学肄業			
〃	楊世明	三〇	四川省巴縣	二十九年七月　日	省立萬縣師範學校肄業			
〃	陳尊雲	三一	四川省岳池縣	三十年二月　日	嘉陵中學高中部肄業			

重慶電力股份有限公司用戶股

職工別	號數	姓名	年齡	籍貫	到職年月日	學歷	經歷	薪金	備註
科員		趙芳舉	三五	山東省益都縣	二十九年十二月日	山東省鄉村建設專校肄業			
〃		薛嘉班	五五	四川省宜賓縣	三十一年二月日	南京警官學校畢業			
〃		徐昌裔	三〇	四川省巴縣	二十九年十二月日	巴縣縣立高農校肄業			
〃		王德懋	二五	四川省瀘縣	二十九年十一月日	瀘縣中心商校肄業			
〃		蕭藻年	三八	四川省縣	三十二年九月日	達縣聯立中學高中部肄業			
〃		毛信懋	二七	浙江省奉化縣	二十九年十二月日	東吳大學法律科肄業			
				省縣	年月日				
				省縣	年月日				
				省縣	年月日				
				省縣	年月日				
				省縣	年月日				
				省縣	年月日				
				省縣	年月日				
				省縣	年月日				

重慶電力股份有限公司抄表股

職別	姓名	年齡	籍貫	到職年月日	學歷	經歷	薪金	備註
股長	王恒	二九	山東省萊陽縣	三十二年十一月 日	日本東京高工電氣科卒業			副工程師
工務見習	鄒承瑨	二二	四川省成都縣	三十二年八月 日	中央工校電機科畢業			
科員	鄭㰌	二八	四川省瀘縣	二十四年八月 日	实用商專校肄業			
〃	夏仲康	三八	四川省富順縣	二十四年八月 日	富順中校肄業			
〃	洪家楨	三四	四川省成都縣	二十五年八月 日	成都成城中学業			
〃	胡澄秋	三六	四川省巴縣	二十七年十月 日	重中學畢業			
〃	文家敏	二六	四川省江北縣	二十五年九月 日	江北中学肄業			
〃	唐勤序	三一	四川省江北縣	二十四年九月 日	江北治平中学畢業			
〃	賴光輝	二九	四川省重慶縣	二十六年八月 日	巴中校肄業			
〃	何開源	四一	四川省內江縣	二十七年九月 日	內江沱江中学肄業			
〃	馮堯安	二九	四川省巴縣	二十七年九月 日	贛江中学畢業			
〃	盧廷錫	三五	四川省巴縣	三十年五月 日	上海法学院肄業			
〃	貴興業	二六	四川省[illegible]縣	二十七年十月 日	治平中学卒業			
〃	朱立之	四二	四川省[illegible]縣	二十四年六月 日	私塾			

74

重慶電力股份有限公司抄表股

職別 工號數	姓名	年齡	籍貫	到職年月日	學歷	經歷	薪金	備註
科員	尹輝暄	三0	四川省瀘縣	三十三年二月 日	瀘縣省渝高工畢業			
〃 〃	張道剛	二五	四川省巴縣	三十年十一月 日	南開中学高中部畢業			
〃 〃	劉庶岩	二七	四川省南充縣	三十年六月 日	蓬溪縣中畢業			
〃 〃	何足鼎	三六	四川省大足縣	二十九年十月 日	大足中学畢業			
			省 縣	年 月 日				
			省 縣	年 月 日				
			省 縣	年 月 日				
			省 縣	年 月 日				
			省 縣	年 月 日				
			省 縣	年 月 日				
			省 縣	年 月 日				
			省 縣	年 月 日				
			省 縣	年 月 日				
			省 縣	年 月 日				

重慶電力股份有限公司票據股

職工別	姓名	年齡	籍貫	到職年月	學歷	經歷	薪金	備註
股長	黃登崇	三0	四川省巴縣	二十六年八月日	重慶市中校畢業			
副股長	李文修	三三	四川省巴縣	二十七年九月日	巴渝中學畢業			
科員	李樹樺	二七	四川省江津縣	二十六年八月日	江北中學畢業			
〃 〃	王澤崇	三二	四川省巴縣	二十八年一月日	巴縣南里中學畢業			
〃 〃	毛君渠	三五	四川省巴縣	二十八年八月日	川東共立後期師範學校畢業			
〃 〃	劉祖芳	二七	四川省巴縣	二十八年八月日	市中校肄業			
〃 〃	廖成富	二八	四川省巴縣	三十年二月日	立信会計校畢業			
〃 〃	余造邦	三三	四川省瀘縣	三十年二月日	瀘縣高中校畢業			
〃 〃	周復生	二七	四川省巴縣	二十八年七月日	重慶中學肄業			
〃 〃	周邦智	二五	四川省巴縣	二十八年六月日	市立中校畢業			
〃 〃	劉竹熙	三一	四川省巴縣	二十八年九月日	高工校肄業			
〃 〃	費世昌	二九	四川省長壽縣	三十年一月日	縣中校卒業			
〃 〃	吳重賢	二五	四川省瀘縣	二十八年七月日	縣中校肄業			
〃 〃	谷其友	二六	四川省璧山縣	二十九年十二月日	復旦高中肄業			

重慶電力股份有限公司票據股

職工別	姓名	年齡	籍貫	到職年月日	學歷	經歷	薪金	備註
科員	趙國棟	三一	四川省巴縣	三十年四月日	川東師範肄業			
〃〃	王邦寧	二四	四川省巴縣	二十九年十二月日	益高職校畢業			
〃〃	鄭立蓑	二八	四川省重慶縣	三十二年十月日	求精中学肄業			
〃〃	王式度	三三	四川省瀘縣	二十六年八月日	瀘縣中学畢業			
〃〃	張永達	二六	四川省合縣	三十二年八月日	華西專校畢業			
〃〃	吳敵喜	二五	四川省瀘縣	二十八年七月日	江陽中学肄業			
	賀震中	二九	湖北省蒲圻縣	三十二年四月日	武昌博文中学畢業			
	謝洪鈞	四六	四川省江北縣	三十二年四月日	江北中学肄業			
	車錫鑾	二一	四川省瀘縣	三十四年八月日	秉善高中畢業			
	傅浩然	三五	四川省達縣	三十四年八月日	上海三極無线電校肄業			
	賴君富	二一	四川省巴縣	三十四年八月日	中大附中高中部畢業			
	林雲森	三二	四川省岳池縣	三十四年八月日	南充嘉陵高中校卒業			
	傅彥時	二四	四川省重慶縣	三十四年八月日	成都協進高中校畢業			
	吳靜生	二五	四川省岳池縣	三十四年八月日	省立重慶高工校肄業			

重慶電力股份有限公司業務股

職工別	號數	姓名	年齡	籍貫	到職年月	學歷	經歷	薪金	備註
		周文	二九	四川省巴縣	三十四年八月日	復旦大学文学系肄業			
		劉良善	三〇	四川省重慶縣	三十四年九月日	川東師範畢業			
科員		王德懋	二五	四川省瀘縣	廿九年十一月日	瀘縣中正商校肄業			
				省縣	年月日				
				省縣	年月日				
				省縣	年月日				
				省縣	年月日				
				省縣	年月日				
				省縣	年月日				
				省縣	年月日				
				省縣	年月日				
				省縣	年月日				
				省縣	年月日				
				省縣	年月日				

重慶電力股份有限公司收費股

職別	工數	姓名	年齡	籍貫	到職年月	學歷	經歷	薪金	備註
股長		劉希伯	四九	四川省巴縣	三十一年七月 日	私塾			
副股長		邵治宏	二九	四川省長壽縣	二十七年六月 日	兼善高中校畢業			
〃		杭鶴聲	三二	四川省璧山縣	三十年四月 日	江北中学畢業			
科員		羅守信	三二	四川省璧山縣	二十九年十二月 日	川省立高級商科校畢業			
〃		廖精輝	五〇	四川省華陽縣	二十三年十月 日	華陽中学畢業			
〃		李来義	四八	河南省商邱縣	二十三年十月 日	舊学			
〃		楊達雲	五四	四川省成都縣	二十三年八月 日	西安中学肄業			
〃		龐烈輝	五二	四川省江津縣	二十八年六月 日	私塾			
〃		黃明林	二八	四川省長壽縣	二十九年十月 日	大同高中校畢業			
〃		吳端生	三二	四川省巴縣	二十九年十二月 日	求精中学高中部畢業			
〃		郭紹林	三三	四川省瀘縣	二十四年二月 日	瀘縣瀘中校肄業			
〃		彭君儒	三三	四川省江北縣	二十九年十月 日	江湖江專校畢業			
〃		李石蓀	三三	江西省臨川縣	二十九年十月 日	舊学			
〃		何澤浦	四二	四川省巴縣	二十九年十月 日	縣屬共立中学畢業			

79

重慶電力股份有限公司收費股

職別	工數	姓名	年齡	籍貫	到職年月	學歷	經歷	薪金	備註
科員		耿應林	二六	四川省巴縣	二十八年六月日	樹益中学高中部畢業			
〃	〃	丁道宏	三二	四川省巴縣	二十五年九月日	宏育中学高中部畢業			
〃	〃	朱啟英	三一	四川省巴縣	二十六年八月日	求精中学肄業			
〃	〃	胡仲文	四五	四川省巴縣	三十年九月日	巴中校肄業			
〃	〃	韓永慶	二七	四川省長壽縣	三十年九月日	長壽縣中卒業			
〃	〃	唐安夫	二七	四川省永川縣	三十年九月日	永川縣立中学高中部肄業			
〃	〃	門慶仁	三七	四川省江北縣	三十年九月日	治平中学畢業			
〃	〃	劉心一	四二	四川省成都縣	三十年四月日	成都城中校畢業			
〃	〃	馮體政	二九	四川省泸縣	三十年六月日	泸縣縣立中学高中部畢業			
〃	〃	王世相	二七	四川省奉節縣	三十年九月日	省立四中校肄業			
〃	〃	劉德銓	四五	四川省巴縣	三十一年二月日	巴縣中学畢業			
〃	〃	程仲頤	四四	四川省巴縣	三十一年一月日	巴縣中学肄業			
〃	〃	余世昌	三一	四川省巴縣	三十二年八月日	商高校畢業			
〃	〃	文伯威	四一	四川省巴縣	三十二年八月日	上海湖洲旅沪中学畢業			

80

重慶電力股份有限公司收費股

職工別	姓名	年齡	籍貫	到職年月日	學歷	經歷	薪金	備註
科員	劉國章	四四	四川省江北縣	三十一年二月日	江北中学畢業			
〃	何啟儀	三七	四川省巴縣	三十二年五月日	巴縣中学肄業			
〃	伍叔康	三八	四川省巴縣	三十三年十二月日	治平中学肄業			
〃	程守頤	三一	四川省巴縣	三十四年八月日	治平中学肄業			
〃	許國鈴	二三	浙江省海寧縣	三十四年八月日	國立二中校肄業			
〃	方至誠	三一	四川省成都縣	三十四年八月日	成都大成高中校畢業			
〃	章慕京	二八	安徽省瀘江縣	三十四年八月日	湖南大学文学系畢業			
〃	鮮文焱	三一	四川省西充縣	三十四年八月日	西充縣中肄業			
〃	陳紹軒	三六	四川省綦江縣	三十一年二月日	綦江中学畢業			
〃	曾淳揚	三九	四川省中江縣	三十四年一月日	中江中学肄業			
〃	康紹良	三二	四川省瀘縣	三十四年九月日	瀘中校肄業			
科員	李竹雅	三八	四川省江北縣	三十五年二月日	私塾		三五〇	
〃	王衛仁	四二	湖北省黄陂縣	卅三年五月日	黑龍江省立甲種商業学校		一〇〇〇	
			省縣	年月日				

81

重慶電力股份有限公司會計科

職別	工數號數	姓名	年齡	籍貫	到職年月	學歷	經歷	薪金	備註
科長		黃大庸	四二	四川省犍為縣	二十九年十月日	北平大学畢業			
副科長		劉伊九	三九	四川省江北縣	二十四年三月日	重慶聯中舊制中學肄業			兼出納股長
科員		艾明郁	四一	四川省江北縣	二十八年十月日	江北中学肄業			
				省縣	年月日				
				省縣	年月日				
				省縣	年月日				
				省縣	年月日				
				省縣	年月日				
				省縣	年月日				
				省縣	年月日				
				省縣	年月日				
				省縣	年月日				
				省縣	年月日				
				省縣	年月日				

82

重慶電力股份有限公司出納股

職別	姓名	年齡	籍貫	到職年月	學歷	經歷	薪金	備註
副股長	馬行之	五二	四川省巴縣	二十三年七月日	舊学			
科員	曾東清	二九	四川省閬中縣	二十七年八月日	華西大学肄業			
〃	顧景霖	二五	湖北省宜昌縣	三十年二月日	宜昌中学高中部肄業			
〃	漆先進	二七	四川省重慶縣	三十年十二月日	治平中学畢業			
	秦先璧	三五	四川省江北縣	三十三年二月日	舊学			

83

重慶電力股份有限公司簿記股

職工別	號數	姓名	年齡	籍貫	到職年月日	學歷	經歷	薪金	備註
股長		劉德惠	二九	四川省巴縣	二十六年八月日	正則会計校畢業			
副股長		何篤睦	三五	四川省巴中縣	二十三年十二月日	重慶市商校卒業			
科員		熊靜澤	三〇	四川省達縣	三十年三月日	成都志城高級商校畢業			
〃		周光泳	二八	四川省達縣	二十七年十月日	成都華西協会高中畢業			
〃		崔德沭	二五	四川省成都縣	三十年十月日	成都志城高商校畢業			
〃		鄭昭琯	二六	四川省巴縣	三十年十月日	会計專修館肄業			
〃		徐自律	三七	四川省璧山縣	三十一年五月日				
〃		湯大棠	二七	四川省巴縣	三十年七月日	華西專校畢業			
〃		王友籍	二八	四川省內江縣	三十一年七月日	華西專校畢業			
〃		張治源	二九	四川省仁壽縣	二十七年三月日	高商校畢業			
〃		廖冰岳	三三	四川省巴縣	三十年六月日	商職校畢業			
〃		冷棠喜	三〇	四川省巴縣	三十一年九月日	省立高商校畢業			
〃		章伯俊	二九	四川省彭縣	三十一年一月日	志城高商校畢業			
〃		王棠璟	二五	四川省榮昌縣	三十一年四月日	志城高商校肄業			

84

重慶電力股份有限公司簿記股

職工別	號數	姓名	年齡	籍貫	到職年月日	學歷	經歷	薪金	備註
		朱文德	二八	四川省銅梁縣	三十二年六月　日	省立高商校畢業			調總務科購置股
		何敬平	二八	四川省巴縣	三十〇年八月　日	求精商專校畢業			
		周自舉	三〇	四川省雲陽縣	三十〇年八月　日	實商高中畢業			
		楊世棠	二五	四川省酉陽縣	三十〇年八月　日	華西工商專校畢業			
		武克勤	二六	四川省萬縣	三十〇年八月　日	朝陽大學畢業			
		鄧祥森	二七	四川省巴縣	三十〇年八月　日	華西專校畢業			
				省　縣	年　月　日				
				省　縣	年　月　日				
				省　縣	年　月　日				
				省　縣	年　月　日				
				省　縣	年　月　日				
				省　縣	年　月　日				
				省　縣	年　月　日				
				省　縣	年　月　日				

85

重慶電力股份有限公司稽核科

職別(工)	姓名	年齡	籍貫	到職年月	學歷	經歷	薪金	備註
科長	劉靜之	五七	成都省 華陽縣	二十二年七月日	交通大学土木工科畢業			
主任工程師	吴克斌	四〇	安徽省 嘉山縣	二十二年七月日				兼副科長
科員	駱祥麟	二五	四川省 重慶縣	二十九年十月日	英井中学畢業			
			省 縣	年 月 日				
			省 縣	年 月 日				
			省 縣	年 月 日				
			省 縣	年 月 日				
			省 縣	年 月 日				
			省 縣	年 月 日				
			省 縣	年 月 日				
			省 縣	年 月 日				
			省 縣	年 月 日				
			省 縣	年 月 日				
			省 縣	年 月 日				

86

重慶電力股份有限公司稽查股

職別	工號數	姓名	年齡	籍貫	到職年月	學歷	經歷	薪金	備註
股長		王松懋	三九	江苏省鎮江縣	三十二年十二月 日	鎮江警官校			兼周檢組交涉員
副股長		李仙槎	五七	四川省秀山縣	二十七年五月 日	上海南洋公学肄業			亡故
〃		孫光宗	三〇	湖北省穀城縣	二十九年八月 日	穀城縣立中学肄業			長假回家
科員		金聲遠	三七	湖北省漢口縣	二十八年六月 日	上海藝術大学文学系卒業			
〃		傅道乾	三九	四川省瀘縣	二十七年五月 日	私塾			
〃		劉遠鴻	四五	湖北省漢口縣	三十二年二月 日	湖北法專肄業			
〃		陶純武	五一	四川省巴縣	二十八年六月 日	舊学			
〃		榮新民	四七	江苏省鎮江縣	三十一年一月 日	私塾			
				省 縣	年 月 日				
				省 縣	年 月 日				
				省 縣	年 月 日				
				省 縣	年 月 日				
				省 縣	年 月 日				
				省 縣	年 月 日				

87

重慶電力股份有限公司審核股

職別	號數	姓名	年齡	籍貫	到職年月	學歷	經歷	薪金	備註
股長		吳德超	三一	廣西省平南縣	二十九年十二月　日	朝陽大学經濟系畢業			調統計股股長
副股長		程志學	四九	湖北省黃安縣	二十三年七月　日	武昌中華大学肄業			
科員		楊明振	三四	江蘇省淮安縣	二十九年十月　日	淮安中学肄業			調票據股
〃		王樹椿	二六	四川省岳池縣	二十七年七月　日	岳池中学肄業			仝前
〃		趙麗生	三九	四川省閬中縣	二十九年四月　日	舊制中学畢業			仝前
〃		劉德棠	三一	四川省巴縣	三十一年二月　日	武昌中華大学理科肄業			仝前
〃		陶基寬	三一	江蘇省南京縣	三十年十月　日	廣益中学肄業			
〃		伍學詩	二五	四川省江北縣	三十一年四月　日	立信會計校畢業			調票據股
〃		陳克仁	二二	四川省重慶縣	三十一年三月　日	中学肄業			
				省　縣	年　月　日				
				省　縣	年　月　日				
				省　縣	年　月　日				
				省　縣	年　月　日				
				省　縣	年　月　日				

88

重慶電力股份有限公司統計股

職工別	數號	姓名	年齡	籍貫	到職年月	學歷	經歷	薪金	備註
				省 縣	年 月 日				
				省 縣	年 月 日				
				省 縣	年 月 日				
				省 縣	年 月 日				
				省 縣	年 月 日				
				省 縣	年 月 日				
				省 縣	年 月 日				
				省 縣	年 月 日				
				省 縣	年 月 日				
				省 縣	年 月 日				
				省 縣	年 月 日				
				省 縣	年 月 日				
				省 縣	年 月 日				
				省 縣	年 月 日				

87

重慶電力股份有限公司第一發電廠

職別	工號數	姓名	年齡	籍貫	到職年月日	學歷	經歷	薪金	備註
工程師		趙之陳	三九	山西省朔縣	二十八年四月日	省立工業專科学校畢業			
〃〃		陳琋	三二	山西省神池縣	二十九年三月日	北平大学電力工程畢業			停職
〃〃		楊賢生	五七	安徽省合肥縣	二十一年四月日				
副工程師		楊如坤	五五	安徽省合肥縣	二十二年四月日	兵工学校畢業			
〃〃		花光崇	二六	四川省達縣	三十二年六月日	重慶大学電机系畢業			
工務員		黄文恭	二七	湖北省漢口縣	三十四年月日	金陵大学電机工程系畢業			
見習工務員		徐煥新	二八	湖南省耒陽縣	三十四年八月日	西北大学電机工程系畢業			
科員		楊富尊	三八	四川省華陽縣	二十二年六月日	成都縣中校畢業			
				省縣	年月日				
				省縣	年月日				
				省縣	年月日				
				省縣	年月日				
				省縣	年月日				
				省縣	年月日				

90

重慶電力股份有限公司第二發電廠

職別	工號數	姓名	年齡	籍貫	到職年月	學歷	經歷	薪金	備註
主任		劉希孟	三八	四川省巴縣	二十七年九月　日	交通大學電机系畢業			兼管理股長
修配股長		郭民永	三〇	四川省成都縣	二十八年九月　日	重慶大学電机工程系畢業			
工程師		黃士澄	三〇	廣東省新会縣	三十年九月　日	中山大学電机工程系畢業			
〃		張先立	二九	湖北省枝江縣	三十年八月　日	金陵大学電机工程系畢業			自費留學
〃		戴策	三一	浙江省德清縣	三十三年一月　日	金陵大学電机工程系畢業			
副工程師		張道曾	二八	江蘇省無錫縣	三十四年三月　日	交通大学電机工程系肄業			
科員		高燮明	三六	江蘇省無錫縣	二十七年十二月　日	無錫中学畢業			
〃		彭定智	二五	四川省巴縣	二十九年一月　日	建文高中畢業			
見習		張世華	一九	四川省岳池縣	三十五年六月　日	廣安縣立中学			
				省　縣	年　月　日				
				省　縣	年　月　日				
				省　縣	年　月　日				
				省　縣	年　月　日				
				省　縣	年　月　日				

91

重慶電力股份有限公司第三發電廠

職工別	識數	姓名	年齡	籍貫	到職年月日	學歷	經歷	薪金	備註
主任		張萬楷	三二	四川省成都縣	二十八年九月日	交通大学電机工程系畢業			兼修配股長
管理股長		孫新傳	三〇	江苏省如皋縣	二十九年八月日	浙江大学電机工程系畢業			
工程師		王國新	三六	四川省綦江縣	三十一年五月日				
〃		郭行永	二七	四川省華陽縣	三十一年七月日	金陵大学電机系畢業			
〃		王德彰	二九	河北省高陽縣	三十一年七月日	金陵大学電机工程系畢業			
〃		張博文	三四	山西省垣曲縣	二十九年十月日	北平大学電力工程畢業			
副工程师		吳浩興	二八	江苏省宜兴縣	三十二年六月日	中山大学電机系畢業			
工務員		戴次群	三八	四川省內江縣	二十〇年八月日	成都高工校電机畢業			
科員		王國俌	三八	四川省合川縣	三十年十二月日	中正公學肄業			
〃		劉登嶽	二八	四川省隆昌縣	二十八年六月日	建國高中校肄業			
見習		蕭明惠	二一	四川省岳池縣	三十五年二月日	岳池縣立中学			
〃		王國壽	二一	四川省合川縣	三十五年二月日	合川縣立中学			
				省縣	年月日				
				省縣	年月日				

重慶電力股份有限公司江北辦事處

職別（工數號）	姓名	年齡	籍貫	到職年月	學歷	經歷	薪金	備註
主任	韋疇敘	三三	河北省天津縣	三十年十一月日	哈爾濱工業大学電机系畢業			兼工程股長
營業股長	吳季鶴	三〇	四川省重庆縣	二十五年九月日	省商校畢業			
工務員	冉模	三二	四川省万縣	二十三年十月日	成都中学肄業			
科員	周正倫	三二	四川省涪陵縣	三十二年六月日	治平中学畢業			
〃	李仲康	二九	四川省泸縣	二十六年七月日	泸縣中学高中部畢業			
〃	陳遠清	三〇	四川省泸縣	二十九年一月日	泸縣川南師範畢業			
〃	馬雲程	六〇	四川省江北縣	二十五年六月日	舊学			
			省縣	年月日				
			省縣	年月日				
			省縣	年月日				
			省縣	年月日				
			省縣	年月日				
			省縣	年月日				
			省縣	年月日				

93

重慶電力股份有限公司南岸辦事處

職工別	姓名	年齡	籍貫	到職年月	學歷	經歷	薪金	備註
主任	劉佩雄	四二	江苏省无锡縣	二十二年七月日	江苏公立南京工業専校畢業			
營業股長	謝天澤	三七	四川省璧山縣	二十三年八月日	重慶商職校畢業			
工程股長	高昌瑞	三一	江苏省无锡縣	三十三年六月日	浙江大学電机系畢業			
工務員	程孟晋	三三	四川省巴縣	二十四年八月日	東吴大学肄業			
〃	施慎安	三一	江苏省无锡縣	二十七年七月日	輔仁中学畢業			
〃	鍾恩聖	二五	湖北省咸寧縣	三十二年五月日	同濟大学肄業			
〃	羅經南	二九	浙江省吴兴縣	三十二年四月日	大同大学電机系畢業			
学習工務員	樂秀寶	二三	浙江省寧波縣	三十五年月日	中央工校畢業			四〇〇改科員
科員	歐陽民	三二	四川省資中縣	二十九年四月日	省立六中校畢業			
〃	杜幼佩	二五	江苏省无锡縣	三十一年四月日	江南高中肄業			
〃	何靜波	二七	四川省南充縣	三十二年六月日	南岸中学肄業			
	蒙江河	二六	四川省長寿縣	三十二年六月日	重慶高職校畢業			
			省縣	年月日				
			省縣	年月日				

24

重慶電力股份有限公司沙坪壩辦事處

職工別	數號	姓名	年齡	籍貫	到職年月日	學歷	經歷	薪金	備註
主任		秦亞雄	三五	河北省遵化縣	二十五年三月日	哈尔濱中俄大学畢業			
工程股長		范志高	三五	四川省華陽縣	二十七年八月日	重慶大学肄業			
營業股長		劉祖蔭	三〇	四川省巴縣	二十五年十一月日	省立高商校肄業			
副工程師		陳欽桂	二七	四川省郫縣	三十二年二月日	中央大学電机系畢業			
助理工務員		唐政海	二六	四川省重庆縣	二十七年十月日	省立高工校肄業			
科員		楊慶麃	四二	江苏省常熟縣	三十年一月日	吳淞中公学畢業			
〃		何中聖	三一	四川省巴縣	二十八年七月日	西里中学肄業			
				省縣	年月日				
				省縣	年月日				
				省縣	年月日				
				省縣	年月日				
				省縣	年月日				
				省縣	年月日				
				省縣	年月日				

95

重慶電力股份有限公司用電檢查組

職工別	號數	姓名	年齡	籍貫	到職年月日	學歷	經歷	薪金	備註
副組長		張雲山	三五	江苏省上海縣	二十七年二月日	中華職校電氣工程肄業		股長待遇	
交涉員		王康生	五二	湖北省沔陽縣	二十九年八月日				
副工程師		吴英銓	三一	江西省南昌縣	三十四年三月日	東京高等工業學校電機畢業			
工務員		陳光武	三四	四川省岳池縣	二十三年七月日	成都省立高級電氣工程畢業			
学習工務員		林炳之	二八	廣西省陸川縣	三十四年十月日	西北大学電机系畢業		辭職	
料員		張白康	三五	四川省成都縣	二十九年十二月日	上海南洋電訊工專校卒業			
〃		盧惠鑒	三八	廣東省中山縣	三十二年十二月日	中山大学机械系肄業			
〃		鄒功甫	三二	四川省華陽縣	三十三年五月日	成都光華大学肄業			
〃		傅德新	三八	四川省巴縣	二十七年十月日	治平中学畢業			
				省縣	年月日				
				省縣	年月日				
				省縣	年月日				
				省縣	年月日				
				省縣	年月日				

96

重慶電力股份有限公司福利社

職工別	號數	姓名	年齡	籍貫	到職年月日	學歷	經歷	薪金	備註
主任		楊新民	四四	四川省 縣	二十四年六月 日				調為本公司秘書
科員		毛世偉	三〇	四川省彭縣	三十年十二月 日	成都啟業中學高中部畢業			
〃 〃		楊靜安	三九	湖北省黄陂縣	三十一年三月 日				
〃 〃		鄭忠崇	三一	四川省崇庆縣	三十一年三月 日	中央軍校畢業			
〃 〃		劉祖春	二四	四川省巴縣	二十八年六月 日	益商職校畢業			調会計科
〃 〃		朱敎先	五四	四川省閬中縣	二十三年四月 日	華西中校肄業			
		莊在盦	二五	江蘇省無錫縣	三十二年七月 日	無錫中學高中部肄業			停職
		楊玉泉	二七	四川省瀘縣	三十二年四月 日	文成職校畢業			辭退 三十五年八月廿日
				省 縣	年 月 日				
				省 縣	年 月 日				
				省 縣	年 月 日				
				省 縣	年 月 日				
				省 縣	年 月 日				
				省 縣	年 月 日				

关于秘书室检送一九四六年度考绩册及考绩办法致稽核室的函（附办法、名册）（一九四七年七月二十五日） 0219-1-34

重慶電力股份有限公司

致 函分抄

奉交貴室審核股本月廿四日簽呈為查人事股送核卅五年度考績冊内有南岸辦事處科員鄔宗秀全係卅五年六月一日到職收費股科員李竹雅係卅五年元月十五日到職核與卅五年度考績辦法第三條服務未滿一年之員工不予考績之條例不符是否應予停止考績一案奉主任批照章辦理等因除分知外相應函達即請查照為荷 此致

稽核室

審核股

卅六、七、廿五

卅六、七、廿六

茲擬定三十五年度員工考績辦法公佈之

此致

審核股

總經理

四月七日

附辦法一份

民國三十五年度員工攷績辦法

一、本年度員工攷績依本辦法辦理之

二、除總經理由董事會攷核及總工程師主任秘書主任工程師秘書正副科長組長廠處社正副主任由總經理攷核外其餘員工一律由各主管科廠處組社主管人初核報由總經理覆核

三、凡服務未滿一年之員工不攷績

四、派送及自費出國人員一律停止攷績期滿回公司後亦不補攷

五、攷績等級分甲乙丙丁四種甲等加三級乙等加二級丙等加一級丁等不加

六、各單位攷績甲等者不得超過其全部人員百分之三十

七、攷績表由人事股印製分送各單位

八、各單位攷績表應在三十六年四月二十日以前簽呈總經理覆核

九、調職員工之攷績由現在服務之單位主管人辦理原單位主管人協理之

十、本辦法如有未盡事宜得由總經理遵行規定報董事會備查

十一、本辦法由董事會議決公佈實行

重慶電力公司卅七年度高級職員考績加薪冊

職別	姓名	原支薪金	增加薪金	合計薪金	備考
總經理	劉航琛	一〇〇〇〇〇	一〇〇〇〇	一一〇〇〇〇	外另支三級薪金平均一〇〇元
協理	程本臧	一〇〇〇〇〇	一〇〇〇〇	一一〇〇〇〇	[illegible]
總工程師	吳錫瀛	一〇〇〇〇〇	一〇〇〇〇	一一〇〇〇〇	兼協理
秘書	傅君鼎	三六〇〇〇	四〇〇〇	四〇〇〇〇	[illegible]
〃	董毓康	二六〇〇〇	不加	二六〇〇〇	[illegible]
〃	闞偉云	三八〇〇〇	四〇〇〇	四二〇〇〇	[illegible]
稽核	傅儒脩	三六〇〇〇	四〇〇〇	四〇〇〇〇	[illegible]
總務科長	楊新民	三〇〇〇〇	四〇〇〇	三四〇〇〇	[illegible]

10

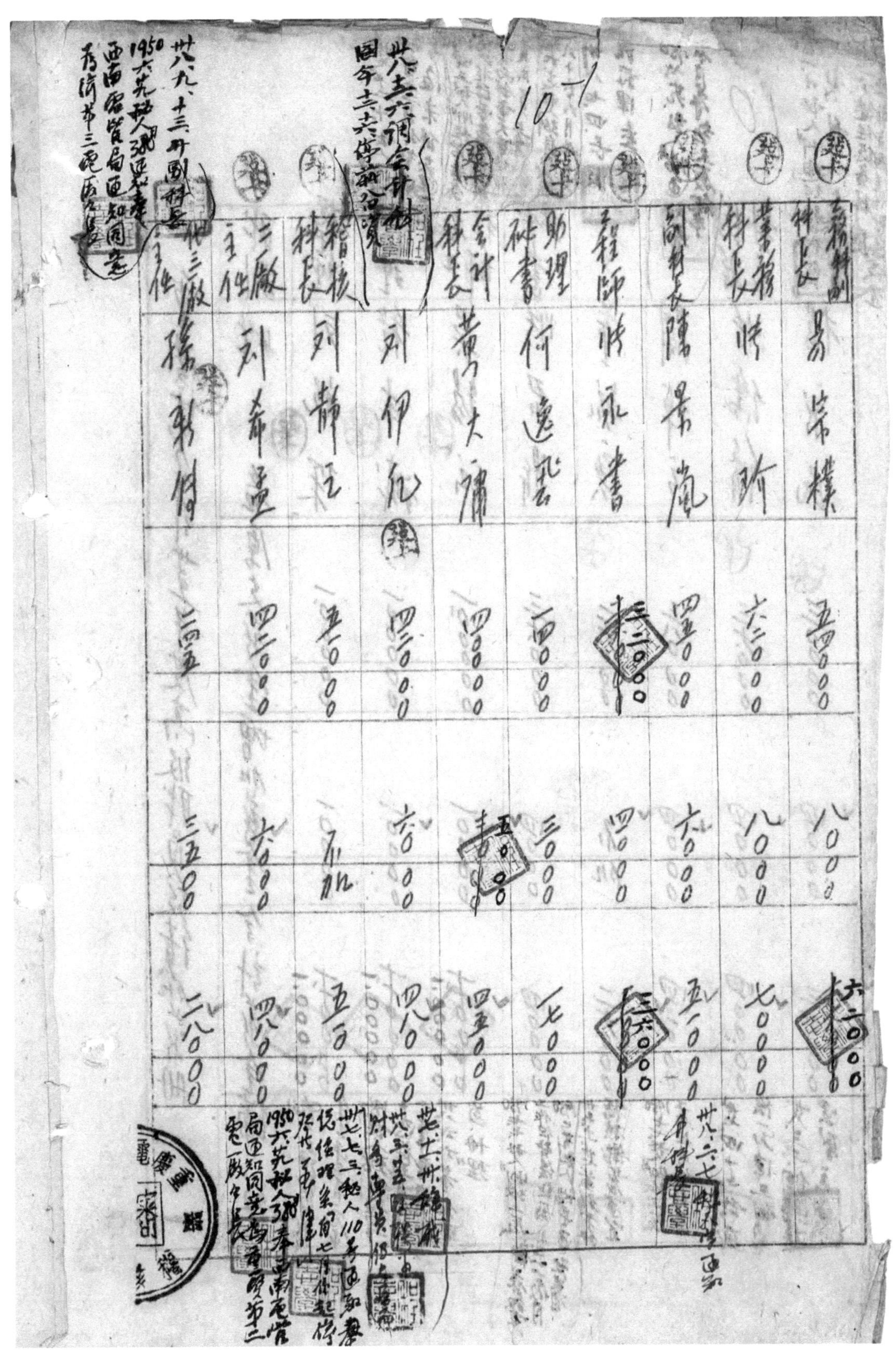

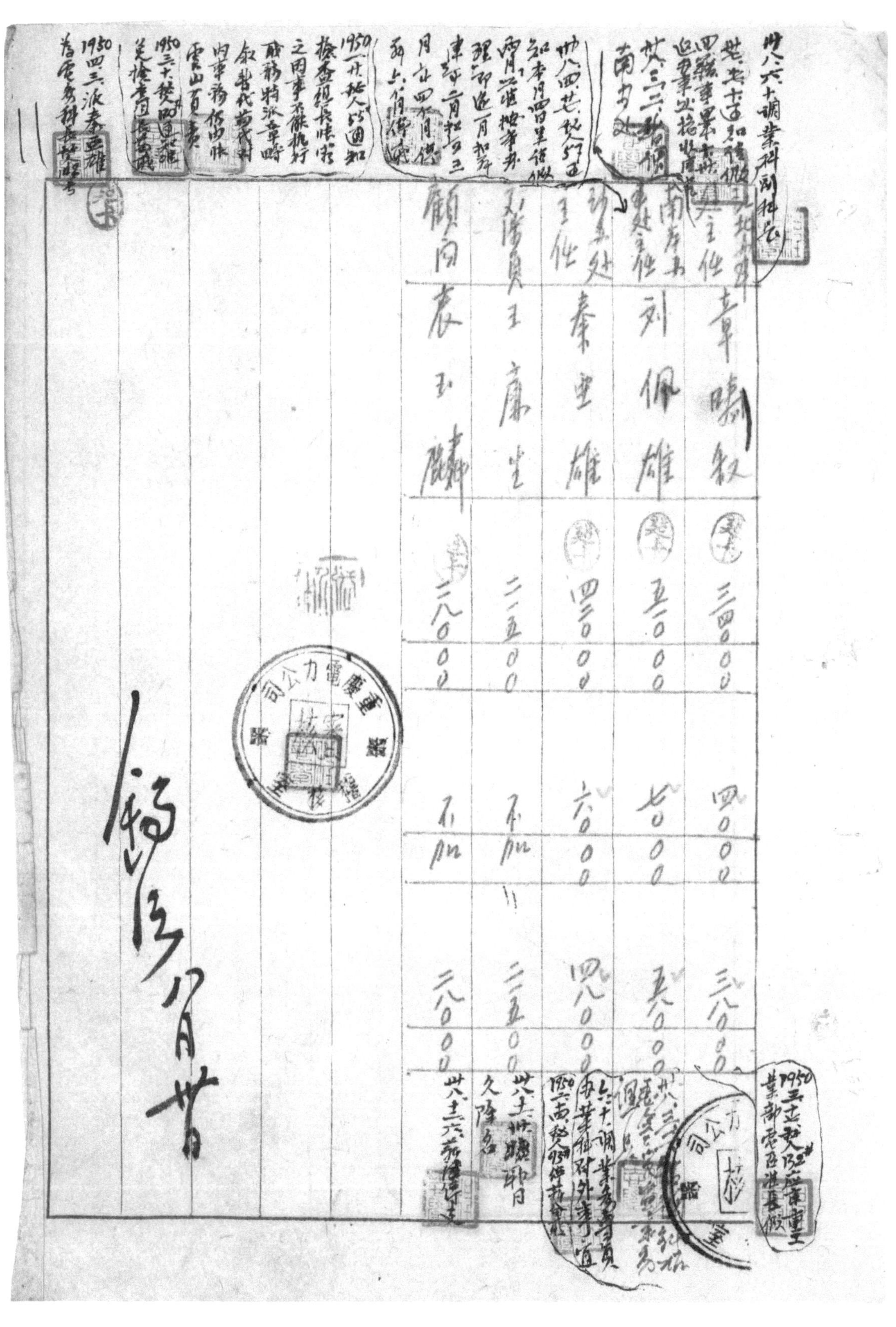

职别	姓名	原薪	加薪	调整后
[illegible]主任	章曉叙	三四〇〇〇	四〇〇〇	三八〇〇〇
南岸办事处主任	刘佩雄	五〇〇〇〇	七〇〇〇	五七〇〇〇
[illegible]处主任	秦亚雄	四[illegible]〇〇〇	六〇〇〇	四八〇〇〇
[illegible]员	王康生	二五〇〇〇	不加	二五〇〇〇
顾问	袁玉麟	二八〇〇〇	不加	二八〇〇〇

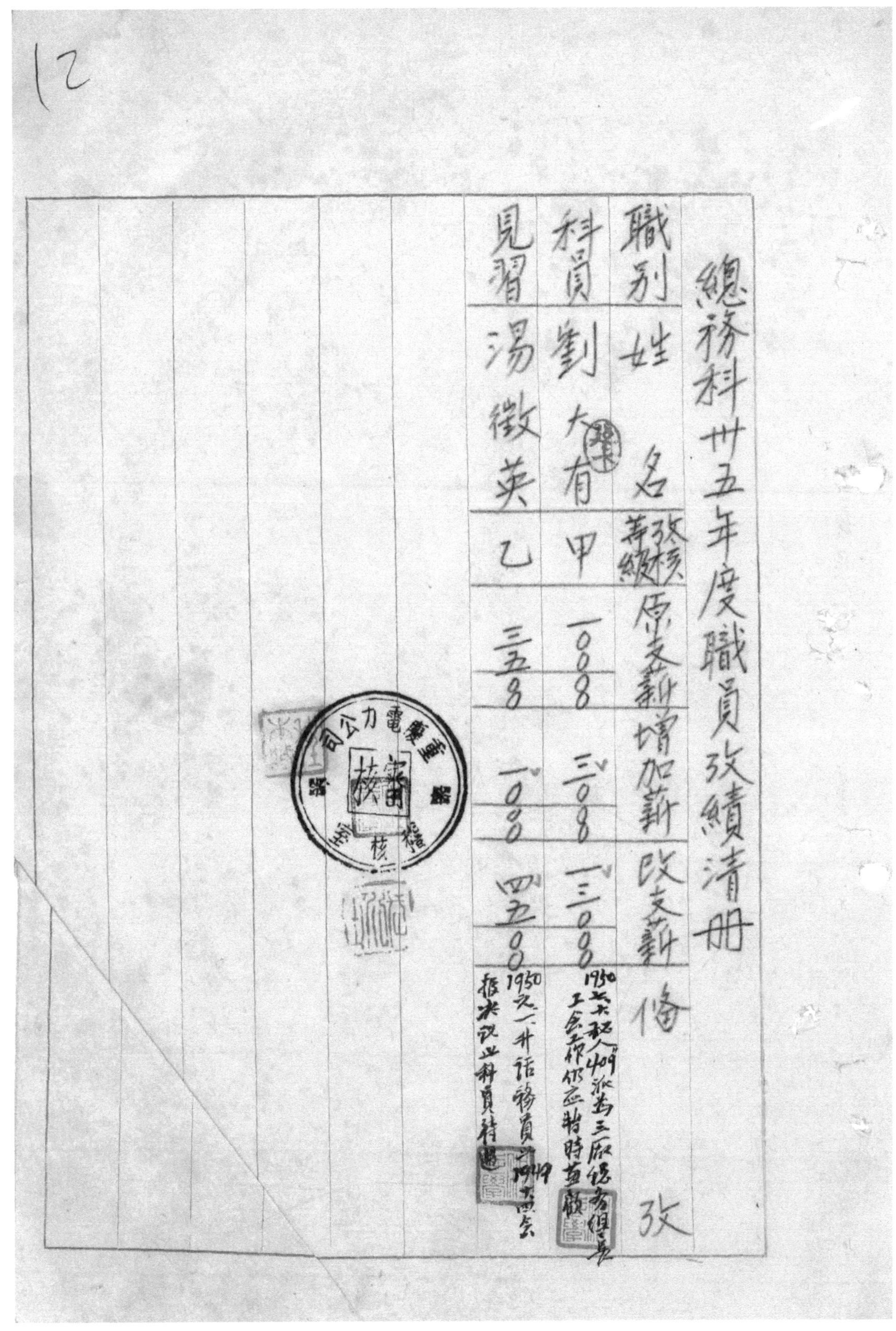

12

總務科卅五年度職員考績清冊

職別	姓名	考核等級	原支薪	增加薪	改支薪	備考
科員	劉大有	甲	一〇〇	三〇	一三〇	1950.六.六 秘人409 派為三廠總務組長 工會工作仍應暫時照顧
見習	湯徵英	乙	三五	一〇	四五	1950.六.一 升話務員 1949.十.四 會；[illegible]改正科員轉[illegible]

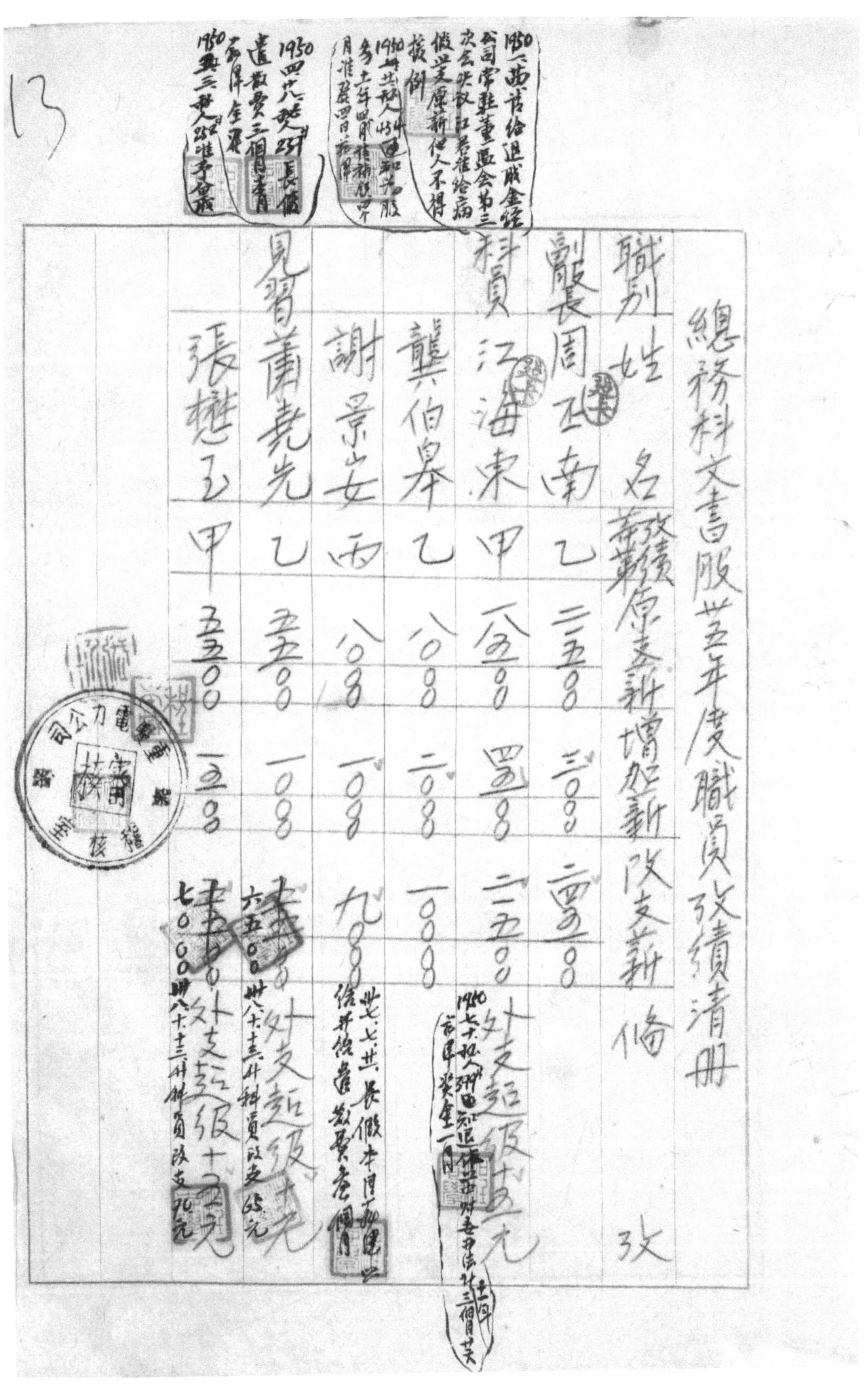

13

1950.六.十四 給退職金經公司常駐董監会第三次会决议江君准给病假照原薪但人不得援例

1950.四.廿六 [illegible] 多十年四月 准 [illegible] 月准發四日 [illegible]

1950.四.六.奨254 長假 遣散費三個月 [illegible]

1950.四.三 [illegible] 准予辭職

總務科文書股卅五年度職員考績清冊

職別	姓名	考績	原支薪	增加薪	改支薪	備考
股長	周石南	乙	二五〇〇	三〇〇	二八〇〇	
科員	江海東	甲	八五〇〇	四〇〇	一二五〇〇	升支超級十元 1950.七.十.[illegible] 退休 [illegible] 資金一月 [illegible] 財委會决 [illegible] 十二個月
	龔伯皋	乙	八〇〇	二〇〇	一〇〇〇	
	謝景安	丙	八〇〇	一〇〇	九〇〇	卅七.七.廿 長假 本月 [illegible] 給遣散費三個月
見習	蕭堯先	乙	五五〇〇	一〇〇	六五〇〇	升支超級十元 卅八.十.十三 升科員改支65元
	張樾玉	甲	五五〇〇	一五〇〇	七〇〇〇	升支超級十二元 卅八.十.十三 升科員改支70元

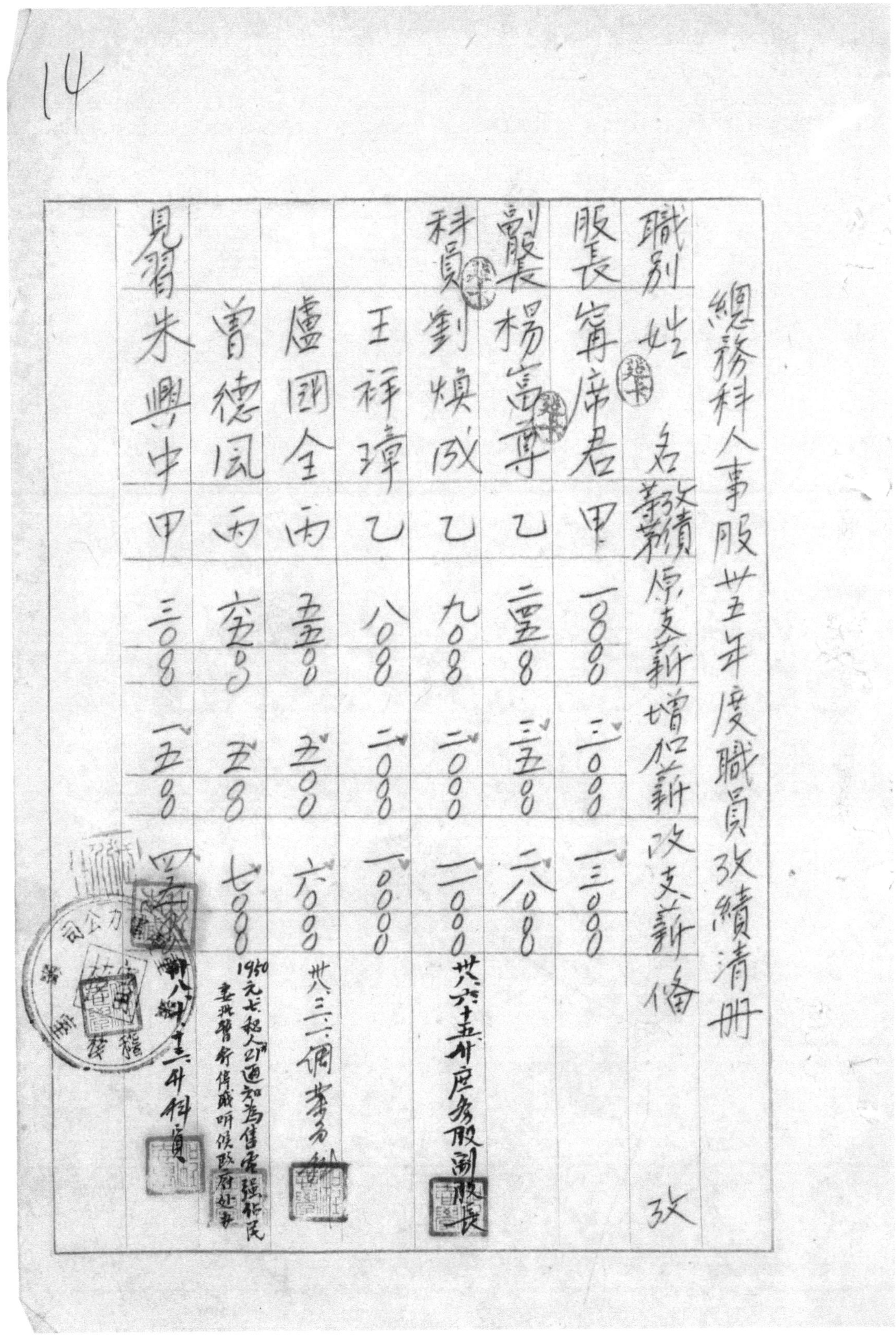

14

總務科人事股卅五年度職員攷績清册

職別	姓名	攷績等第	原支薪	增加薪	改支薪	備攷
股長	甯席君	甲	一〇〇〇〇	三〇〇〇	一三〇〇〇	
副股長	楊富尊	乙	一二五〇〇	三五〇〇	一六〇〇〇	
科員	劉煥成	乙	九〇〇〇	二〇〇〇	一一〇〇〇	卅六、六、十五升庶務股副股長
	王祥璋	乙	八〇〇〇	二〇〇〇	一〇〇〇〇	
	盧國全	丙	五五〇〇	五〇〇	六〇〇〇	卅八、三、一、調業務科
	曾德風	丙	六五〇〇	五〇〇	七〇〇〇	1950元七、起人事通知為售電強佔民業經警所傳訊听候政府处分
見習	朱興中	甲	三〇〇〇	一五〇〇	四五〇〇	卅八、一、十六升科員

攷

卅八.五.三.發個 李秀批

15

總務科材料股卅五年度職員考績冊

職別	姓名	考績等第	原支薪	增加薪	改支薪	備考
股長	鄔仲康	甲	二六〇〇	六〇〇	三二〇〇	1950.七.七秘人405通知派為一廠物料組組長
副股長	陳西黎	甲	二五〇〇	五〇〇	三〇〇〇	
科員	朱家鈺	甲	一七〇〇	四五〇	二一五〇	卅八.五.十六.秘人67通知奉派擔任科協助撤表未去記小過一次
	王永思	乙	一四〇〇	三〇〇	一七〇〇	
	陳銘謨	乙	一二〇〇	二〇〇	一四〇〇	
	喻邦仕	甲	一八〇〇	四五〇	二二五〇	外支超級十五元
	李重芳	丙	一五五〇	五〇	一六〇〇	卅六.十五与王炳全對調 四月份薪四分之一
	胡甫文	丁	九〇〇		九〇〇	不加 1950.七.七調回材料股

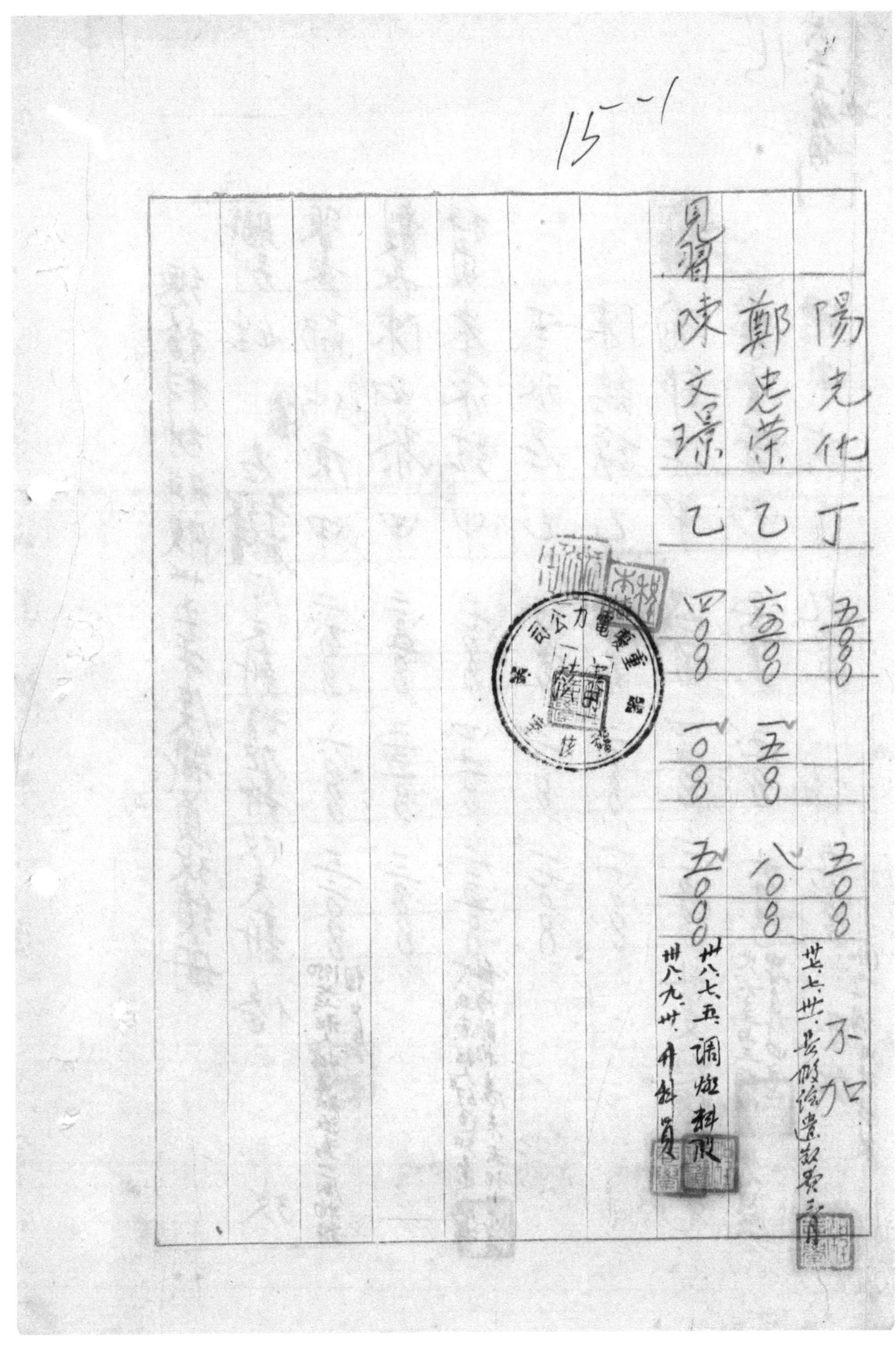

15-1

陽先化 丁 五〇〇 五〇〇 不加 卅七.卅.長假給遣散費

鄭忠崇 乙 六〇〇 一五〇 八〇〇

見習 陳文璟 乙 四〇〇 一〇〇 五〇〇 卅八.七.五.调燃料股 卅八.九.卅.开科员

16

總務科燃料股卅五年度職員考績清冊

職別	姓名	考績	原支薪	增加薪	改支薪	備考
股長	曾昭元	甲	三〇〇	六〇	三二〇	外支超級六十元
副股長	周主剛	甲	二五〇	四五	二〇〇	1950六、五秘人421派三廠物料組組長着八、六、到職
科員	晏怪憶	丙	一四〇	一五	一五五	
	楊紹壎	甲	一〇〇	三〇	一三〇	卅八、七、二、長假
	楊同培	乙	一〇〇	二〇	一三〇	1950四、六秘人145通知調一廠煤棧與孫鉄庵對調趕辦移交
	周顯燾	甲	六〇	二〇	八〇	1949十二、六秘人208通知為國殉職以來撫卹；卅八、十、十三、長假給遣散費叁個月
	龔伯階	甲	三五	一五	五〇	
	胡智成	乙	六五	一五	八〇	卅七、三、卅、由一廠[illegible]調[illegible]科

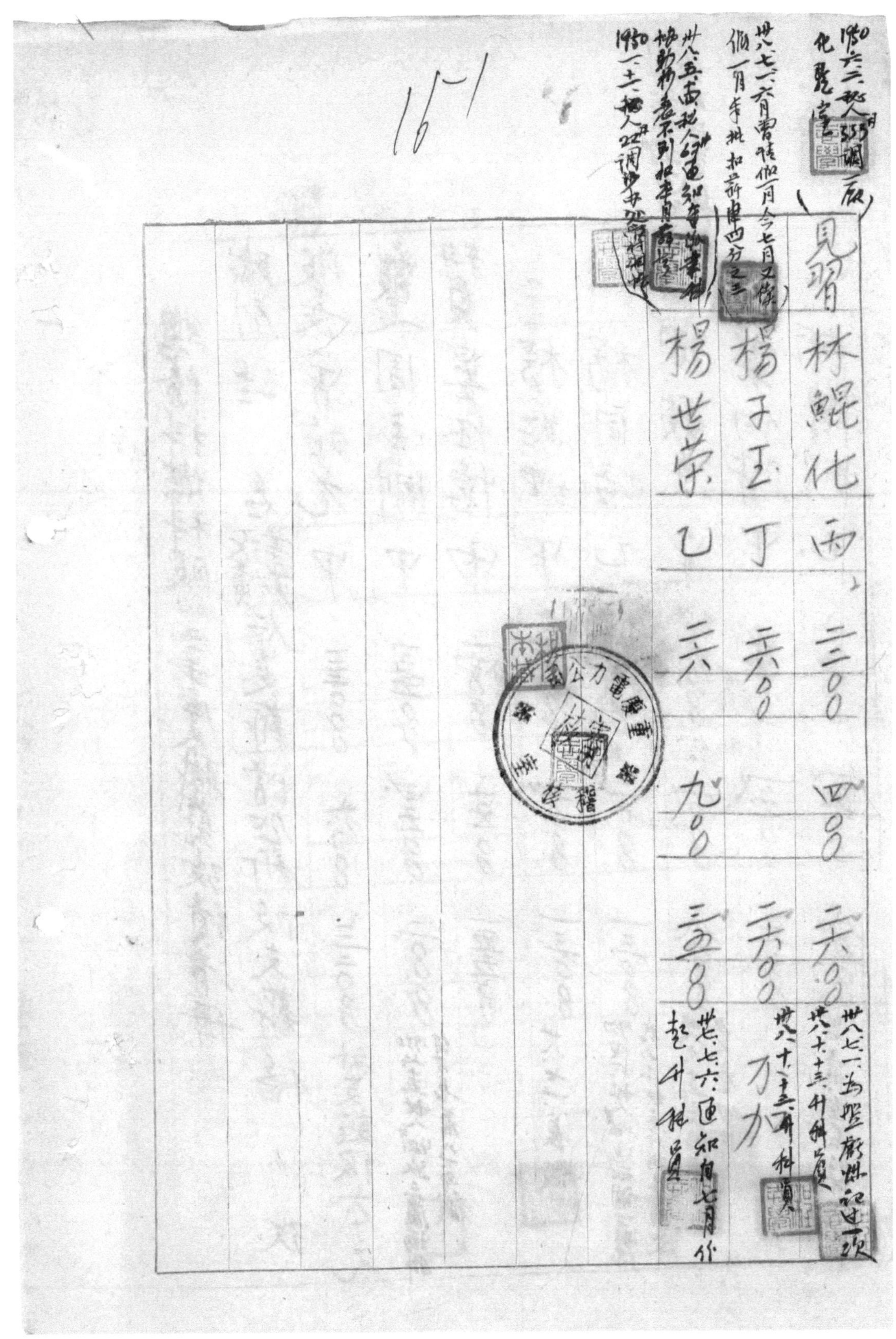

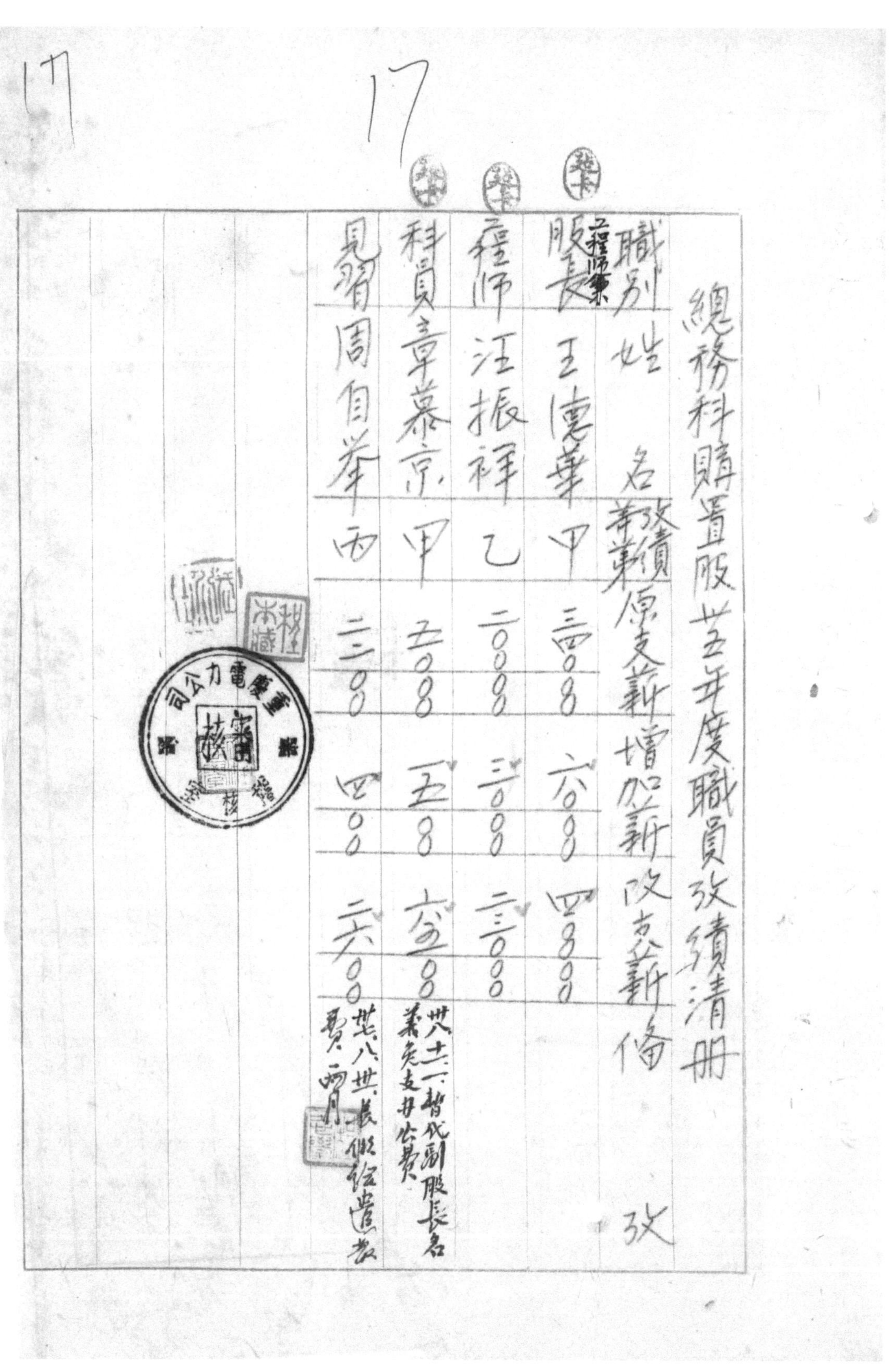

17

總務科購置股廿五年度職員考績清冊

職別	姓名	考績等第	原支薪	增加薪	改支薪	備考
股長（工程師兼）	王憲華	甲	三四〇〇	六〇〇	四〇〇〇	
工程師	汪振祥	乙	二〇〇〇	三〇〇	二三〇〇	
科員	章慕京	甲	五〇〇〇	五〇〇	六五〇〇	卅八、十一、一暫代副股長名義先支[illegible]公費
見習	周自華	丙	三〇〇	四〇〇	二六〇〇	卅八、卅、長假給遣散費兩月

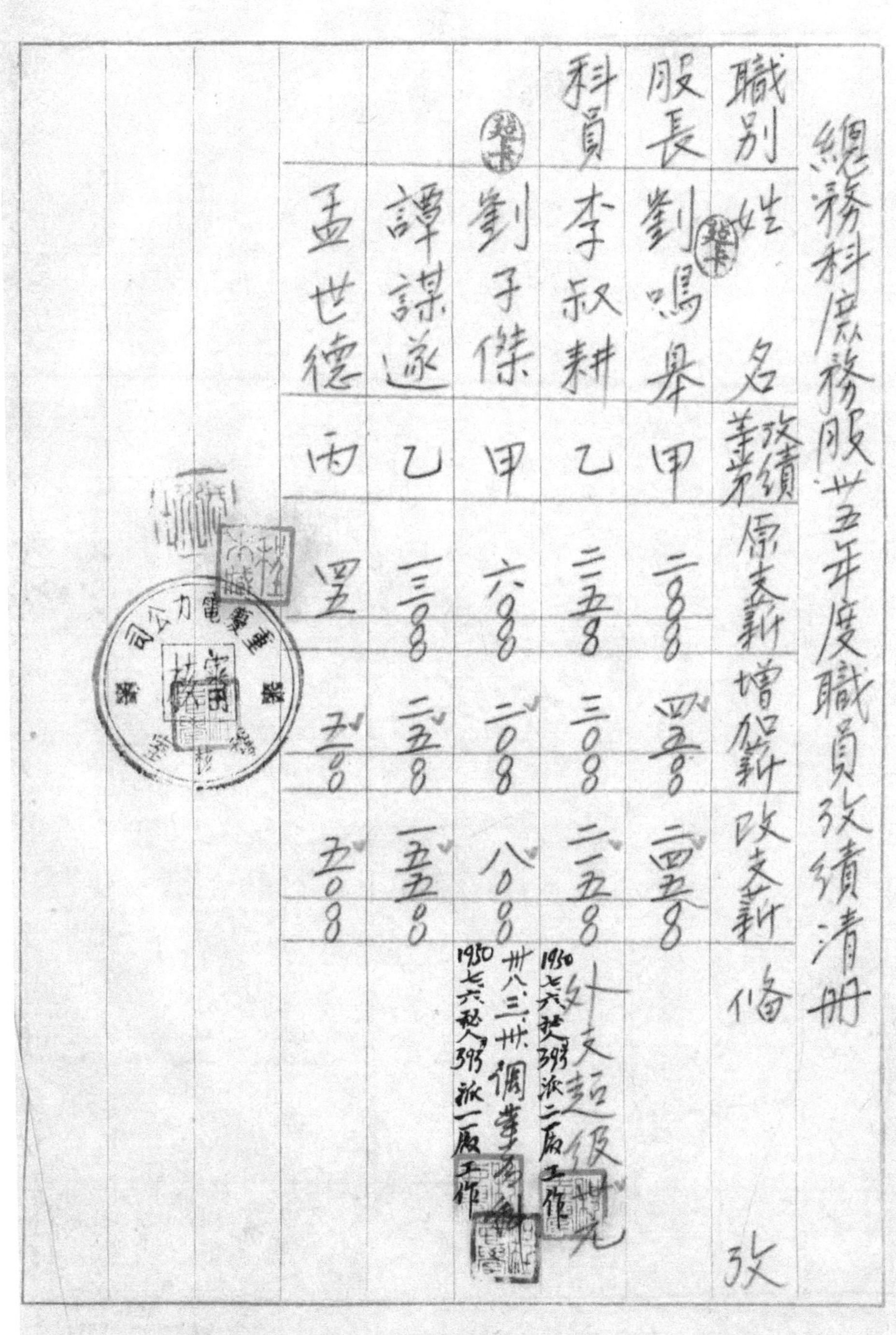

18

總務科庶務股卅五年度職員考績清冊

職別	姓名	考績等第	原支薪	增加薪	改支薪	備考
股長	劉鳴皋	甲	二〇〇〇〇	四五〇〇	二四五〇〇	
科員	李叔耕	乙	一二五〇〇	三〇〇〇	一五五〇〇	1950 七六 秘人393 派二厰工作 外支超級卅元
	劉子傑	甲	六〇〇〇	二〇〇〇	八〇〇〇	1950 七六 秘人393 派一厰工作 卅八、三、卅調業務科
	譚謀遂	乙	一三〇〇〇	二五〇〇	一五五〇〇	
	孟世德	丙	四五	五〇〇	五〇〇〇	

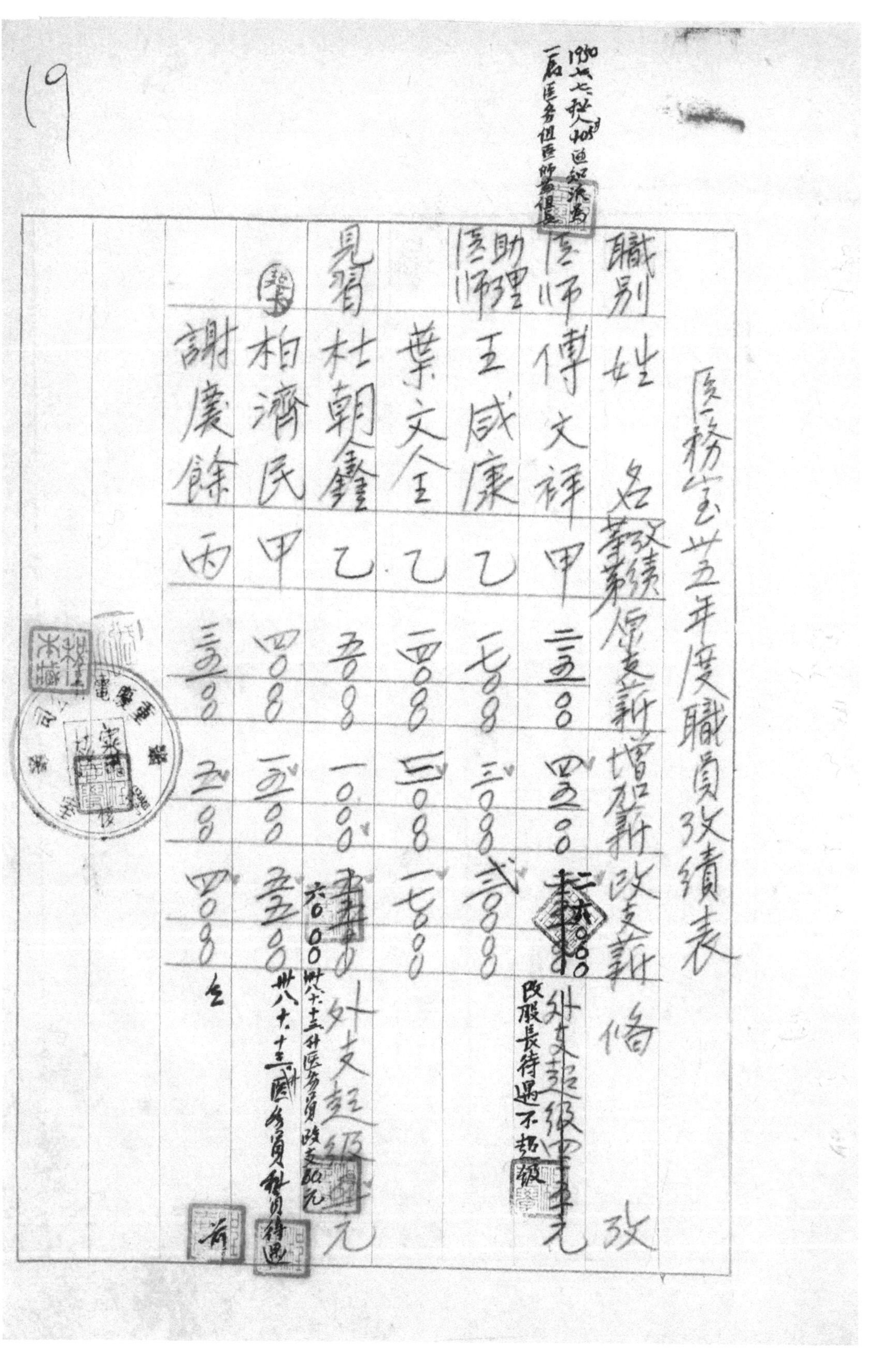

19

1940.七.七批人405通知派为一层医务组医师兼组长

医务室卅五年度职员考绩表

职别	姓名	考绩等第	原支薪	增加薪	改支薪	备考
医师	傅文祥	甲	二一五〇〇	四五〇〇	二六〇〇〇	外支超级四〇〇元 改照股长待遇不超级
助理医师	王咸康	乙	一七〇〇	三〇〇	贰〇〇〇	
	叶文全	乙	一四〇〇	三〇〇	一七〇〇	
见习	杜朝鑫	乙	一五〇〇	一〇〇〇	二五〇〇	外支超级……元
	柏济民	甲	四〇〇	一五〇〇	二三五〇〇 六〇〇〇	卅八.十.十五升医务员改支六〇元；卅八.十.十三.医务员待遇
	谢庆馀	丙	三五〇〇	五〇〇	四〇〇	仝

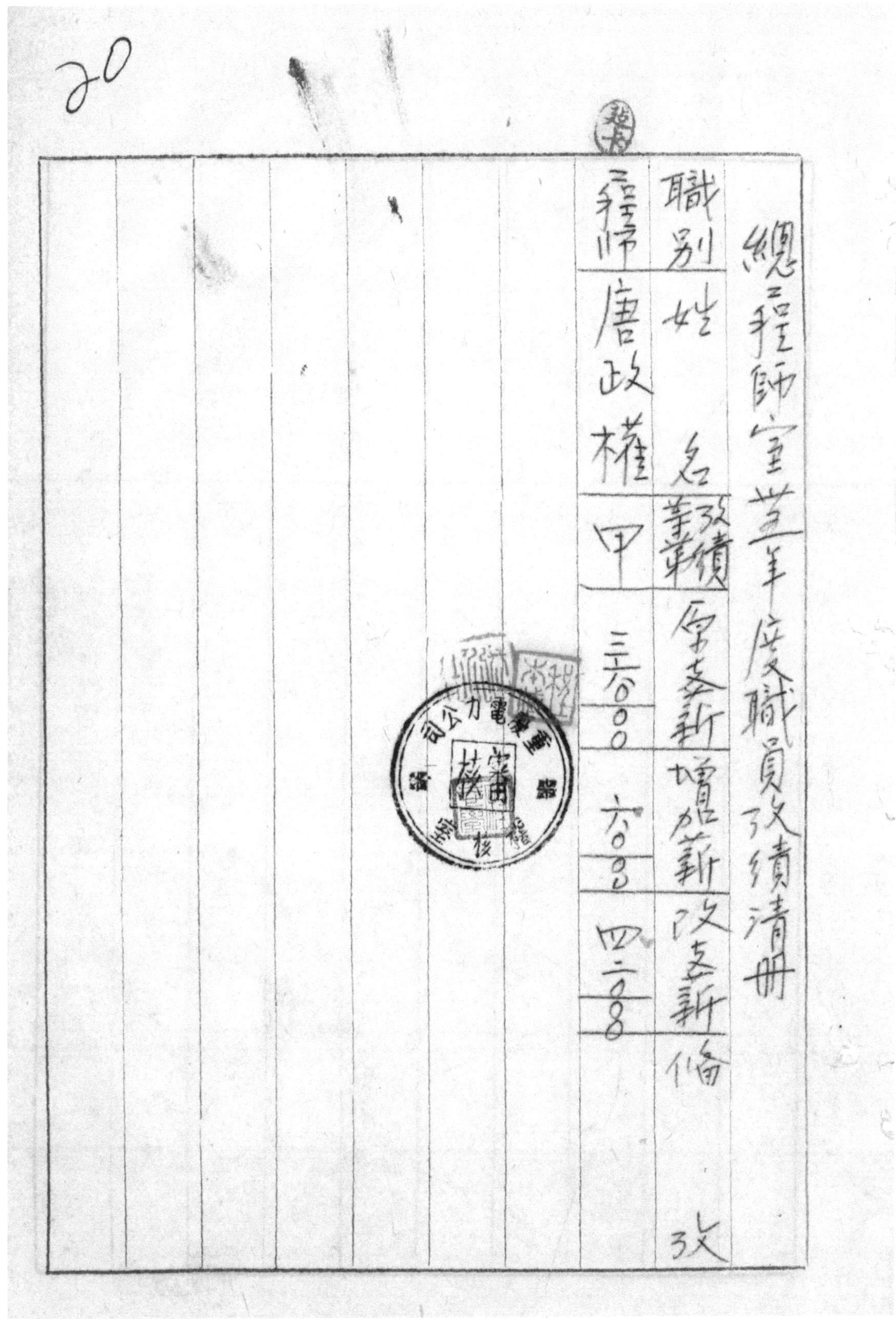

20

總工程師室卅五年度職員考績清冊

職別	姓名	考績等第	原支薪	增加薪	改支薪	備考
工程師	唐政權	甲	三六〇〇	六〇〇	四二〇〇	

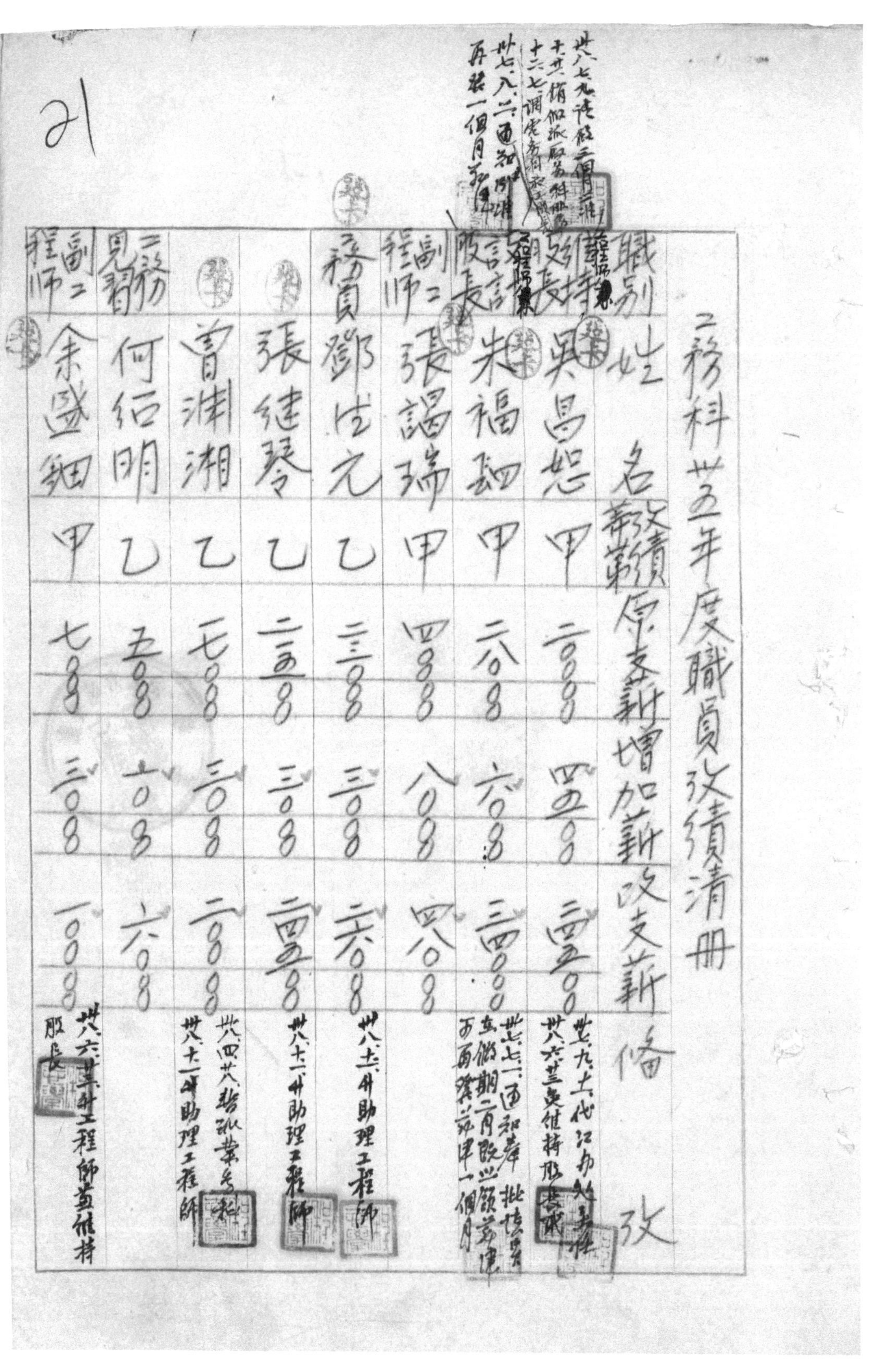

21

卅八.七.九.停職三個月 十.廿.復職派服務科服務 十六.七.調電務科 卅七.八.二.通知 再發一個月薪

工務科卅五年度職員考績清冊

職別	姓名	考績	原支薪	增加薪	改支薪	備攷
工程師兼維持股長	吳昌恕	甲	二〇〇〇〇	四五〇〇	二四五〇〇	卅五.九.十六.代江北股長 卅六.六.廿三兼維持股長
工程師兼設計股長	朱福細	甲	二六〇〇〇	六〇〇〇	三二〇〇〇	卅七.七.一.通知薪批核予五個月 在繳期二月所得 不再發薪律一個月
副工程師	張謡瑞	甲	四〇〇〇〇	八〇〇〇	四八〇〇〇	
工務員	鄧世元	乙	三〇〇〇〇	三〇〇〇	三三〇〇〇	卅八.十六.升助理工程師
	張維琴	乙	二五〇〇〇	三〇〇〇	二八〇〇〇	卅八.十一.廿升助理工程師
	曾淛湘	乙	一七〇〇〇	三〇〇〇	二〇〇〇〇	卅八.四.廿八.暂派業務科 卅八.十一.一升助理工程師
工務見習	何绍明	乙	一五〇〇〇	一〇〇〇	一六〇〇〇	
副工程師	余盛細	甲	七〇〇〇	三〇〇〇	一〇〇〇〇	卅八.六.廿二升工程師兼維持股長

21-1

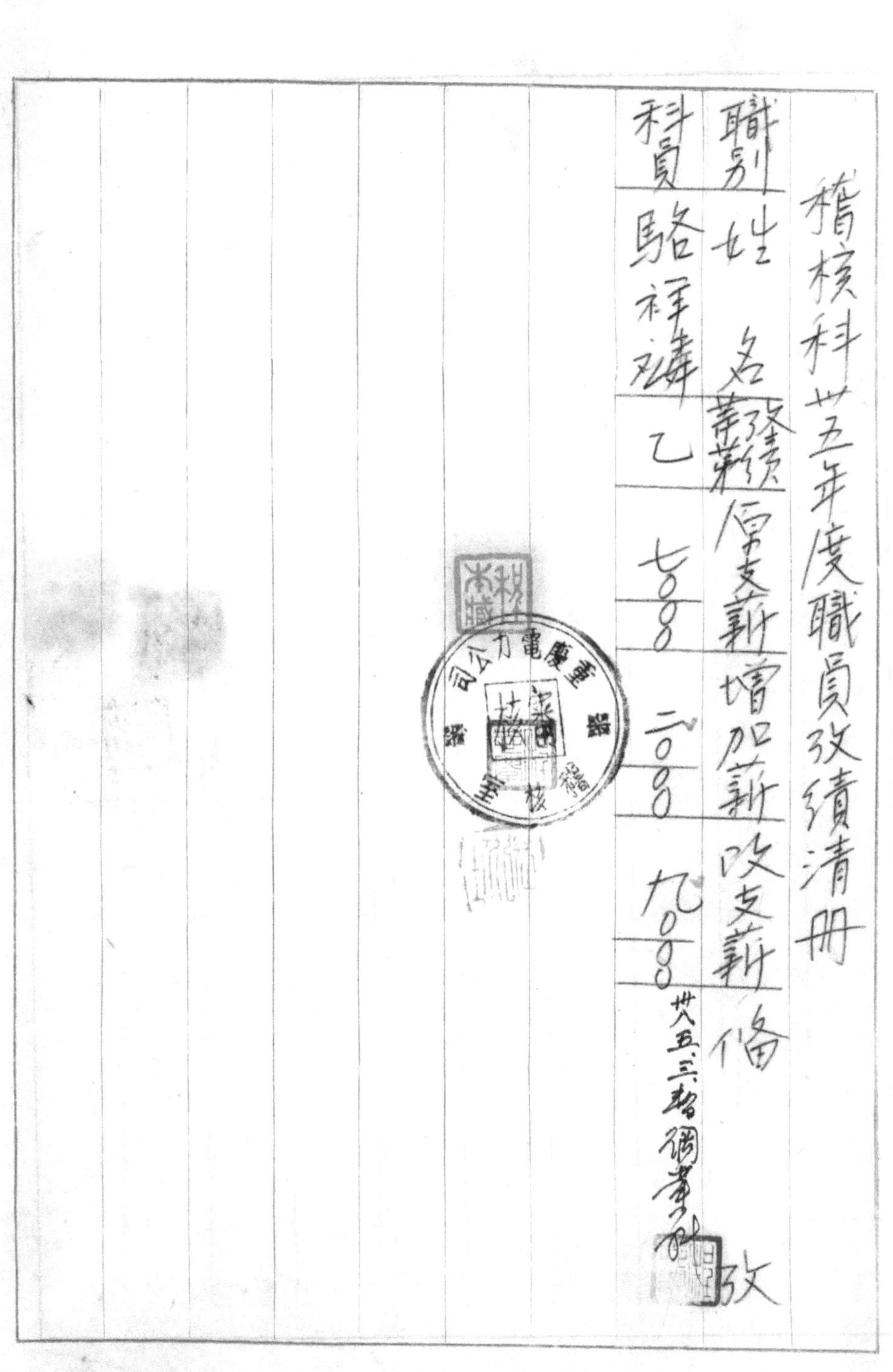

22

稽核科卅五年度职员考绩清册

职别	姓名	考绩	原支薪	增加薪	改支薪	备考
科员	骆祥涛	乙	七〇〇	二〇〇	九〇〇	卅五、三、稽调第 号改

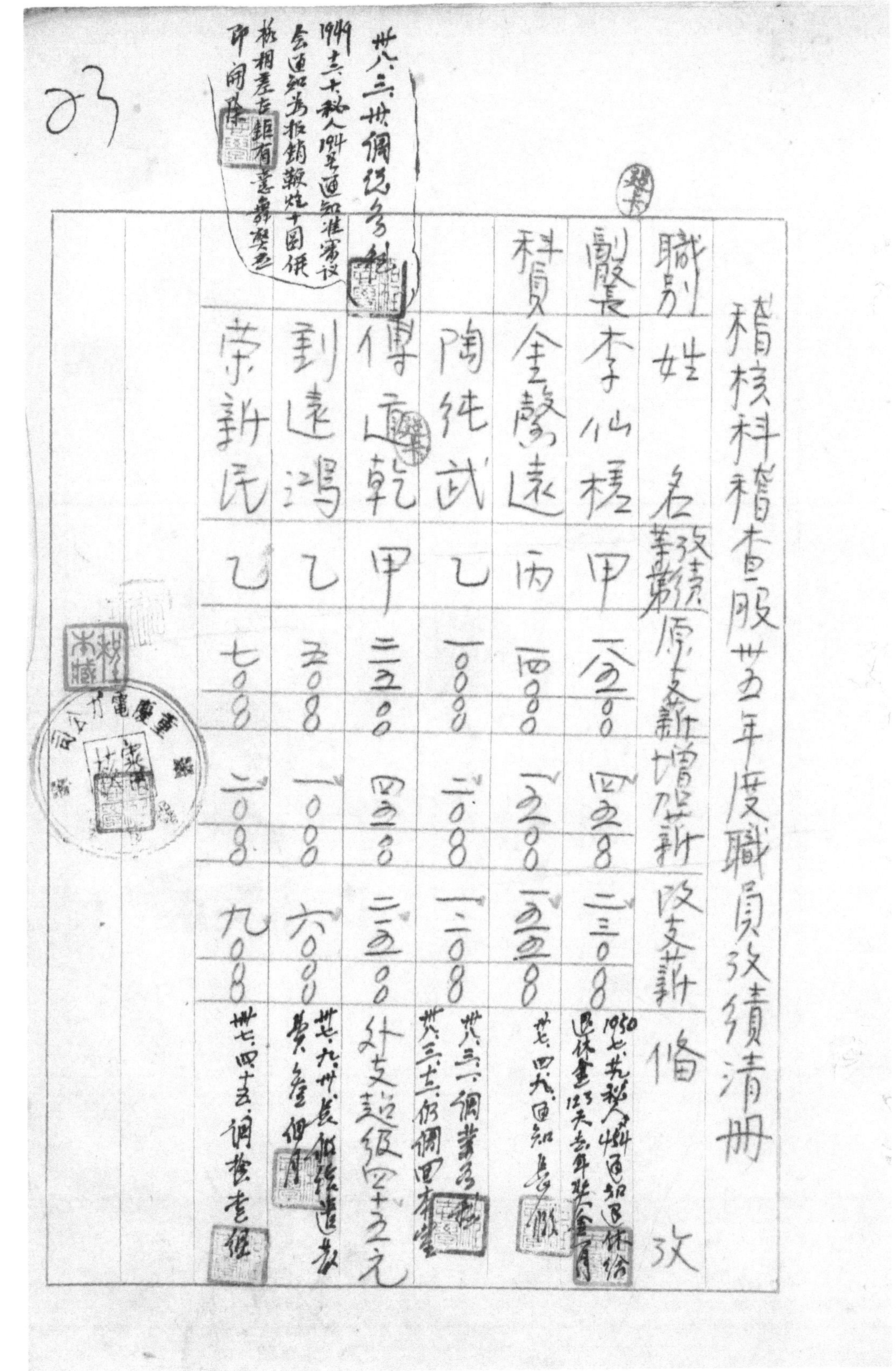

稽核科稽查股卅五年度職員考績清册

職別	姓名	考績等級	原支薪	增加薪	改支薪	備考
副股長	李仙楼	甲	一〇〇〇〇	四五〇〇	一一三〇〇〇	1950.7.26秘人479号通知退休，给退休金123天，去年奖金1月
科員	金鑿遠	丙	四〇〇〇〇	一五〇〇〇	一五五〇〇〇	卅七.四.八.通知另調
	陶纯武	乙	一〇〇〇〇〇	二〇〇〇〇	一二〇〇〇〇	卅八.三.卅.調業務科；卅六.三.十六.仍調回本室
	傅適乾	甲	二二五〇〇〇	四五〇〇〇	二二五〇〇〇	外支超級四十五元
	劉遠鴻	乙	五〇〇〇〇	一〇〇〇〇	六〇〇〇〇	卅七.九.卅.長假 給資遣費叁個月
	荣新民	乙	七〇〇〇〇	二〇〇〇〇	九〇〇〇〇	卅七.四.十五.調檢查組

卅八.三.卅.調總务組。1949.12.16秘人1914号通知准予退休，给资遣费叁個月 (眉批，字迹模糊)

24

稽核科審核股卅五年度職員考績清冊

職別	姓名	考績等第	原支薪	增加薪	改支薪	備攷
股長	程孝學	甲	二三〇〇	五〇〇	二八〇〇	
科員	陳克仁	乙	五五〇〇	一〇〇〇	六五〇〇	
	陶基寬	乙	六〇〇〇	一〇〇〇	七〇〇〇	

卅五、三、哲綱書

稽核科統計股卅五年度職員攷績清册

職別	姓名	攷績等第	原支薪	增加薪	改支薪	備攷
股長	吳德超	丙	三〇〇	五〇	三五〇	
科員	屠瑜	甲	三〇〇	三五〇	三五〇	

卅六、五、五 [illegible]

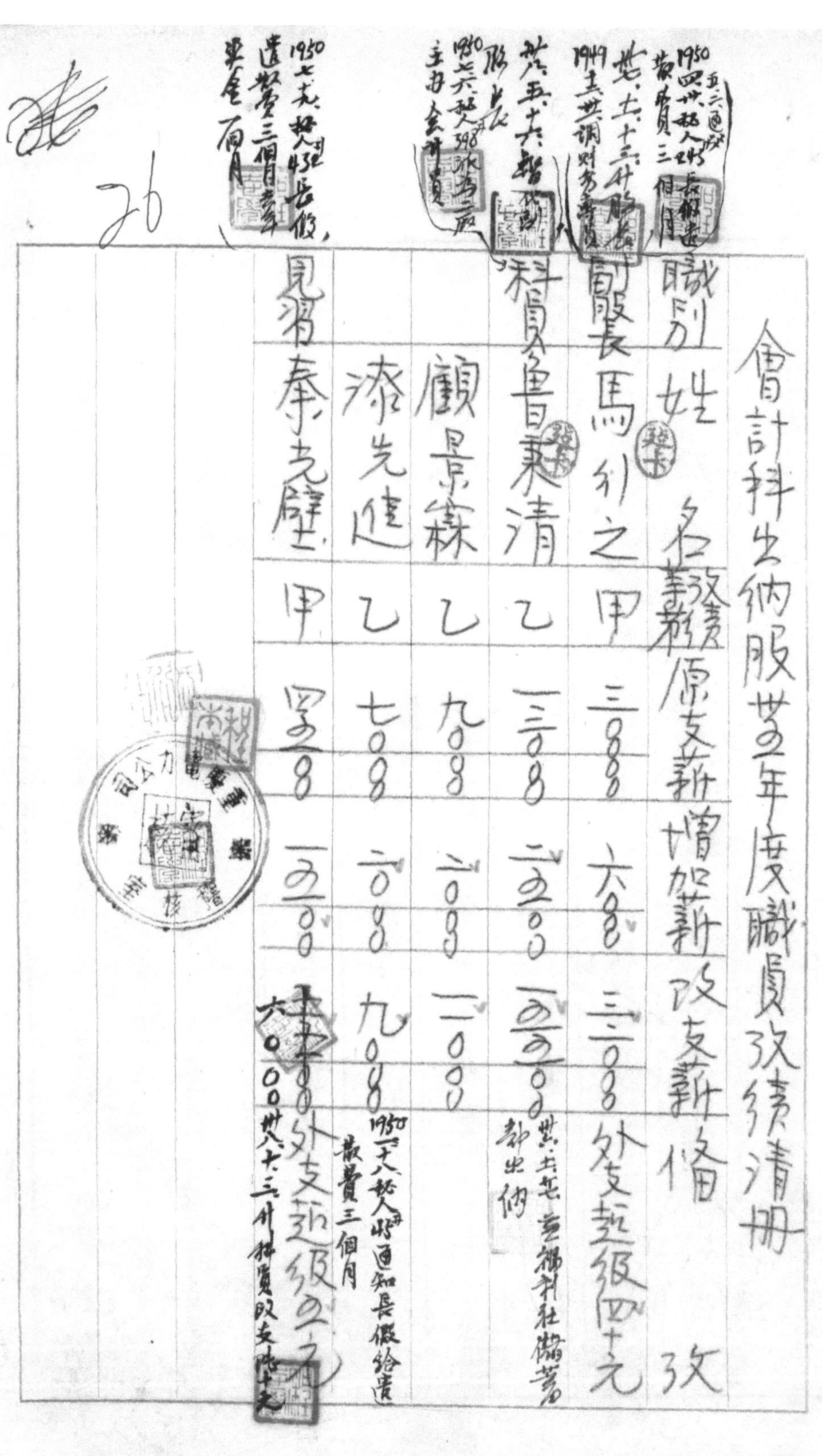

會計科出納股卅五年度職員改績清冊

職別	姓名	等級	原支薪	增加薪	改支薪	備考
副股長	馬礽之	甲	三〇〇	六〇	三六〇	外支超級四十元
科員	魯秉清	乙	一三〇	二〇	一五〇	
科員	顧景森	乙	九〇	二〇	一一〇	
	漆先進	乙	七〇	二〇	九〇	
見習	秦先壁	甲	四五	一五	六〇	外支超級

1949 十二.十六 秘人208# 通知 [illegible]职应予撤职

會計科簿記股卅五年度職員攷績清冊

職別	姓名	攷績	原支薪	增加薪	改支薪	備攷
股長	劉德惠	甲	二六〇〇	六〇〇	三二〇〇	卅六.三.通知[illegible] 留待[illegible]三個月
副股長	何篤睦	甲	二〇〇〇	四五〇	二四五〇	
科員	熊静庠	乙	一三〇〇	二五〇	一五五〇	1949 十二.卅 代理出納股長；1950 七.六 秘人398# 派為一廠主辦會計員
	周光泳	乙	六五〇	一五〇	八〇〇	卅八.三.一 調[illegible]；卅八.三.卅 調[illegible] 免調兼職
	崔法沭	乙	七〇〇	二〇〇	九〇〇	
	鄒昭璈	乙	八〇〇	二〇〇	一〇〇〇	1950 一.十六 秘人22# 調三廠 [illegible]
	徐自律	乙	九〇〇	二〇〇	一一〇〇	
	湯大榮	乙	一一〇〇	二〇〇	一三〇〇	卅八.六.廿四 調燃料股

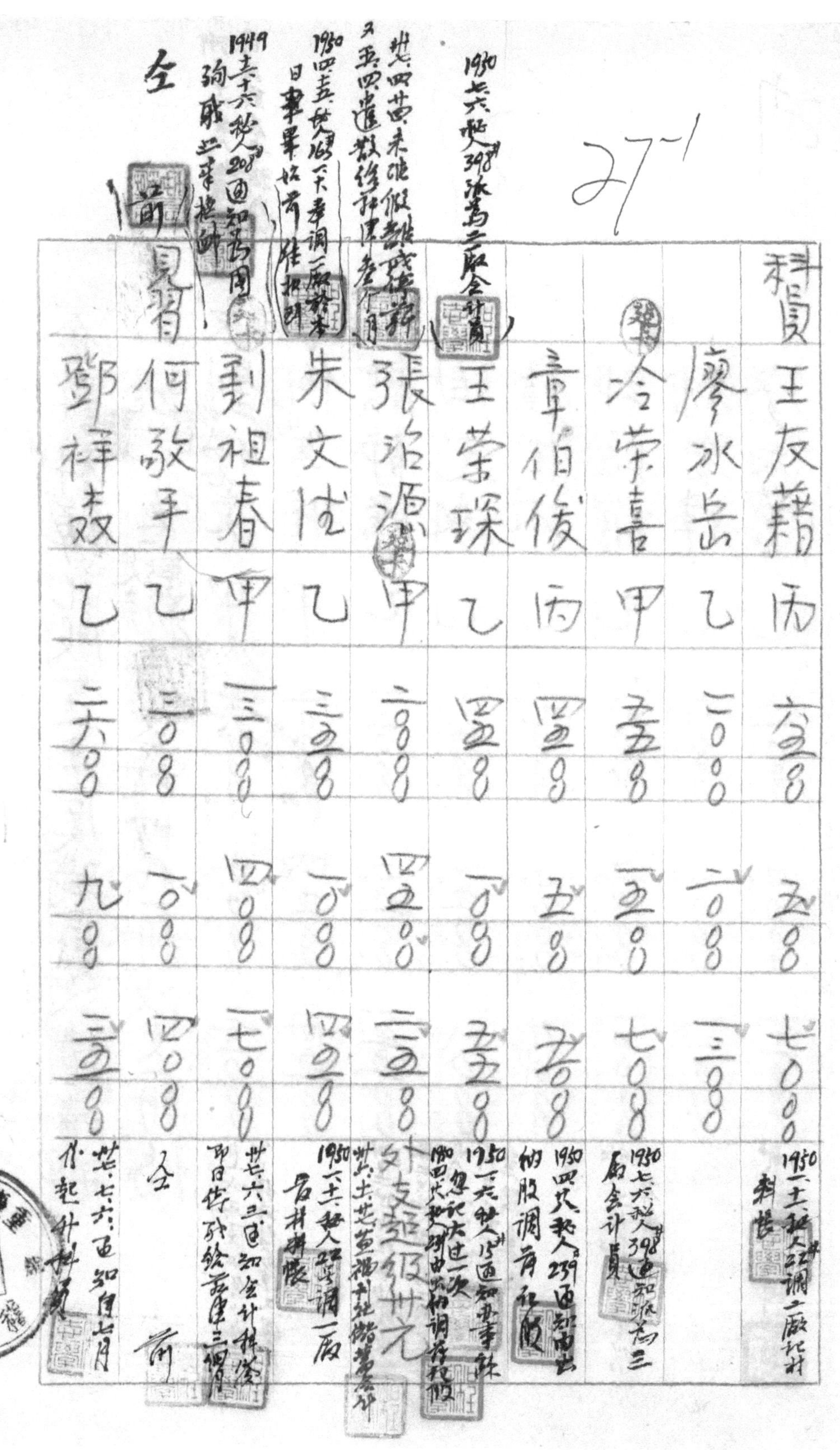

277-1

職別	姓名	等級			
科員	王友藉	丙	六五〇〇	五〇〇	七〇〇〇
	廖冰岳	乙	二〇〇〇	一〇〇〇	三〇〇〇
	冷榮喜	甲	五五〇〇	一五〇〇	七〇〇〇
	章伯俊	丙	四五〇〇	五〇〇	五〇〇〇
	王榮琛	乙	四五〇〇	一〇〇〇	五五〇〇
	張治源	甲	一〇〇〇	一五〇〇	二五〇〇
	朱文斌	乙	三五〇〇	一〇〇〇	四五〇〇
	劉祖春	甲	一三〇〇	四〇〇	一七〇〇
見習	何敬手	乙	三〇〇	一〇〇	四〇〇
	鄧祥森	乙	一六〇〇	九〇〇	二五〇〇

仝

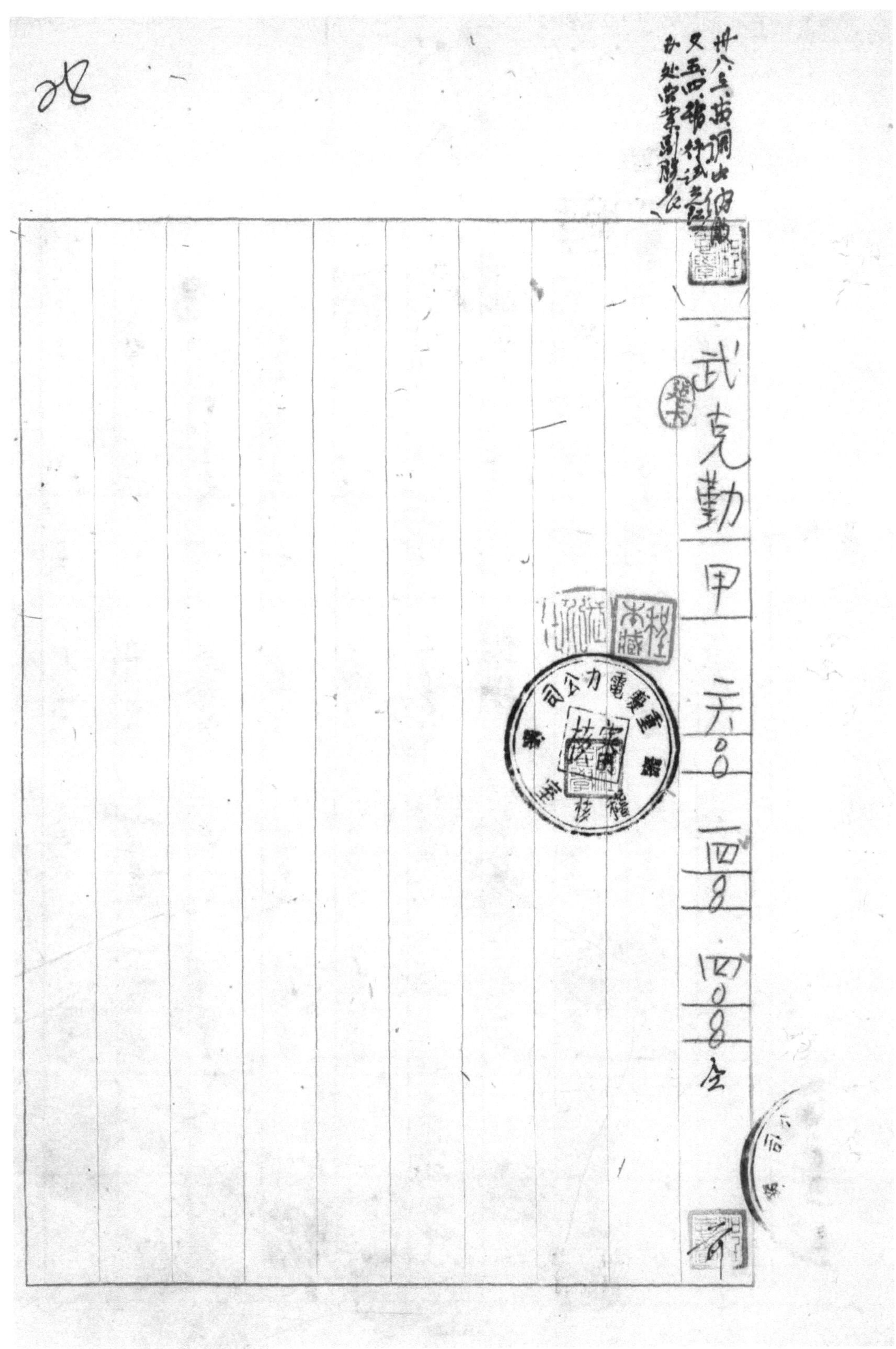

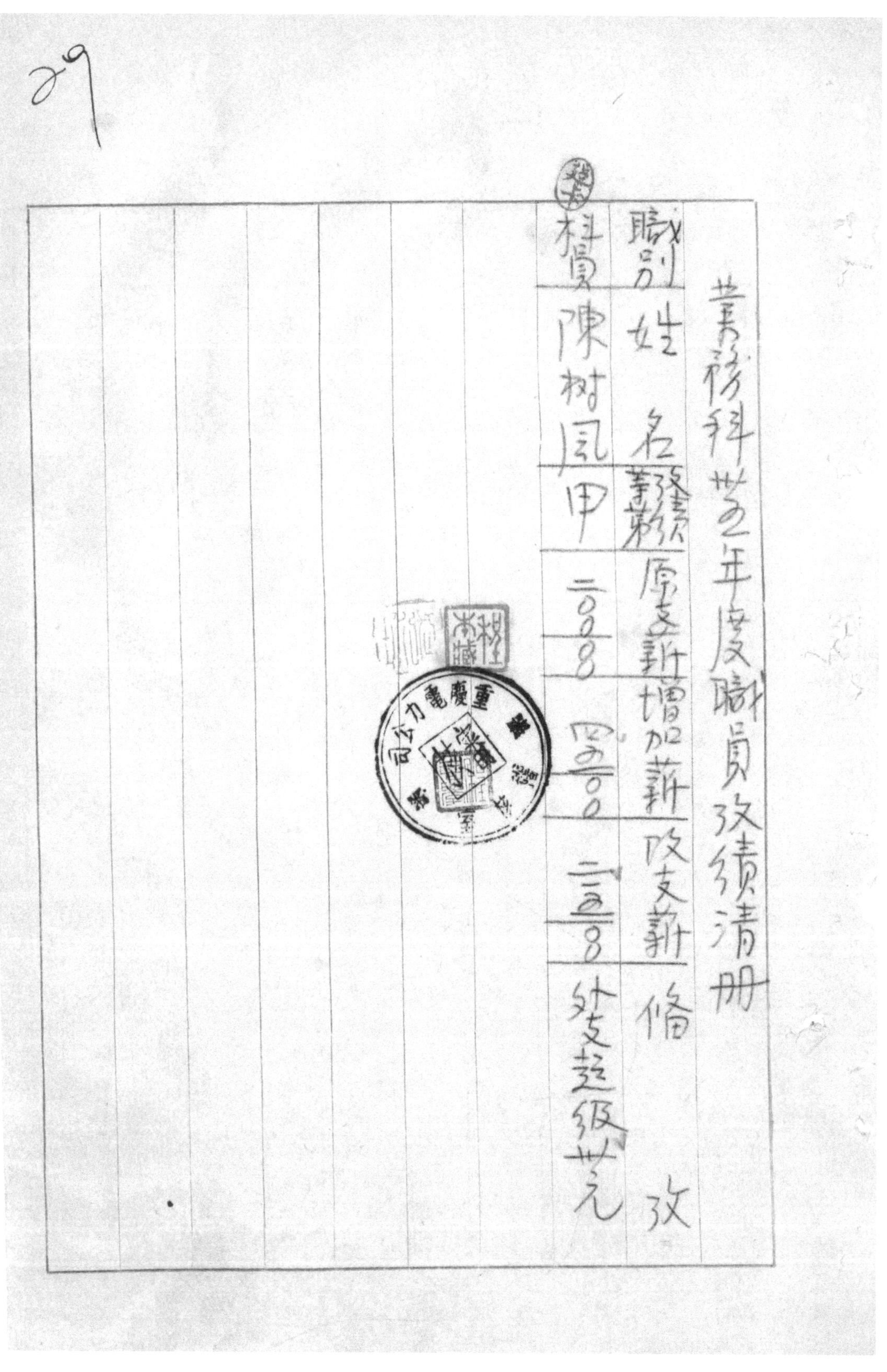

29

業務科卅五年度職員攷績清冊

職別	姓名	攷績等級	原支薪	增加薪	改支薪	備攷
科員	陳樹風	甲	二〇〇〇	四〇〇	二四〇〇	外支超級卅元

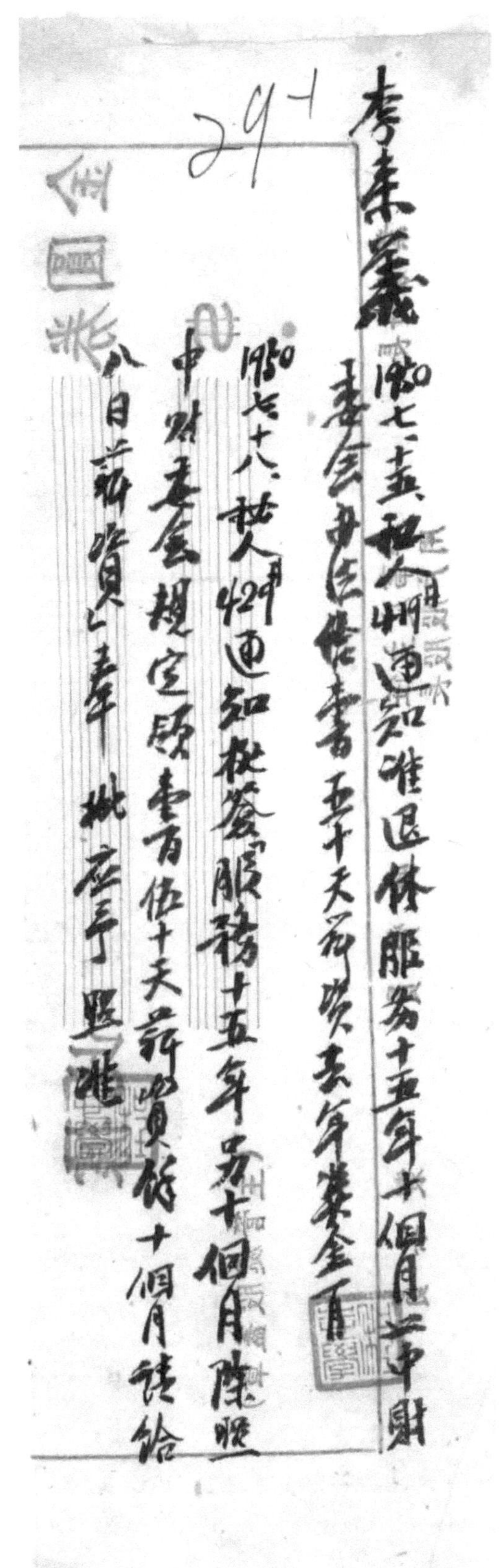

李来義

1950七、廿五秘人419通知准退休服務十五年十個月，由中財委會開出借書五十天薪資去年獎金一月

1950七、十八、秘人429通知核簽服務十五年另十個月，除照中財委會規定應支百伍十天薪資外，十個月請給八月薪資已奉批應予照准

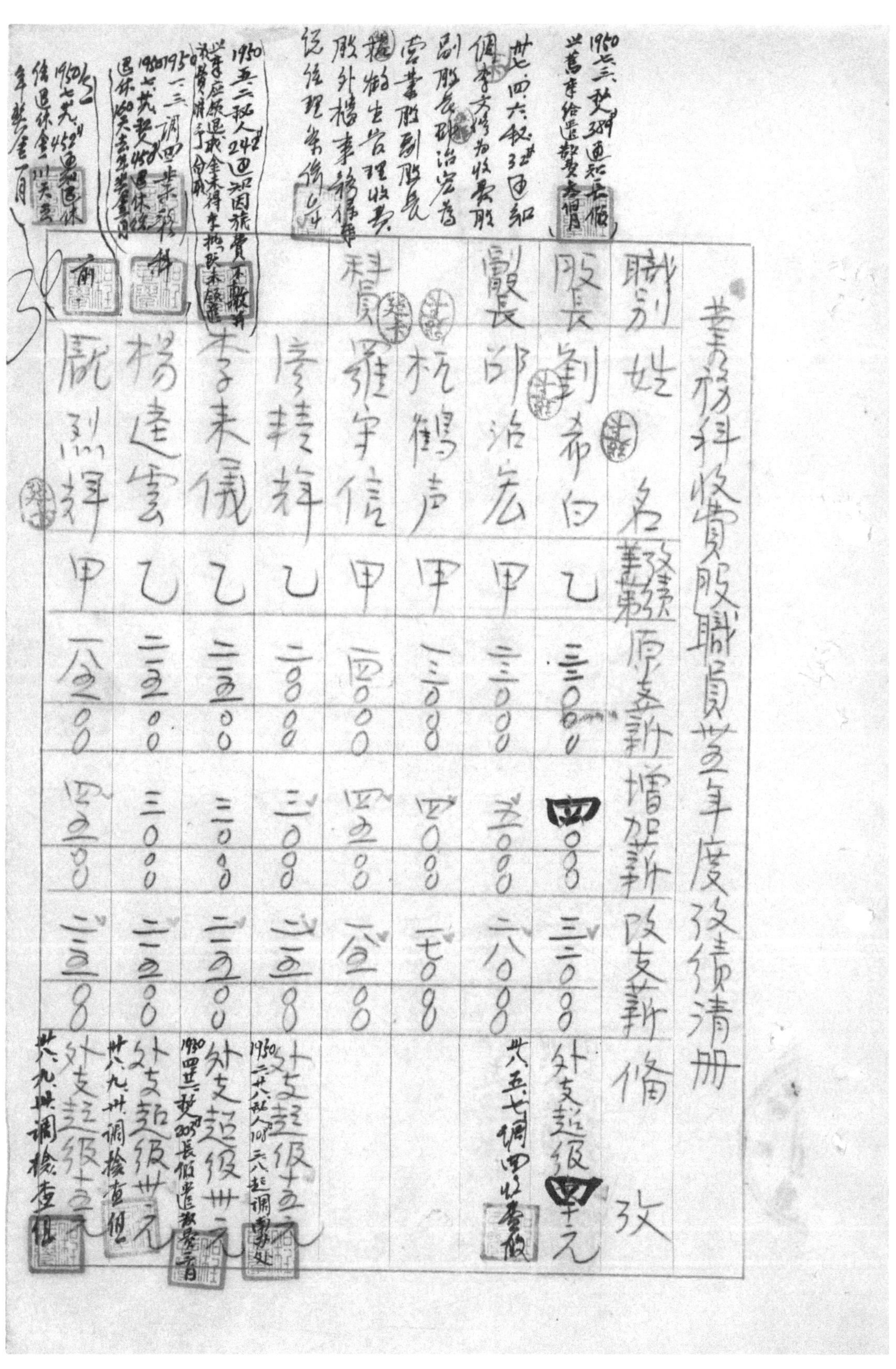

1950 七、二六 秘384 通知在假以舊本給遣散費六個月

卅七、四、六 秘312 通知 調李方修為收費股副股長 邵治宏為營業股副股長

羅雅宇辦出官理收費股外檔事務保任經理室[illegible]

1950 五、二 秘人242 通知因旅費不敷辦[illegible]退職金未得未[illegible]

1950 一、三 調四業務科 1950 七、廿六 秘452 退休[illegible]

1950 七、廿六 秘452 通知退休 退休金[illegible]

業務科收費股職員卅五年度改薪清冊

職別	姓名	等級	原支薪	增加薪	改支薪	備攷
股長	劉希白	乙	三〇〇	四〇〇〇	三三〇〇〇	外支超級四十元 卅八、五、七調四收費股
副股長	邵治宏	甲	三〇〇〇	五〇〇〇	二八〇〇〇	
	杭鶴声	甲	三〇〇〇	四〇〇〇	二七〇〇〇	
科員	羅雅宇	甲	四〇〇〇	四五〇〇	一八〇〇〇	
	廖詩祥	乙	三〇〇〇	三〇〇〇	二二五〇〇	外支超級十五元 1950 二、廿八 秘人108 二六八起調業務處
	李来儀	乙	二五〇〇	三〇〇〇	二二五〇〇	外支超級卅二元 1950 四、廿六 秘303 長假遣散[illegible]
	楊達雲	乙	二五〇〇	三〇〇〇	二二五〇〇	外支超級卅元 卅八、九、卅調檢查組
	厳烈祥	甲	一八〇〇	四五〇〇	二三五〇〇	外支超級十五元 卅六、九、卅調檢查組

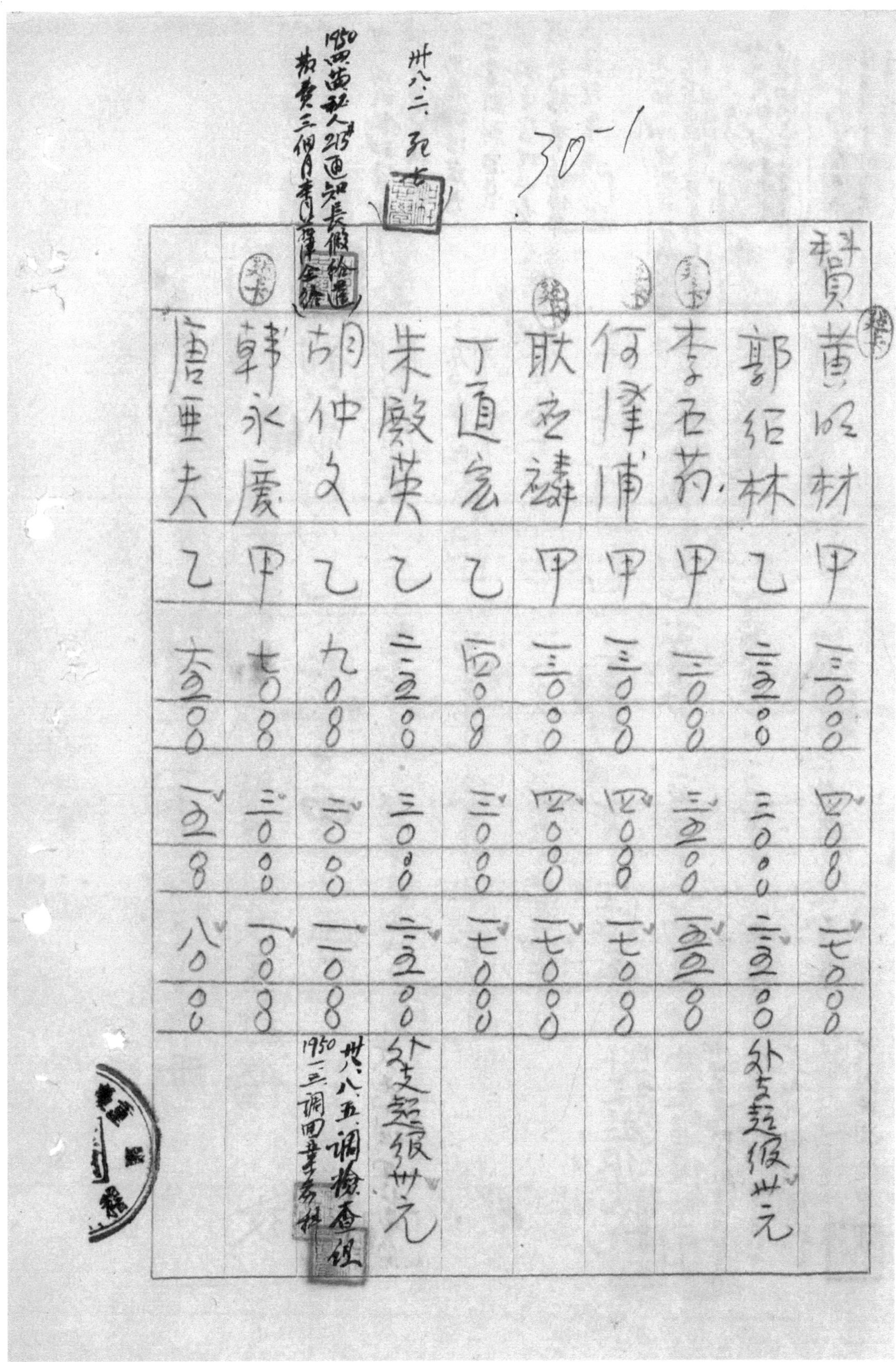

30-1

卅八、二、五

科員				
黃照材	甲	一三〇〇	四〇〇	一七〇〇
鄧紹林	乙	一二五〇	三〇〇	一五五〇 外支超級卅元
李石蕃	甲	一二〇〇	三五〇	一五五〇
何肇備	甲	一三〇〇	四〇〇	一七〇〇
耿杏濤	甲	一三〇〇	四〇〇	一七〇〇
丁道宏	乙	一四〇〇	三〇〇	一七〇〇
朱殿英	乙	一二五〇	三〇〇	一五五〇 外支超級卅元
胡仲文	乙	九〇〇	三〇〇	一二〇〇
韓永慶	甲	七〇〇	三〇〇	一〇〇〇
唐亞夫	乙	六五〇	一五〇	八〇〇

卅八、五 調檢查組

31

姓名	等级			
門慶仁	乙	七〇〇〇	二〇〇〇	九〇〇〇
劉仝一	乙	九〇〇〇	二〇〇〇	一一〇〇〇
馮梓政	甲	一二〇〇〇	三五〇〇	一五五〇〇
劉佳全	丙	六〇〇〇	五〇〇	六五〇〇
程仲頤	丙	五五〇〇	五〇〇	六〇〇〇
余世昌	甲	一二〇〇〇	二〇〇〇	一四〇〇〇
文伯威	乙	一〇〇〇〇	二〇〇〇	一二〇〇〇
劉國章	乙	六〇〇〇	一〇〇〇	七〇〇〇
何致儀	乙	五〇〇〇	一〇〇〇	六〇〇〇
但叔康	甲	八〇〇〇	三〇〇〇	一一〇〇〇

馮梓政：1950.七.六.秘人348派為二廠会计員

1950.一.十九.秘人47调会计科

1950.四.廿八.秘人239由出纳调[illegible]股

1950.七.廿.秘人443函知長假[illegible]

劉佳全：卅八.三.二调南岸处

何致儀：1950.一.四.调票据股

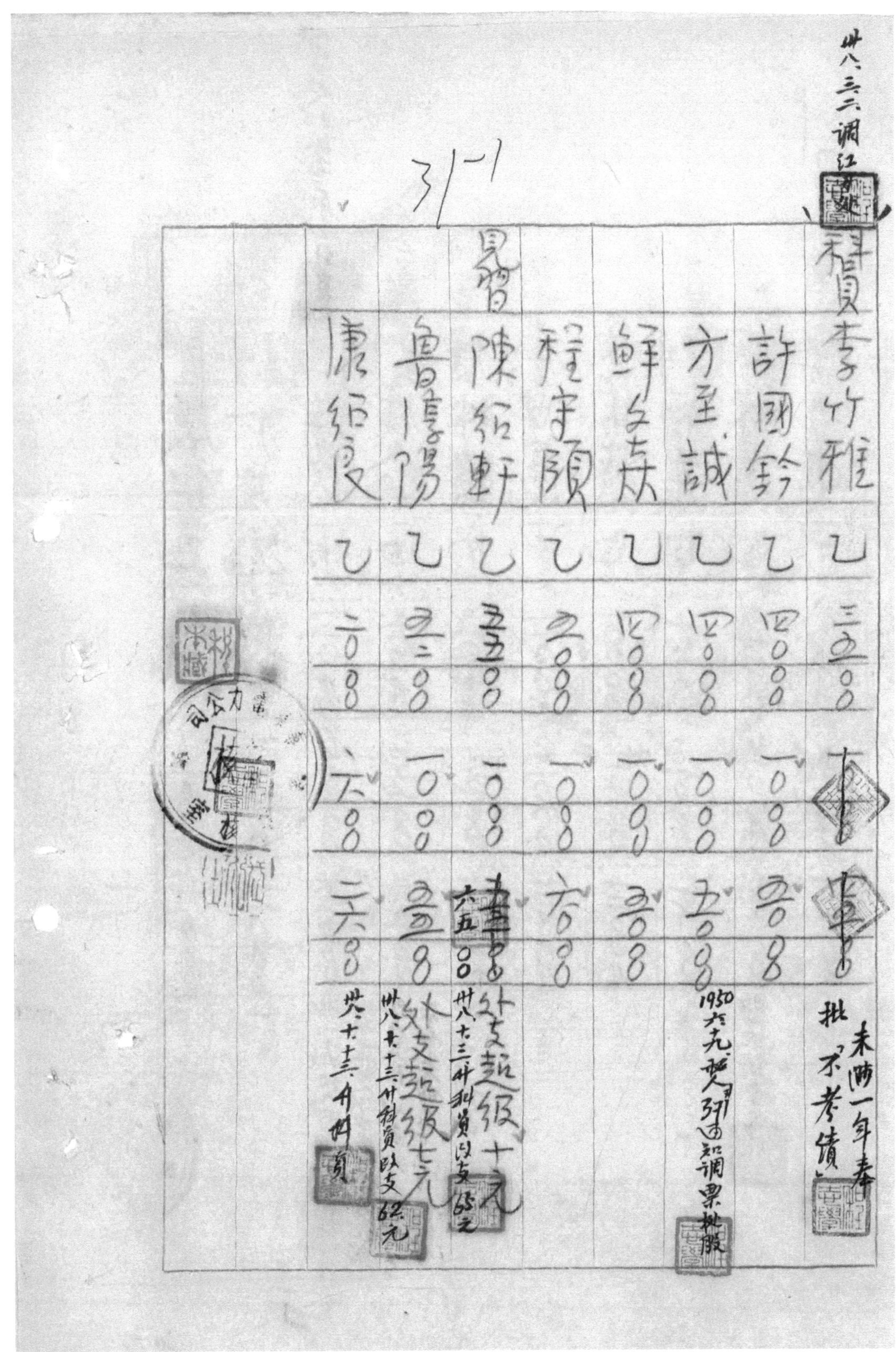

31-1

卅八、三、二调江

职别	姓名	等	金额	金额	合计	备注
科員	李竹稚	乙	三五〇〇	一〇〇〇	四五〇〇	未满一年奉批不考績
	許國銓	乙	四〇〇〇	一〇〇〇	五〇〇〇	
	方至誠	乙	四〇〇〇	一〇〇〇	五〇〇〇	1950 六、九、[illegible]調[illegible]批假
	鮮yu焱	乙	四〇〇〇	一〇〇〇	五〇〇〇	
	程宇頤	乙	三〇〇〇	一〇〇〇	四〇〇〇	
[illegible]署	陳紹軒	乙	三五〇〇	一〇〇〇	四五〇〇 六五〇〇	卅八、十、三升科員以支65元 外支超級十元
	魯億陽	乙	三二〇〇	一〇〇〇	四二〇〇	卅八、十、十三升科員以支62元 外支超級七元
	康紹良	乙	二〇〇〇	六〇〇	二六〇〇	卅八、十、十三升科員

32

業務科票據股卅五年度職員考績清冊

職別姓名	考績等第	原支薪	增加薪	改支薪	備考
股長黃啓榮	甲	11000	4500	15500	
副股長李文修	甲	16000	4500	20500	
科員李樹輝	乙	14000	3000	17000	卅八、七、卅升副股長
王澤榮	乙	13000	2500	15500	
毛君朋	甲	11000	3000	14000	
劉祖芳	甲	11000	3000	14000	
廖成甫	甲	10000	3000	13000	
余造邦	乙	8000	2000	10000	1947 卅六、卅長假 份薪津 三個月

32-1

姓名	等级				备注
費 周復生	乙	九〇〇〇	二〇〇〇	二〇〇〇	
王俊懋	乙	六〇〇〇	一〇〇〇	七〇〇〇	
周邦智	甲	二〇〇〇	三〇〇〇	四〇〇〇	卅八、九、六、死亡
劉竹然	乙	二〇〇〇	二〇〇〇	三〇〇〇	
貴世昌	乙	九〇〇〇	二〇〇〇	二〇〇〇	
吳重賢	乙	六五〇〇	一五〇〇	八〇〇〇	
出其友	乙	七〇〇〇	二〇〇〇	九〇〇〇	
趙國棟	乙	七〇〇〇	二〇〇〇	九〇〇〇	
王邦亭	乙	六五〇〇	一〇〇〇	六五〇〇	1950七、七、秋人404月長假給遣散費叁月表年奖金一月
鄭三農	乙	九〇〇〇	二〇〇〇	二〇〇〇	卅八、十、七、曠職開除 又十九日通知奉准批十月份…明共…准…[illegible]

王式度	乙	四〇〇	三〇〇	一七〇〇
張永達	甲	六〇〇	二〇〇	八〇〇
吳啟熹	丙	一〇〇〇	一〇〇〇	二〇〇〇
趙麗生	甲	一五〇〇	四五〇	二〇〇〇
楊昭振	乙	一五〇〇	三〇〇	一八〇〇
王樹椿	乙	九〇〇	二〇〇	二〇〇〇
劉植榮	乙	三〇〇	二〇〇	四〇〇
何子詩	乙	四五〇	一〇〇	五五〇
彭君儒	乙	一〇〇	二〇〇	三〇〇
謝洪鈞	乙	四〇〇	一〇〇	五〇〇

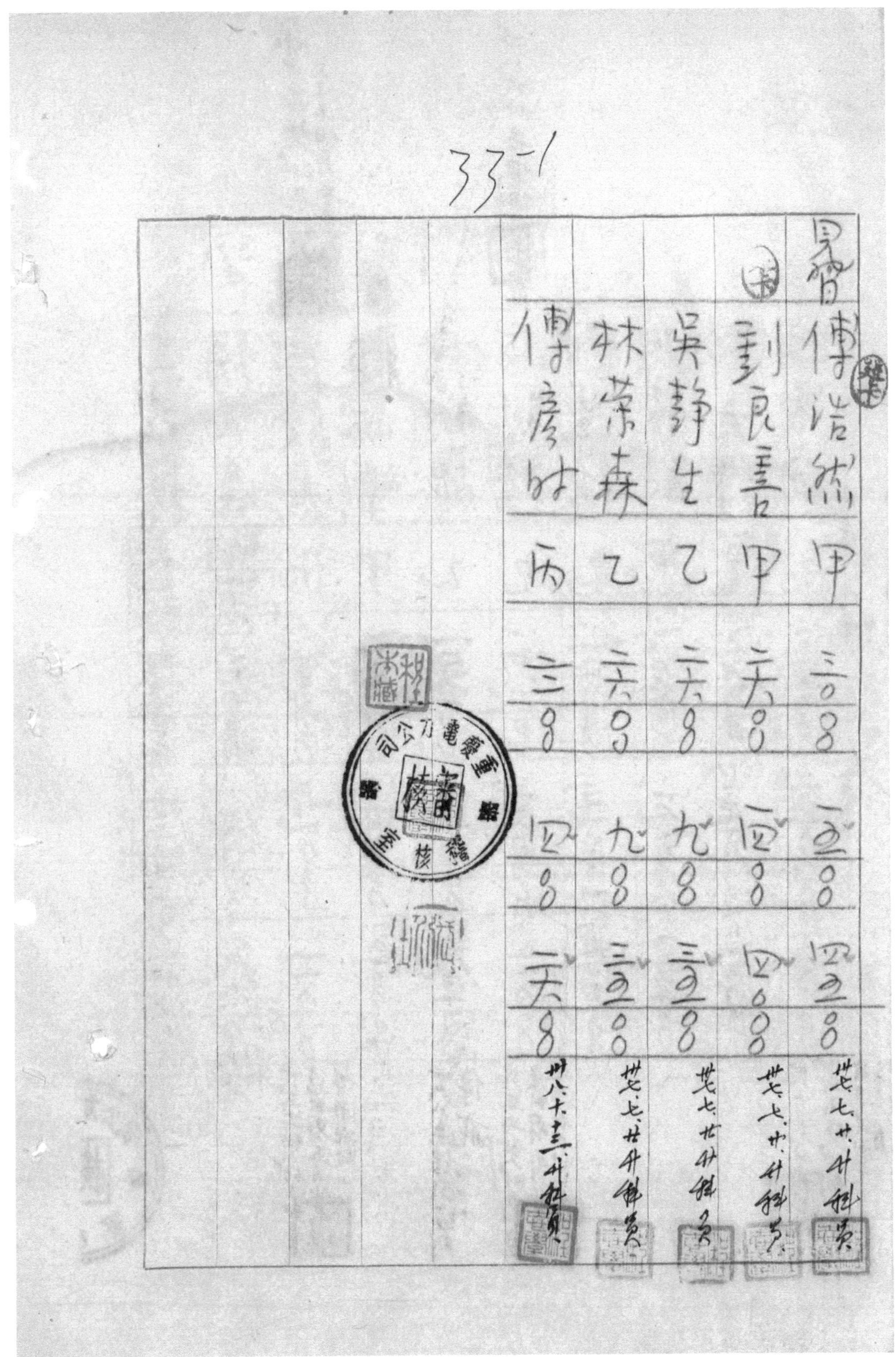

33-1

署	傅浩然	甲	三〇〇	五〇〇	四五〇〇	廿七、廿、廿科员
丙	刘良喜	甲	二六〇	四〇〇	四〇〇〇	廿七、廿、廿科员
	吴静生	乙	二六〇	九〇	三五〇〇	廿七、廿、廿科员
	林荣森	乙	二六〇	九〇	三五〇〇	廿七、廿、廿科员
	傅彦时	丙	二〇〇	四〇	二六〇	廿八、十、十二、廿科员

34

卅八.五.六.奉偷 抄表股印 據歸 毛秀林

卅六.一 黄国升副股長 月薪改為二四五.〇〇元 又三.卅三.吊業務課 余祥言 衛 文啟紀大仕

業務科抄表股卅五年度職員考績清冊

職別	姓名	考績等級	原支薪	增加薪	改支薪	備改
股長	張博文	甲	三〇〇〇〇	六〇〇〇	三六〇〇〇	卅八.三.二 專任 江北處
科員	鄭樵	甲	二八〇〇〇	四五〇〇	三二五〇〇	外支超級卅元
	夏仲康	乙	二五〇〇〇	三〇〇〇	二八〇〇〇 二四五〇〇	外支超級卅元
	洪家楨	乙	一七〇〇〇	三〇〇〇	二〇〇〇〇	
	胡澄秋	乙	一三〇〇〇	二五〇〇	一五五〇〇	卅八.三.三 調江北處
	文家敏	甲	一〇〇〇〇	三〇〇〇	一三〇〇〇	卅八.三.六 調南岸處
	賴先輝	甲	一七〇〇〇	四五〇〇	二一五〇〇	
	何庸源	乙	一〇〇〇〇	二〇〇〇	一二〇〇〇	

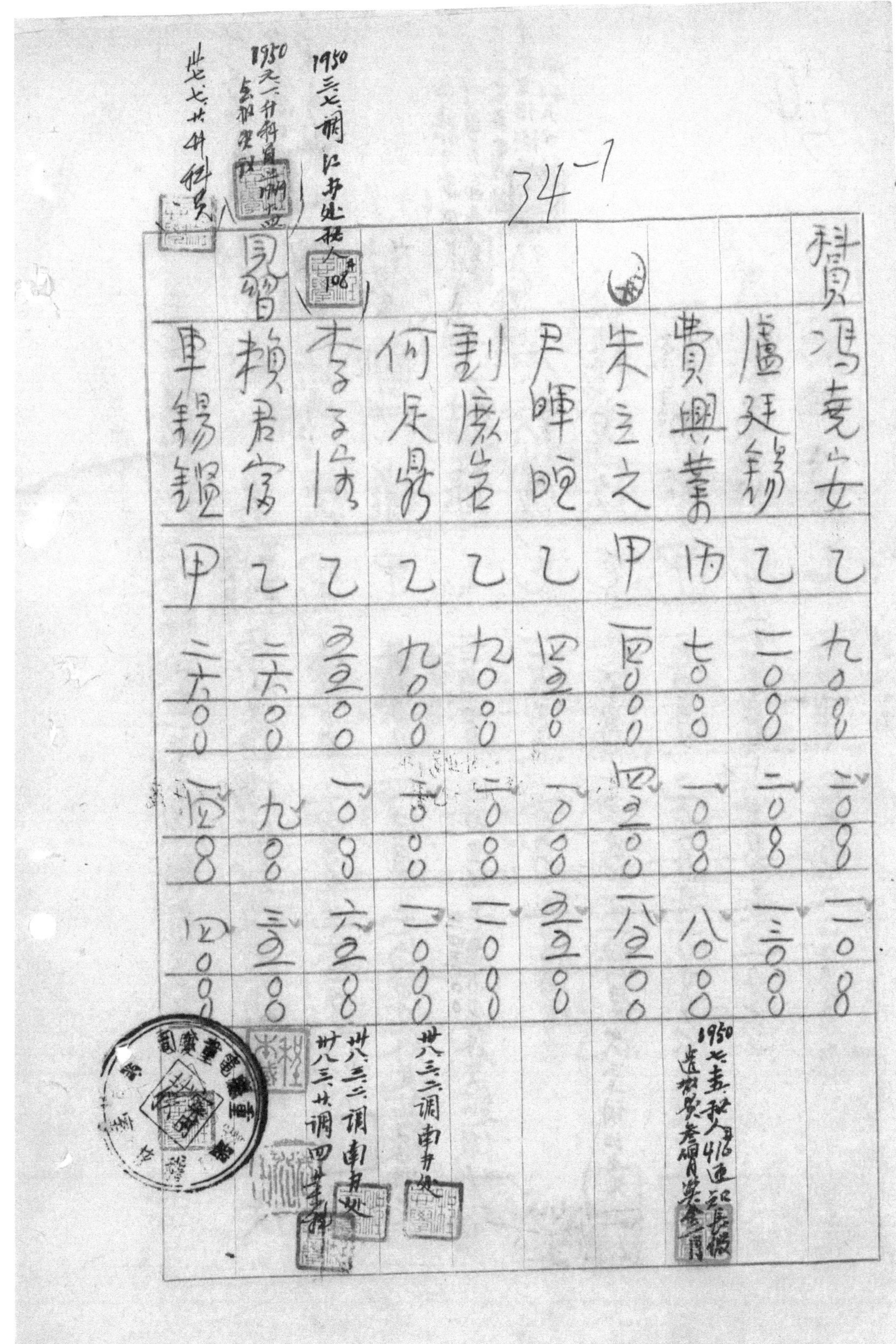

34-1

职别	姓名	等级			
科员	馮竞安	乙	九〇〇	二〇〇	一一〇〇
	盧廷錫	乙	一一〇〇	二〇〇	一三〇〇
	費興業	丙	七〇〇	一〇〇	八〇〇
	朱立之	甲	一四〇〇	四五〇	一八五〇
	尹暉晅	乙	四五〇	一〇〇	五五〇
	劉慶岩	乙	九〇〇	二〇〇	一一〇〇
	何足慮	乙	九〇〇	三〇〇	一二〇〇
	李子濂	乙	五〇〇	一〇〇	六〇〇
見習	賴君宏	乙	二六〇〇	九〇〇	三五〇〇
	卑錫鑑	甲	二六〇〇	一四〇〇	四〇〇〇

35

卅八、七、十六、調業務科助理秘書（副股長李伯全）

1950 三、十六、奉106號調業務科（事務員曾肇民）

業務科用户股卅八年度職員考績清冊

職別	姓名	考績等級	原支薪	增加薪	改支薪	備考
股長	李培陽	乙	二六〇〇	四〇〇	三〇〇〇	
副股長	李伯全	乙	三二〇〇	四〇〇	三二〇〇	外支超級軍元
工程師	王紹綸	乙	三二〇〇	四〇〇	三六〇〇	1950七、卅、起入45年屆齡退休 給退休金169天薪額 獎金一月
事務員	曾肇民	甲	二一五〇	四五〇	二六〇〇	卅八、九、五、調檢查組 卅八、十一、升助理工程師
	馮先富	甲	二一五〇	四五〇	二六〇〇	卅八、十一、升助理工程師
	任培鈺	甲	九〇〇	三〇〇	一二〇〇	
科員	劉正昌	乙	七〇〇	三〇〇	一〇〇〇	
	孫續亨	乙	九〇〇	二〇〇	一一〇〇	卅七、六、八、長假辭 批 給薪津一月

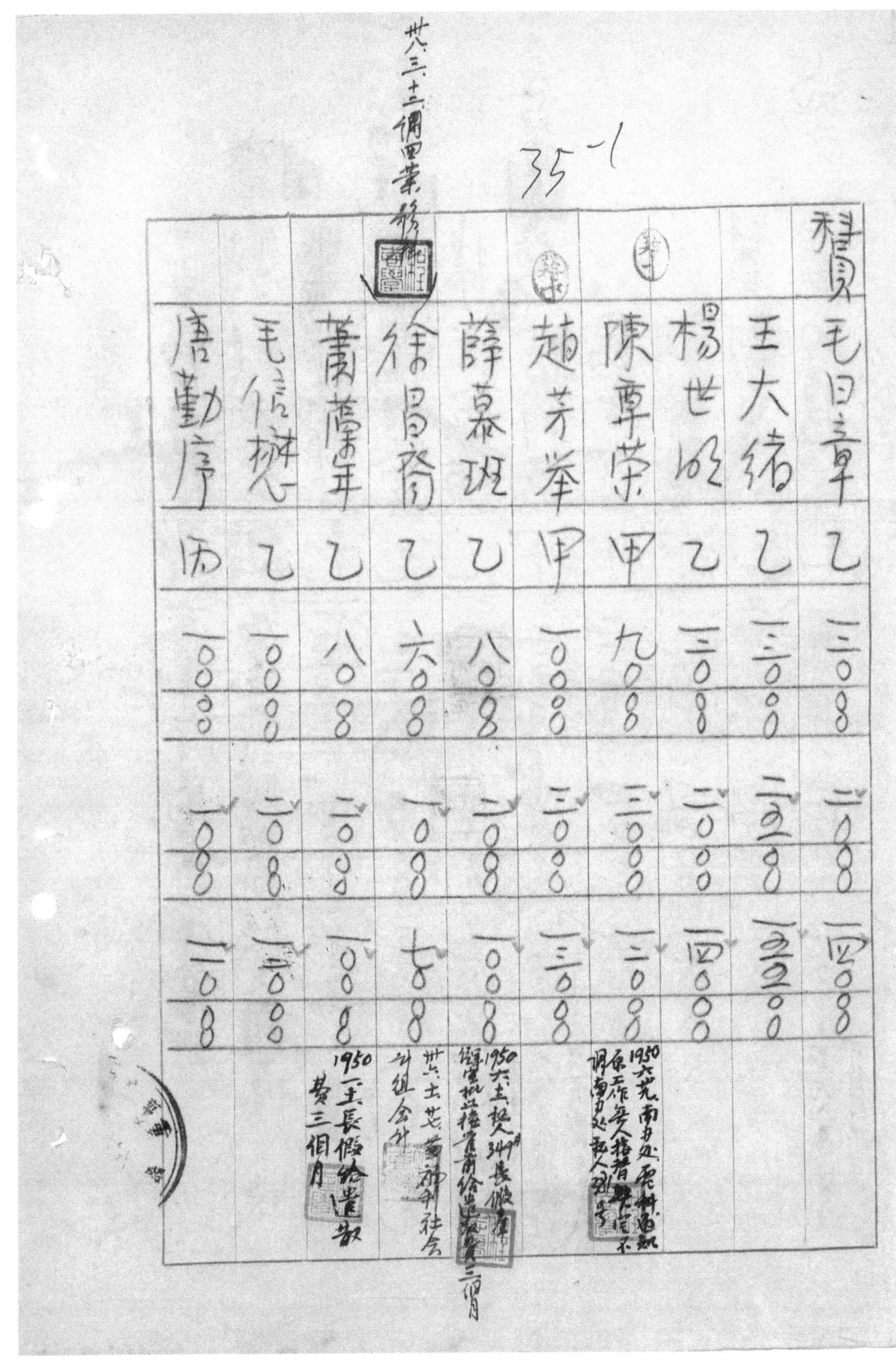

卅六.三.十二 调回業務

35-1

姓名	等级				备注
毛日章	乙	三〇〇〇	二〇〇〇	四〇〇〇	
王大绪	乙	三〇〇〇	二五〇〇	二五〇〇	
杨世昭	乙	三〇〇〇	二〇〇〇	四〇〇〇	1950.六.廿九.南办处 [illegible] 原工作無人接替 [illegible] 调南办处 [illegible] 人事
陈尊荣	甲	九〇〇〇	三〇〇〇	三〇〇〇	
赵芳举	甲	一〇〇〇〇	三〇〇〇	三〇〇〇	
薛慕班	乙	八〇〇〇	二〇〇〇	一〇〇〇	1950.六.十三.[illegible] 長假 [illegible] 給 [illegible] 三個月
徐昌齐	乙	六〇〇〇	一〇〇〇	七〇〇	卅六.十一.廿六 [illegible] 社会 [illegible] 会计
萧藻年	乙	八〇〇〇	二〇〇〇	一〇〇〇	1950.一.十三.長假給遣散費三個月
毛信树	乙	一〇〇〇〇	二〇〇〇	二〇〇〇	
唐勤序	丙	一〇〇〇〇	一〇〇〇	二〇〇〇	

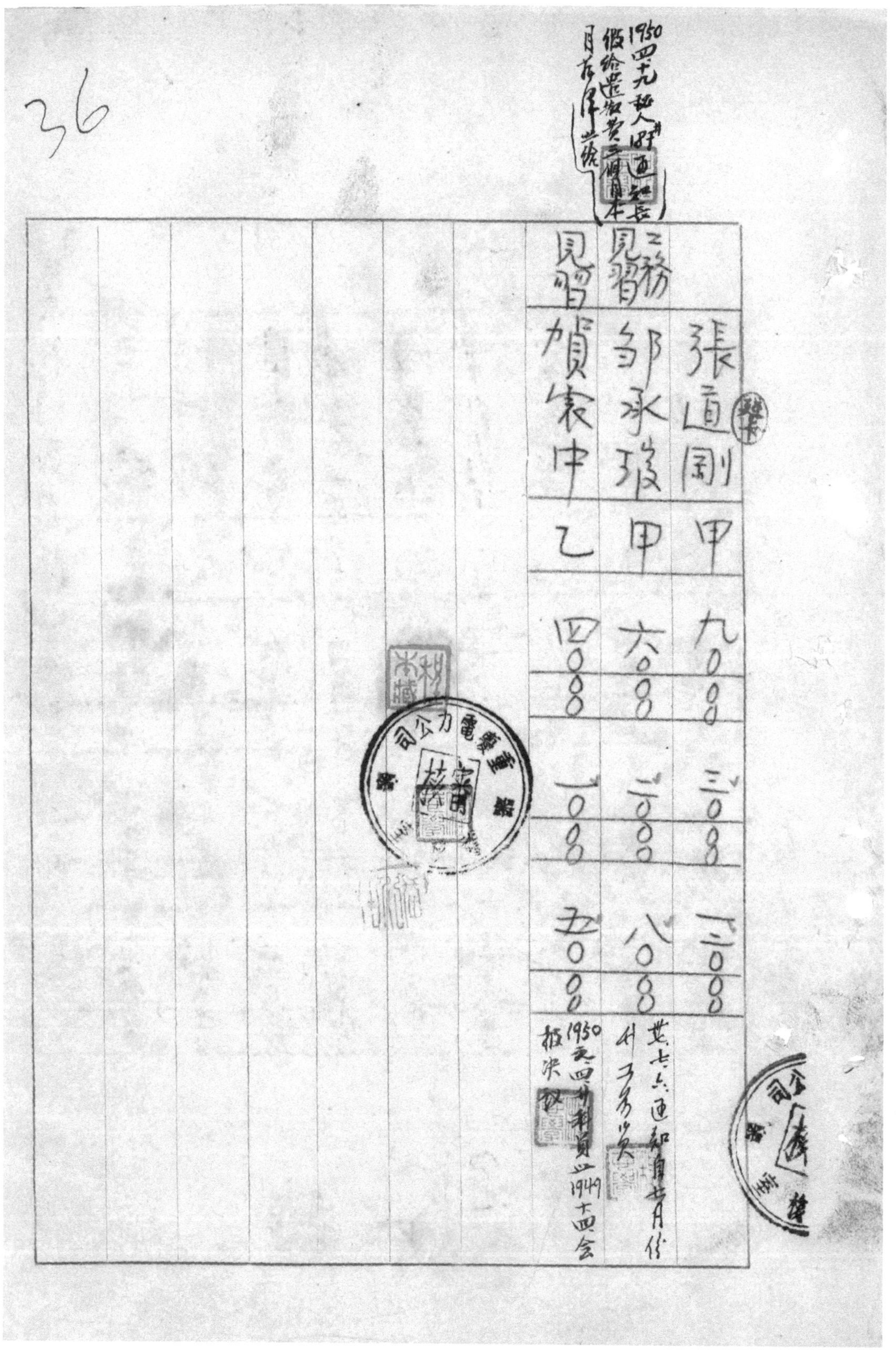
36

1950四.九.秘人1839通知长假给遣散费三个月本月廿五日注销

工務見習	張道剛	甲	九〇〇	三〇〇	一二〇〇
見習	鄒承璇	甲	六〇〇	二〇〇	八〇〇
見習	熊賓中	乙	四〇〇	一〇〇	五〇〇

卅七六通知自廿一月付

1950五.四.科員二三1949十四会报决议

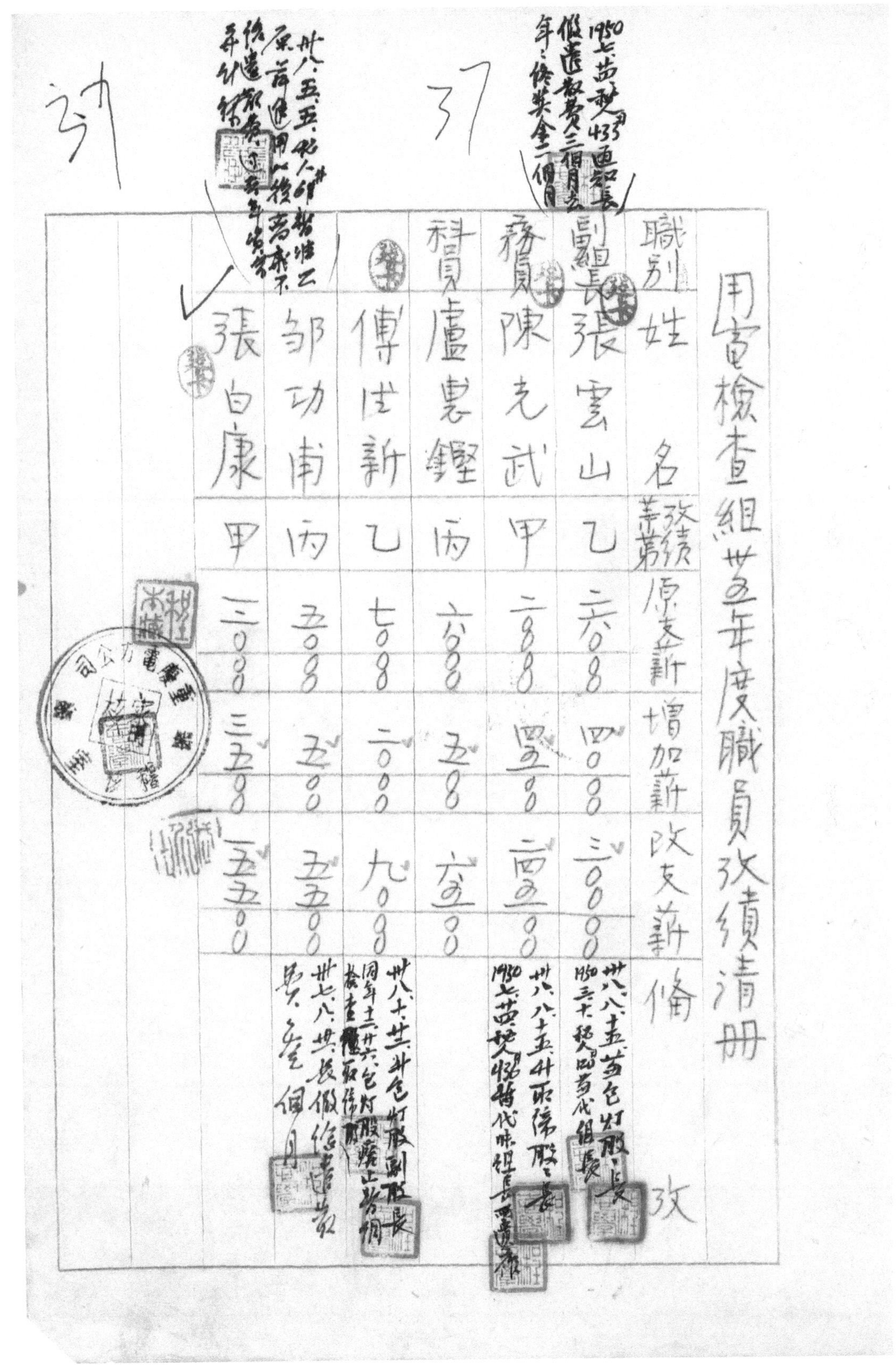

37

1950.七.黃秘人435[illegible]組長假遣散費三個月[illegible]年終獎金一個月

卅八.五.五.秘人[illegible] 原薪進用[illegible]

用電檢查組卅五年度職員攷績清冊

職別	姓名	攷績等第	原支薪	增加薪	改支薪	備攷
副組長	張雲山	乙	六〇〇	四〇〇	一〇〇〇	卅八.八.十五 黃色灯股長 1950.三.十 秘人[illegible]代組長
務員	陳克武	甲	二〇〇	四五〇	六五〇	卅八.八.十五 升兩傷股長 1950.七.黃秘人[illegible]代理組長
科員	盧崇鏗	丙	六〇〇	五〇〇	一一〇〇	
	傅世新	乙	七〇〇	二〇〇	九〇〇	卅八.十.廿三 升色灯股副股長 同年十二.廿六 色灯股[illegible]
	鄒功甫	丙	五〇〇	五〇	五五〇	卅七.八.卅 長假[illegible]
	張白康	甲	三〇〇	三五〇	六五〇	

福利社卅五年度職員考績清册

職别	姓名	考績等第	原支薪	增加薪	改支薪	備考
幹事	唐鶴生	乙	一八五〇〇	三〇〇〇	二一五〇〇	
	徐世和	丙	一八五〇〇	一五〇〇	二〇〇〇〇	卅六·十二·一调業务科 1950·五·廿五起人[illegible]自五[illegible]
	朱敌先	乙	二二五〇〇	三〇〇〇	二二五〇〇	外支超級廿元
科員	毛世偉	甲	六五〇〇	二五〇〇	九〇〇〇	1950·一·卅调文書股 秘人字[illegible]通知

1950.七.廿七 秘人405通知 遷炉出灰組暫由值班工程師管理

第一廠卅五年度職員考績清册

職別	姓名	考績等第	原支薪	增加薪	改支薪	備考
工程師	趙之陳	甲	三八〇	七〇	四五〇	卅五、八、卅 管理股長 1950.七.廿七 秘人405通知為值班工程組長
	楊賢生	甲	五〇〇	一〇〇	六〇〇	卅七、一、卅一 退休
副工程師	楊如坤	甲	四〇〇	八〇	四八〇	卅七、五、八 鍋爐股長 1950.七.廿七 秘人405派為汽車鍋爐組工程師兼組長
	花光萊	乙	一三〇	二五	一五五	卅六、八、十八 升工程師 1950.七.廿七 秘人405通知派在值班工務組
科員	連鍾毓	乙	五〇〇	一〇〇	六〇〇	1950.七.廿七 秘人405派代總務組長
見習	王國泰	乙	二二〇	八〇	三〇〇	卅八、七、十三 升科員
	魏清源	乙	二〇〇	六〇	二六〇	[illegible] 調一廠總機

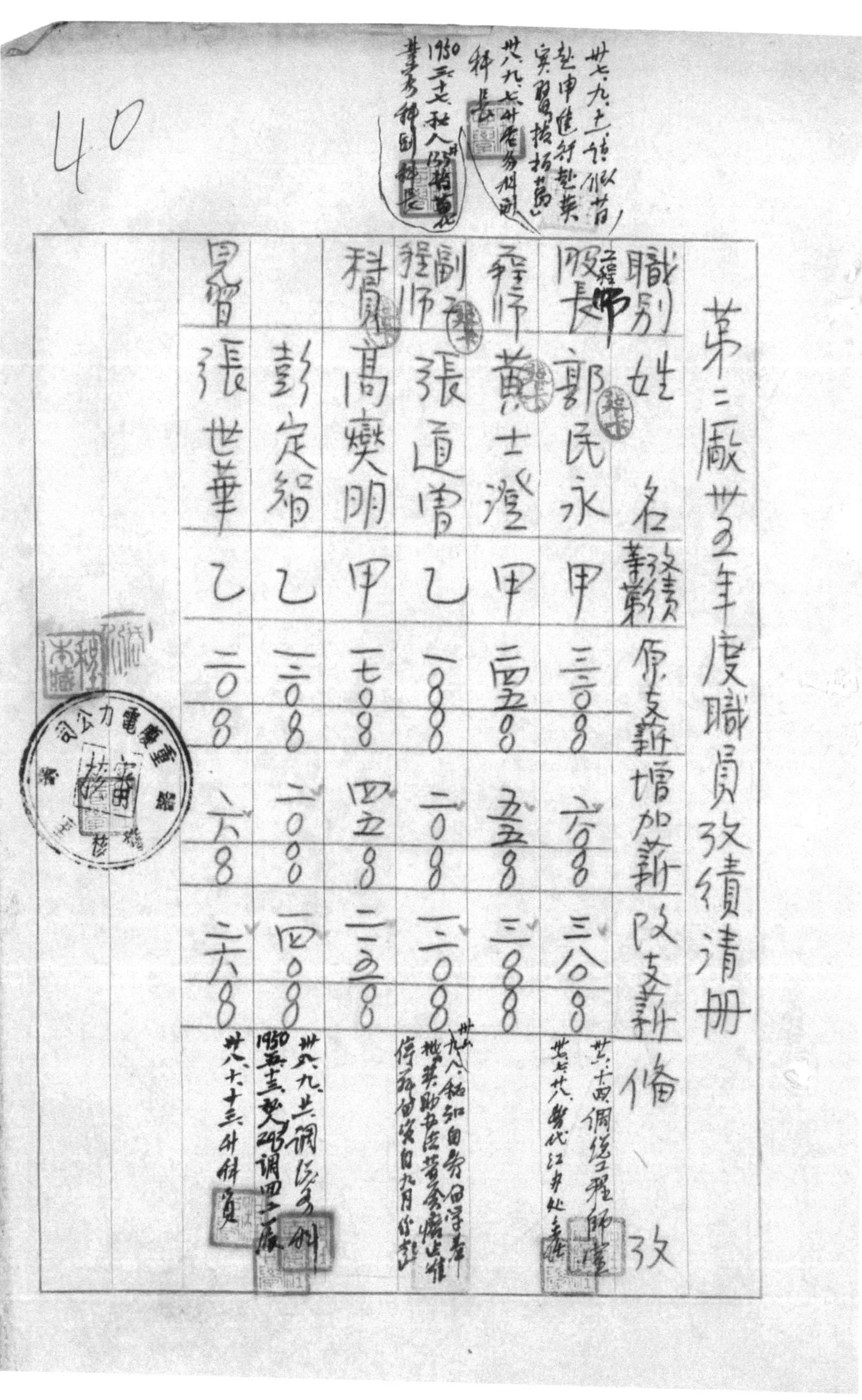

40

第三廠卅五年度職員攷績清冊

職別	姓名	考績等級	原支薪	增加薪	改支薪	備攷
股長（工程師）	郭民永	甲	三二〇〇	六〇〇	三八〇〇	卅六.十.四 调總工程師室；卅七.廿八.發代江北处主任
工程師	黄士澄	甲	二五〇〇	五〇〇	三〇〇〇	
副工程師	張道胄	乙	一八〇〇	二〇〇	二〇〇〇	卅六.九.八.秘知自費留学…停薪留資自九月份起
科員	葛燮明	甲	一七〇〇	四五〇	二一五〇	
	彭定紹	乙	二二〇〇	二〇〇	二四〇〇	卅六.九.廿 调總务科；1950.五.十三 …调四厂
見習	張世華	乙	二〇〇〇	六〇	二六〇〇	卅八.十.十六 升科員

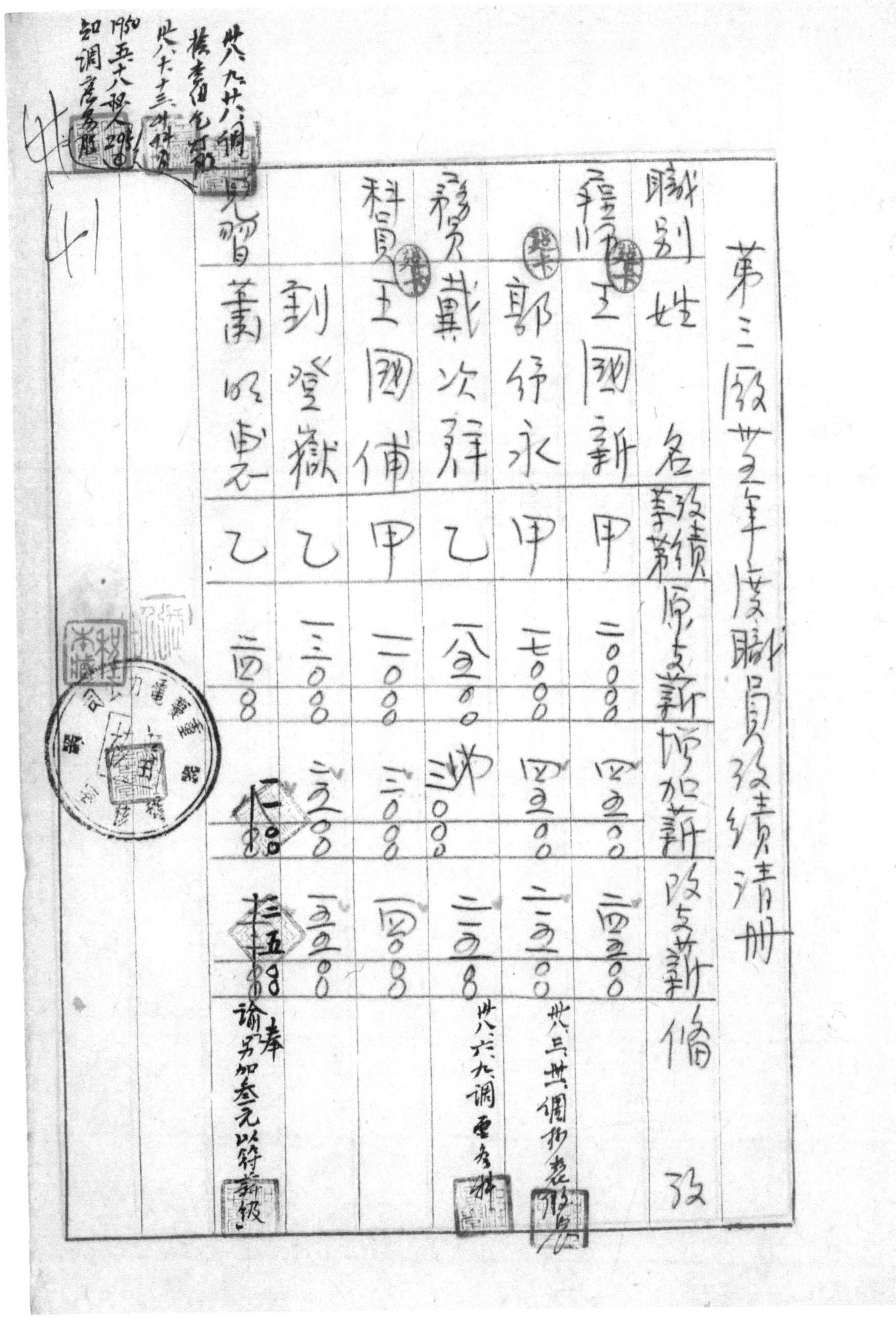

第三廠卅五年度職員考績清册

職別	姓名	考績等第	原支薪	增加薪	改支薪	備攷
工程師	王國新	甲	二〇〇〇〇	四五〇〇	二四五〇〇	
	郭仰永	甲	一七〇〇〇	四五〇〇	二一五〇〇	卅六、五、卅調紗廠
事務員	戴次祥	乙	一八五〇〇	三〇〇〇	二一五〇〇	卅八、六、九調
科員	王國俌	甲	一二〇〇〇	三〇〇〇	一四〇〇〇	
	劉登嶽	乙	一三〇〇〇	二五〇〇	一五五〇〇	
見習	董明[illegible]	乙	一四〇〇〇	一〇〇〇	一五〇〇〇	奉諭另加叁元以符薪級

卅八、九、廿八調檢查組充幹事

卅八、十、十三升科員

1950 五、十八 移人 29號

知調交易股

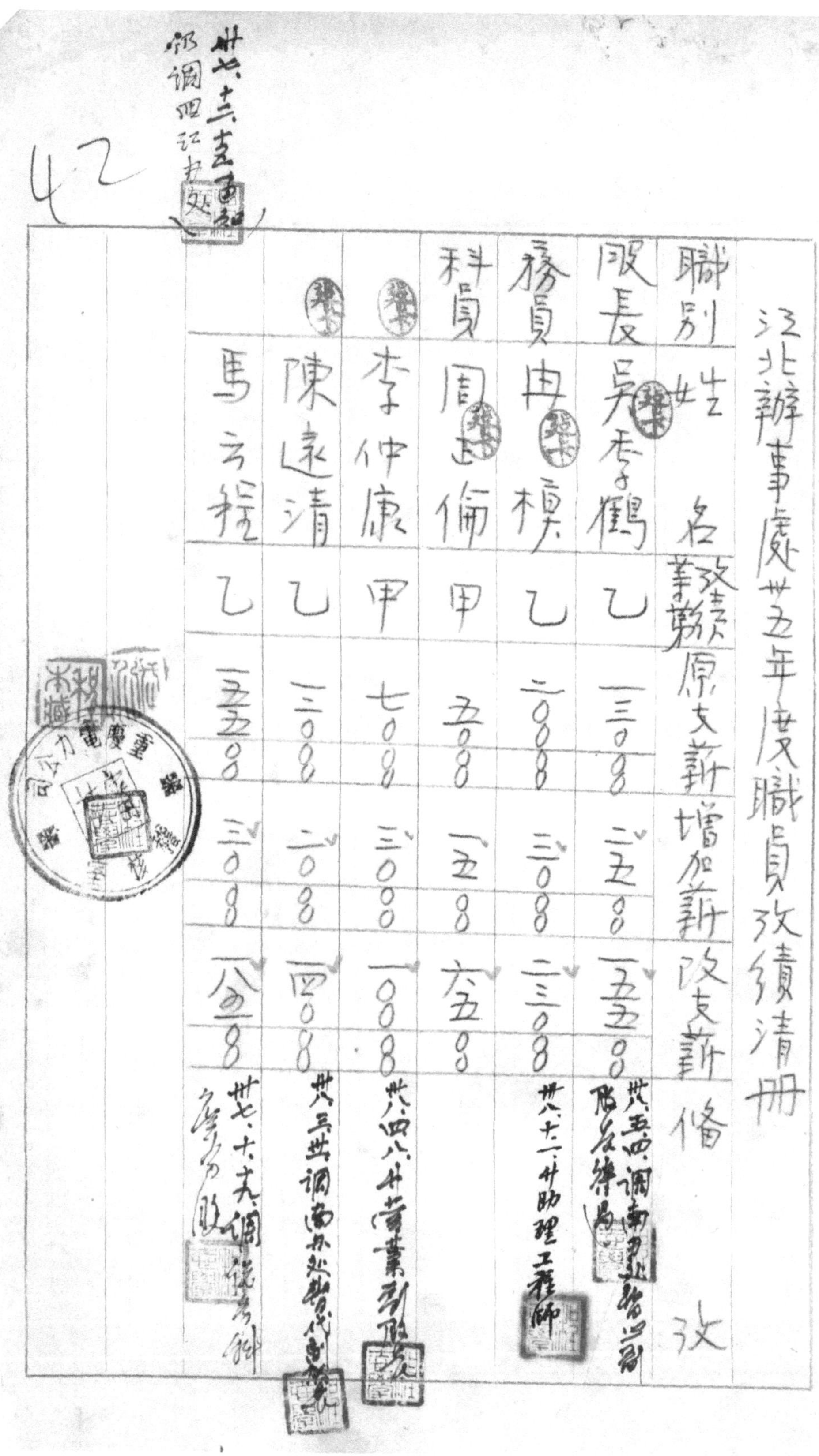

42

卅七、三、十三
函调四江办处

江北办事处卅五年度职员考绩清册

职别	姓名	考绩等级	原支薪	增加薪	改支薪	备考
股长	吴季鹤	乙	一三〇〇	二五〇	一五五〇	卅六、五、廿四、调南岸办事处营业股 服务律局
务员	冉模	乙	二〇〇〇	三〇〇	二三〇〇	卅八、十一、廿助理工程师
科员	周正伦	甲	五〇〇	一五〇	六五〇	
	李仲康	甲	七〇〇	三〇〇	一〇〇〇	卅八、四、八、升营业副股长
	陈远清	乙	二〇〇	二〇〇	四〇〇	卅八、三、卅、调南岸办事处代理股长
	马云程	乙	一五〇〇	三〇〇	一八〇〇	卅七、十、廿六、调总务科

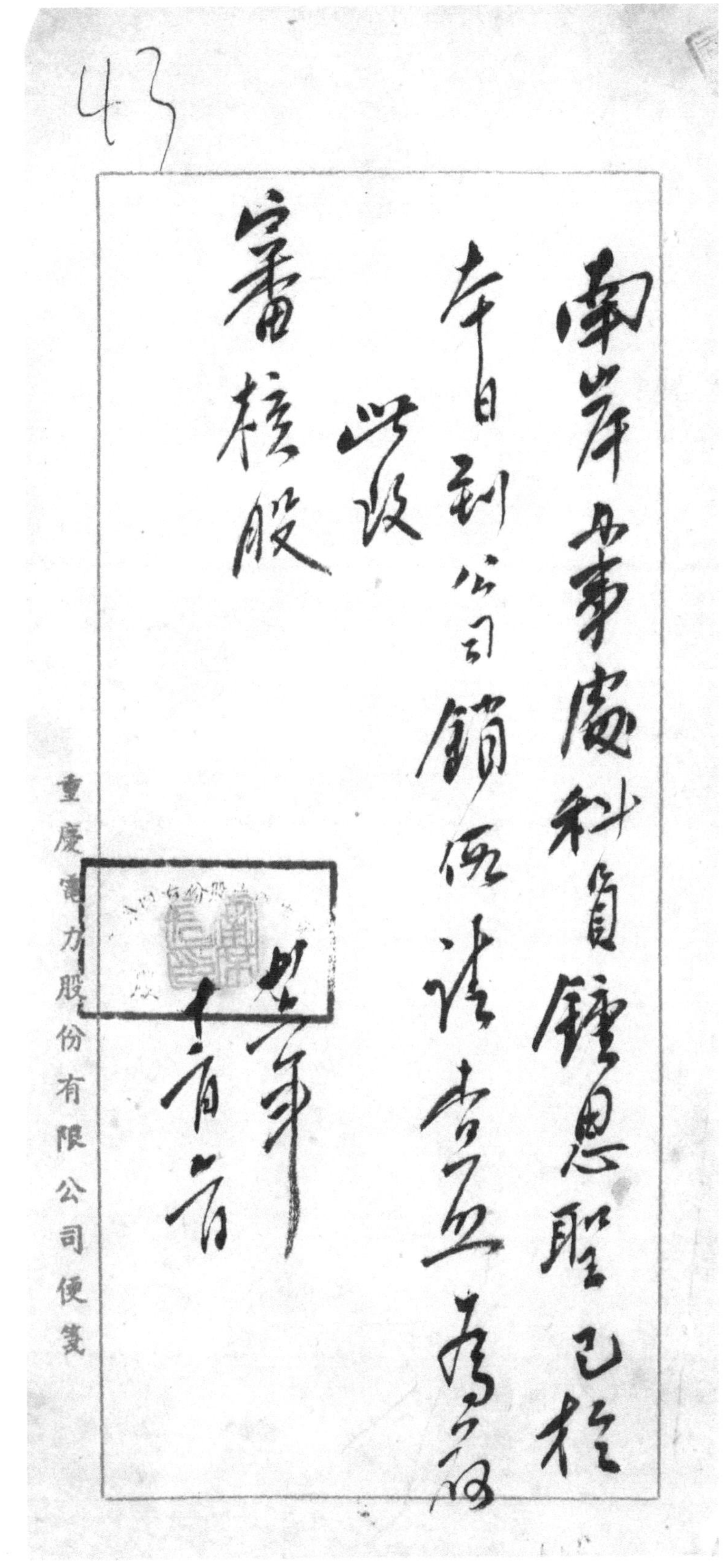
43

南岸業務處科員鍾思聖已於本日到公司銷假請查照為荷

此致

審核股

十月六日

重慶電力股份有限公司便箋

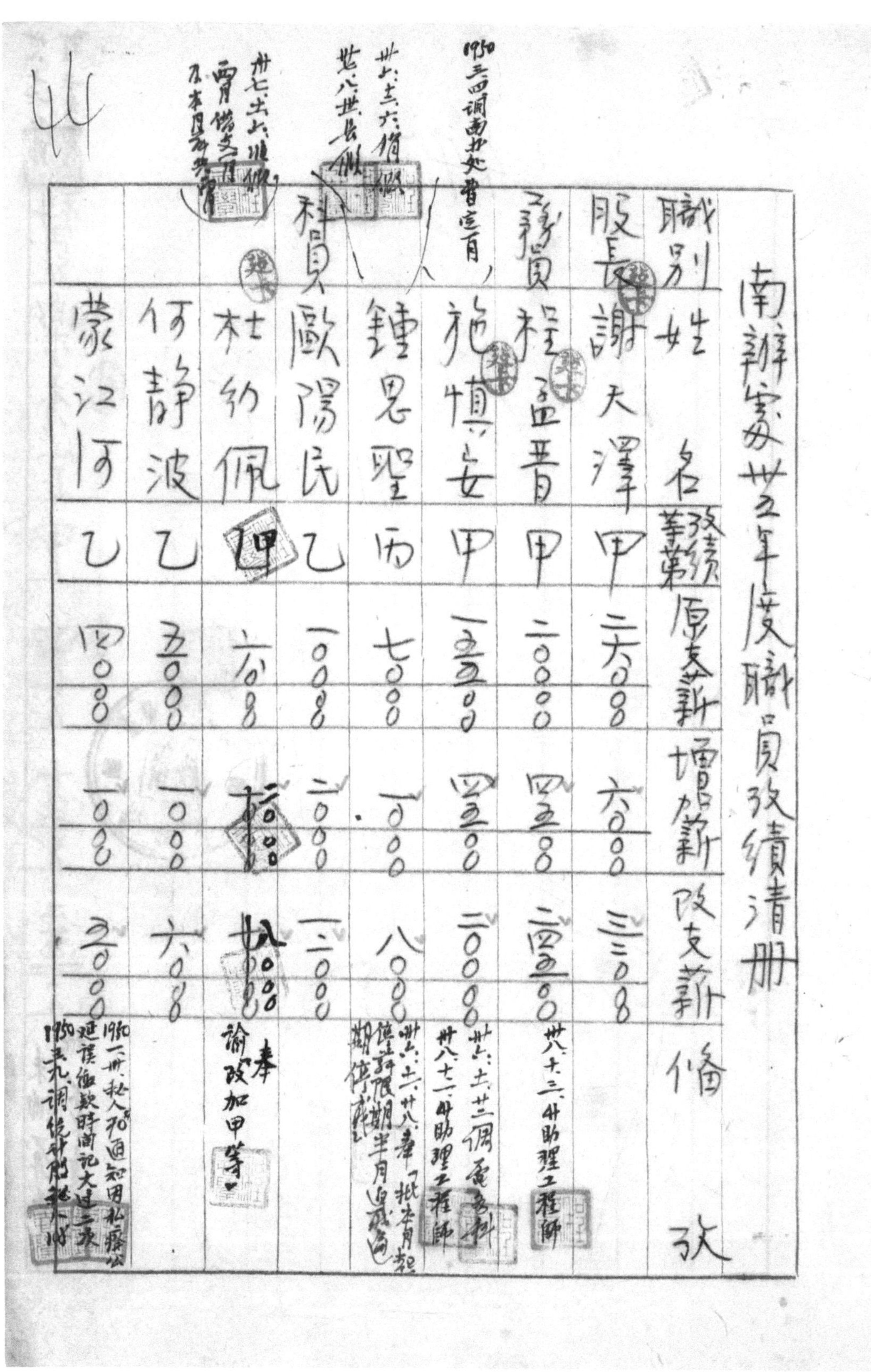

南辦[illegible]卅五年度職員考績清冊

職別	姓名	考績等第	原支薪	增加薪	改支薪	備考
股長	謝天澤	甲	二六〇〇〇	六〇〇〇	三二〇〇〇	
事務員	程孟晉	甲	二〇〇〇〇	四五〇〇	二四五〇〇	卅八、十二、卅助理工程師
	施慎安	甲	一五〇〇〇	四五〇〇	二〇〇〇〇	卅六、十一、廿二調電務科；卅八、十一、廿助理工程師
	鍾恩聖	丙	七〇〇〇	一〇〇〇	八〇〇〇	卅六、十二、卅八奉「批本月起停支薪限期半月內離職」
稽員	歐陽民	乙	一〇〇〇〇	二〇〇〇	一二〇〇〇	
	杜仂佩	甲	六〇〇〇	二〇〇〇	八〇〇〇	奉諭改加甲等
	何靜波	乙	五〇〇〇	一〇〇〇	六〇〇〇	
	蒙江河	乙	四〇〇〇	一〇〇〇	五〇〇〇	1950、一、卅、秘人70通知因私廢公延誤佃款時間記大過二次；1950、三、九調[illegible]

1950、三、四調西北處[illegible]

卅六、十二、六、[illegible]撤；卅八、卅、長撤

卅七、十二、六、順撤；[illegible]

44-1

卅六、十二、六升助理干事员

科員 樂秀寶 甲 四〇〇 [illegible] [illegible]

未滿一年奉批不考績

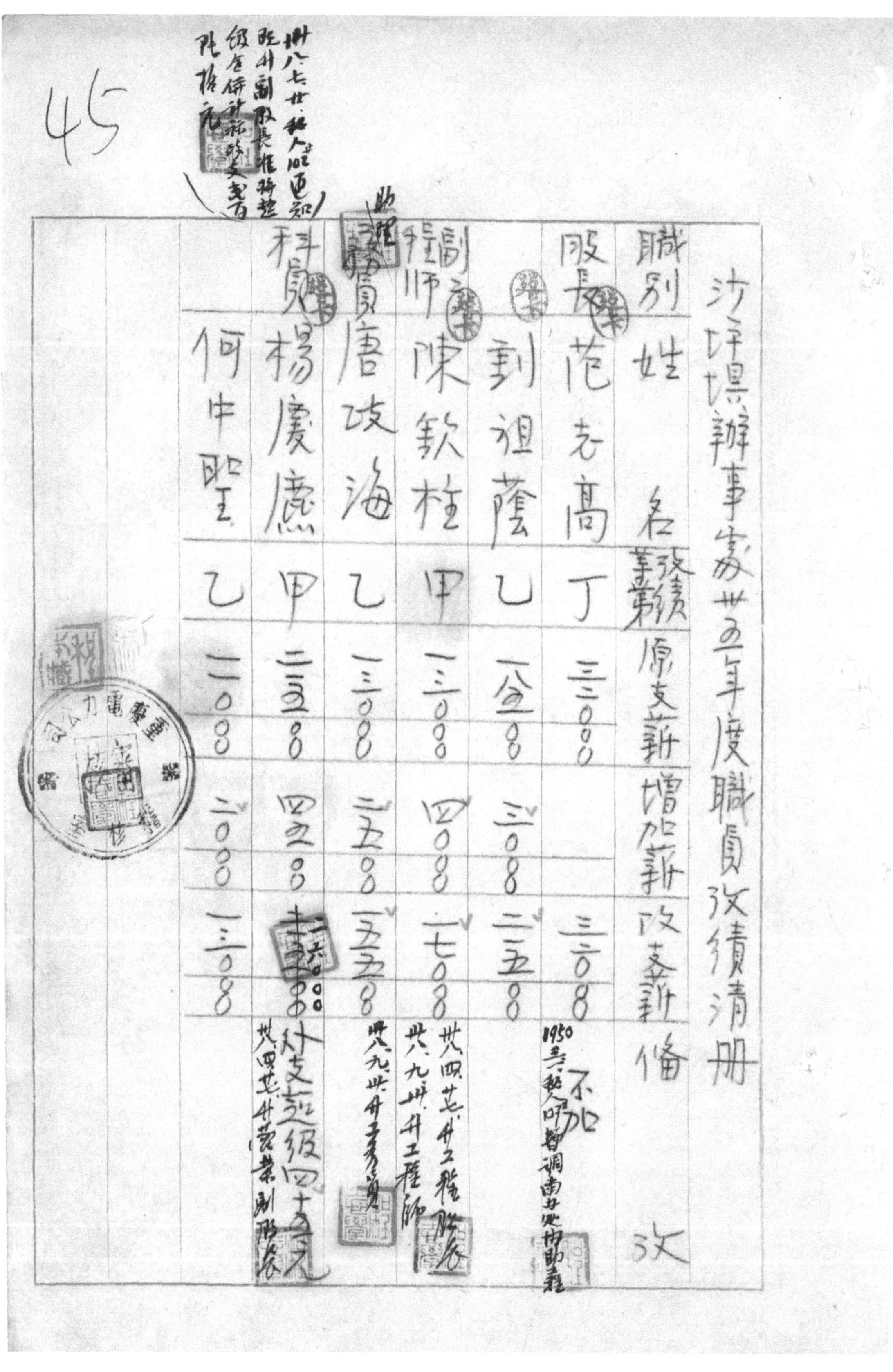

45

卅八.七.廿.秘人卅101通知 改升副股長准將超級金額併計稱支... 張裕元

沙坪壩辦事處卅五年度職員考績清冊

職別	姓名	考績等級	原支薪	增加薪	改支薪	備考
股長	范志高	丁	三〇〇〇		三〇〇〇	不加；1950.三.六秘人叩函調南岸處協助稽
	劉祖蔭	乙	二二〇〇	三〇〇	二五〇〇	
副工程師	陳欽桂	甲	一三〇〇	四〇〇	一七〇〇	卅四.十二.廿升工程師；卅八.九.卅升工程師
助理工務員	唐政海	乙	一三〇〇	二五〇	一五五〇	卅八.九.卅升工務員
科員	楊慶憲	甲	二一五〇	四五〇	二六〇〇	升支超級四十五元；卅四.十二.廿升營業副股長
	何中聖	乙	二〇〇〇	二〇〇	二二〇〇	

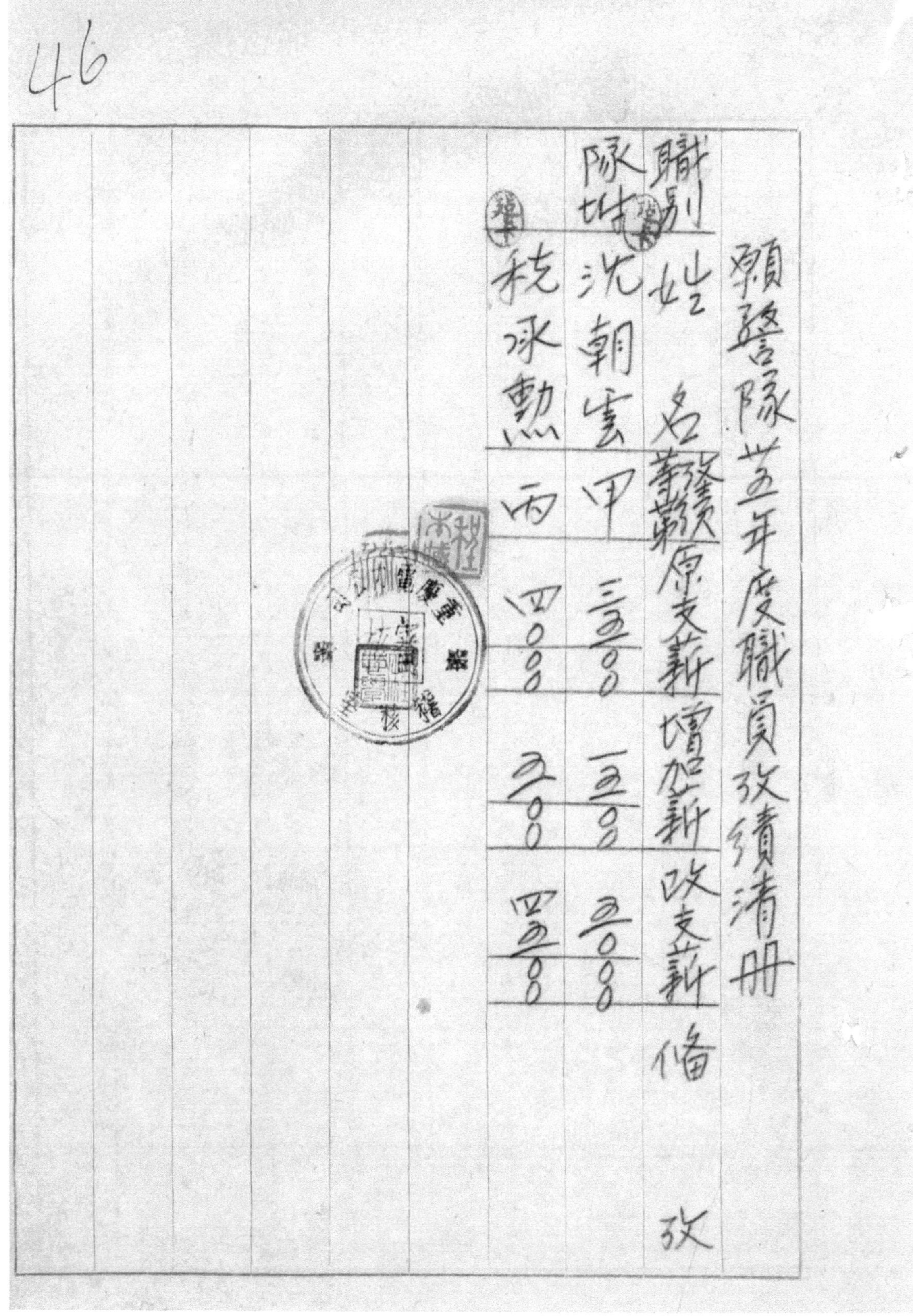

46

顯警隊卅五年度職員考績清冊

職別	姓名	考績等級	原支薪	增加薪	改支薪	備考
隊附	沈朝雲	甲	三五〇〇	一五〇〇	五〇〇〇	
	稅承勳	丙	四〇〇〇	五〇〇	四五〇〇	

重庆电力股份有限公司关于请查收公司主管人调查表致重庆行辕的代电（一九四八年四月十二日）　0219-2-260

F10064/4

已览

送达机关：重庆行辕

事由：为贵辕奉令为主管人调查表一份请查照由

文别：代电

附件：

总经理　四月 日

协理　月 日

主任秘书　四月十二日

秘书　月 日

文书股股长　四月十二日

拟稿　月 日

会章　抄送

中华民国卅七年四月拾二日发出

缮校　四月十二日

用印　月 日

封发　月 日

归档　月 日

发文电字第432号

收文电字第　号

卷号

32

国民政府主席重庆行辕主任朱钧鉴：案奉本年四月八日局字第〇二三〇号局参子有代电附调查表式一份饬将主管人填报等由，兹已遵填完竣，谨电贵呈，敬祈鉴察。重庆电力公司叩侵附表一份

秘 36 12.16/9000

33

董事長 潘文華

重慶市黨政軍警憲各機關法團學校各級主管人員調查表

機關名稱	部別職級	姓名	別號	年齡	籍貫	出身	機關駐在地點	機關駐在地電話號碼	私宅住址及電話號碼	備攷
重慶電力公司	董事長	劉航琛		五八	四川瀘縣	北京大學政經系畢業	民權路卅號	四一五五七	嘉陵新村	
〃	協理	程本臧		四七	浙江杭州	交通大學電機系畢業；美國康乃爾大學畢業	〃	四一九三三	學田灣；神仙洞街二〇號	

49

重慶電力公司職員動態表

卅七年元月份

部別	上月底計	本月新派	本月免職	本月調入	本月調出	本月底計	備註
經理室	6	1				7	
秘書室	4					4	
人事股	5					5	
文書股	6					6	
總務科	3					3	
材料股	12					12	
燃料股	9					9	
購置股	3					3	
庶務股	7					7	
稽核室	3					3	
審核股	4					4	
稽查股	4					4	
會計科	3					3	
出納股	5					5	
簿記股	17					17	
統計股	4					4	
業務科	6					6	
收費股	60					60	
票據股	33					33	
抄表股	21					21	
營業股	13					13	
檢查組	13					13	
福利社	5					5	
醫務室	7					7	
總工程師室	2					2	
營務科	13					13	
用電股	12					12	
表務股	1					1	
機務科	3					3	
第一廠	10		1			9	
第二廠	8					8	
轉次頁	302					302	

主任秘書　　人事股長　　製表

重庆电力股份有限公司一九四八年职员动态表（一九四八年）　0219-2-229

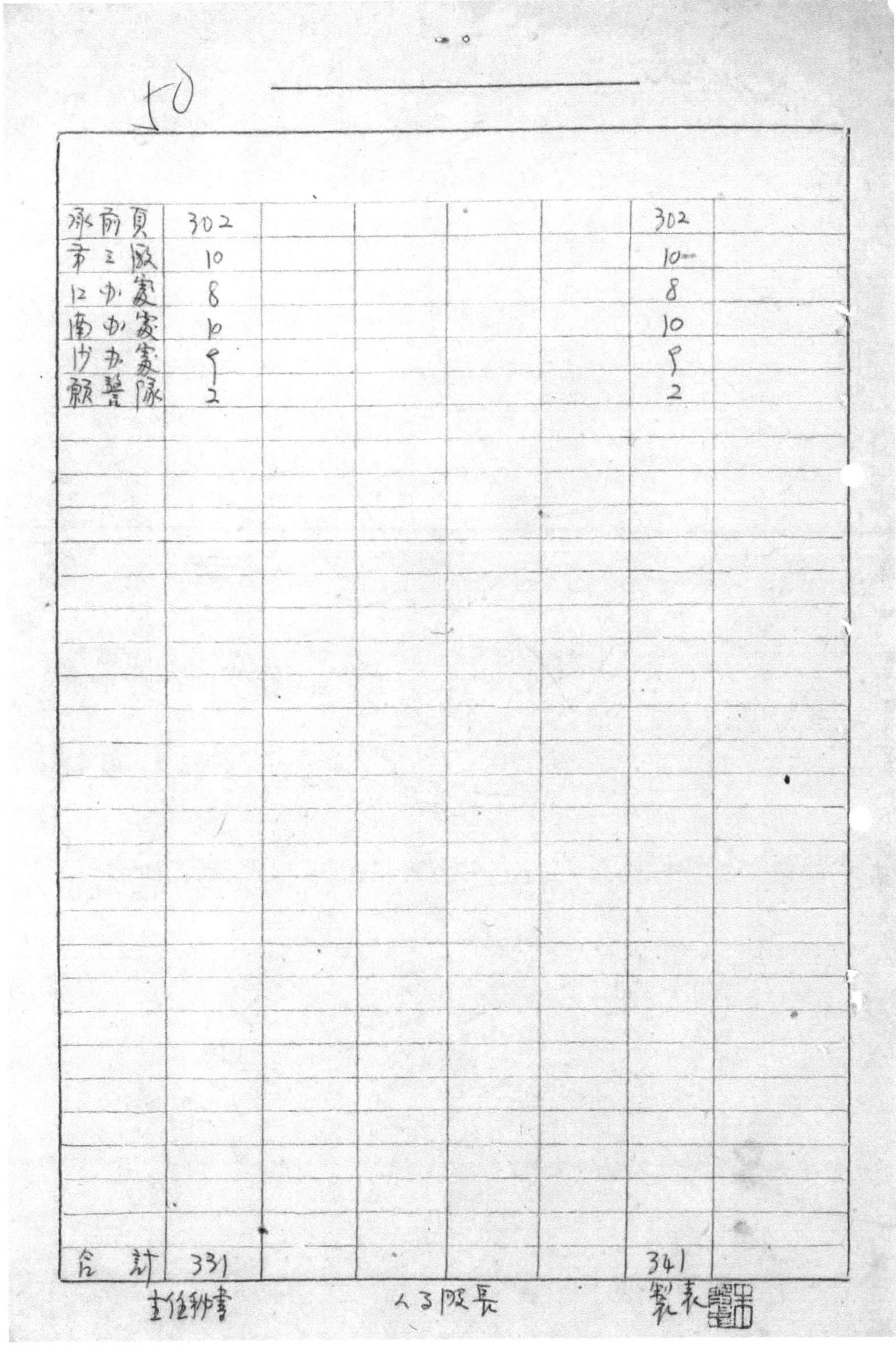

二〇

10

承前頁	302					302	
第三區	10					10	
江办處	8					8	
南办處	10					10	
沙办處	9					9	
飯警隊	2					2	
合計	331					341	

主任秘書　　人事股長　　製表

31

重慶電力公司工友動態表

卅七年元月份

部別	上月底計	本月新派	本月免職	本月調入	本月調出	本月底計	備註
材料股	20					20	
燃料股	19					19	
購置股	1					1	
庶務股	12					12	司機助手
電務科	85		1			84	
用電股	40					40	
表務股	5					5	
電訊室	12					12	
市一區	174					174	
市二區	119					119	
市三區	215					215	
江辦處	9					9	
南辦處	60					60	
沙辦處	42					42	
檢查組	14					14	
庶務股	81					81	茶役
駐警隊	40	1	1			40	
合計	948					947	

主任秘書　　人事股長　　製表

52

卅年九月份工友動態

業務科技工曹仕林死亡

顧警隊警士盧杜模除名遺職由劉國彥接充

朱四一生註

重慶電力股份有限公司便箋

53

重慶電力公司職員動態表

卅七年二月份

部別	上月底計	本月新派	本月免職	本月調入	本月調出	本月底計	備註
經理室	7					7	本月無動態
秘書室	4					4	
人事股	5					5	
文書股	6					6	
總務科	3					3	
材料股	12					12	
燃料股	9					9	
購置股	3					3	
庶務股	7					7	
稽核室	3					3	
審核股	4					4	
稽查股	4					4	
會計科	3					3	
出納股	5					5	
簿記股	17					17	
統計股	4					4	
業務科	6					6	
收費股	60					60	
票據股	33					33	
抄表股	21					21	
營業股	13					13	
檢查組	13					13	
福利社	5					5	
醫務室	7					7	
總工程師室	2					2	
電務科	13					13	
用電股	12					12	
表務股	1					1	
機務科	3					3	
第一廠	9					9	
第二廠	8					8	
總人員	302					302	

主任秘書　　人事股長　　製表

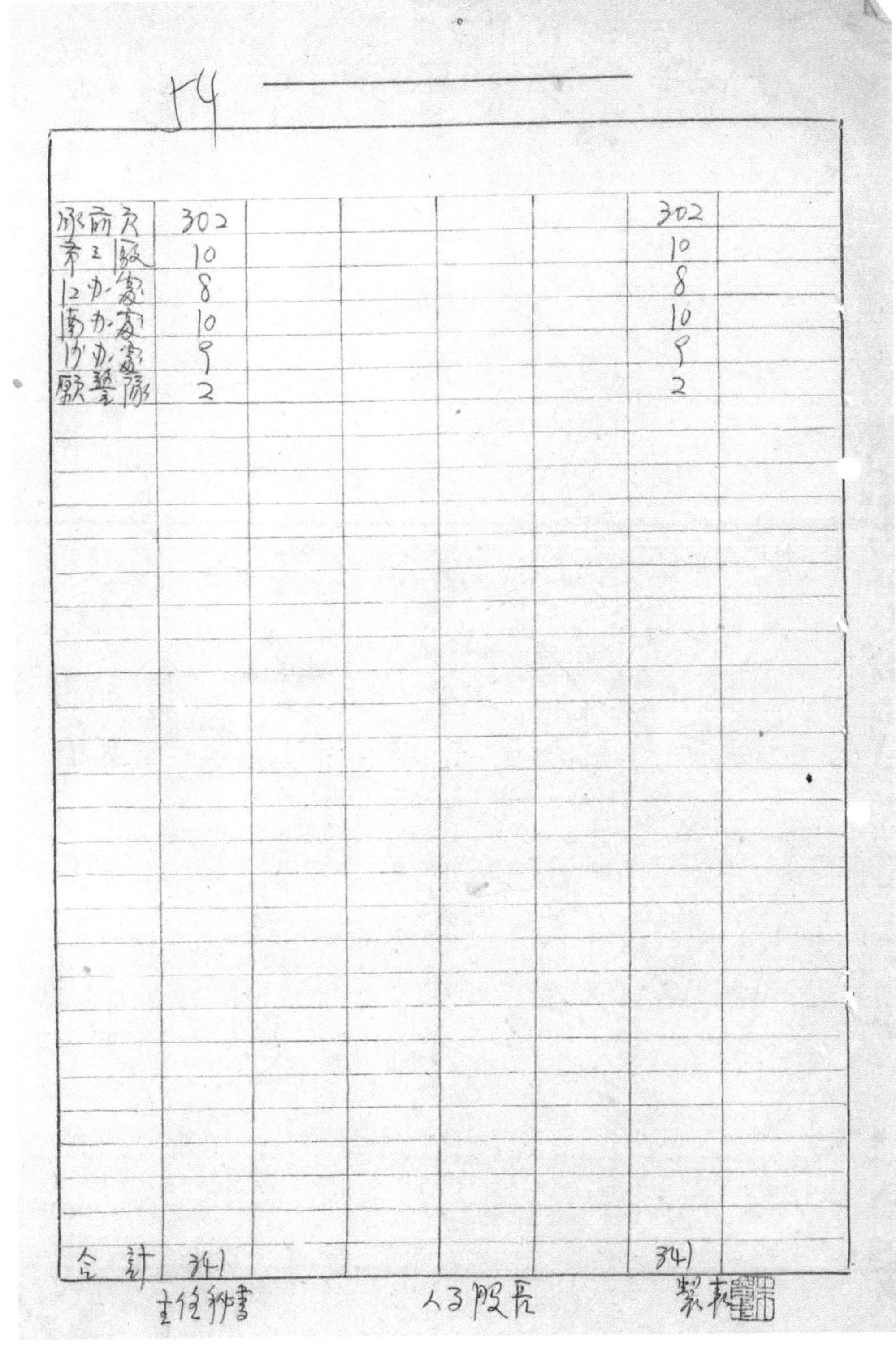

54

承前页	302					302	
第三股	10					10	
江办事处	8					8	
南办事处	10					10	
沙办事处	9					9	
驻警队	2					2	
合计	341					341	

主任秘书　　人事股长　　製表

卅七年二月份工友勤惰

市三廠技工徐安生退職

[illegible]謹

打

重慶電力股份有限公司便箋

16

重慶電力公司工友動態表

卅七年二月份

部別	上月底計	本月新派	本月免職	本月調入	本月調出	本月底計	備註
材料股	20					20	
燃料股	19					19	
購置股	1					1	
庶務股	12					12	習藝助手
電務科	84					84	
用電股	40					40	
表務股	5					5	
電話室	12					12	
第一廠	174					174	
第二廠	119		1			118	
第三廠	215					215	
江北辦事處	9					9	
南岸辦事處	60					60	
沙坪辦事處	42					42	
檢查組	14					14	
庶務股	81					81	警役
驗表隊	40					40	
合計	947					946	

主任秘書　　人事股長　　製表

卅七年三月份工友動態

沙處發電石工梁保清改小工名義

總務科錄工張煜榮升工務員

第二廠技工許春生死亡

駐警隊警士樊文昇離職舒孔田到職

朱大爲呈

重慶電力股份有限公司便箋

57

58

重慶電力公司職員動態表

卅七年三月份

部别	上月底計	本月新派	本月免職	本月調入	本月調出	本月底計	備註
經理室	7					7	
秘書室	4	1				5	
人事股	5					5	
文書股	6					6	
總務科	3					3	
材料股	12					12	
燃料股	9					9	
購置股	3					3	
庶務股	7					7	
稽核室	3					3	
審核股	4					4	
稽查股	4					4	
會計科	3					3	
出納股	5					5	
簿記股	17					17	
統計股	4					4	
業務科	6					6	
收費股	60					60	
票據股	33					33	
抄表股	21					21	
營業股	13					13	
檢查組	13					13	
福利社	5					5	
醫務室	7					7	
總工程師室	2					2	
電務科	13	1				14	
用電股	12					12	
表務股	1					1	
機務科	3					3	
第一廠	9					9	
第二廠	8					8	
轉次頁	302					304	

主任秘書　　人事股長　　劉[illegible]

59

承前页	302					304	
第三股	10					10	
江办事处	8					8	
南办事处	10					10	
沙办事处	9					9	
航驳队	2					2	
合计	341					343	

主任秘书　　　　股长　　　　制表

廿七年五月份職員動態

業務科錄事張恒芳廿八日調該科工務員

秘書室秘書徐代植升職

朱 五、卅一 呈

60

重慶電力股份有限公司便箋

重慶電力公司工友動態表

卅七年三月份

部別	上月底計	本月新派	本月免職	本月調入	本月調出	本月底計	備註
材料股	20					20	
燃料股	19					19	
購置股	1					1	
醫務股	12					12	司機助手
營業科	84		1			83	
用電股	40					40	
事務股	5					5	
電話室	12					12	
第一廠	174		1			173	
第二廠	118					118	
第三廠	215					215	
江北辦事處	9					9	
南岸辦事處	60					60	
沙坪壩辦事處	42					42	
稽查組	14					14	
庶務股	81					81	茶役
銅[illegible]隊	40	1	1			40	
合計	946					944	

主任秘書　　人事股長　　製表 [illegible]

四月份職員動態

總務科主任張信修辭職　業務科李文修、邱治宏對調

業務科陳海全、張毅生調回原處工作　業務科人事股袁聲宗遞長修

稽核室王衛仁調審核股　莫新民調稽查組

電務副科長歐陽鑑、機務郭俊鉅對調　三股黃孝述升副工程師

62

[illegible]

重慶電力股份有限公司便箋

63

重慶電力公司職員動態表

卅七年四月份

部別	上月底計	本月新派	本月免職	本月調入	本月調出	本月底計	備攷
經理室	7					7	
秘書室	5					5	
人事股	5					5	
文書股	6					6	
總務科	3		1			2	
材料股	12					12	
燃料股	9					9	
購置股	3					3	
庶務股	7					7	
稽核室	3				1	2	
審核股	4			1		5	
稽查股	4				1	3	
會計科	3					3	
出納股	5					5	
簿記股	17					17	
統計股	4					4	
業務科	6		1			5	
收費股	60			1	3	58	
票據股	33					33	
抄表股	21					21	
營業股	13			1	1	13	
檢查組	13			1		14	
福利社	5					5	
醫務室	7					7	
總工程師室	2					2	
電務科	14			1	1	14	
用電股	12					12	
表務股	1					1	
機務科	3					3	
第一廠	9			1	1	9	
第二廠	8					8	
預備員	304					300	

主任秘書　　人事股長　　製表 [illegible]

64

承前頁	304					300	
第三股	10					10	
仁办處	8					8	
南办處	10					10	
竹办處	9					9	
厰警隊	2					2	
合計	343					335	

主任秘書　　人事股長　　製表

四月份工友動態

陳海全調回稽核室　張叙生調回材料庫

電務科劉有俊、陳錫澤、張玉山、劉華欽，調業務科

張建陞　馬青山

龔鑒元、楊宗富停職，李友三升職

王秉楨　謝孔先

三廠由工友升中長傳

業務楊開德開除

65

卅四年五月三日

重慶電力股份有限公司便箋

66 重慶電力公司工友動態表

卅七年10月份

部別	上月底計	本月新派	本月免職	本月調入	本月調出	本月底計	備考
材料股	20					20	
燃料股	19					19	
購置股	1					1	
廠務股	12					12	司机助手
電務科	83					83	
用電股	40				2	38	
表務股	5				2	3	
電話室	12					12	
業務科						4	
第一廠	173					173	
第二廠	118					118	
第三廠	215		1			214	
江辦處	9					9	
南辦處	60					60	
沙辦處	42			1		43	
稽查組	14					14	
總務股	81		1	1		81	
駐警隊	40	3	3			40	
合計	944					944	

主任秘書　　人事股長　　製表

67

重庆电力公司职员动态表

卅七年五月份

部别	上月底计	本月新派	本月免职	本月调入	本月调出	本月底计	备考
经理室	7	2				9	
秘书室	5					5	
人事股	5					5	
文书股	6					6	
总务科	2					2	
材料股	12					12	
燃料股	9			1		10	
购置股	3					3	
庶务股	7					7	
稽核室	2					2	
审核股	5					5	
稽查股	3					3	
会计科	3					3	
出纳股	5					5	
簿记股	17		1			16	
统计股	4					4	
业务科	5					5	
收费股	58		1			57	
票据股	33					33	
抄表股	21					21	
营业股	13					13	
检查组	14					14	
福利社	5					5	
医务室	7					7	
总工程师室	2					2	
电务科	14					14	
用电股	12					12	
表务股	1					1	
机务科	3					3	
第一厂	9				1	8	
第二厂	8					8	
移次页	300					300	

主任秘书　　人事股长　　制表

68

[illegible]	[illegible]					[illegible]	備考
總行員	300					300	
第三廠	10					10	
江辦處	8					8	
南辦處	10					10	
漢辦處	9					9	
護警隊	2					2	
合計	339					339	

代總經理田習之到職
駐美代表趙永餘辭職
儲記股科員張治沅停職
收費股見習李克清開除
一股見習魏清沅調燃料股
材料股吳克楣改為秉澹工務員
趙元陳為一股管理股長
楊如坤為一股儲記股長

主任秘書　人事股長　製表

69

重慶電力公司工友動態表

卅七年三月份

部別	上月底計	本月新補	本月免職	本月調入	本月調出	本月底計	備考
材料股	20					20	
燃料股	19					19	
購置股	1					1	
廠務股	12					12	
電務科	83		2			81	
用電股	38					38	
表務股	3			3		6	
電話室	12				3	9	
業務科	4					4	
第一廠	173			3	3	173	
第二廠	118					118	
第三廠	214		1			213	
江辦處	9					9	
南辦處	60					60	
沙辦處	43					43	
稽查組	14					14	
庶務股	81		1			80	
廠警隊	40		1			39	
合計	944					939	

電務科小工胡友銘退職
〃 〃 〃 劉海元死亡
茶役郭務海去僱
廠警李克耀死亡
三廠小工吳振聲去僱
胡寶卿
電話室王銀章調稽務科
譚治民
陳少良
稽務科林學調表務股
蔣友泉

主任秘書　　人事股長　　製表

70

重慶電力公司職員動態表

1

卅七年六月份

部別	上月底計	本月新派	本月免職	本月調入	本月調出	本月底計	備攷
經理室	9					9	
秘書室	5					5	
人事股	5					5	
文書股	6					6	
總務科	2					2	
材料股	12					12	
燃料股	10					10	
購置股	3					3	
庶務股	7					7	
稽核室	2	1				3	
審核股	5					5	
稽查股	3					3	
會計科	3					3	
出納股	5					5	
簿記股	16	2	3			15	
統計股	4					4	
業務科	5					5	
收費股	57					57	
票據股	33					33	
抄表股	21					21	
營業股	13		1			12	
檢查組	14		1			13	
福利社	5					5	
醫務室	7					7	
總工程師室	2					2	
電務科	14					14	
用電股	12					12	
表務股	1					1	
機務科	3					3	
第一廠	8					8	
第二廠	8					8	
轉次頁	300					298	

主任秘書　　　　人事股長　　　　製表

71

承前頁	300					298	
第三股	10					10	
江办处	8					8	
南办处	10					10	
沙办处	9					9	
顧警隊	2					2	
合計	339					337	

副主任稽核李達春到職
簿記股長萬朝傑到職
試用葉培成到職
秘書馮克熙離職
簿記股長劉佳恩 ⎫
科員劉祖堯 ⎬ 離職
見習何毅平 ⎪
營業股科員孫孫堯 ⎭
二級工程師余永寬調修配股長

主任秘書　　　人事股長　　　製表

72

重慶電力公司工友動態表

卅七年六月份

部别	上月底計	本月新派	本月免職	本月調入	本月調出	本月底計	備攷
材料股	20					20	
燃料股	19					19	
購置股	1					1	
總務股	12	1	1			12	司機助手
電務科	81	1				82	
用電股	38					38	
表務股	6					6	
電話室	9					9	
業務科	4					4	
第一廠	173		1			172	
第二廠	118		2			116	
第三廠	213		1			212	
江办處	9					9	
南办處	60					60	
沙办處	43					43	
檢查組	14					14	
廠務股	80		1			79	茶役傳達
駐警隊	39	1				40	
合計	939					936	

一廠小工李樹挺
二廠 〃 冷樹楫
〃 鄧海云
三廠 〃 盧祥楨
廠務股司機向祥生
茶役余吉祥
（以上）離職

電務科小工胡友餘 復職

廠務股司機吳榮厚
警士譚十新
（以上）到職

主任秘書　　人事股長　　製表

73

重慶電力公司職員動態表

卅七年八月份

部別	上月底計	本月新派	本月免職	本月調入	本月調出	本月底計	備考
經理室	9					9	
秘書室	6					6	
人事股	5					5	
文書股	6					6	
總務科	2					2	
材料股	11					11	
燃料股	9					9	
購置股	3		1			2	
庶務股	7					7	
稽核室	3					3	
審核股	5					5	
稽查股	3					3	
會計科	3					3	
出納股	5					5	
簿記股	15					15	
統計股	4					4	
業務科	4					4	
收費股	57					57	
票據股	33					33	
抄表股	21		1			20	
營業股	12					12	
檢查組	14	1	1			14	
福利社	5					5	
醫務室	7					7	
總工程師室	1					1	
電務科	14					14	
用電股	12					12	
表務股	1					1	
廠務科	3					3	
第一廠	8					8	
第二廠	8					8	
續次頁	296					294	

主任秘書　　人事股長　　製表

74

兩所員	296					294	
第三廠	10					10	
江辦處	9					9	
南辦處	10					10	
沙辦處	9					9	
領警隊	2					2	
合計	336					334	

註：

購置股見習員周白苹長假

抄表股工務員鍾恩聖　〃

檢查組科員鄒功甫　〃

〃　〃雇員何飞清到職

主任秘書　　人事股長　　製表

75

重慶電力公司工友動態表

卅七年八月份

部别	上月底計	本月新派	本月免職	本月調入	本月調出	本月底計	備註
材料股	20					20	
燃料股	19					19	
購置股	1					1	
總務股	12					12	
電務科	82		1			81	
用電股	38					38	
機務股	6					6	
電話室	9					9	
業務科	4					4	
第一廠	169		1	2		~~168~~	170
第二廠	116					116	
第三廠	212				2	210	
江北辦事處	9					9	
南岸辦事處	60					60	
沙坪辦事處	43					43	
稽查組	14					14	
總務隊	78					78	
收費隊	40					40	
合計	933					931	

註：

電務科工人 王善全 免職

第一廠小工 王鴻昌 ，

第三廠小工 趙銳廷 周玉章調一廠、

主任秘書　　人事股長　　製表

76

重慶電力公司職員動態表

卅七年九月份

部別	上月底計	本月新加	本月免職	本月調入	本月調出	本月底計	備攷
經理室	9					9	
秘書室	6					6	
人事股	5					5	
文書股	6	1		1		8	
總務科	2					2	
材料股	11					11	
燃料股	9					9	
購置股	2					2	
庶務股	7					7	
稽核室	3					3	
審核股	5					5	
稽查股	3		1	1		2	
會計科	3		1			2	
出納股	5					5	
簿記股	15	1				16	
統計股	4					4	
業務科	4					4	
收費股	57					57	
票據股	33					33	
抄表股	20					20	
營業股	12					12	
檢查組	14					14	
福利社	5					5	
醫務室	7					7	
總工程師室	1					1	
電務科	14					14	
用電股	12					12	
表務股	1					1	
廠務科	3					3	
第一廠	8					8	
第二廠	8					8	
移次頁	294					295	

主任秘書　　人事股長　　製表

77

部別	上月底計	本月新派	本月免職	本月調入	本月調出	本月底計	備考 30
總公司	294					295	
第三廠	10					10	
江辦處	9					9	
南辦處	10		1			9	
沙辦處	9				1	8	
顧問處	2					2	
合計	334					333	

註：稽查股科員劉遠鴻長假
出納股 〃 徐紹連 〃
南辦處 〃 楊道群於本月離職
簿記股 〃 楊昌祿到職
文書股僱員李雲翔 〃
沙辦處科員徐永亭調文書股

主任秘書　　人事股長　　製表

重慶電力公司工友動態表

卅七年九月份

部别	上月底計	本月新派	本月免職	本月調入	本月調出	本月底計	備攷
材料股	20					20	
燃料股	19					19	
購置股	1					1	
庶務股	12					12	
電務科	81					81	
用電股	38					38	
表務股	6					6	
電話室	9					9	
業務科	4					4	
第一廠	170		1			169	
第二廠	116		1			115	
第三廠	210					210	
江办处	9					9	
南办处	60					60	
沙办处	43					43	
稽查組	14					14	
庶務股	78					78	
駐警隊	40					40	
合計	931					929	

註：
一廠学徒周家茅死亡
二廠小工杨树林开除

主任秘書　　人事股長　　製表

79

重慶電力公司職員動態表

卅七年十月份

部别	上月底計	本月新派	本月免職	本月調入	本月調出	本月底計	備攷
經理室	9					9	
秘書室	6					6	
人事股	5					5	
文書股	8					8	
總務科	2					2	
材料股	11					11	
燃料股	9					9	
購置股	2					2	
庶務股	7			1		8	
稽核室	3					3	
審核股	5					5	
稽查股	2					2	
會計科	2					2	
出納股	5			1		6	
簿記股	16				1	15	
統計股	4					4	
業務科	4					4	
收費股	57					57	
票据股	33					33	
抄表股	20					20	
票据股	12					12	
檢查組	14		1	1		14	
福利社	5					5	
醫務室	7					7	
總工程師室	1					1	
電務科	14					14	
用電股	12					12	
表務股	1					1	
廠務科	3					3	
第一廠	8					8	
第二廠	8					8	
轉次頁	295					296	

主任秘書　　　人事股長　　　製表

80

承前頁	295					296	
第三廠	10					10	
江办处	9				2	7	
南办处	9					9	
沙办处	8					8	
顧警隊	2					2	
合　計	333					332	

註：稽查組助秘張恩田長假
江办处科员馬云程調同總務股
〃 楊滄秋〃 稽查組
儲記股〃 王荣琛〃 出纳股

主任秘書　　人事股長　　製表

81

重慶電力公司工友動態表

卅七年十月份

部別	上月底計	本月新進	本月免職	本月調入	本月調出	本月底計	備考
材料股	20					20	
燃料股	19					19	
購置股	1					1	
廠務股	12					12	
電務科	81					81	
用電股	38					38	
表務股	6					6	
電話室	9					9	
業務科	4					4	
第一廠	169			1		168	
第二廠	115					115	
第三廠	210		1			209	
江辦處	9					9	
南辦處	60					60	
沙辦處	43					43	
檢查組	14			1		15	
庶務股	78					78	
護警隊	40					40	
合計	928					927	

註、第一廠學徒胡重林調檢查組
第三廠小工羅紀有開除

主任秘書　　人事股長　　製表

82

重慶電力公司職員動態表

卅七年十一月份

部別	上月底計	本月新派	本月離職	本月調入	本月調出	本月底計	備攷
經理室	9					9	
秘書室	6					6	
人事股	5					5	
文書股	8					8	
總務科	2					2	
材料股	11					11	
燃料股	9					9	
購置股	2					2	
庶務股	8					8	
稽核室	3					3	
審核股	5					5	
稽查股	2					2	
會計科	2		1			1	
出納股	6					6	
保托股	15					15	
統計股	4					4	
業務科	4					4	
收費股	57					57	
票據股	33					33	
抄表股	20					20	
營業股	12					12	
檢查組	14					14	
福利社	5					5	
醫務室	7					7	
總工程師室	1			1		2	
電務科	14					14	
用電股	12					12	
表務股	1					1	
廠務科	3					3	
第一廠	8					8	
第二廠	8					8	
總人員	296					296	

主任秘書　　人事股長　　製表

83

本厂处	296					296	
第三区	10					10	
江北处	7				1	6	
南岸处	9					9	
沙坪处	8					8	
厂警队	2					2	
合计	332					331	

注：刘伊凡辞职
马引之升为[illegible]股长
李云翔调[illegible]
郭民永调回总工程师室

主任秘书　　人事股长　　制表

84

重慶電力公司工友動態表

卅七年十一月份

部別	上月底計	本月新派	本月免職	本月調入	本月調出	本月底計	備攷
材料股	20					20	
燃料股	19					19	
購置股	1					1	
庶務股	12					12	
電務科	81					81	
用電股	38					38	
線務股	6					6	
電話室	9					9	
業務科	4					4	
第一廠	168					168	
第二廠	115					115	
第三廠	209					209	
江北辦處	9					9	
南岸辦處	60					60	
沙辦處	43					43	
稽查組	15					15	
庶務股	78					78	
駐警隊	40	2	2			40	
合計	927					927	

註：警士譚一新、劉記先已免職
程國全、李良森到職

主任秘書　　人事股長　　製表

85

重慶電力公司職員動態表

卅七年十二月份

部別	上月底計	本月新添	本月免職	本月調入	本月調出	本月底計	備攷
經理室	9					9	
秘書室	6					6	
文書股	8					8	
人事股	5					5	
總務科	2					2	
材料股	11					11	
燃料股	9					9	
購置股	2					2	
庶務股	8				1	7	
稽核室	3					3	
稽查股	2					2	
審核股	5					5	
會計科	1					1	
出納股	6					6	
帳記股	15		1			14	
統計股	4					4	
業務科	4					4	
收費股	57					57	
票據股	33					33	
抄表股	20					20	
營業股	12					12	
檢查組	14					14	
福利社	5					5	
醫務室	7					7	
總工程師室	2					2	
電務科	13					13	
用電股	12					12	
工務股	1					1	
廠務科	3					3	
第一廠	8					8	
第二廠	8					8	
總職員	295					293	

主任秘書　　人事股長　　製表

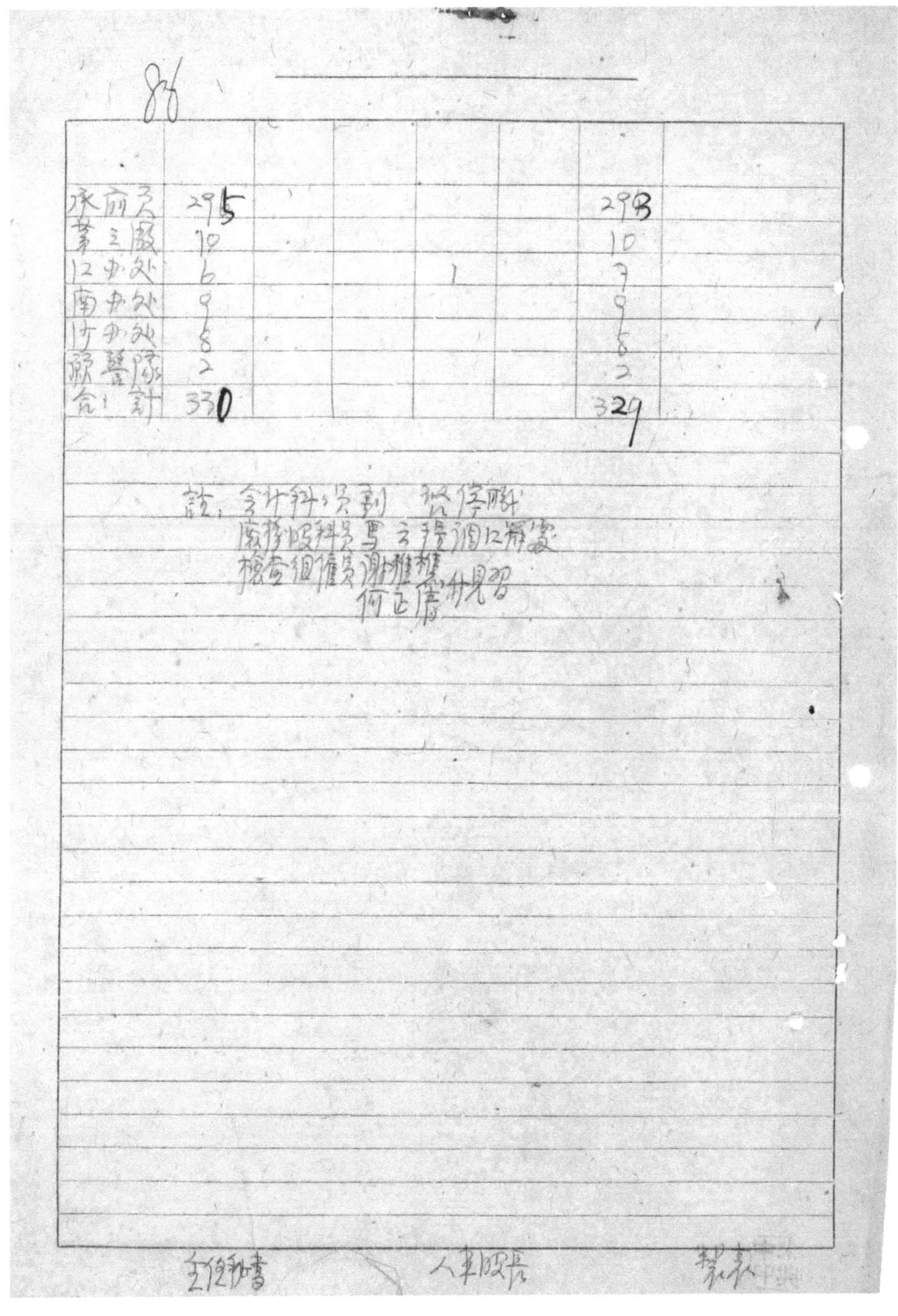

88

承前頁	295					298	
第三廠	10					10	
江辦處	6			1		7	
南辦處	9					9	
竹辦處	8					8	
[illegible]醫隊	2					2	
合計	330					329	

註：會計科科員劉[illegible] [illegible]傳辭[illegible]
廠務股科員馬[illegible]調江辦處
檢查組僱員謝[illegible]、何正[illegible]升見習

主任秘書　　人事股長　　製表

87

重慶電力公司員工動態表

卅七年十二月份

部別	上月底計	本月新添	本月免職	本月調入	本月調出	本月底計	備考
材料股	20					20	
燃料股	19					19	
購置股	1					1	
總務股	12					12	
電務科	81				2	79	
用電股	38					38	
表務股	6					6	
電話室	9					9	
業務科	4					4	
第一廠	168					168	
第二廠	115		1			114	
第三廠	209					209	
江北辦事處	9					9	
南岸辦事處	60					60	
沙坪壩辦事處	43					43	
稽查組	15			2		17	
總務股	77		1			76	
護警隊	40	1	1			40	
合計	926					924	

註：電務科小工[illegible]調稽查組
警役陳金祥開除
第二廠學徒李國君去職
護警隊因去年報到該隊另由[illegible]

分會秘書　　人事股長　　製表

重庆电力股份有限公司职员人数统计表（一九四九年八月） 0219-2-278

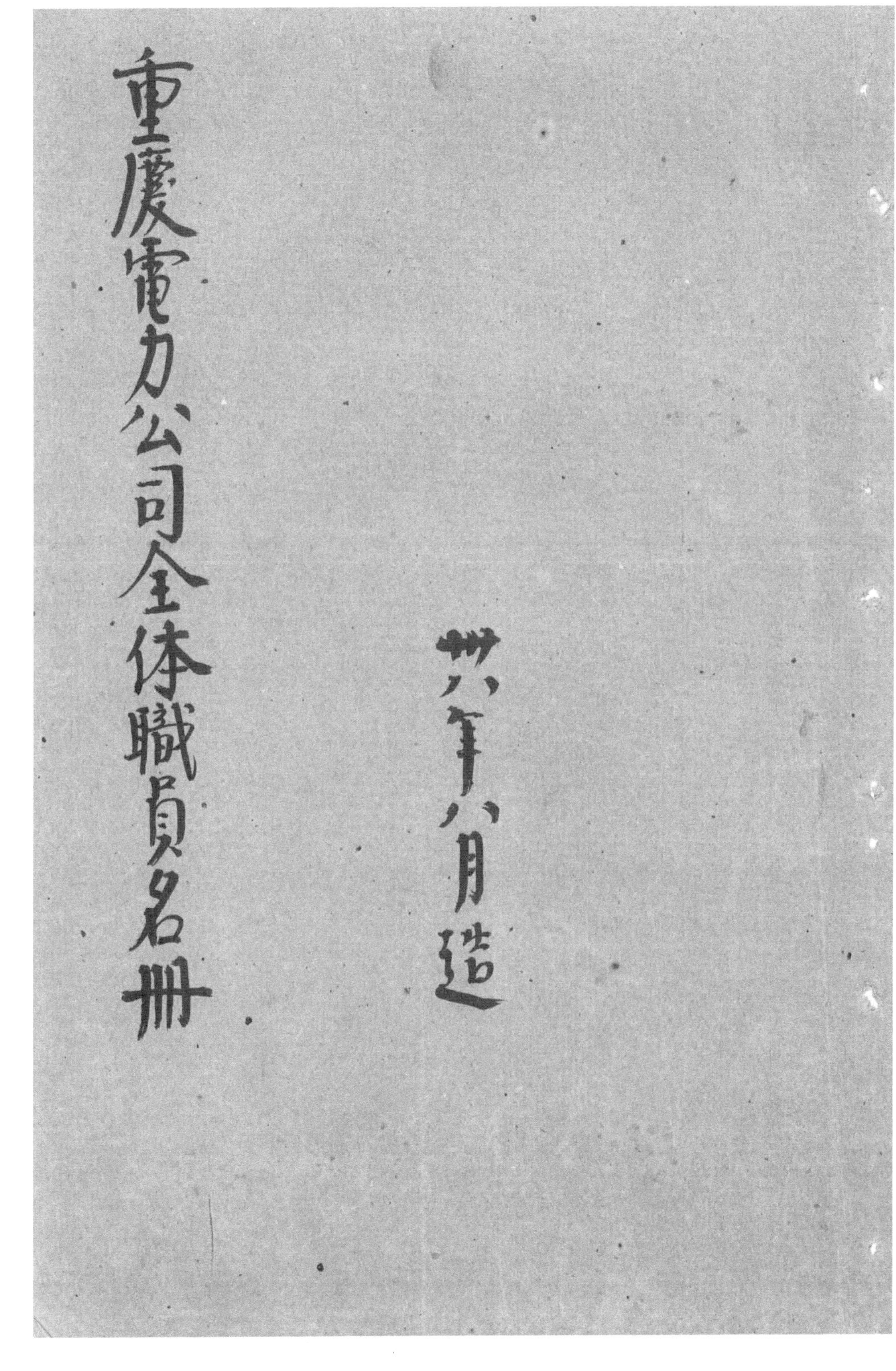

重慶電力公司全体職員名冊

卅八年八月造

00001

重慶電力公司職員人數統計表

卅八年八月造

部別	人數	備攷
經理室	12	
秘書室	5	
人事股	5	
文書股	7	
總務科	3	
材料股	11	
燃料股	9	
購置股	2	
庶務股	8	
稽核室	3	
審核股	5	
稽查股	2	
會計科	1	
出納股	7	
簿記股	13	
統計股	3	
業務科	6	
收費股	47	
票據股	28	
營業股	10	
用電檢查組	17	
福利社	4	
醫務室	7	
總工程師室	2	
電務科	15	
用電股	10	
表務股	3	
抄表股	24	
服務科	3	
次頁	27	

00002

承	前	員	272
勞	一	傭	9
勞	二	傭	8
勞	三	傭	8
江	嘱	常	12
南	嘱	常	18
研	嘱	常	14
顧	託	嘱	2
合		計	343

重慶電力公司工友茶役人數統計表

卅八年八月造

單位名稱	工友總數 技	工友總數 幫	工友總數 小	工友總數 學	茶役總數	臨工總數	備攷
經理室					3		
秘書室					3		
總務科	3	6	43		24	14	內有廚工二十一人
業務科		2	2		8		
稽核室					3		
會計科					3		
電務科	17	28	77	5	1	5	
檢查組		6	7	4	3		

一厰	二厰	三厰	汉办事处	南办事处	沙办事处	醫院	共計
18	14	22	3	6	6		89
31	17	18	3	3	2		116
108	77	150	8	43	34	40	589
10	6	17		3	1		46
8	5	6	3	4	3		77
25	18	29	4	5	2		102

工友總計九一七名

路工總計一〇二名

00004

經理室

職別	姓名	年齡	籍貫	到職年月	現支薪金	備攷
總經理	傅友周			卅八年八月	1,000	
協理	程本臧	四七	浙江杭州	卅二年二月	1,000	
協理兼總工程師	吳錫瀛	四五	安化	卅二年六月	1,000	
顧問	東玉韡				280	
	梁穎文			卅六年一月		
法律顧問	杜岷英				250	
	顧巨川			卅六年四月	100	
稽核	廖世浩			卅六年六月	200	

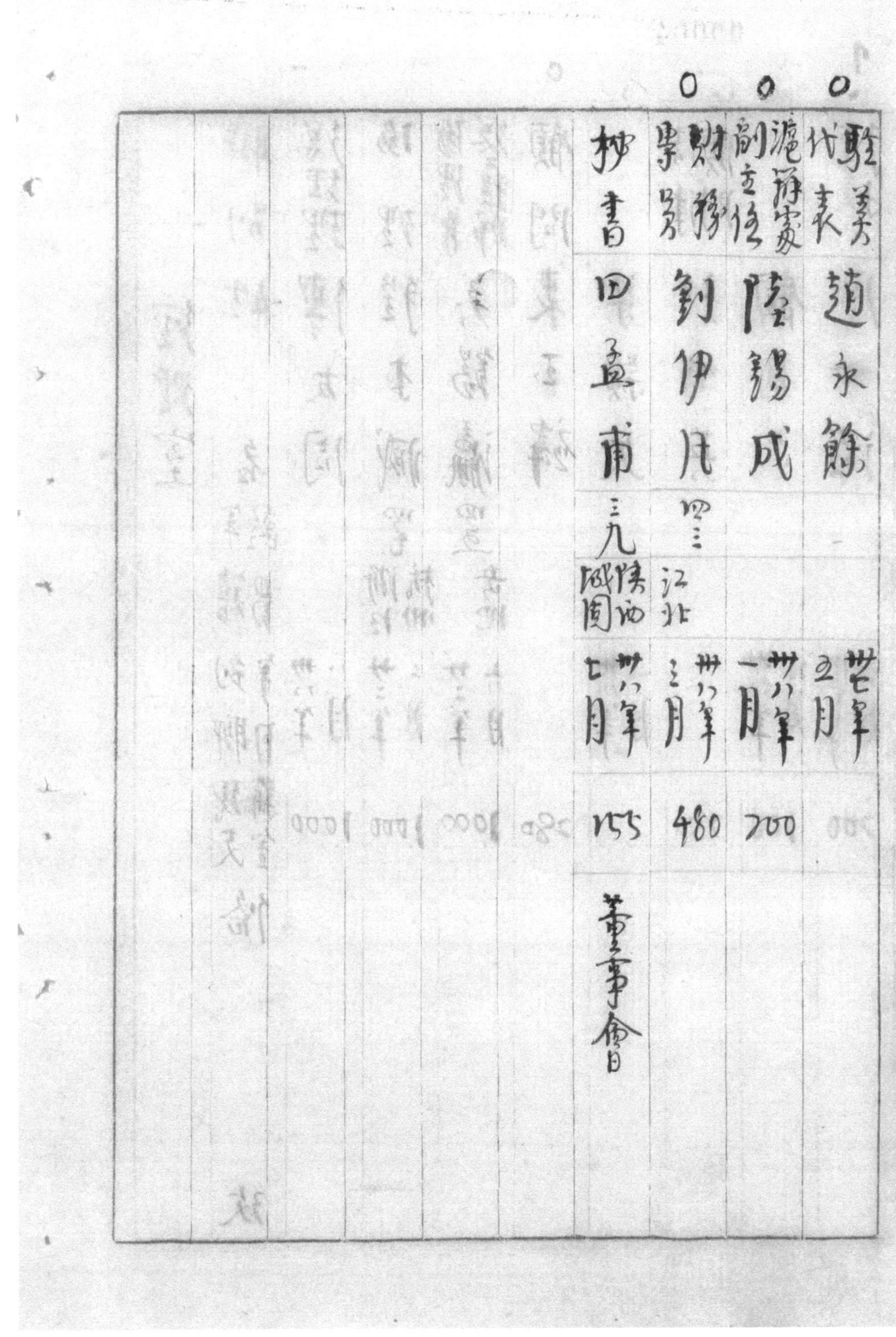

駐美代表	趙永餘			廿七年五月	200	
滬辦事處副主任	陸錫成			廿八年一月	200	
財務專員	劉伊月	四三	江北	廿八年三月	480	
抄書	田孟甫	三九	陝西城固	廿八年七月	155	董事會

00005

秘書室

職別	姓名	年齡	籍貫	到職年月	現支薪金	備攷
主任秘書	楊仿濤	五〇	瀘	卅六年七月	300	
秘書	張君鼎	四六	長壽	廿六年十一月	400	
	閻倬雲	五五	渠	廿四年五月	420	兼文書股股長
	趙循伯	四三	渝	卅七年六月	170	
	徐代植	五〇	三台	卅七年三月	170	

00006

△

○

秘書室人事股

職別	姓名	年齡	籍貫	到職年月	現支薪金	備攷
股長	甯席君	三三	犍為	卅年三月	130	
副	楊容尊	三八	邛都	卅二年五月	280	
助理秘書	申倚晨	三二	渝	卅八年八月	80	
科員	曾德風	三三	望山	廿九年十一月	70	
見習	朱興中	二四	巴	卅年六月	45	

秘書室文書股

職別	姓名	年齡	籍貫	到職年月	現支薪金	備攷
副股長	周玉南	五一	遂	廿七年二月	245	
科員	汪海東	六一	華陽	廿八年二月	215	
	胡智成	四四	閬	卅年二月	80	
	王仲康	五六	巴	廿六年七月	80	
見習	蕭堯先	三三	岳池	廿八年一月	55	
	張懋玉	四二	梁山	廿七年一月	55	
	李雲翔	二六	瀘	廿七年九月	30	

總務科

職別	姓名	年齡	籍貫	到職年月	現支薪金	備考
科長	張守之			廿六年七月	250	用當檢查組組長兼
副	李逢春	五四	廣東	廿七年六月	170	
科員	劉大有	三二	巴	廿九年五月	130	

總務科材料股

職別	姓名	年齡	籍貫	到職年月	現支薪金	備攷
股長	鄧仲康	三九	巴	廿三年十一月	320	一廠
副	陳西黎	三五	巴	廿三年七月	300	
科員	朱家鉞	三四	閬中	廿六年六月	215	
	王永恩	四二	瀘	廿八年九月	130	一廠
	陳銘謙	三四	瀘	廿八年八月	140	二廠
	喻邦仕	三三	巴	卅年三月	215	三廠
	李重芳	三三	安徽合肥	卅年三月	60	一廠
	胡甫文	三八	巴	廿二年十二月	90	二廠

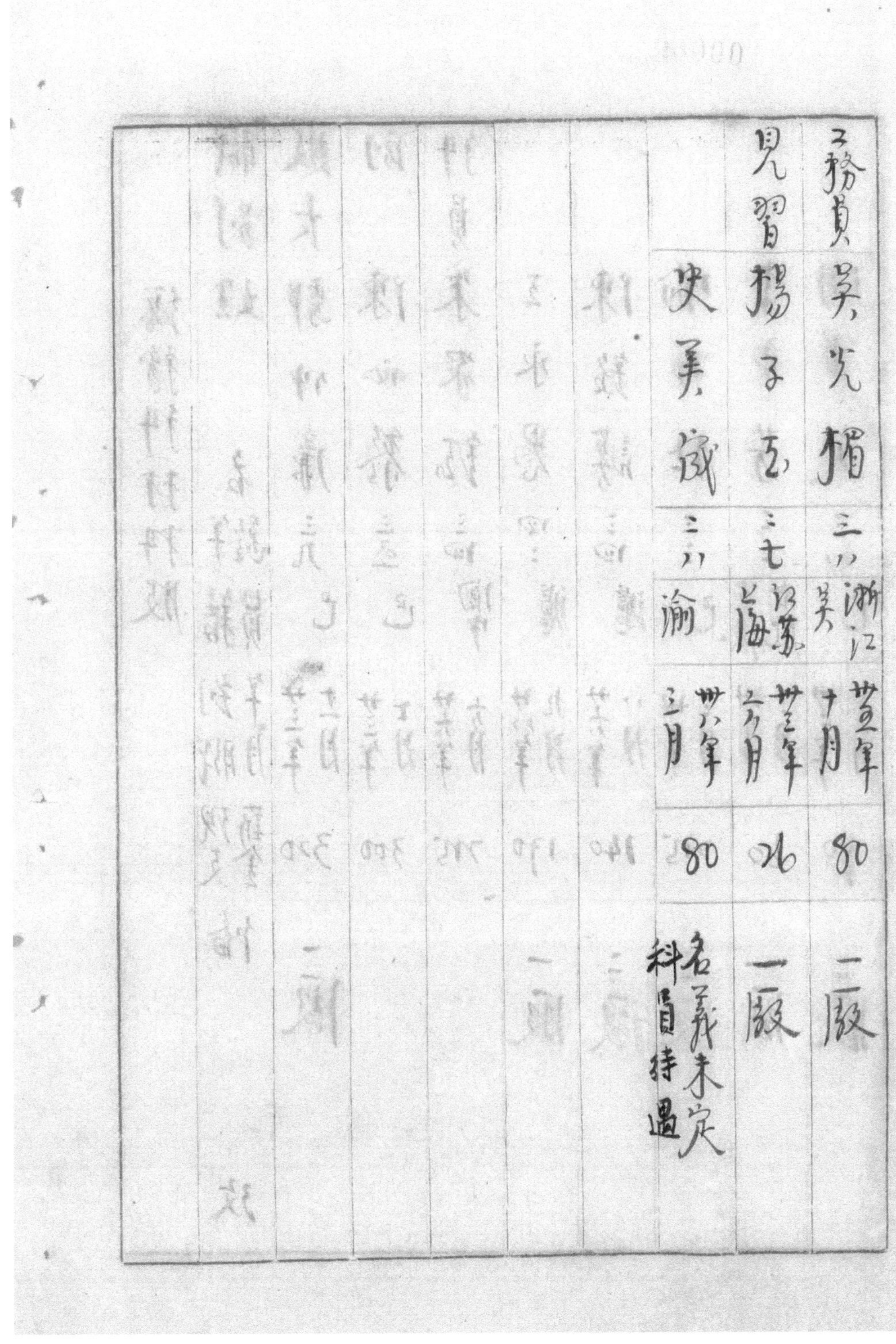

職別	姓名	年齡	籍貫	到職年月	薪額	等級
工務員	吳光楣	三八	浙江吳	廿五年十月	80	一級
見習	楊子杰	三七	江蘇上海	卅三年二月	76	一級
	史美歲	三六	渝	卅六年三月	80	名義未定 科員待遇

00010

總務科燃料股

職別	姓名	年齡	籍貫	到職年月	現支薪金	備攷
股長	曾昭元	三八	巴	廿三年一月	320	
副	周立剛	三三	巴	廿四年一月	200	
科員	楊同培	三九	宣漢	廿六年十月	130	二廠
	周顯壽	二九	達	廿九年十二月	80	三廠
	龔伯階	四〇	巴	卅四年一月	50	三廠
	湯大榮	三二	巴	卅年七月	130	
見習	林鯤仕	二七	河北天津	卅三年一月	76	一廠
	鄧清源	二六	雲陽	卅二年十二月	76	三廠

陳文璟	三二	安徽壽	卅年四月	50	一級

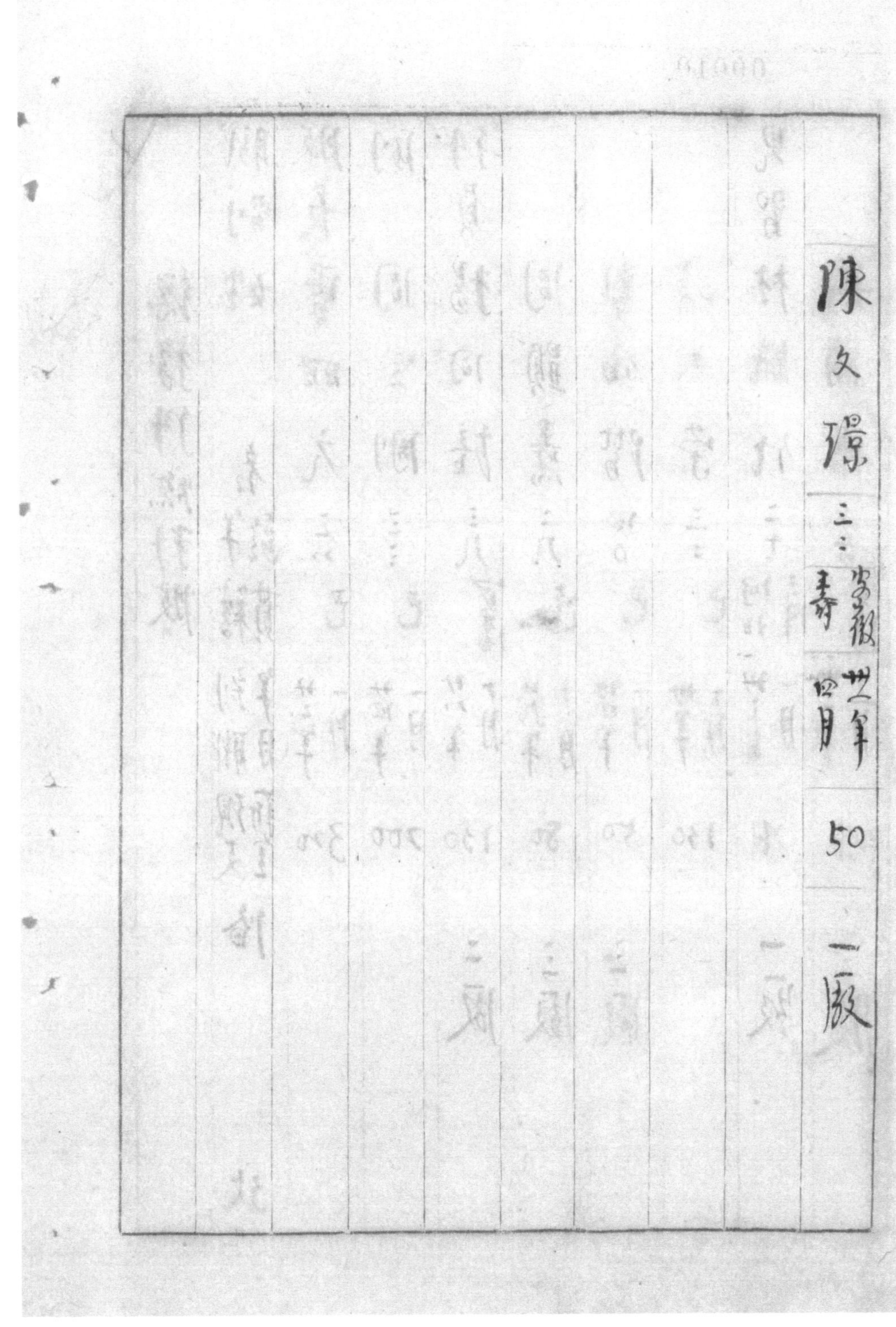

總務科購置股

職別	姓名	年齡	籍貫	到職年月	現支薪金	備攷
股長	王德華	三六	巴	廿七年八月	400	
科員	章慕宗	三二	安徽廬江	卅四年八月	65	

總務科庶務股

職別	姓名	年齡	籍貫	到職年月	現支薪金	備考
股長	劉鳴皋	三六	巴	廿四年四月	245	
副	劉煥成	三一	岳池	廿六年九月	110	
科員	李叙耕	四二	浙江杭州	廿二年一月	215	
	劉子傑	三〇	洛陽	廿七年六月	80	
	譚謀遂	三三	巴	卅年二月	155	
	孟世德	二九	巴	卅年十月	50	
	王祥璋	二八	瀘	卅年八月	100	
	傅道乾	四三	瀘	廿七年三月	215	

攷

00013

稽核室

職別	姓名	年齡	籍貫	到職年月	現支薪金	備攷
主任	張珍	五〇	南充	卅四年八月	700	
副	楊新民	四八	瀘	卅四年六月	340	
科員	駱翔譚	二八	重慶	廿九年十月	90	

00014

稽核室審核股

職別	姓名	年齡	籍貫	到職年月	現支薪金	備考
股長	程志學	五三	湖北黃安	廿三年七月	280	
副	屠瑜	三二	湖北孝感	卅年七月	155	
科員	陳克仁	二六	渝	廿九年二月	65	
	陶基寬	三五	南京	卅一年十月	70	
	王衛仁	四五	湖北黃陂	廿五年五月	100	

稽核室稽查股

職別	姓名	年齡	籍貫	到職年月	現支薪金	備考
副股長	李仙樓	六〇	秀山	廿七年三月	230	
科員	陶純武	五六	巴	廿六年六月	120	

00016

會計科

職別	姓名	年齡	籍貫	到職年月	現支薪金	備攷
科長	黄大庸	四六	犍為	廿九年十月	450	

會計科出納股

職別	姓名	年齡	籍貫	到職年月	現支薪金	備攷
股長	馬竹之	五六	巴	廿五年七月	320	
副	魯秉清	三三	閬中	廿七年八月	155	
科員	顧景霖	二九	湖北宜昌	卅年三月	110	
	漆先進	三一	渝	卅年十一月	90	
	王榮琛	二九	榮昌	廿九年四月	55	
	葉培成	二六	長壽	廿七年六月	35	
見習	秦光璽	三九	江北	廿三年二月	55	

會計科簿記股

職別	姓名	年齡	籍貫	到職年月	現支薪金	備考
股長	萬朝傑	三七	渠	廿七年六月	140	
副	何鴻睦	三九	巴中	廿三年十月	245	
科員	熊靜洋	三四	達	卅年三月	155	
	崔德球	二九	成都	卅年九月	90	
	鄧昭瓊	三〇	巴	卅年十月	100	
	徐自律	四〇	璧山	卅年五月	110	
	王友籍	三二	內江	卅年七月	70	
	廖冰岳	三七	巴	廿六年十一月	130	

00018

冷荣喜	三四	巴	廿七年九月	70
朱文德	三〇	铜梁	廿六年五月	45
邓祥森	三〇	巴	廿四年八月	35
杨昌禄	三六	巴	廿七年十月	50
杨世荣	二八	酉阳	廿四年八月	35

00019

會計科統計股

職別	姓名	年齡	籍貫	到職年月	現支薪金	備考
股長	吳德超	四	廣西平南	廿九年十二月	245	
科員	韋伯俊	三三	彭	卅年一月	50	已調出納股
	周光泳	三二	達	廿七年十月	80	已調管理股

00020

業務科

職别	姓名	年齡	籍貫	到職年月	現支薪金	備攷
科長	陳景嵐	四〇	富順	廿四年二月	510	
副	章時叙	三六	河北天津	卅年十一月	380	
業務專員	劉佩雄	四六	江蘇無錫	廿三年七月	580	
業務助理秘書	何逸飛	四七	渝	廿五年一月	170	
	李德全	三七	巴	廿三年九月	320	
科員	陳樹風	三七	隆昌	廿五年九月	215	

00021

業務科收費股

職別	姓名	年齡	籍貫	到職年月	現支薪金	備攷
股長	劉希向	五三	巴	廿二年七月	320	
副	李文脩	三七	巴	廿七年六月	230	
	杭鶴聲	三六	巴	卅年四月	170	
	鄧洛宏	三四	長寧	廿七年六月	280	
科員	羅宇信	三六	璧山	廿九年十二月	185	
	李秉儀	五二	河南商邱	廿三年九月	215	
	楊達瑩	五八	成都	廿三年六月	215	
	龐熙輝	五六	江津	廿四年六月	215	

Name	Age	Place	Year & month	Amount
莫昭材	三二	長壽	廿九年十月	170
郭紹林	三七	瀘	廿四年二月	215
李石蓀	三七	江西臨川	廿九年十月	155
何澤浦	四六	巴	廿九年十月	170
耿[illegible]麟	三〇	巴	廿六年六月	170
丁道容	三六	巴	廿五年九月	170
韓永慶	三一	長壽	廿六年九月	110
唐亞夫	三二	永川	卅年九月	80
門慶仁	四一	江北	卅年八月	90
劉心一	四六	邛都	卅年二六月	155

00022

馬休政	三三	滬	卅年六月	155
劉述鍾	四九	巴	卅二年三月	65
宋世昌	三五	巴	卅三年八月	140
文伯威	四五	巴	卅三年八月	120
劉國章	四八	江北	卅二年二月	70
何毅儀	四一	巴	卅三年三月	60
但致康	四二	巴	卅三年十二月	110
程宇賢	三五	巴	卅四年八月	60
許國鈞	二七	浙江海寧	卅四年七月	50
方至誠	三四	成都	卅四年七月	50

	鲜文楷	三四	阆元	卅四年七月	50
	高赞扬	三一	巴	卅五年七月	35
	罗彦昇	四〇	泸	卅五年十二月	40
	周肤光	三〇	渝	卅六年四月	40
	刘正昌	三二	巴	卅六年八月	200
	连璧成	三八	璧山	卅六年七月	35
见习	陈绍轩	四〇	綦江	卅五年三月	55
	鲁浚阳	四三	中江	卅五年八月	55
	康绍良	三六	泸	卅四年九月	26
	萧国桢	三一	奉节	卅五年七月	35

姓名	年龄	籍贯	到职年月	薪额	备考
向清武	三一	中江	廿九年八月	46.50	
严绍清	三六	泸	廿三年三月	75.50	
邓丰恒	三二	巴	廿五年十月	55	
陈大芳	二八	成都	廿七年三月	36	
詹昌绪	二二	江北	卅年四月	31.50	
姚文光	五〇	南充	廿四年四月	55	
彭正林	三二	长寿	廿九年二月	55	
张玉文	三七	富顺	廿三年三月	21	
警察局督察 宋信渠			卅八年四月	100	科员待遇

業務科業務股

職別	姓名	年齡	籍貫	到職年月	現支薪金	備攷
股長	黄登萃	三四	巴	廿六年八月	245	
副	李樹輝	三〇	江津	廿七年八月	170	
科員	陸祚宏	三二	巴	卅年三月	130	
	毛君渠	三九	巴	廿八年八月	140	
	劉祖芳	三一	巴	廿八年八月	140	
	余造邦	三七	瀘	卅年二月	100	
	周復生	三一	巴	廿六年七月	110	
	王德懋	二九	瀘	廿九年十月	90	

劉竹然	三五	巴	廿六年八月	130
黄世昌	三三	長壽	卅年三月	110
吳重賢	二九	瀘	廿六年七月	80
李其友	三〇	璧山	廿九年十二月	90
趙國棟	三五	巴	卅年四月	90
王郁寧	二八	巴	廿九年十二月	65
鄭立勳	三二	渝	卅二年十二月	110
王承度	三七	瀘	廿六年八月	170
張永達	三〇	合川	卅年八月	80
趙福生	四三	閬中	廿九年四月	200

00025

	刘伯荣	三六	巴	卅年一月	140
	任学诗	二九	江北	卅年四月	55
	邓光福	二八	湖南湘潭	卅五年七月	35
	彭君儒	三七	江北	卅六年十月	120
	吴静生	二八	岳池	卅四年八月	35
	刘良善	三三	巴	卅四年八月	40
	傅浩然	三八	达	卅四年八月	45
见习	谢洪钧	五〇	江北	卅四年五月	50
	傅彦时	二七	渝	卅四年八月	16
	傅彦平	二四	渝	卅三年十一月	20

00026

业务科营业股

職別	姓名	年齡	籍貫	到職年月	現支薪金	備考
股長	杜培先	三三	閬中	卅三年六月	110	
科員	廖精輝	五四	華陽	廿三年十月	215	
	張道剛	二九	巴	卅年十月	120	
	趙芳華	三九	廣東[illegible]	廿九年十二月	130	
	廖勤序	三五	江北	卅四年九月	110	
	蕭廉年	四二	富順	卅三年九月	100	
	薛蒙班	五三	宜賓	廿三年二月	100	
	王大緒	二九	巴	廿七年七月	155	

孜

科員 吳毅意	三九	瀘	廿六年七月	110
徐世和	三六	湖北漢口	廿九年六月	200
[illegible]	[illegible]	[illegible]	[illegible]	[illegible]
[illegible]	[illegible]	[illegible]	[illegible]	100
[illegible]	[illegible]	[illegible]	[illegible]	110
[illegible]	[illegible]	[illegible]	[illegible]	130
[illegible]	[illegible]	[illegible]	[illegible]	170
[illegible]	[illegible]	[illegible]	[illegible]	215
[illegible]	[illegible]	[illegible]	[illegible]	110

[illegible]

00027

用電檢查組

職別	姓名	年齡	籍貫	到職年月	現支薪金	備攷
副組長	張雲山	三九	上海	廿七年二月	300	
交涉員	王廉生	五六	湖北漢陽	廿九年八月	215	
2技師	王紹綸	五五	自貢	廿二年十一月	360	
取締股長	陳克武	三八	安化	廿三年七月	245	
2稽員	曾瀾湘	三六	成都	廿三年十一月	200	
科員	盧惠鏗	三四	廣東中山	廿三年十二月	165	
	傅懷新	三四	巴	廿七年十一月	90	
	張白康	三九	成都	廿九年十一月	155	

姓名	年龄	籍贯	到职年月	薪额
荣新民	五一	江苏镇江	廿九年五月	90
杨伯秋	三八	新津	廿三年九月	50
邹功甫	三六	华阳	廿三年五月	55
胡仲文	四九	巴	卅年九月	110
见习 谢稚樵	四三	巴	廿七年七月	30
何正清	三九	巫山	廿九年八月	30
秦帝白	二九	巴	廿七年六月	40
杨云霖	二六	仁寿	卅八年四月	20
事务员 雷泽民	三八	璧山	廿四年八月	160

福利社

職別	姓名	年齡	籍貫	到職年月	現支薪金	備攷
幹事	唐鶴生	三三	上海	廿六年八月	215	康樂組
	朱敘先	五八	甯	廿五年四月	215	子弟校
科員	毛世偉	三四	彭	卅年十二月	90	
	溫伯摩		滬	廿五年十月	155	

00029

福利社醫務室

職別	姓名	年齡	籍貫	到職年月	現支薪金	備攷
醫師	駱允升			卅六年十一月	260	
	傅文祥	三六	達	廿七年三月	260	上午二廠 下午窩司
助理醫師	王咸康	三六	浙江紹興	卅年七月	200	二廠
	葉文全	三三	達	卅年十月	170	三廠
見習	杜朝鑫	二八	濟南	廿八年七月	55	三廠
	柏濟民	二九	岳池	廿八年三月	55	
	謝慶餘	三〇	邛郲	卅年二月	40	一廠

總工程師室

職別	姓名	年齡	籍貫	到職年月	現支薪金	備攷
協理兼總工程師	吳錫瀛					兼電務科科長
工程師	鄧居永	三四	成都	廿六年九月	380	二級
	范志高	三九	成都	廿九年八月	320	

電務科

職別	姓名	年齡	籍貫	到職年月	現支薪額	備考
副科長	秦亞雄	三九	河北通化	廿五年三月	480	公司
股長	宋賢鈿	三九	彭	卅四年二月	100	
工務師	吳昌照	三三	青神	卅年九月	245	
	張霈瑞	四九	浙江鄞	廿二年十二月	480	
助	趙連生	二七	江陵	廿二年五月	320	
	劉賢云	二六	南陽	卅六年三月	80	
工務員	鄭佳光	三七	望山	廿四年八月	260	
	張継琴	三六	巴	廿二年十月	245	

致

	張增榮	四五	江蘇	廿三年二月	250	
	戴次群	四二	浙江	廿四年六月	215	
工務見習	袁維謹	二四	瀘	廿五年十一月	40	
科員	鄭崇榮	三五	崇慶	卅年二月	80	
見習	湯徽美	二七	浙江杭	廿三年十一月	45	三廠
	吳摯儀	三二	渝	廿五年三月	20	公司
	譚世秀	二八	廣安	卅六年二月	20	一廠

00032

電務科用電股

職別	姓名	年齡	籍貫	到職年月	現支薪金	備攷
股長	李培陽	三六	山西陽曲	卅年十一月	300	
副工程師	唐知富	二九	巴	卅五年八月	80	一股
工務員	馮先富	三一	浙江紹興	廿三年十一月	260	
	徐培江	三一	南充	卅年十一月	120	
	施慎安	三五	江蘇無錫	廿六年三月	200	
科員	毛日華	三六	浙江奉化	廿九年十二月	140	
	楊世銘	三四	巴	廿九年十二月	140	
	陳蕎榮	三四	合川	廿九年三月	120	

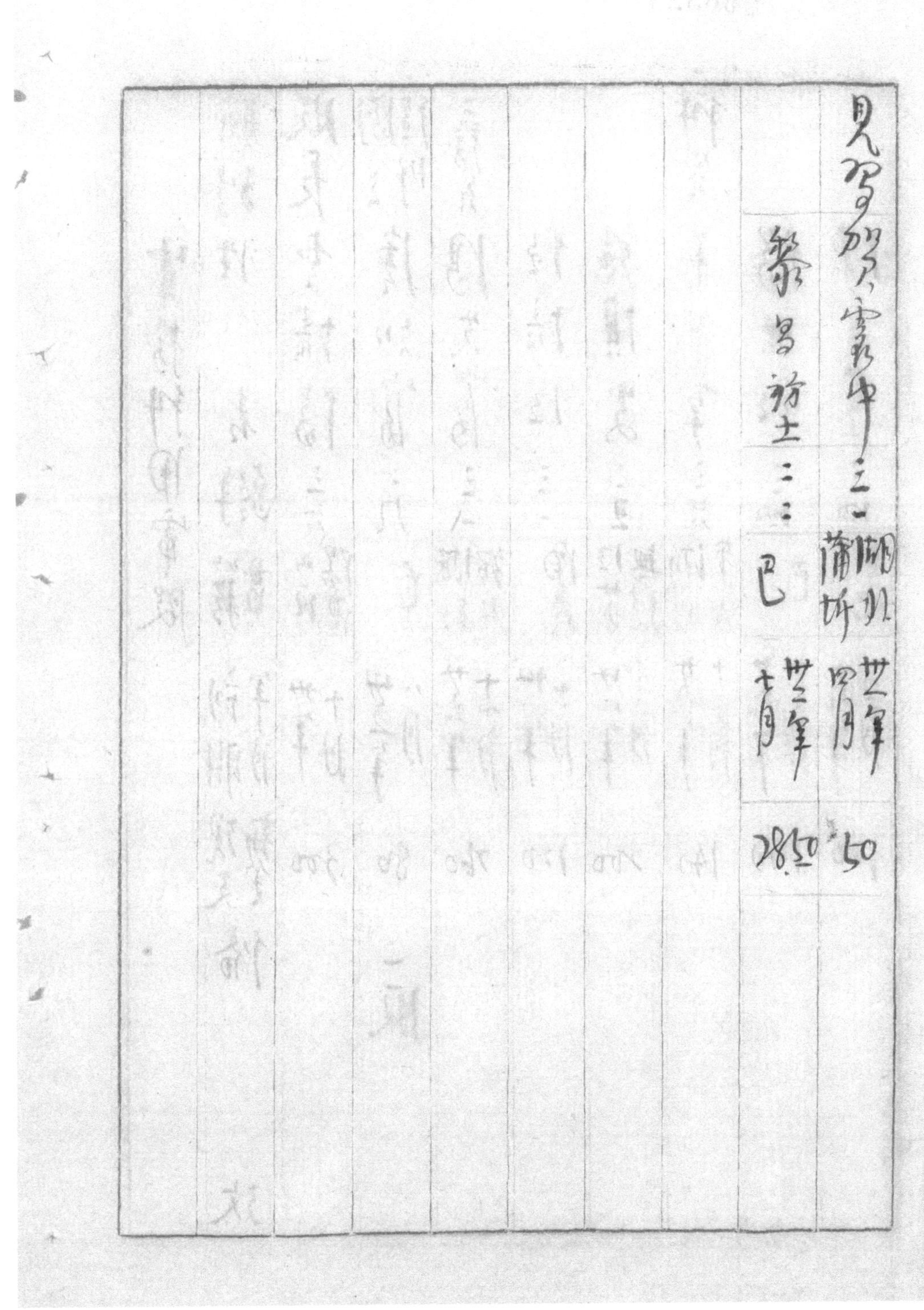

見習加入露中 三一 湖北蒲圻 卅一年四月 50

黎昌銘 士 二二 巳 卅二年十二月 28.50

00033

電務科業務股

職別	姓名	年齡	籍貫	到職年月	現支薪金	備攷
股長	汪振祥	四三	浙江杭	卅三年三月	230	一廠
業務員	鄧承瑗	二六	成都	卅三年八月	80	一廠
工務見習	張心敏	二八	南溪	卅五年七月	50	一廠

00034

電務科材料股

職別	姓名	年齡	籍貫	到職年月	現支薪金	備攷
股長	鄭紹永	三一	成都	廿七年七月	215	
副	鄭楷	三二	瀘	廿四年八月	245	
科員	夏仲康	四二	富順	廿三年八月	215	
	洪家禎	三七	成都	廿五年十一月	200	
	賴克輝	三二	渝	廿六年八月	215	
	何開源	四五	内江	廿七年九月	120	
	馮君安	三三	巴	廿七年九月	110	
	盧廷錫	三七	巴	卅年三月	130	

费兴业	三〇	渝	廿七年十月	80
朱立之	四六	泸	廿四年六月	185
尹晖晅	三三	泸	卅二年二月	55
刘应宏	三一	南充	卅年五月	110
蒲骏	三十	南充	廿六年四月	40
陈锡鑫	二四	泸	廿四年八月	40
卢国全	三一	巴	卅年八月	60
徐昌智	三四	巴	廿九年十二月	70
程仲照	四八	巴	卅年九月	60
王隆荣	三六	巴	廿七年十二月	155

00035

	林荣森	三五	安化	卅四年八月	35
	王信懋	三一	浙江奎化	卅九年十二月	120
稽查	殷维	三三	安化	卅五年十月	40
见习	赖君富	二四	巴	卅四年八月	35
	唐顺文	二二	成都	卅六年二月	20
	谭世谦	二三	广安	卅六年二月	35

00026

廠務科

職別	姓名	年齡	籍貫	到職年月	現支薪金	備攷
科長	易宗樸	四二	合川	廿七年十月	620	
工程師	唐政擢	三八	巴	廿三年十二月	420	
工務見習	何紹明	二六	岳池	廿三年七月	60	

00037

廠務科第二廠

職別	姓名	年齡	籍貫	到職年月	現支薪俸	備攷
副科長	歐陽鑑	三四	巴	廿六年九月	260	
廠長	趙之陳	四二	山西朔	廿六年四月	450	
、	楊汝坤	五九	安徽合肥	廿五年四月	480	
技師	花光棠	三〇	達	廿三年六月	155	
副	黃永寧	二八	重慶	廿五年八月	80	
	王開模	二八	達	廿五年九月	80	
技師	黃萬生	三二	廣安	廿八年三月	155	
科員	連鍾毓	三九	江蘇吳	廿二年九月	60	

見習工	國壽	二五	合川	卅三年三月	30

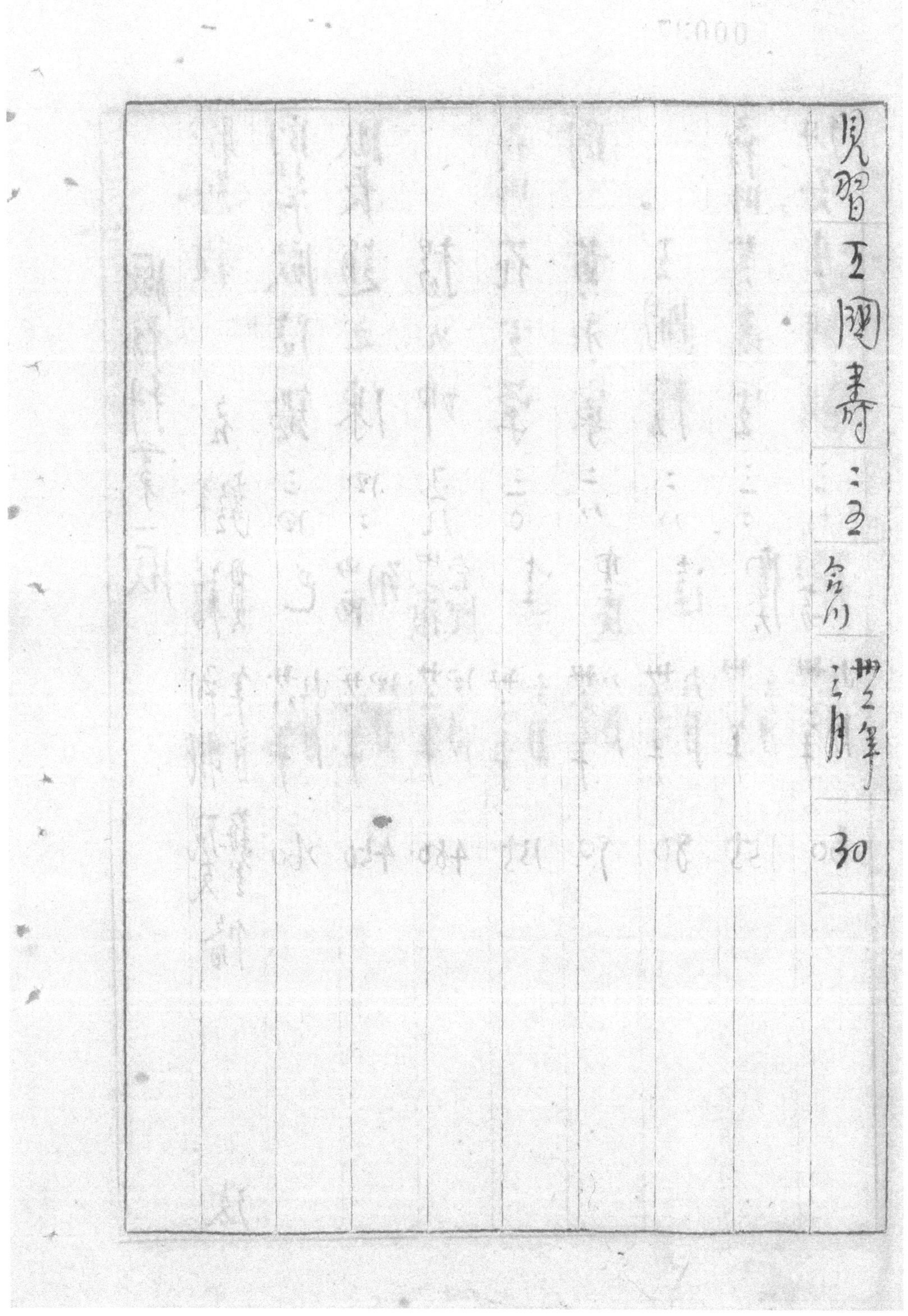

00038

厰務科第三股

職別	姓名	年齡	籍貫	到職年月	現支薪金	備攷
副科長	劉希孟	四二	巴	廿七年九月	480	
股長	陸永寬	三九	銅梁	廿六年八月	230	
工程師	黃士隆	三四	廣東新會	廿九年九月	300	
副	趙錶章			廿五年十一月	140	
	周貴基	二八	江津	廿五年七月	80	
科員	高燮明	四〇	江蘇無錫	廿七年十二月	215	
	彭定智	二九	巴	廿八年一月	140	
見習	張士華	二三	璧山	廿七年三月	75	

00039

廠務科第三股

職別	姓名	年齡	籍貫	到職年月	現支薪金	備攷
代科長	孫新傳	三四	江蘇如皋	廿九年八月	280	
工程師	王國新	四四	綦江	卅年五月	245	
	黃孝述	二九	永川	卅六年四月	120	
	鄭脉煒	三一	酉陽	卅五年十一月	120	
工務員	魯秉靈	二八	閬中	卅六年五月	100	
科員	王國俌	四二	合川	卅年十二月	140	
	劉登嶽	三二	隆昌	卅六年六月	155	
見習	姜明甫	二五	岳池	卅二年三月	75	

00040

江北辦事處

職別	姓名	年齡	籍貫	到職年月	現支薪金	備攷
主任	張博文	三八	山西曲沃	廿九年十月	360	
副股長	李仲康	二三	滬	廿七年六月	100	
	武克勤	二九	萬	卅四年八月	40	
辦事員	冉　模	三六	萬	廿二年十月	230	
科員	周玉綸	三六	涪陵	卅二年六月	65	
	馬雲程	六四	江北	卅五年六月	185	
	胡隆秋	四〇	巴	廿七年十月	155	
	李竹雅	四七	巴	卅五年壹月	35	

見習	鄭子燾	三五	蒙山	廿六年六月	54
	張昱鎮	二八	閬中	卅六年四月	20
	李兆瑞	三三	南京	卅六年四月	20
	惠泉生	二九	江蘇武進	卅六年七月	38

南岸辦事處

職別	姓名	年齡	籍貫	到職年月	現支薪金	備攷
主任	何建伯	五〇	巴縣	卅六年三月	320	
股長	謝天澤	四一	璧山	廿三年八月	320	
副	陳遠清	二四	瀘	廿九年一月	140	
	吳季鶴	三四	巴	廿五年九月	155	
辦事員	程孟晋	二七	巴	廿四年八月	245	
科員	歐陽民	三六	貴陽	廿九年二月	120	
	杜幼佩	二九	江蘇無錫	卅年四月	80	
	何靜波	三二	南充	廿三年二月	60	

备注	姓名	年龄	籍贯	到职年月	薪额
	蒙昌河	三〇	長壽	卅二年六月	50
	樂秀寶	二七	浙江寧波	廿三年二月	40
	邱仕霖	四六	江蘇江陰	廿三年七月	80
	何足影	四〇	大足	廿九年十月	110
	李子潞	四〇	巴	廿九年十二月	65
見習	何□軒	二九	南充	廿三年七月	35
	雷用昌	三〇	岳池	廿三年十二月	55
	周俊奇	三三	巴	卅二年七月	22.50
	錢俊明	三五	潼南	卅年一月	31.50
	楊柯	二四	天津	卅六年四月	20

00042

沙坪垻辦事處

職別	姓名	年齡	籍貫	到職年月	現支薪津	備攷
主任	張永書	三八		廿五年九月	360	
股長	陳欽桂	三一	鄞	卅三年五月	170	
	劉祖蔭	三四	巳	廿五年十一月	215	
副	楊慶應	四六	江蘇常熟	廿九年十一月	260	
辦事員	唐政海	三〇	巳	廿七年十月	155	
工務見習	李大宇	二五	湖南安化	卅五年十一月	30	
科員	何仲聖	三五	巳	卅六年七月	130	
	徐永亭	四四	江蘇武進	卅五年八月	70	

备注	姓名	年龄	籍贯	到职日期	薪额
	文家敏	三〇	江北	廿五年九月	130
见习	潘哲夫	三三	巴	廿二年五月	18
	殷文成	三三	巴	廿三年五月	22.50
	张步澄	三一	巴	廿六年四月	20
	戴立贤	二九	自贡	廿八年四月	20
	张叔生	二三	巴	廿三年六月	22.50

00043

顧警隊

職別	姓名	年齡	籍貫	到職年月	現支薪餉	致
隊附	沈朝雲	四〇	湖北孝陽	卅二年三月	50	
	錢承熟	三七	犍為	卅二年一月	40	

40

重庆电力公司职工人数薪津统计表

卅八年十月廿四日造

职工人数						职工薪津				
部别	职员	工人	警役	驻警	小计		石	斗升合	元	
总公司	225	82	44		351	工人最低日资				60
业务科	56	127	1		184	工津折合食米	2	801		
第一厂	9	164	8		181	工人最高日资			5	20
第二厂	7	113	5		125	工津折合食米	7	108		
第三厂	7	207	6		220	工人工资总数			67,986	00
江北办事处	12	12	3		27	工津折合食米	4,153	871		
南岸办事处	15	49	4		71	职员最低月薪			18	00
沙坪坝办事处	14	42	3		59	薪津折合食米	3	461		
驻警队	2			40	42	职员最高月薪			15,000	00
						薪津折合食米	10	257		
						职员薪金总数			57,7[illegible]	00
						薪津折合食米	1,977	229		
						职工薪工总数			115,704	00
						职工薪工折合食米总数	6,131	098		
						办公费	193	800		
						医药费用	62	000		
						临时工	107	000		
共计	352	796	74	41	1260	每月共发食米	6,493	898	115,704	00

重庆电力股份有限公司职工人数、薪酬统计表（一九四九年十月二十四日） 0219-2-191

重庆电力股份有限公司稽核室及所属各股职员姓名、薪金清册（时间不详） 0219-1-14

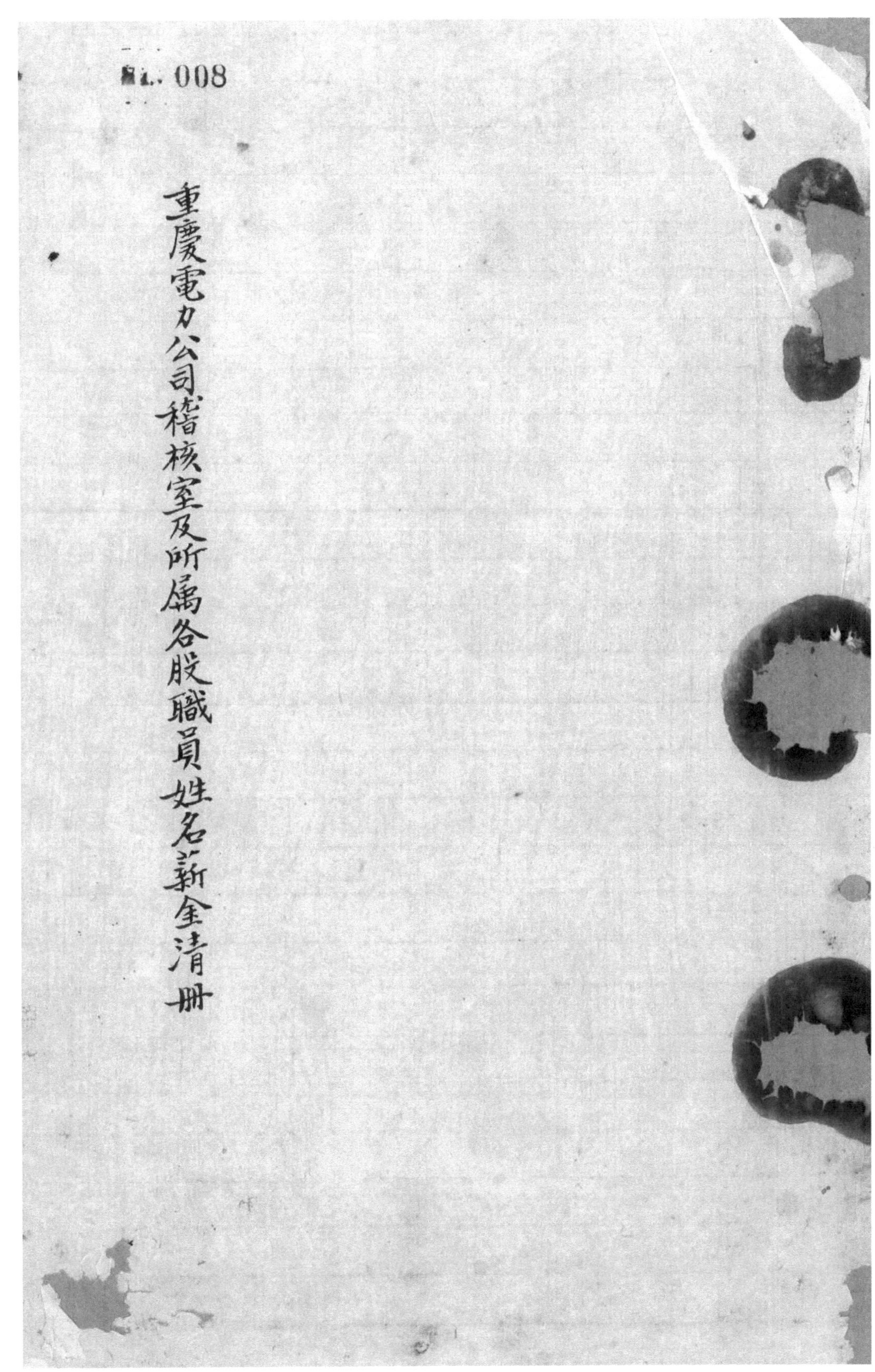

008

重慶電力公司稽核室及所屬各股職員姓名薪金清冊

職別	姓名	職務	到[illegible]月	月薪	攷績	[illegible]	備考
主任稽核	劉靜之	主亦全室一切事務	卅三年七月	一四五00			主任工程師兼
副主任稽核	吳克斌	協亦全室一切事務	卅三年	六000			
科員	李仙槎	辦理文牘	廿七年五月	七000	乙		原在稽查股
見習	駱祥麟	管理檔卷繕寫公文	廿九年十月	二000	丙上		
工務員	戴次群	調查材料	卅四年八月	六五00	乙		原係工程科供電組
審核股代主任	程志槩	一切審核事務	卅三年七月	七000	乙上		
科員	楊明振	審核票據及雜項審核	廿九年十月	六000	乙		
〃	汪徵祥	審核各種收費日報月報及定額票之收費	廿七年十一月	五五00	乙		原在收費股任外勤
〃	趙麗生	審核票據	廿九年三月	四000	乙		

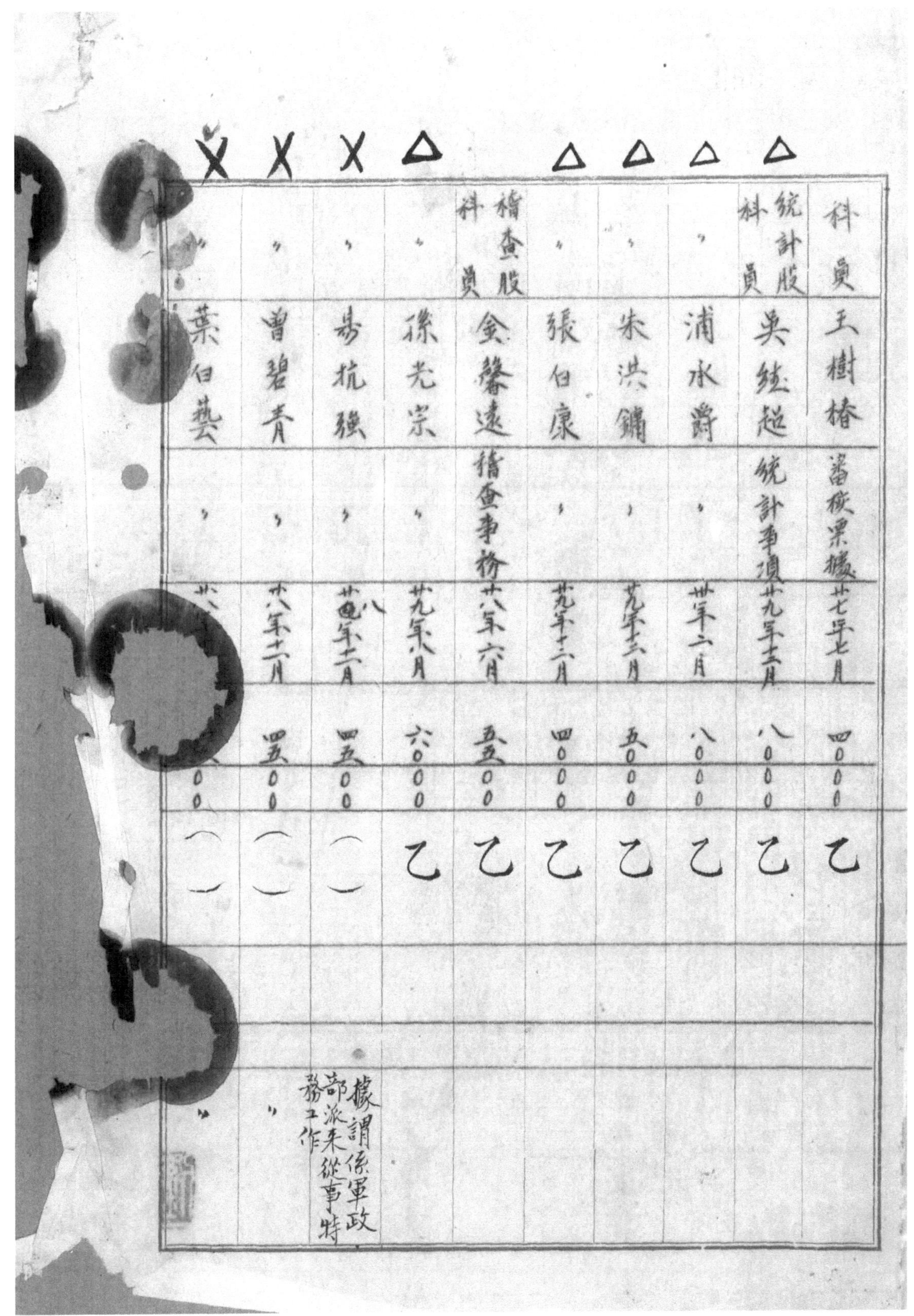

职别	姓名	职务	年月	薪额	等级	备考
科员	王樹椿	審核罪據	廿七年七月	四〇〇	乙	
統計股科員	吳紘超	統計事項	廿九年十二月	八〇〇	乙	
〃	浦永爵	〃	卅年二月	八〇〇	乙	
〃	宋洪鏞	〃	廿九年十二月	五〇〇	乙	
〃	張伯康	〃	廿九年十二月	四〇〇	乙	
稽查股科員	金馨遠	稽查事務	廿八年六月	五五〇	乙	
〃	孫光宗	〃	廿九年八月	六〇〇	乙	
〃	易抗強	〃	卅年十二月 八	四五〇	（　）	據謂係軍政部派來從事特務工作
〃	曾碧青	〃	廿八年十二月	四五〇	（　）	〃
〃	葉伯藝	〃	廿八[illegible]	[illegible]〇〇	（　）	〃

010

○△△○　合

科員	傅德新	監視磅煤	[illegible]	三五00	乙	
〃	盧聚星	稽查事務	卅四年十二月	五000	乙	原調總廠監視磅煤
〃	陳柔張	稽查事項	廿九年十月	三五00	丙上	
〃	侯秉樹	監視磅煤	廿八年十二月	三六00	丙上	原調回稽查股
催收股主任	杜培先	統亦全股事務	卅三年十二月	八000	乙上	
科員	唐鶴生	外勤	廿六年	四五00	乙上	
〃	鄧宗禹	〃	廿六年	四000	丙	原在收費任股外勤
〃	陳紹華	〃	廿九年十月	三五00	乙	〃
〃	洪子樵	〃	廿九年十月	三五00	乙	〃
〃	游勳斯	〃	廿八年二月	五000	丙上	原在稽查股兼取締組督查員

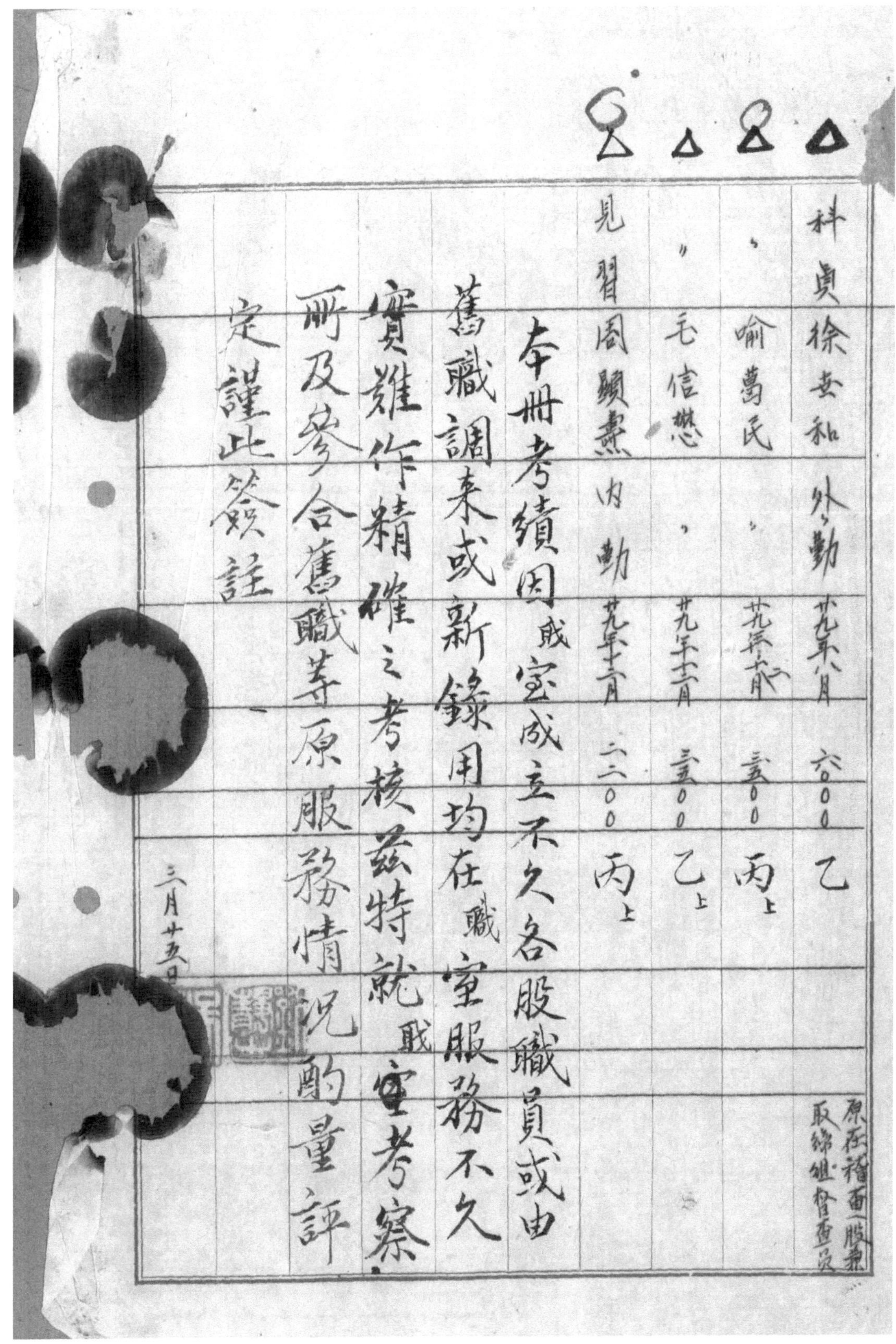

科員徐安和	外勤	廿九年八月	六〇〇	乙	原在稽查一股兼股總組督查員
〃喻萬民	〃	廿九年十一月	三五〇〇	丙上	
〃毛信懋	〃	廿九年十二月	三五〇〇	乙上	
見習周顯燾	内勤	廿九年十二月	二二〇〇	丙上	

本冊考績因（股）室成立不久各股職員或由舊職調來或新錄用均在（職）室服務不久實難作精確之考核茲特就（職）室考察所及參合舊職等原服務情況酌量評定謹此簽註

三月廿五日

重庆电力股份有限公司稽核室稽查股现有职员名册（时间不详） 0219-1-14

016

重慶電力公司稽核室稽查股現有職員名冊

職別	姓名	年齡	籍貫	到職日期	備
主任	王松懋		江蘇	三十年十二月	
副主任	李仙槎	五二	四川秀山	二十七年五月	
	孫光宗	二六	湖北	二十九年八月	
科員	孫錦雲	三二	湖北	三十年十二月	
	金馨遠	三二	湖北	二十八年六月	
	徐世和	三〇	湖北	二十九年八月	
	楊震	三三	湖北	三十年五月	
	榮新民		江蘇	三十一年一月	

重慶電力股份有限公司稽核室稽查股

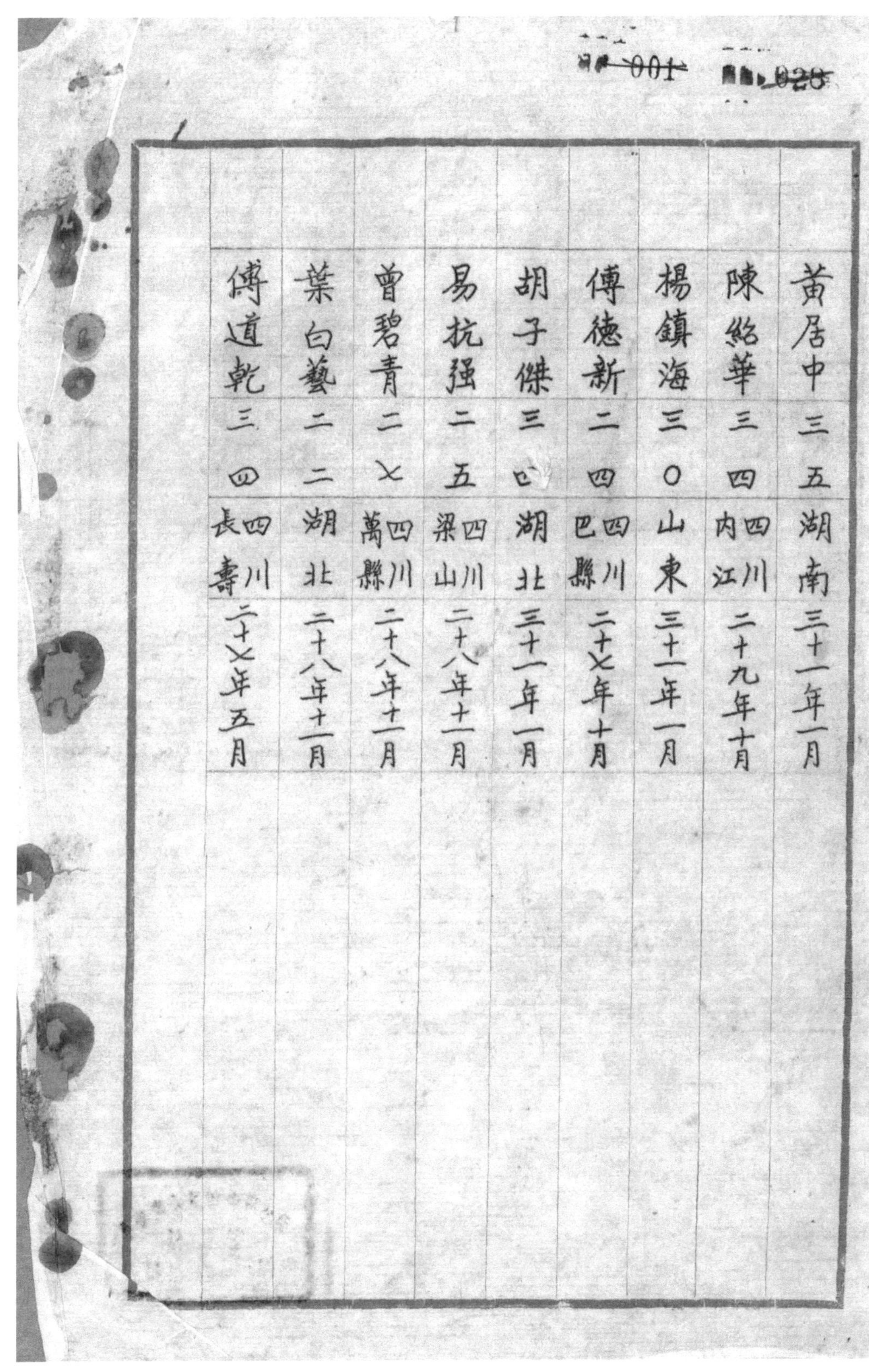

姓名	年龄	籍贯	时间
黄居中	三五	湖南	三十一年一月
陳紹華	三四	四川内江	二十九年十月
楊鎮海	三〇	山東	三十一年一月
傅德新	二四	四川巴縣	二十七年十月
胡子傑	三四	湖北	三十一年一月
易抗强	二五	四川梁山	二十八年十一月
曾碧青	二七	四川萬縣	二十八年十一月
葉白藝	二二	湖北	二十八年十一月
傅道乾	三四	四川長壽	二十七年五月

重庆电力股份有限公司稽核室现有及拟添用人员职务分配参考表（时间不详） 0219-1-14

1000 001

重慶電力公司稽核室現有及擬添用人員職務分配參考表

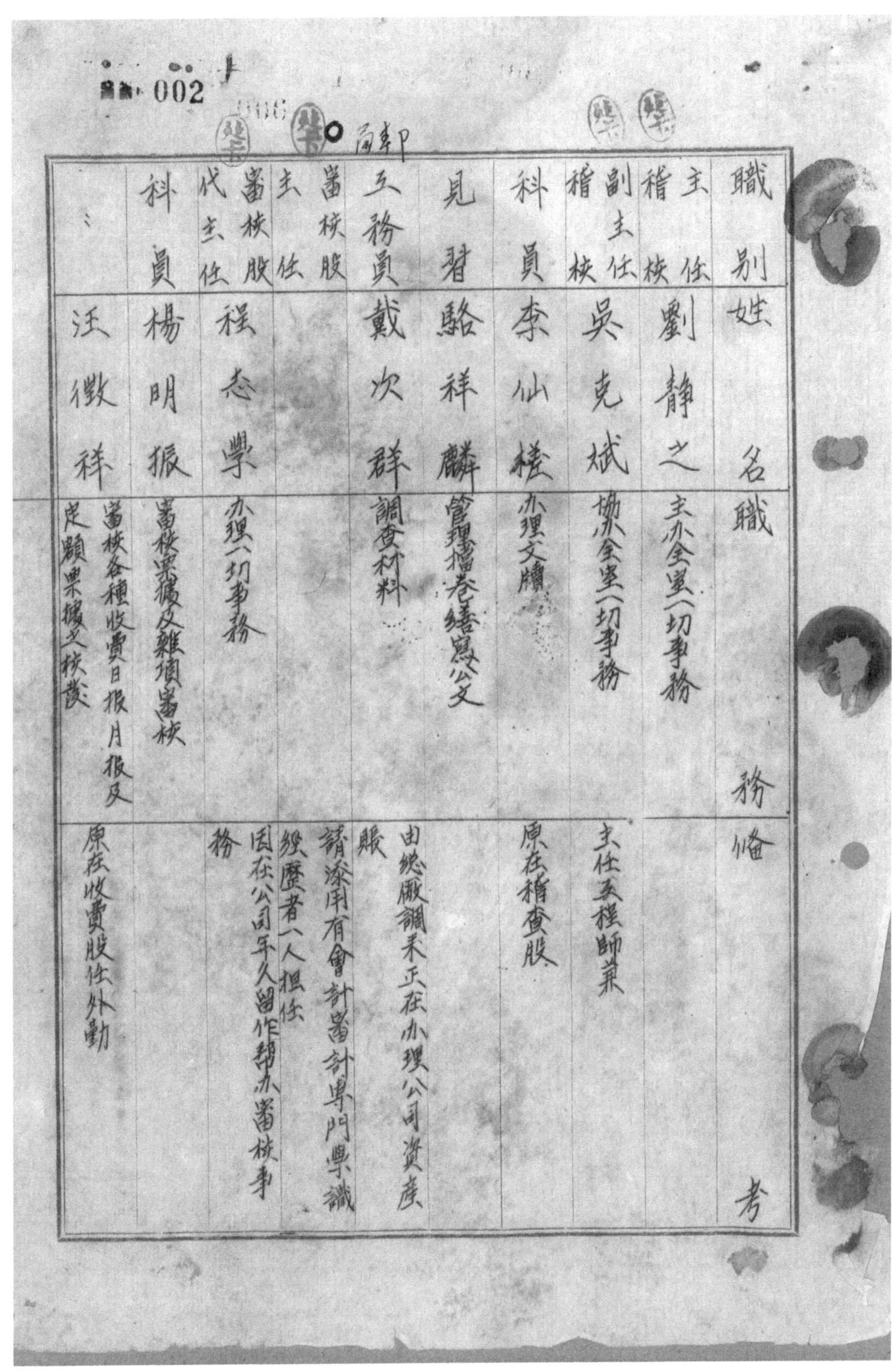

職別	姓名	職務	備考
主任稽核	劉靜之	主办全室一切事務	
副主任稽核	吳克斌	協办全室一切事務	主任工程師兼
科員	李仙槎	办理文牘	原在稽查股
見習	駱祥麟	管理檔卷繕寫公文	
工務員	戴次群	調查材料	由總廠調來正在办理公司資產賬
審核股主任			請添用有會計審計專門學識經歷者一人担任
審核股代主任	程志學	办理一切事務	因在公司年久留作帮办審核事務
科員	楊明振	審核票據及雜項審核	
	汪徵祥	審核各種收費日报月报及定額票據之核對	原在收費股任外勤

21

暂缓

507

科员	赵丽生	当校稟撥	
〃	王树椿	当校稟撥	
〃			办理当校材料事宜（以工程人员为宜）
见习			预备办理日常事务并临时调派查账之用
〃			〃
统计股主任			请添用有统计专门学识经历者或由当校主任兼
科员	吴德超	办理会计、工程、统计事项	
〃	浦承爵	办理工程、管理、统计事项	
〃	朱洪镛	办理制表事项	
〃	张伯康	办理原始统计材料登记事项	

審字 003

暫緩

科員			辦理業務統計事項
〃			辦理統計製圖畫表事項
見習			辦理日常事務並練習統計事務
催收股主任	杜培先	統辦全股事務	
科員	唐鶴生	外勤	
〃	鄧宗禹	〃	原在收費股任外勤
〃	陳紹華	〃	〃
〃	洪子樵	〃	〃
〃	游動斯	〃	原在稽查股兼取締組督查員
〃	徐世和	〃	〃

3+

四常局　　局部

職別	姓名	職務	備註
科員	喻禹民	外勤	
〃	毛信懋	〃	
見習	周顯壽	内勤	
〃（暫緩）			辦理内勤預備調換人員臨時之用
稽查股主任（暫兼）			
科員	金馨遠	稽查事務	
〃	孫光宗	〃	
〃	傅德新	監視磅煤	
〃	盧聚堃	〃	
〃	陳季張	稽查事項	

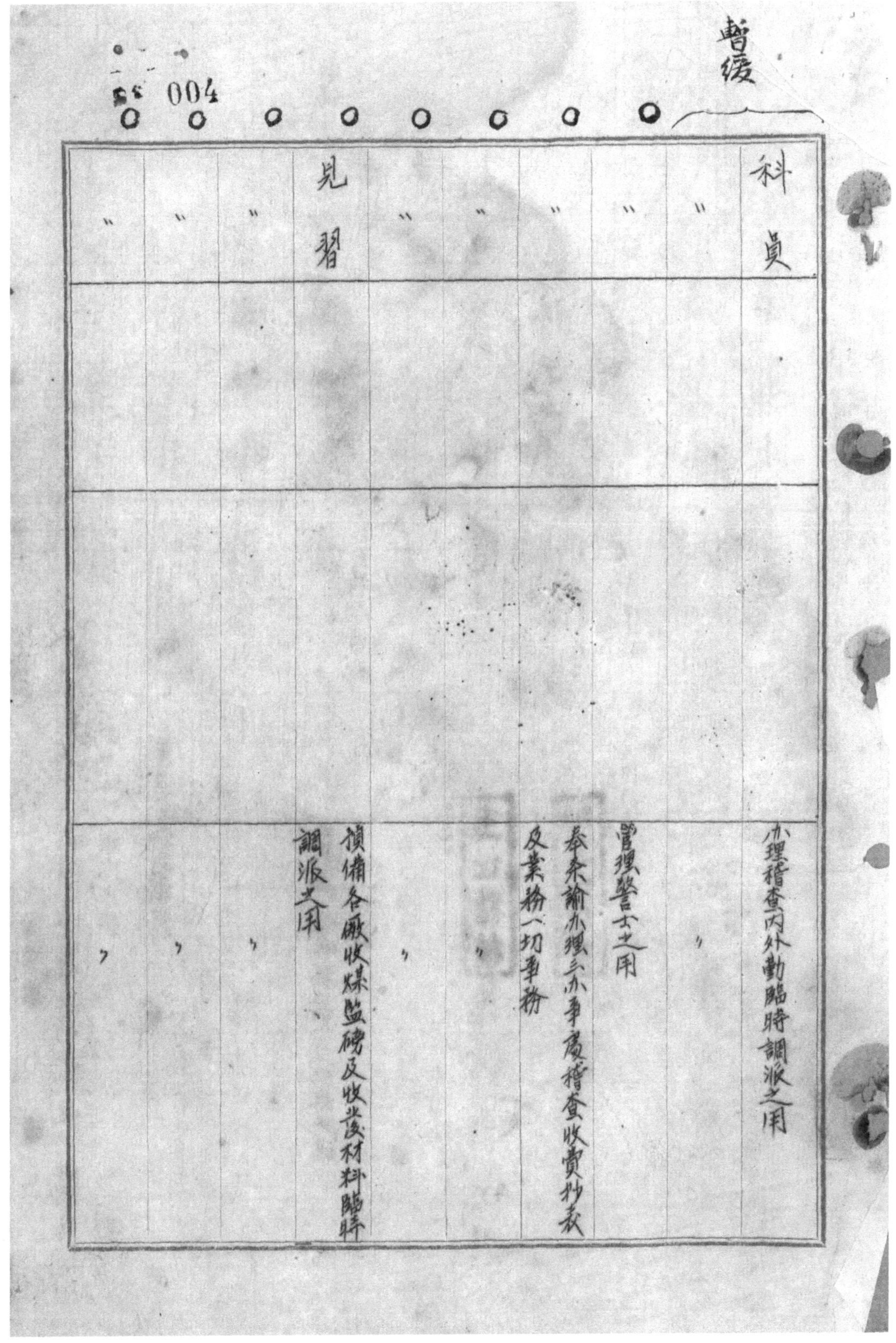
暂缓
004
科员
〃
〃
〃
〃
〃
見習
〃
〃
〃
办理稽查内外勤臨時調派之用
〃
管理警士之用
奉条谕办理三亦事處稽查收費抄表及業務一切事務
〃
〃
預備各廠收煤監磅及收發材料臨時調派之用
〃
〃
〃

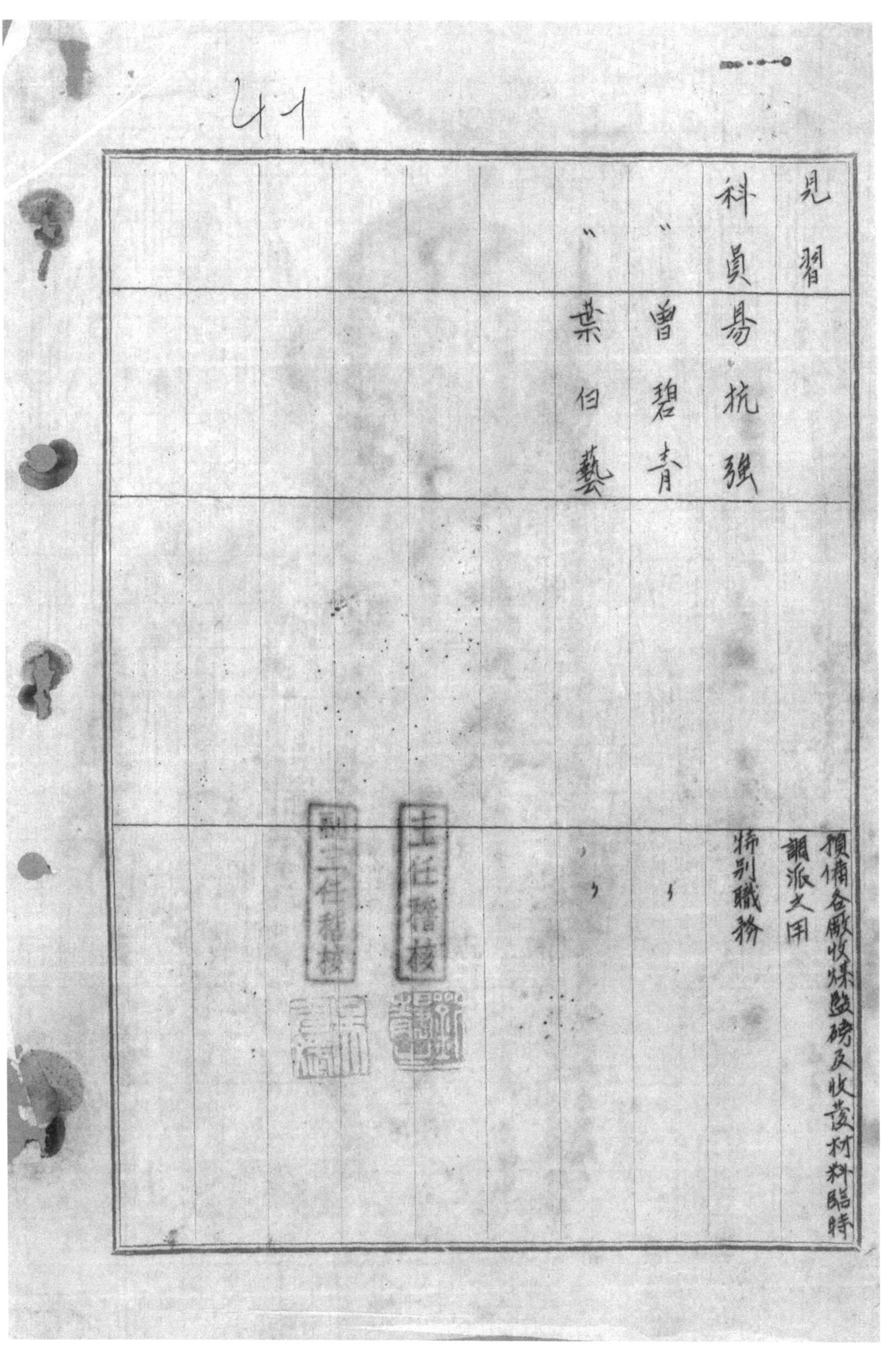

41

職別	姓名	備註
見習科員	易抗強	預備各廠收煤盤磅及收發材料臨時調派之用 特別職務
〃	曾碧青	〃
〃	葉伯藝	〃

主任簽核

副主任簽核

重庆电力股份有限公司稽核室催收股职员到职日期表（时间不详） 0219-1-14

No. 005 稽核

稽核室催收股職員到職日期表：

姓名	職別	到職日期	新或舊	備考
唐鶴生	科員	十二月廿三日	舊職員	內勤服務
陳紹華	〃	〃	〃	外勤〃
洪子樵	〃	〃	〃	〃
喻蜀民	〃	〃	新職員	〃
周顯熹	見習	十二月廿四日	〃	內勤
陳乃修	科員	十二月廿六日	〃	外勤
毛信懋	〃	〃	〃	〃
楊紘望	〃	十二月廿七日	〃	〃

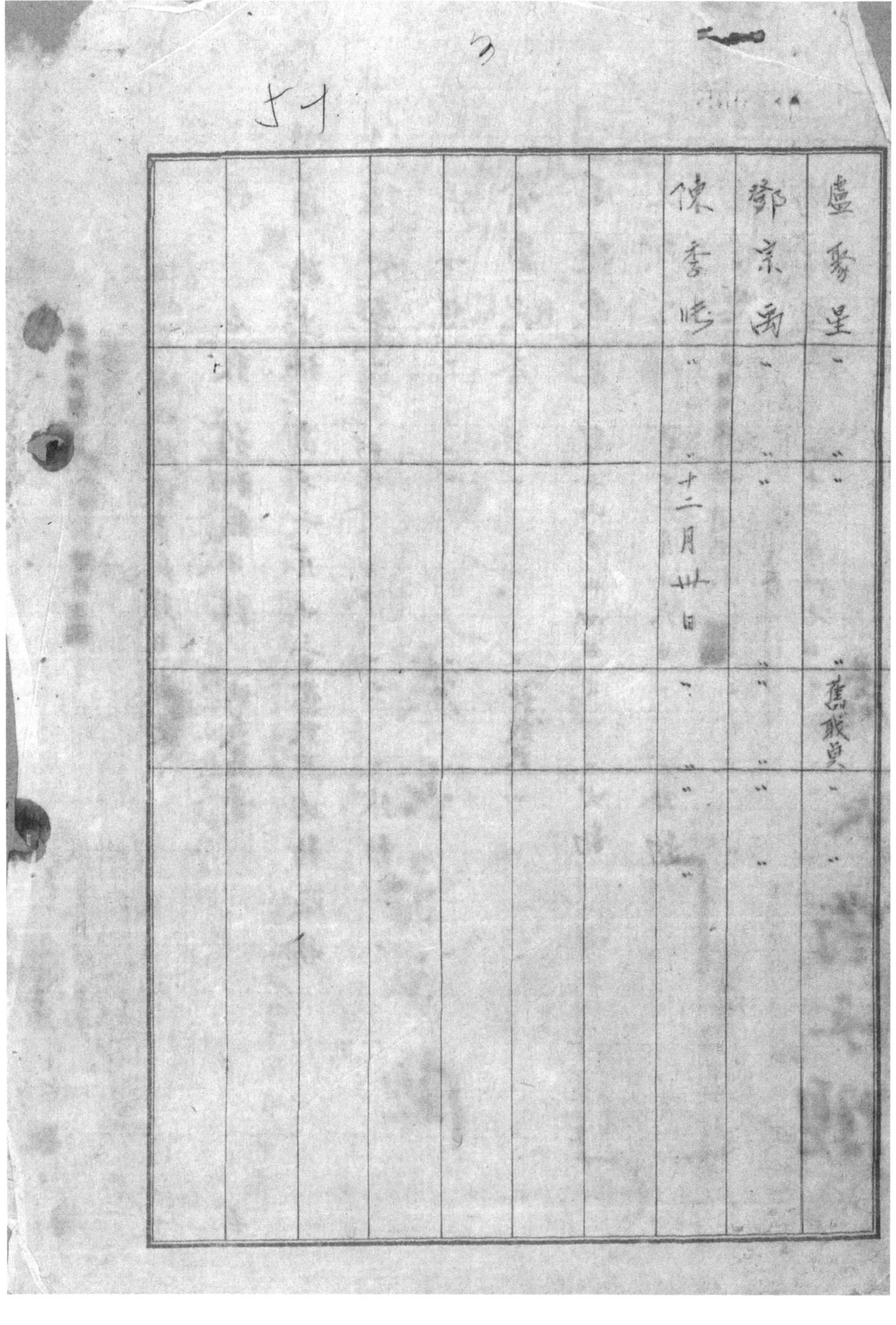

51

盧馨星	〃	〃	〃舊職員	〃	〃
鄧崇禹	〃	〃	〃	〃	〃
陳季略	〃	〃十二月卅日	〃	〃	〃

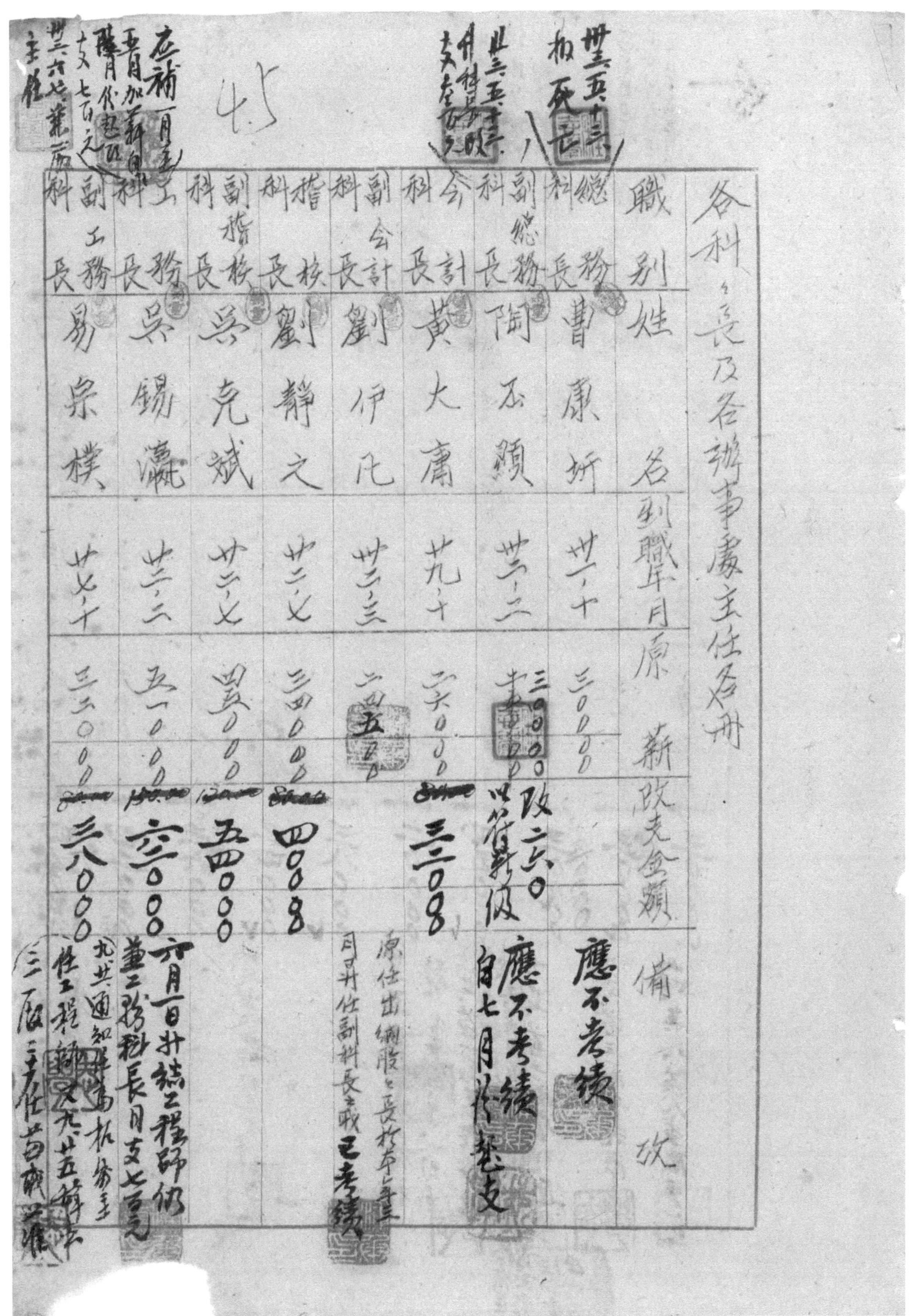

各科長及各辦事處主任名冊

職別	姓名	到職年月	原薪	新改支金額	備攷
總務科長	曹康圻	廿一.十	三〇〇〇〇		應不考績
副總務科長	陶丕顯	廿二.二	三〇〇〇〇	改二六〇 以薪俸級	應不考績 自七月份起支
会計科長	黃大庸	十九.十	二六〇〇〇	三二〇〇	
副会計科長	劉伊凡	廿二.三	二四〇〇〇		原任出納股股長於本年三月升任副科長未戳 已考績
稽核科長	劉靜之	廿二.七	三四〇〇〇	四〇〇〇	
副稽核科長	吳克斌	廿二.七	四五〇〇〇	五四〇〇〇	
工務科長	吳錫瀛	廿二.二	五一〇〇〇	六〇〇〇〇	六月一日升補工程師仍兼工務科長月支七百元
副工務科長	易宗樸	廿七.十	三二〇〇〇	三八〇〇〇	[illegible]

重庆电力股份有限公司各科科长及各办事处主任名册（时间不详） 0219-1-35-(45-46)

卅三、六、七、因罷停職另候核辦 暫不停薪

卅四、五、十、通知 共出國[illegible] [illegible]

45-7

職別	姓名	到職年月	原薪	新薪	備註
副工務科長	宋達金	廿三、十	二八〇〇〇	四五〇〇〇	九、廿、通知 工程師兼[illegible]
業務科長	張玠	廿四、九	三六〇〇〇	四二〇〇〇	
副業務科長	余克稷	廿三、七	三〇〇〇〇	三六〇〇〇	
協力處主任	劉澤民	廿八、三	二八〇〇〇	三四〇〇〇	卅三、十二、廿七、改三廠副主任
南岸處主任	劉佩雄	廿三、七	三二〇〇〇	三八〇〇〇	
江北處主任	楊新民	廿四、六	一四五〇〇	二〇〇〇〇	卅三、五、廿六、調職工福利社主任 [illegible]
第一廠主任	謝用剛	廿十、十二	三八〇〇〇	四五〇〇〇	十、廿、兼一廠管理股長 卅三、六、廿八、解職 仍負全責 [illegible]
第二廠主任	劉希孟	廿七、九	二四五〇〇	三〇〇〇〇	十、廿、兼二廠管理股長
第三廠主任	盛澤闓	廿五、六	二四五〇〇	三〇〇〇〇	十、廿、兼三廠管理股長
秘書	張君鼎	廿八、十一	二四五〇〇	三〇〇〇〇	卅四、三、八、兼人事股長

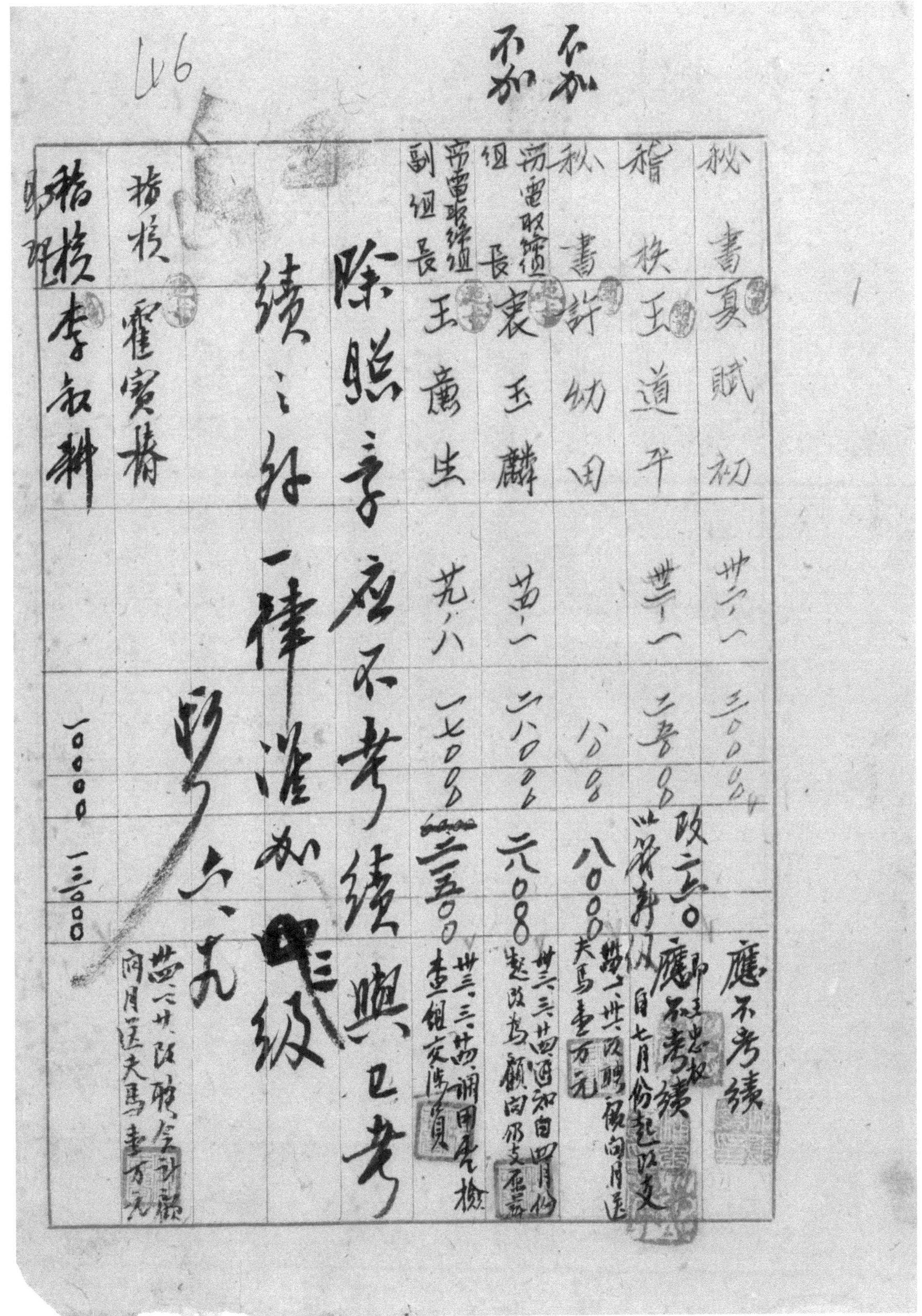

266

不加 不加

職別	姓名	級	薪額	擬調	備註
秘書	夏賦初	廿六	三〇〇		應不考績
稽核	王道平	廿一	二〇〇	改二〇〇	即王忠恕 應不考績
秘書	許幼田	[illegible]	[illegible]	八〇〇	
局電股總組組長	袁玉麟	廿一	二八〇〇	二八〇〇	
局電股總組副組長	王膺生	廿八	一七〇〇	二五〇〇	
稽核	霍寶椿				
稽核	李叔耕		一〇〇〇	一三〇〇	

除照章應不考績與已考績之外一律准如擬　三級

六、九

重庆电力股份有限公司全体职员姓名、薪级册（时间不详）　0219-2-196

重慶電力股份有限公司全體職員姓名薪級册

職別	姓名	級位	月薪	到職日期	備考
總經理	劉航琛	一一	三〇〇 〇〇	二十四年二月	公司到職
總務科科長	袁玉麟	二〇	一二〇 〇〇	同前	同前
副科長	劉君瑞	二〇	一二〇 〇〇	二十三年七月	營業部到職
材料股主任科員	王綬華	二五	七〇 〇〇	二十四年二月	公司到職
科員	曾昭元	三〇	四〇 〇〇	二十二年九月	舊廠到職
科員	鄢仲廉	三一	三五 〇〇	二十四年二月	公司到職
科員	張秋谷	三一	三五 〇〇	二十三年七月	營業部到職
見習生	陳西磐	三二	三〇 〇〇	同前	同前
見習生	喻邦世	三八	一五 〇〇	廿三年七月	營業部到職
見習生	周立剛	三八	一五 〇〇	同前	同前
購置股主任科員					
科員	劉伊凡	三〇	四〇 〇〇	廿四年三月	公司到職
科員	溫伯庠	三一	三五 〇〇	同前	同前
稽查股主任科員	張震青	二五	七〇 〇〇	廿二年九月	舊廠到職
科員	朱孝先	三一	三五 〇〇	同前	同前
庶務股主任科員	唐道昌	二五	七〇 〇〇	同前	同前
科員	李經鎔	三一	三五 〇〇	廿三年七月	營業部到職
文書股科員	何寬厚	三〇	四〇 〇〇	同前	同前

2

科員	楊新民	三一	三五	○○	廿四年六月	公司到職
科員	劉聲颸	三一	三五	○○	同前	同前
科員	劉溥泉	三一	三五	○○	廿三年七月	營業部到職
科員	蕭有鈞	三一	三五	○○	同前	同前
業務科科長	劉杰	二○	一二○	○○	同前	同前
營業廠主任科員	簡伯良	二五	七○	○○	同前	同前
科員	李德全	二九	四五	○○	廿二年九月	舊廠到職
科員	戚咸嘉	三○	四○	○○	廿三年七月	營業部到職
科員	張敬修	三○	四○	○○	同前	同前
科員	別梓益	三○	四○	○○	同前	同前
科員	魯麗臣	三○	四○	○○	廿三年七月	營業部到職
見習生	許勿展	三五	二一	○○	同前	同前
見習生	王顯卿	三八	一五	○○	同前	同前
見習生	王慶餘	三八	一五	○○	廿四年二月	公司到職
見習生	韓翰宗	三八	一五	○○	同前	同前
見習生	王遵頤	三八	一五	○○	廿四年六月	同前
見習生	支玉書	三八	一五	○○	同前	同前
抄表股主任科員	張宏勲	二五	七○	○○	廿三年七月	營業部到職
科員	夏仲康	三○	四○	○○	同前	同前
科員	王厚餘	三一	三五	○○	廿二年九月	舊廠到職

見習生	廖精輝	三五	二一	〇〇	廿四年二月	公司到職
見習生	范子暉	三五	二一	〇〇	同前	同前
見習生	王愷謀	三八	一五	〇〇	同前	同前
見習生	朱立之	三八	一五	〇〇	廿四年六月	同前
核算股主任科員	麥鶴年	二五	七〇	〇〇	廿三年七月	營業部到職
見習生	杜培先	三二	三〇	〇〇	同前	同前
見習生	劉永立	三三	二七	〇〇	同前	同前
見習生	楊勝數	三四	二四	〇〇	廿四年六月	公司到職
製票股主任科員	耿含英	二五	七〇	〇〇	廿三年七月	營業部到職
科員	趙玉棧	三一	三五	〇〇	廿二年九月	舊廠到職
見習生	楊德光	三五	二一	〇〇	廿四年二月	公司到職
收費股主任科員	李勲	二五	七〇	〇〇	廿三年七月	營業部到職
科員	楊達雲	三〇	四〇	〇〇	同前	同前
科員	李來義	三〇	四〇	〇〇	同前	同前
科員	張師黄	三〇	四〇	〇〇	同前	同前
科員	冉鴻舉	三〇	四〇	〇〇	廿二年九月	舊廠到職
科員	戴茂林	三〇	四〇	〇〇	同前	同前
科員	郭紹林	三一	三五	〇〇	廿四年二月	公司到職
科員	張熙台	三一	三五	〇〇	廿四年六月	同前
科員	何少林	三一	三五	〇〇	廿二年九月	舊廠到職

4

見習生	袁履端	三八	一五	〇〇	廿四年六月	公司到職
會計科科長	朱小佛	二〇	一二〇	〇〇	廿二年九月	舊廠到職
出納股主任科員	陳仲達	二五	七〇	〇〇	廿四年二月	公司到職
科員	馬行之	三〇	四〇	〇〇	廿三年七月	營業部到職
見習生	游叙倫	三八	一五	〇〇	同前	同前
審核股主任科員	侯玉岑	二五	七〇	〇〇	廿二年九月	舊廠到職
科員	李嵐邨	二九	四五	〇〇	廿四年二月	公司到職
科員	劉長忠	三一	三五	〇〇	廿三年七月	營業部到職
見習生	朱成舉	三八	一五	〇〇	同前	同前
簿記股主任科員	曹志齊	二五	七〇	〇〇	同前	同前
科員	辛卓夫	二八	五〇	〇〇	廿三年七月	營業部到職
科員	程志學	三一	三五	〇〇	同前	同前
見習生	何篤睦	三八	一五	〇〇	同前	同前
見習生	劉鳴皋	三八	一五	〇〇	廿四年二月	公司到職
統計股主任科員	許幼田	二五	七〇	〇〇	廿三年七月	營業部到職
科員	賴光述	三〇	四〇	〇〇	同前	同前
見習生	張驊燕	三八	一五	〇〇	同前	同前

重庆电力股份有限公司各科、股职员姓名清册（时间不详） 0219-2-196

6

重慶電力公司各科股職員姓名清册

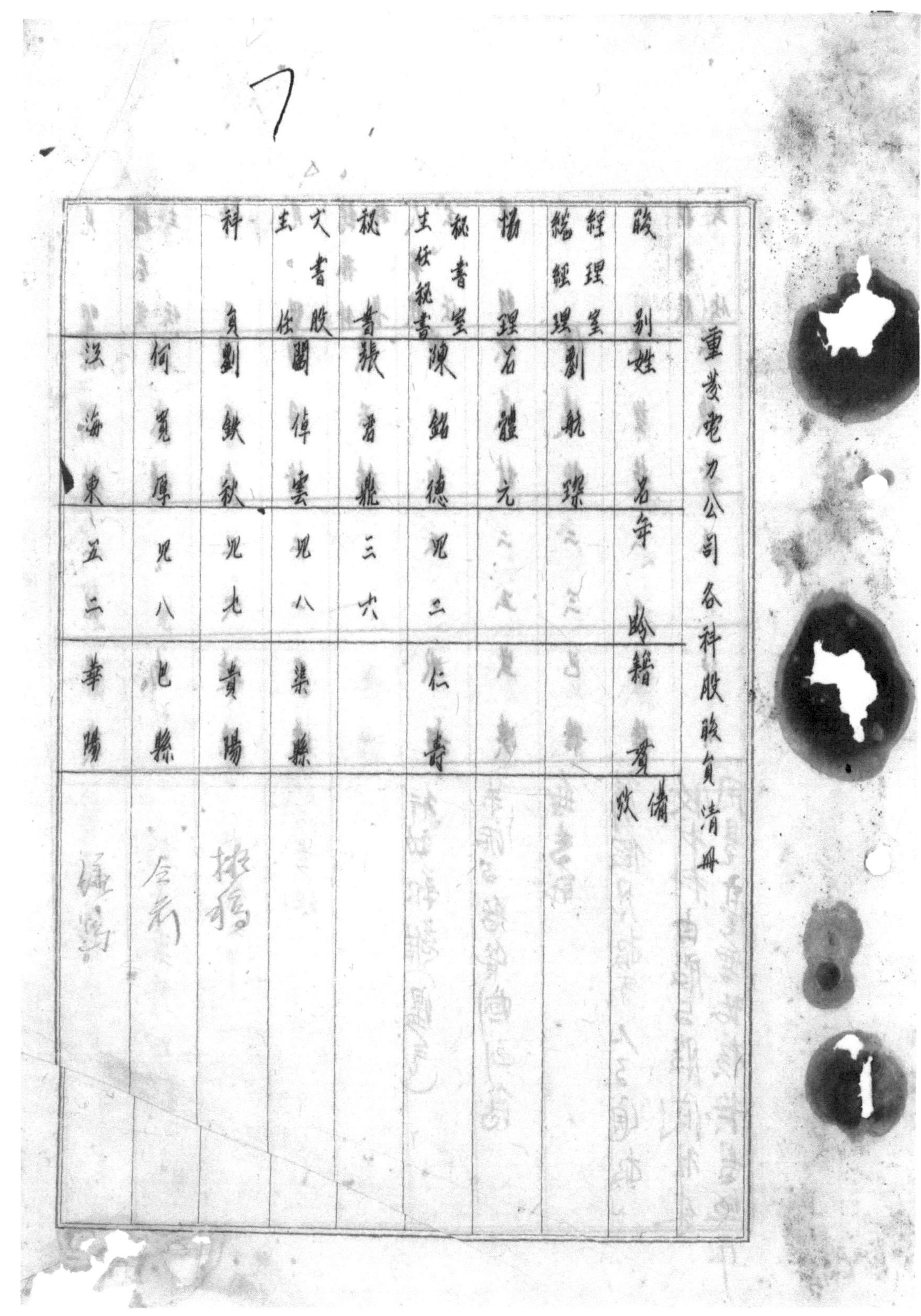

重庆电力公司各科股股员清册

股别	姓名	年龄	籍贯	备考
经理室 总经理	刘航琛			
协理	石体元			
秘书室 主任秘书	陈铭德	四二	仁寿	
秘书	张君鼎	三六		
文书股 主任	关伟云	四八	渠县	
科员	刘钦秋	四七	贵阳	拟稿
	何冕厚	四八	巴县	合行
	汪海东	五二	华阳	缮写

見習	孫文鐵	二九	宣漢	繕寫
檔卷主任	端木禮	〃	南京	檔卷查考保管
科員	周玉南	三六	達縣	收發文件
見習	楊同培	二一	宣漢	登記
總務科科長	袁玉麟	二六		
人事股主任	曾少鈞	五〇	成都	行動組織（溫氣）
見習	侯美材	二五	宣漢	未派了替管圖到隱
	傅德新	二三	巴縣	無專職
	寗望棠	二〇	渠縣	請假月報表人事通報
材料股主任	王紹華	五〇	瀘州	收材料由股与股間往來用量意要預核其量而單

8

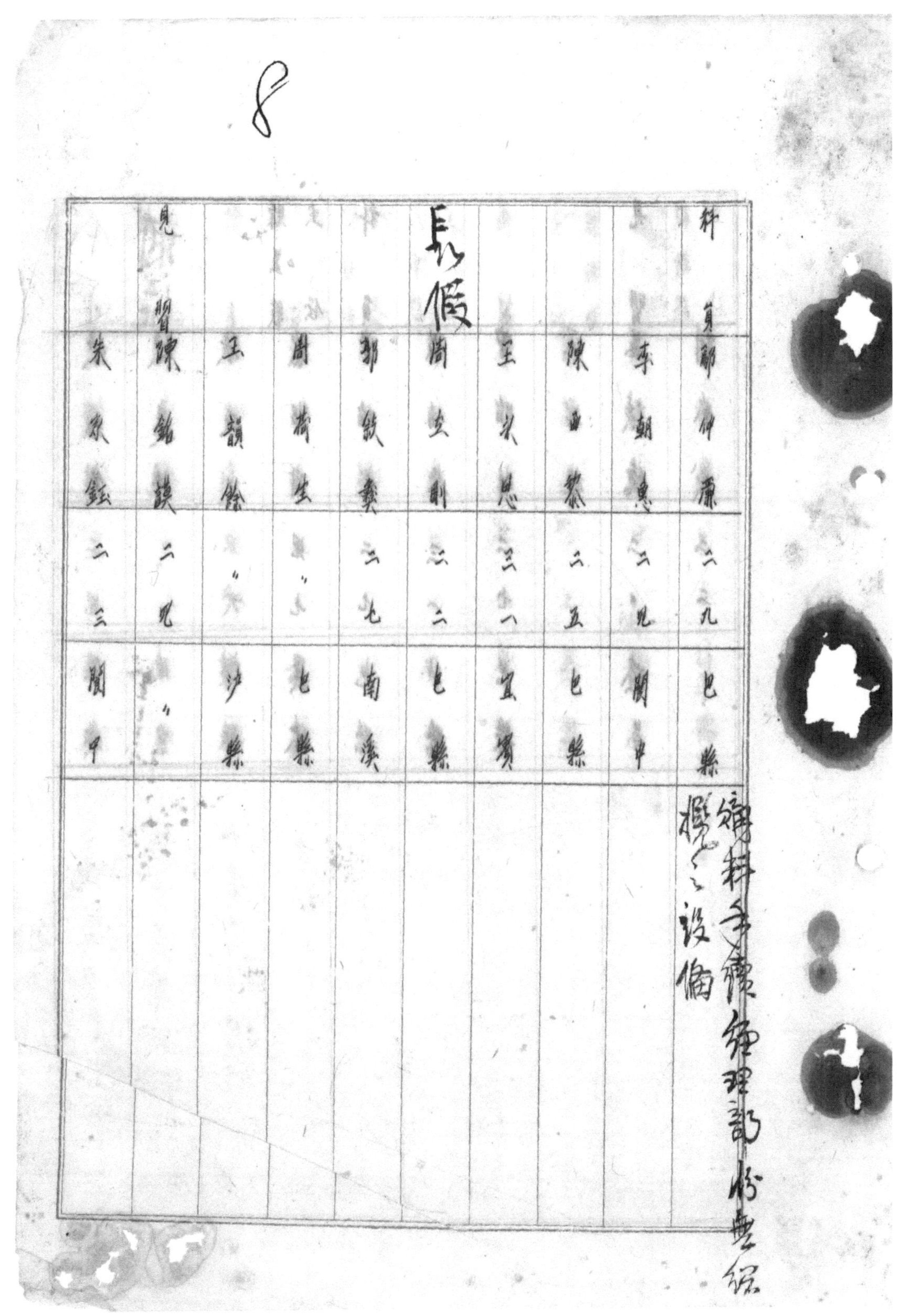

幹員				長假			見習	
鄒仲康	李朝忠	陳西懿	王以思	周文剛	鄒欽彝	周清生	王韻餘	陳銘謨	朱家鈺
二九	二九	二五	三八	二二	二七	〃	〃	二九	二三
巴縣	閬中	巴縣	宜賓	巴縣	南溪	巴縣	沙縣	〃	閬中

編科手續經理部附無紹

擬之設備

備註	姓名	年齡	籍貫
代民	張繼美	[illegible]	[illegible]
调江北	陳遠清	二[illegible]	[illegible]
	張成之	[illegible]	[illegible]
兼監股 实任	黎鄒周	四七	武勝
科負	曾昭元	二九	巴縣
	溫伯庠	三八	瀘縣
	曾昭明	二七	巴縣
	王雲樵	[illegible]	[illegible]
見習	吳懷德	二〇	隆昌
[illegible]	劉發嶽	二二	[illegible]

職別	姓名	年齡	籍貫	職務
[illegible]	蔡士炯	[illegible]	[illegible]	
[illegible]	宋致銑	[illegible]	[illegible]	
庶務股主任	唐增昌	三五	岳池	
科員	李經綸	五九	渠縣	收發公文具雜項開支並管伙食
見習	張治源	二九	仁壽	做付票記帳及雜務
	劉燠成	二七	岳池	編製月用報告[illegible]本股[illegible]
稽查股主任	張震青	五三	武昌	
科員	李仙樵	四九	秀山	文書及協助主任辦理對外交涉事件
	劉声鏗	[illegible]	[illegible]	[illegible]
	史秋林	[illegible]	江北	駐白廟子運炭

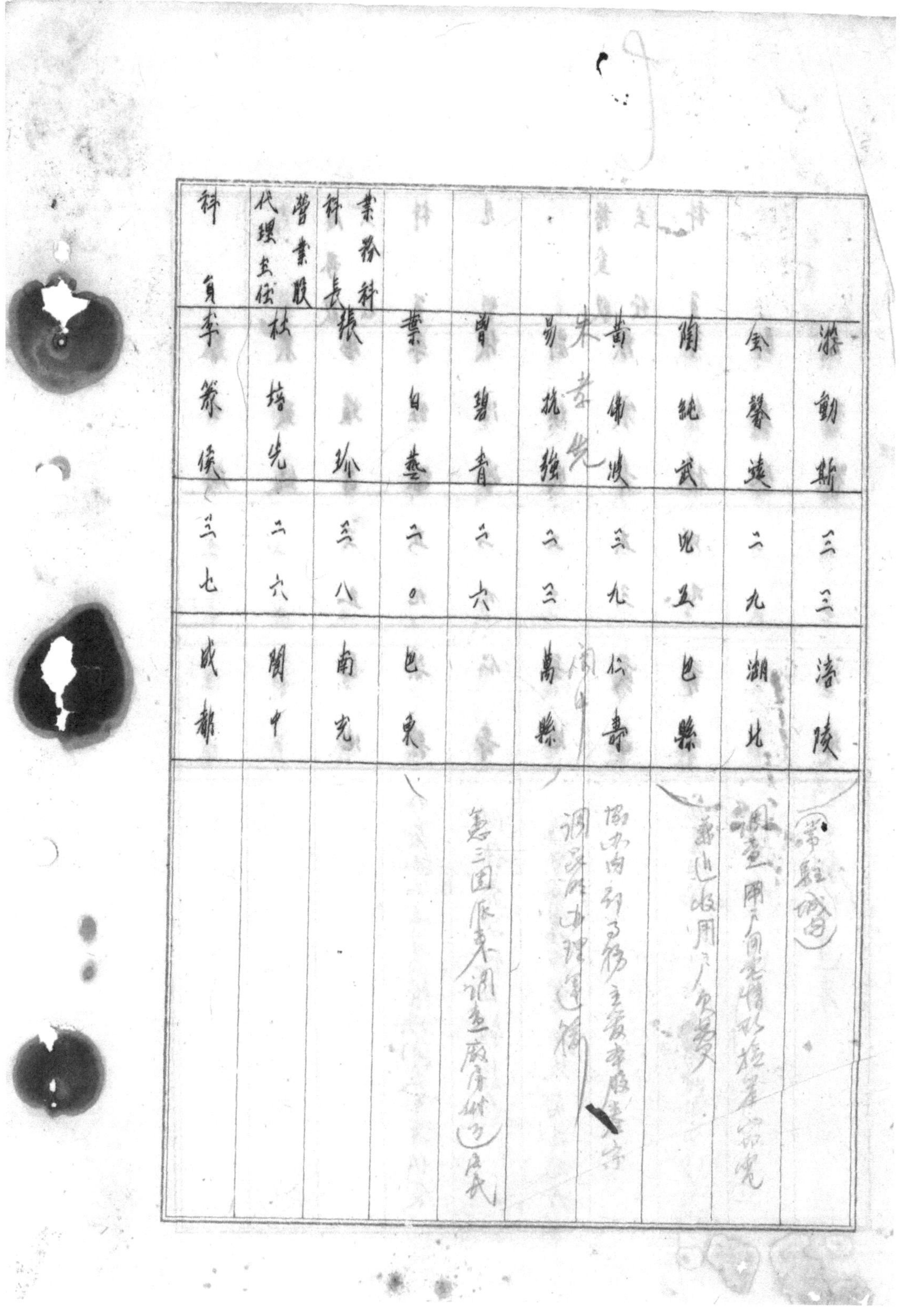

姓名	年齡	籍貫	備考
潘勳斯	二三	涪陵	（常駐城區）
金馨遠	二九	湖北	調查用戶用電情形擔任窃電
陶純武	四五	巴縣	南山收用戶電費
黃伯波	三九	仁壽	協辦內部事務主管本股文字 調派外辦理窃電
宋孝先		閬中	
易抗緣	二三	萬縣	
曹碧青	二六		惠三園派專人調查廠房樹木[illegible]
葉白燕	二〇	巴東	
張[illegible]珍	三八	南充	
杭培先	二六	閬中	
李榮侯	三七	成都	

業務科科長　營業股代理主任　科員

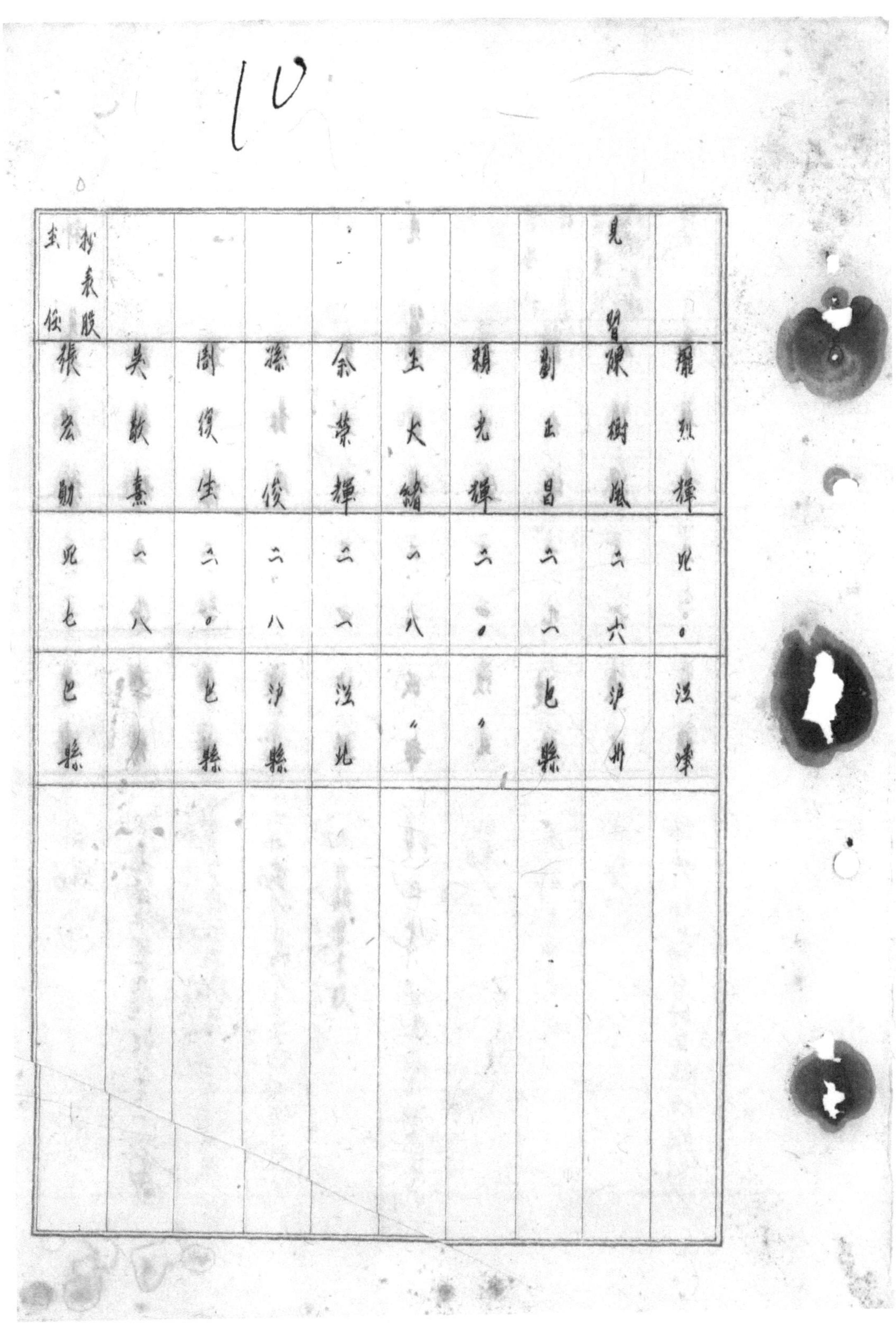

10

羅烈輝	四〇	江津	
陳樹風	二六	瀘州	見習
劉正昌	二一	巴縣	
賴光輝	三〇	〃	
王大緒	一八	〃	
余榮輝	二一	江北	
孫[illegible]俊	二八	瀘縣	
閻復生	三〇	巴縣	
吳欽熹	一八		
張宏勛	四七	巴縣	抄表股主任

科員	龔仲康	三〇	富順	外勤
	廖精輝	三四	華陽	辦理表字及證明字
	鄭[illegible]權	二四	瀘縣	新用戶登記及撤表換表業務
	唐勤序	二八	江北	外勤
	宋文之	三四	瀘縣	南岸抄表
見習	洪泉楨	二七	成都	填卡片
	尤家欽	二四	江北	外勤
	周光冰	二九	犍縣	仝前
	何開源	二六	內江	外勤
	費興業	二〇	巴縣	協助外勤有時在櫃內服務

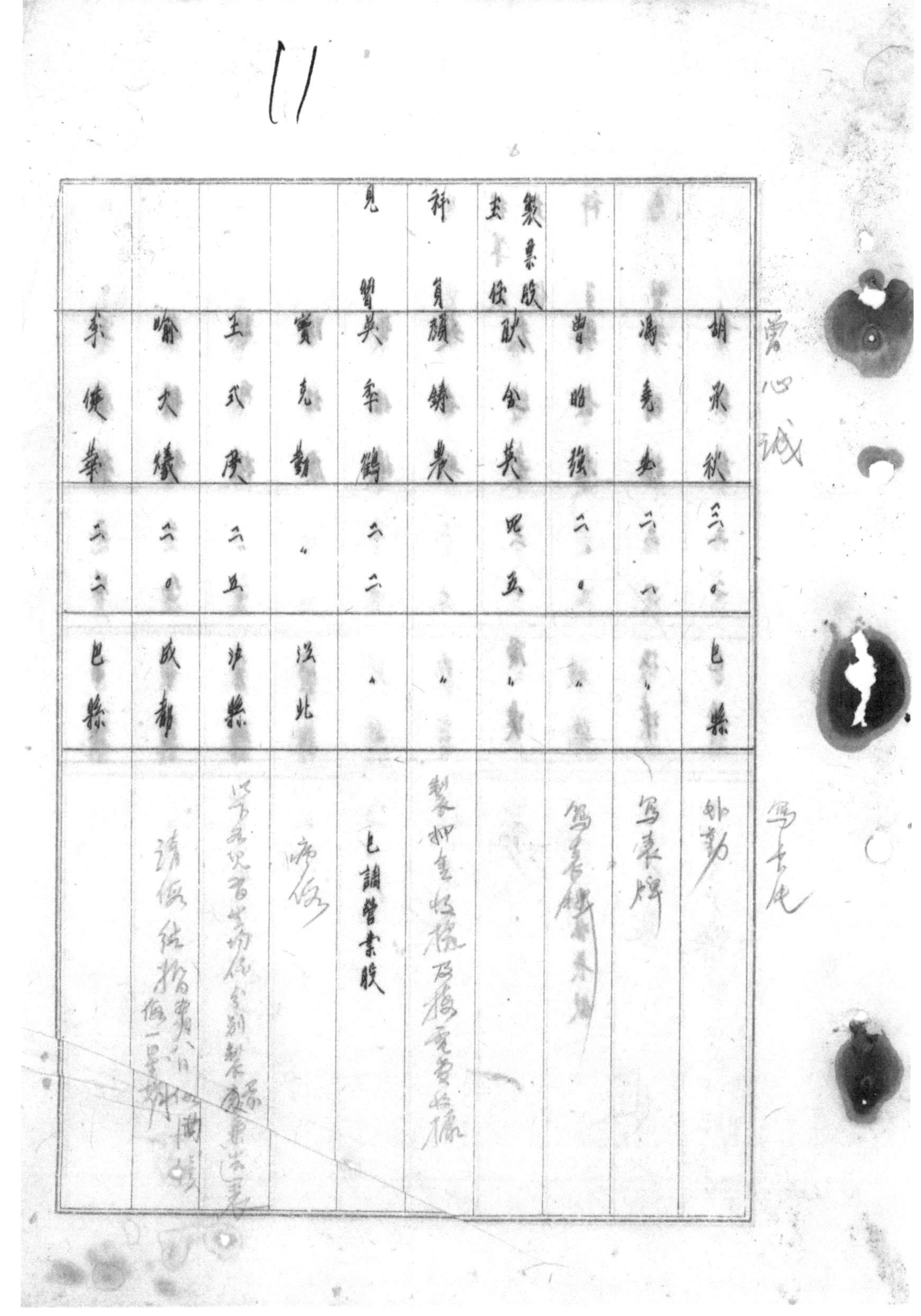

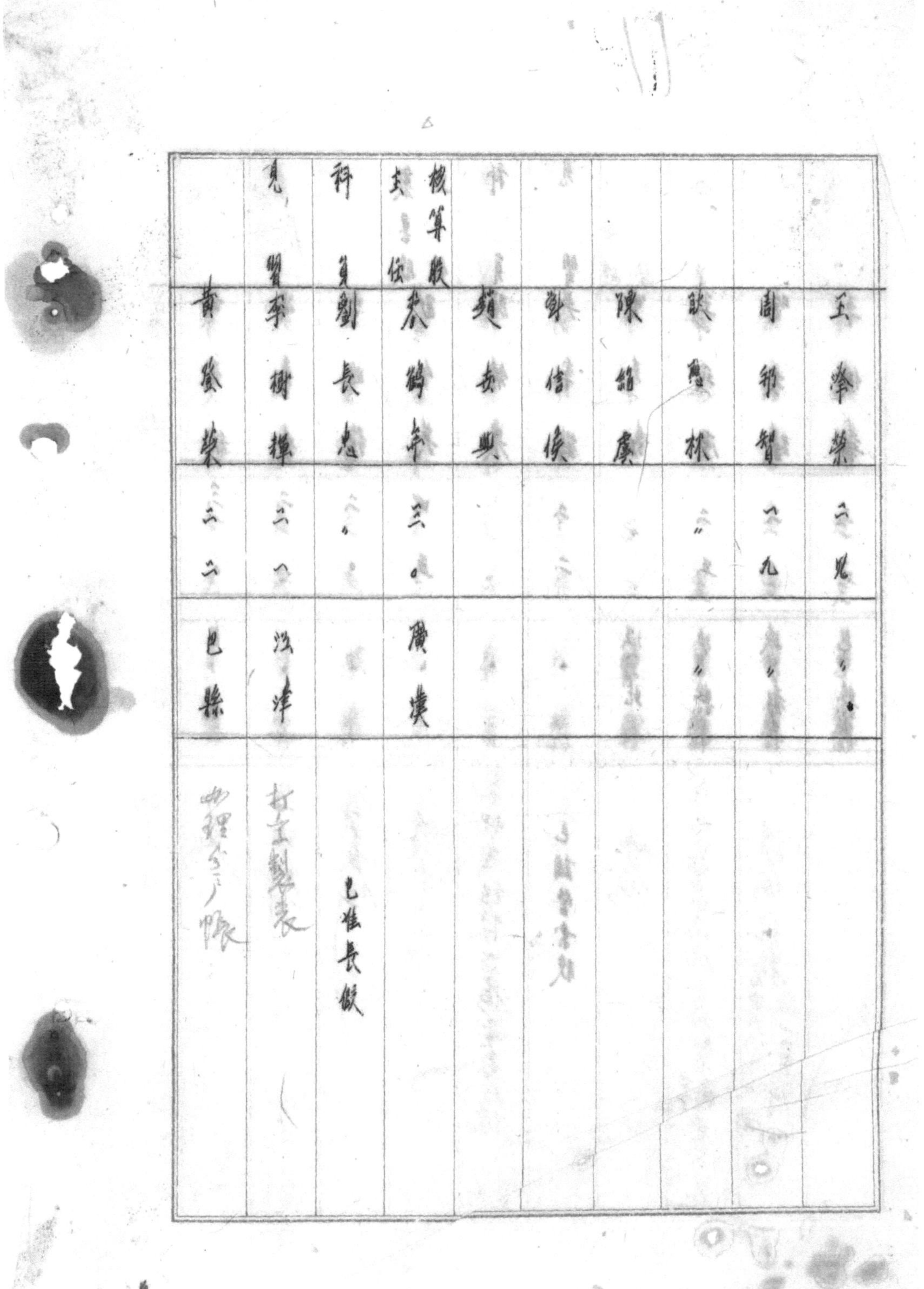

	王澤榮	二九	〃	
	周邦智	一九	〃	
	歐惠林	二〃	〃	
	陳錦康	[illegible]	[illegible]	
	劉信侯	[illegible]	[illegible]	[illegible]
	趙奇興			
核算股長佐	李鶴年	三〇	廣漢	
科員	劉長忠	二〃		已准長假
見習	李樹樑	二八	江津	打字製表
	黃登榮	二二	巴縣	助理分廠帳

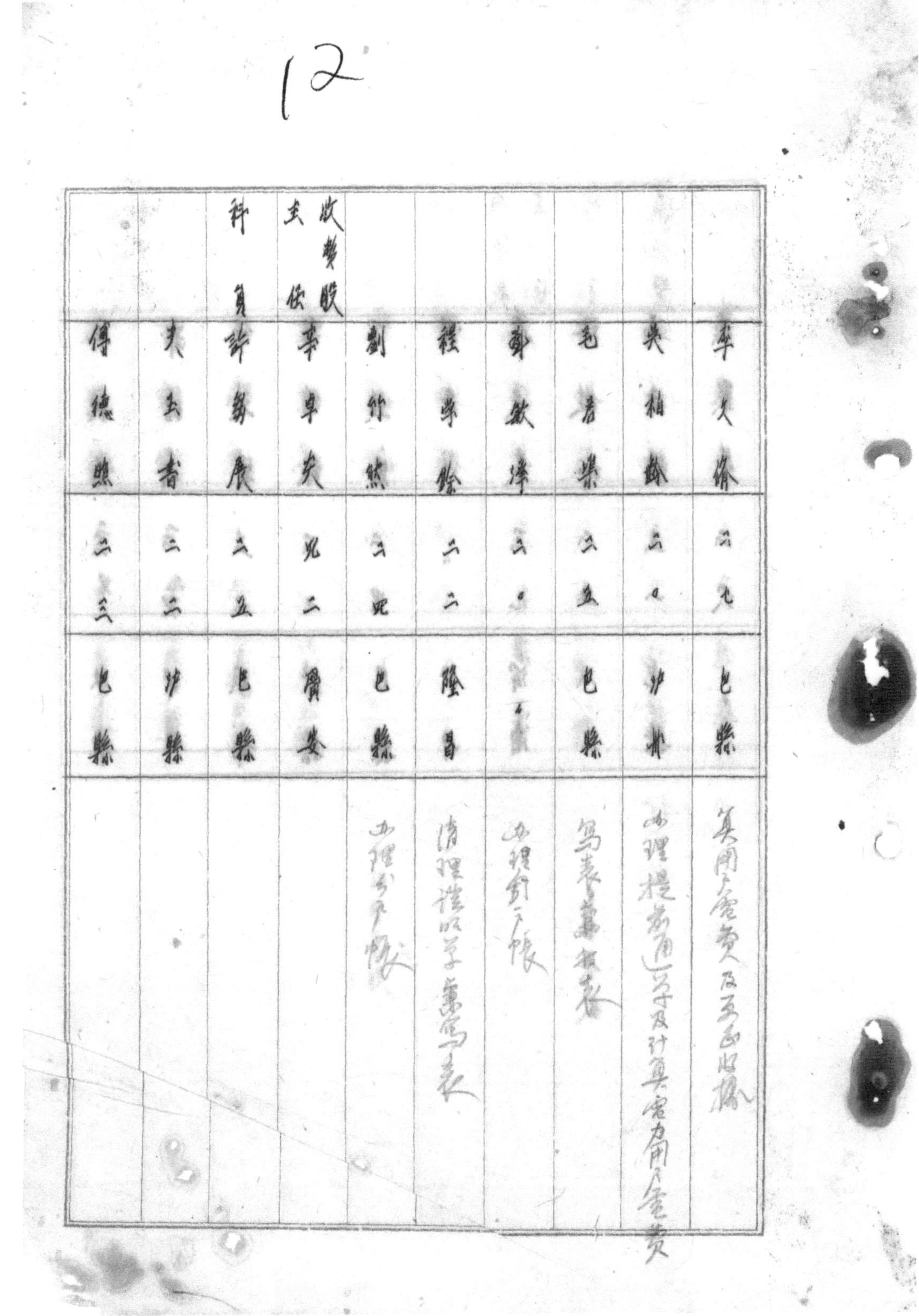

12

职务	姓名	年龄	籍贯	工作
	李文修	二九	巴县	算用人金费及各项收据
	吴柏龄	二〇	泸州	办理提前用过号子及计算实需用人金费
	毛君崇	二五	巴县	写表、汇报表
	郭钦淳	二〇	[illegible]	办理[illegible]帐
	程学馀	二二	隆昌	清理核收号子、汇写表
	刘竹然	二四	巴县	办理分户帐
收发股主任	李卓夫	四二	广安	
科员	许翁展	二五	巴县	
	吴玉书	二二	泸县	
	傅德照	二三	巴县	

姓名	年龄	籍贯
冉德昌	三八	江津
郭绍明	二九	泸州
饶逢云	五三	成都
郭维林	三八	泸县
丁焕然	二九	巴县
闵宗一	[illegible]	泸州
李来义	三九	渭南
汪徽辉	二五	江北
马云程	五八	巴县
卢聚星	二六	[illegible]

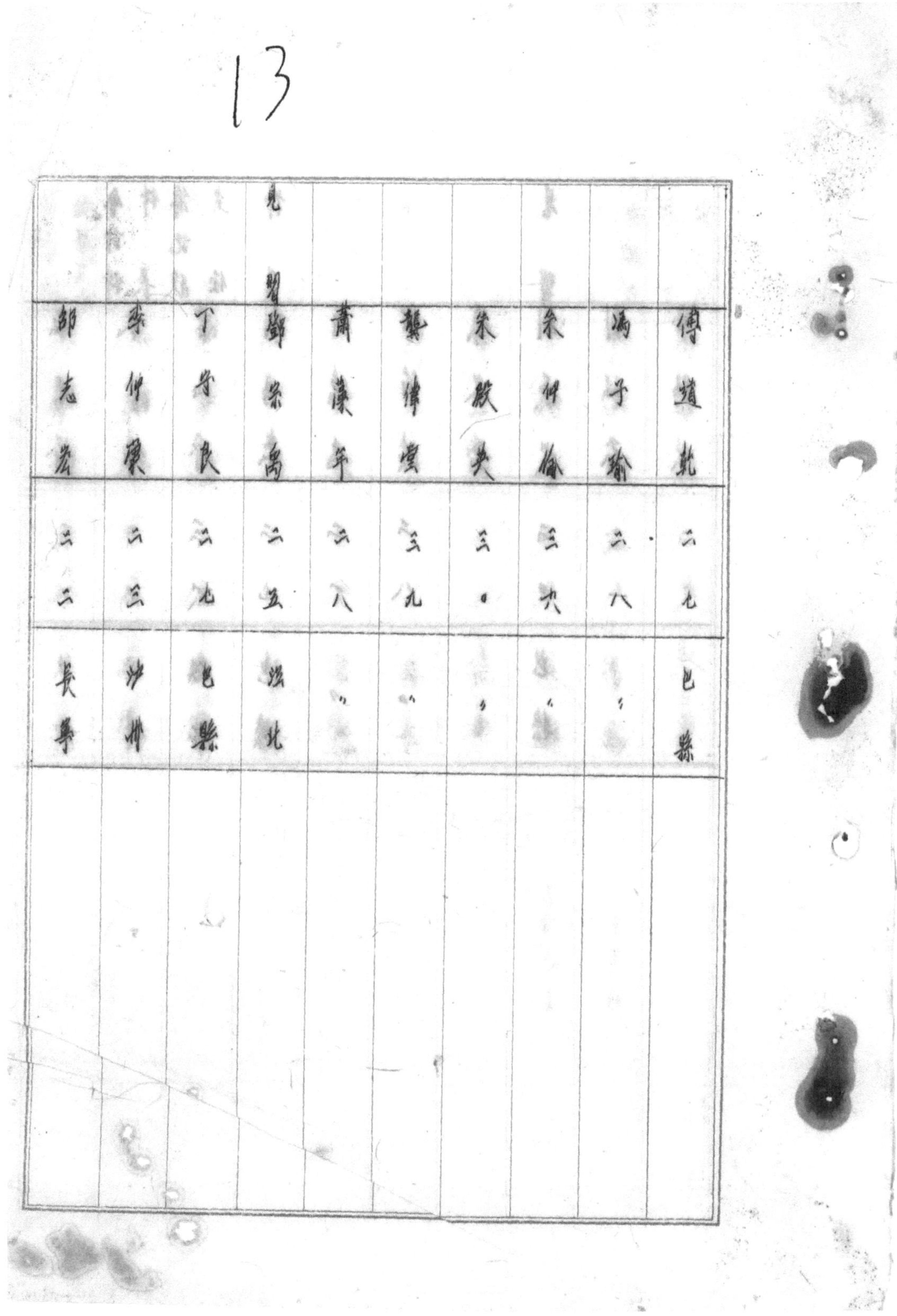

13

姓名	年龄	籍贯	备注
傅道乾	二七	巴县	
冯子瑜	二八	〃	
余仲伦	三六	〃	
朱钦英	三〇	〃	
龚伟云	三九	〃	
萧藻年	二八	〃	
邓宗禹	二五	湖北	见习
丁守良	二九	巴县	
李仲康	二三	涪州	
郎志岩	二二	长寿	

	羅崇倩	[illegible]	[illegible]
會計科科長	宋小佛	[illegible]	[illegible]
簿記股主任	曹志齊	三六	湖北
科員	劉鳴粲	二七	巴縣
	劉德惠	二一	〃
	何篤睦	二八	〃
	廖冰壽	[illegible]	[illegible]
見習	劉長火	二〇	巴縣
	劉祖春	[illegible]	[illegible]
	鄧鶴生	[illegible]	[illegible]

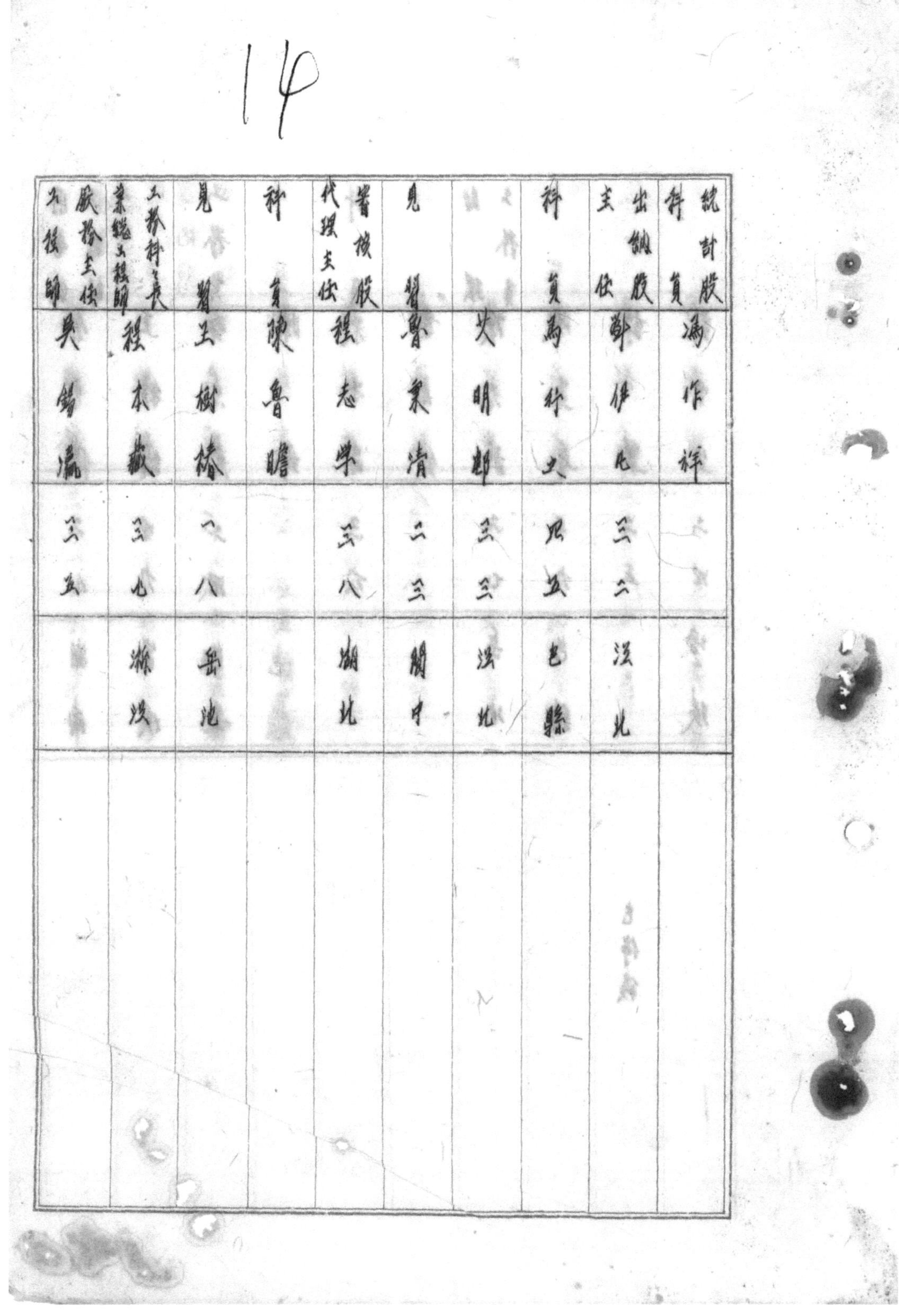

14

統計股科員	潘作祥		
出納股主任	鄧伊凡	三二	漢北
科員	馬行之	四五	巴縣
	史明郎	三三	漢北
見習	魯秉清	二三	關中
審核股代理主任	程志學	三八	湖北
科員	陳魯瞻		
見習	王樹椿	一八	岳池
工務科長兼總工程師	程本藏	三七	溆浦
廠務主任工程師	吳錫瀛	三五	

用電組工務師	余克稷	二九	湖南	
	王紹綸	四六	富順	
工務員	鄧忠惠	二四	巴縣	
	陳[illegible]綿			
科員	朱宗昌	三六		
	葉尚欽			
助理工務員	陳光武	二七	岳池	
	陳益青	二六	巴縣	
	許翼	二五	〃	已停職
	劉宗生	二四	涪陵	

15

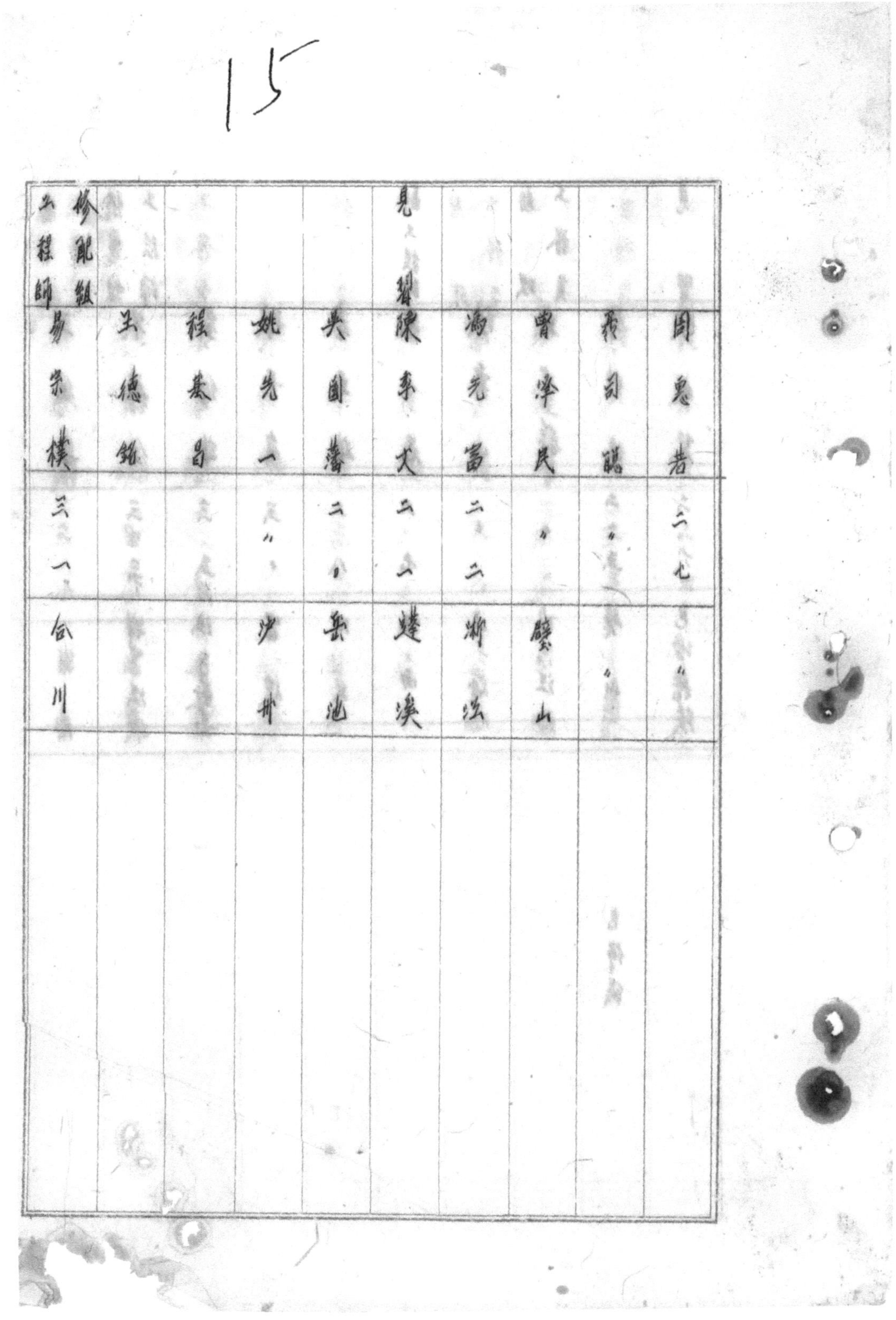

职别	姓名	年龄	籍贯
	周恩浩	二七	〃
	聂司鹏	〃	〃
	曾淨民	〃	醴山
	冯光富	二二	浙江
見習	陳季文	二一	蓬溪
	吴國藩	二〃	岳池
	姚先一	〃〃	沙市
	程基昌		
	王德銘		
修能組工程師	易宗模	三一	合川

職別	姓名	年齡	籍貫
	王德華		
供電組工程師	宋連金	三三	湖北
	劉佩雄	三五	江蘇
	陳景寬	三〇	富順
	秦由雄	二八	河北
副工程師	朱[illegible]泰	二七	江西
	張雲山	二〃	上海
助理工務員	戴次群	〃	浙江
	鄧德光	二五	璧山
見習	張鐵琴	二六	巴縣

16

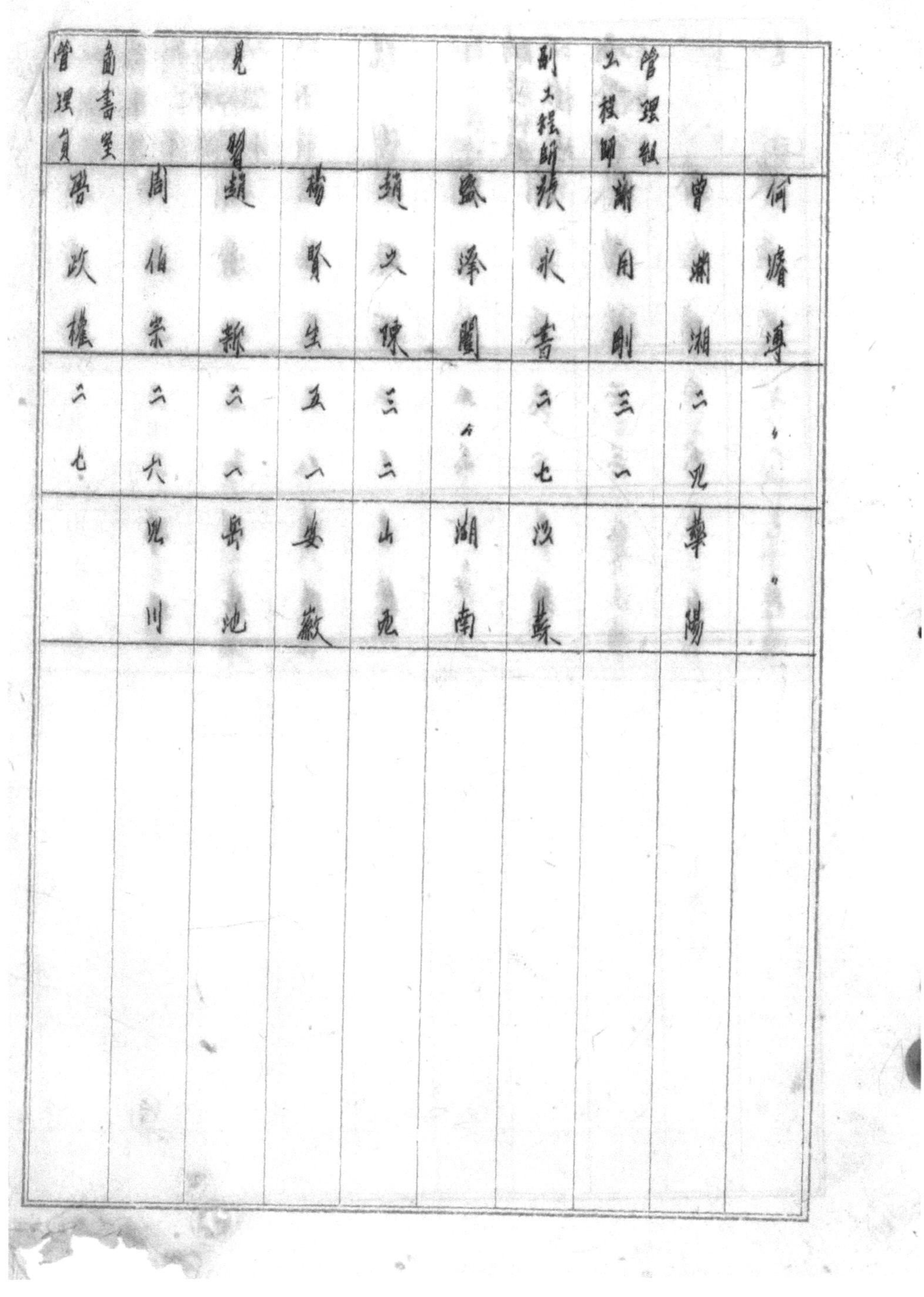

	何濬溥	〃〃	〃
	曾澍湘	二九	華陽
管理組工程師	蕭用剛	三一	
副工程師	張永青	二七	江蘇
	盛澤闓	〃〃	湖南
	趙之璞	三二	山西
	楊賢生	五八	安徽
見習	趙[illegible]鄰	二八	貴池
	周伯宗	二六	四川
圖書室管理員	啓歐權	二七	

化驗室工程師	梁繼學		
事務室幹負	楊昌華	二八	華陽
沙坪壩辦事處工程師	劉濟民	三一	河北
工務負	羌志嵩	二八	華陽
見習	廖玖海	二〇	巴縣
	劉祖蔭	二三	〃
南岸分廠工程師	劉翁孟	三一	巴縣
工務負	歐陽鑑	二三	〃
	蕭璋	二六	山西
	虞正光		

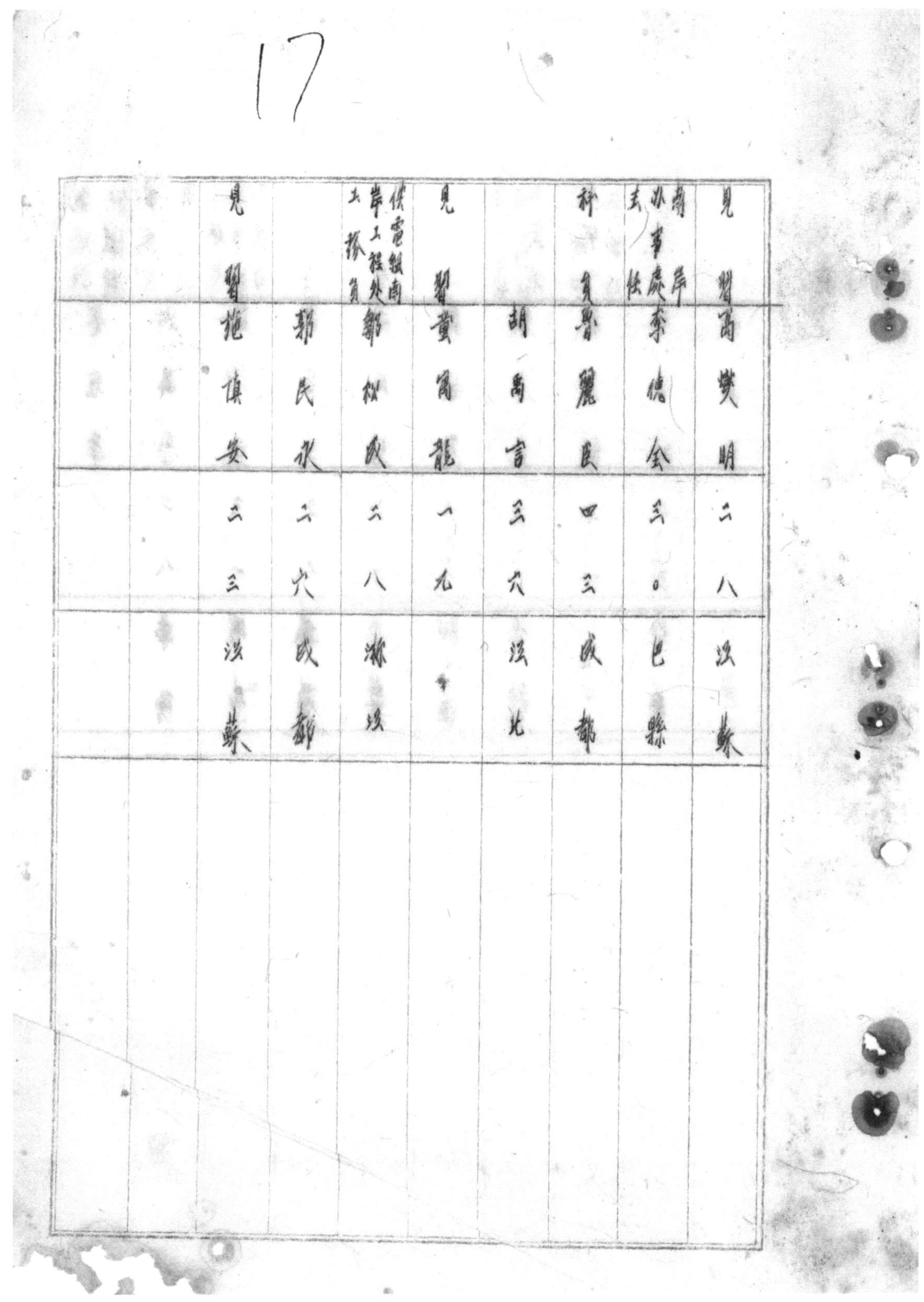

17

見習	高樊明	二八	江蘇
南岸辦事處去任?	李德会	三〇	巴縣
科員	魯麗民	四三	成都
	胡禹言	三六	江北
見習	黃高龍	一九	
供電組南岸工程處工務員	鄒松成	二八	漵浦
	鄭民求	二六	成都
見習	施慎安	二三	江蘇

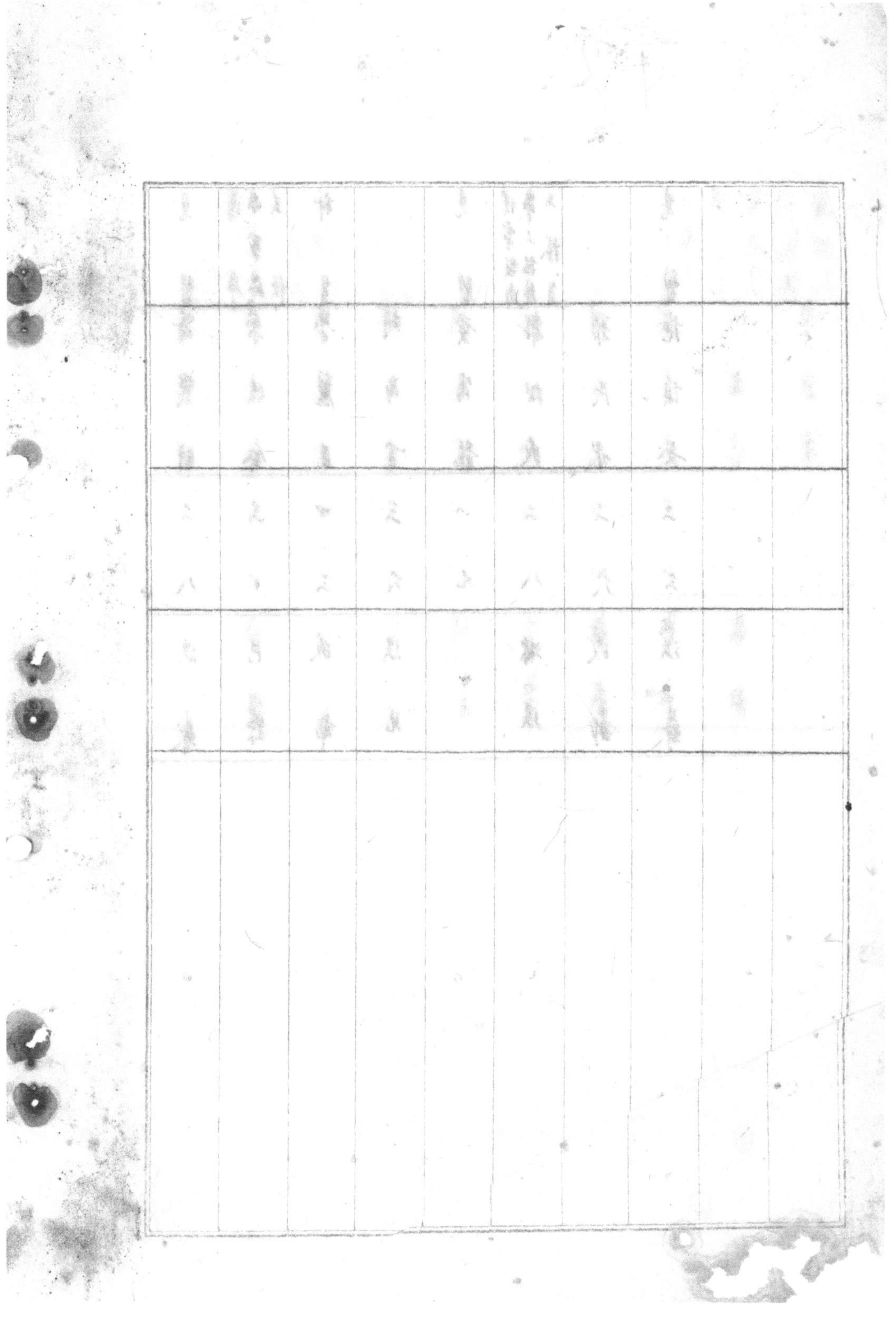

重庆电力股份有限公司全体工友名册（时间不详） 0219-2-138

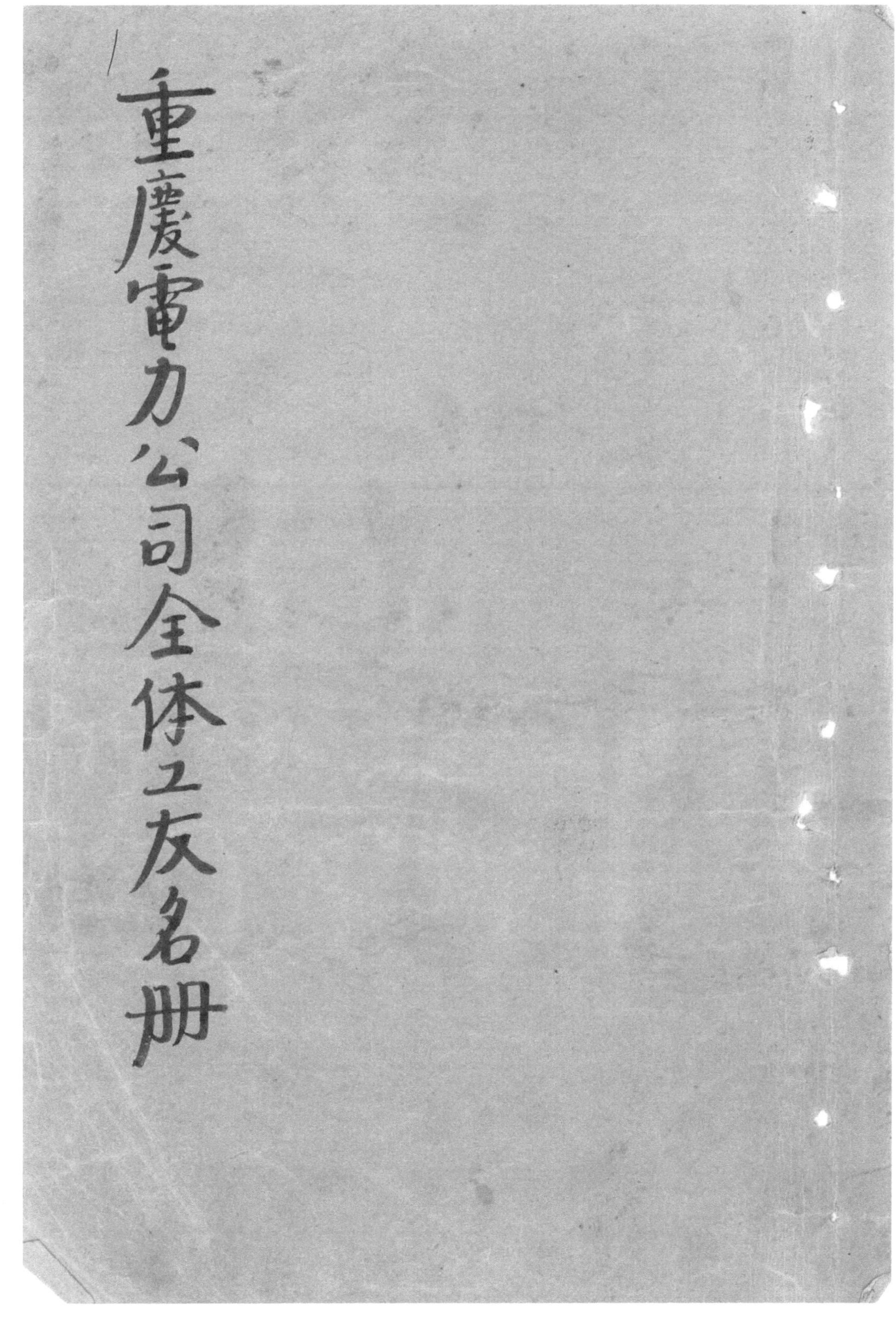

總務科
材料股
燃料股
購置股
庶務股

業務科
收費股

電務科
用電股
表務股
電話室

用電稽查組

廠務科
第一廠
事務室
修配股
管理股
第二廠
修配股
管理股
第三廠
修配股
管理股

江北辦事處
南岸辦事處
沙坪壩辦事處

2

總務科材料股

重慶電力公司全體工友名冊

總務科材料股

卅七年十二月工資總數

工別	姓名	年齡	籍貫	到工年月	工作種類	現支工資	備攷	卅七年十二月工資總數
帮工	楊炳林	四六	四川江北	廿二年七月	料工	三二五		
小工	李忠信	三〇	四川渠	廿七年一月	料工	三〇〇		434.12
	蕭鳴皋	五三	四川瀘	廿八年九月	材料看守	二二五		389.–
	趙明揚	四二	四川奉節	廿五年十一月	料工	二七五		377.52

380.28		377.52		373.44		366.72		351.72
鄧鶴清		秦燮明		嚴炳銀		黄金城		陳方廷
三八		三五		四六		二八		五二
四川岳池		四川巴		四川瀘		四川岳池		四川巴
廿九年七月		廿六年十一月		廿四年一月		廿年六月		廿年七月
料工		料工		料工		料工		看守材料
二盒		二五○		二三五		一七○		一七○

3

351.72	346.32	345.00	郡二	472.08 小二	466.72
蒋華廷	周伯清		劉寡欽	彭燮庸	江松柏
五二	三八		三〇	三〇	四二
四川潼南	四川巴		四川潼南	四川巴	四川巴
卅一年一月	卅二年八月		廿九年十二月	廿六年八月	廿九年十二月
料二	料二		料二	料二	料二
一三〇	一四五		三五五	二三五	二三五

李正庭	蒋海合	姚金福	蒲心文	王槐清
369.36	358.56	358.56	349.08	351.08
三九	二五	二六	三八	四三
四川長寿	四川巴	四川瀘	四川岳池	四川富顺
卅一年一月	卅一年三月	卅一年一月	卅二年六月	廿七年十月
料	料	料	料	料
二	二	二	二	二
一	一	一	一	二
九〇	九〇	十〇	三五	九〇

4

總務科燃料股

36264　366[illegible]　38028　37752　38292

姓名	年齡	籍貫	到職時間	職務	薪額
盧中林	三六	四川巴	廿七年九月	料工	二六〇
小工 盧海雲	五〇	四川江北	廿三年七月	炉房燒煤	二七五
袁奎	二八	四川岳池	卅四年四月	收煤	二三五
吳述芝	三六	四川長壽	卅年八月	整理煤棧雜力	二一〇

姓名	年龄	籍贯	入厂年月	职务	数目	金额
賀龍章	三七	四川成都	廿年十一月	收煤	一七五	353.16
徐良三	二八	四川渠	廿年十二月	收煤	一四〇	343.68
張子云	三四	四川巴	廿年二月	炉房簽煤	一三〇	340.44
周自新	二四	四川巴	廿年二月	仝右	一四〇	343.68
王榮	四三	四川銅梁	十九年一月	收煤	二五	363.00

5

363.00	吴吉三	三三	四川岳池	一九年一月	收煤	二二五
345.70	成吉祥	二七	四川江北	廿年十一月	仝右	一五〇
369.72	敖超伯	三五	四川江北	廿年七月	发煤	二四〇
335.64	程恩河	三二	四川万	廿三年四月	仝右	一三五
299.04	王致清	四七	四川巴	廿四年八月	仝右	〇七〇

职别	姓名	年龄	籍贯	入厂年月	工作	工资	
帮二	匡炳臣	四四	四川潼南	廿三年十月	炉房发煤	四〇五	482.28
小工	耿世贵	四一	四川巴	廿九年十二月	仝右	一叁〇	350.40
	陈树樟	五〇	四川江北	廿七年五月	堆煤及杂务	二三〇	368.04
	蒋炳权	三七	四川巴	廿年十二月	炉房发煤	一五〇	346.32
	郑树山	二六	四川岳池	卅年六月	整理煤栈	一七〇	351.72

6

總務科購置股

326.48	陳永棋	四五	四川 蓬溪	廿二年二月	收煤	0八0	
總務科購置股							
395.60	小工 張樹槐	三五	四川 綦江	廿七年二月	提運料及送料	三00	

總務科庶務股

總務科庶務股							
570.96	司機 張玉良	四0	四川 巴	廿六年五月	司機	一八四00	(月資)
555.60	楊鳴泰	四四	河北 天津	廿七年六月	、	一六00	

505.04　421.68　450.36　474.60　332.28　助手

姓名	年龄	籍贯	到职年月	职务	薪额
高傳瀛	三一	四川巴	廿年七月	〃	八七〇
馮兆祥	二六	四川巴	廿年一月	〃	四九〇
劉健民	三〇	四川巴	廿六年十月	〃	八一〇
吳學厚			廿七年六月	〃	二三〇
鄭祥雲	三六	四川江北	廿年二月	助手	三六〇

何炳林	王炳全	劉萬豐	廖育卿	蕭達全
332,28	360,36	312,36	309,00	315,72
三〇	三〇	一九	二五	三一
四川潼南	四川[illegible]	四川涪陵	湖北漢陽	四川巴
廿一年七月	廿六年六月	廿二年二月	廿三年七月	廿二年五月
助手	仝右	仝右	仝右	仝右
三六〇〇	六五〇	二七〇〇	二五五〇	二八五〇

業務科
收費股

業務科收費股							
469.08	幫工	劉有緩	二六	四川巴縣	廿四年八月	欠費處收款員	三四〇
450.84		陳顯照	三一	四川榮昌	廿六年六月	仝右	二七〇
357.24	小工	劉華欽	三六	四川瀘縣	廿九年八月	仝右	一九〇
354.48		張玉山	三九	四川蓬溪	卅年三月	仝右	一八〇

電務科

電務科

8

職別	姓名	年齡	籍貫	到差年月	職務	薪額	
領工	陳進生	五二	江苏上海	廿二年十一月	架設線路	八〇	602.16
技工	陳根寶	三七	江苏上海	廿三年三月	仝右	七五〇	594.00
	趙福根	三七	江苏上海	廿三年五月	仝右	七三〇	591.30
	馬春生	三八	江苏上海	廿七年八月	仝右	七五〇	594.00
	沈阿章	四三	江苏上海	廿三年五月	仝右	七二〇	589.92

579.96	夏國章	二九	四川巴	卅三年三月	仝右	六五〇
571.92	王德全	三九	四川巴	卅六年一月	仝右	六一〇
567.80	李仲寅	三一	湖北武昌	卅九年六月	仝右	五九〇
545.52	陸丙咸	五九	江蘇上海	卅六年一月	仝右	四八〇
571.92	陳鉄夫	四〇	四川瀘	卅三年一月	仝右	六一〇

9

578.96	林金寶	三九	江蘇江陰	廿七年九月	修理	六二〇
572.00	張洪慶	五三	江蘇鎮海	廿六年七月	仝右	六三〇
521.72	余銘德	三〇	浙江上虞	廿一年十二月	仝右	五六〇
578.04	陳章根	三六	江蘇上海	廿三年十月	分站值班	六四〇
492.36	帮工 趙治云	四五	四川銅梁	廿三年一月	架綫	四五〇

482.28	王政全	三二	四川長壽	卅二年四月	仝右	四五
470.04	潘阿海	三九	浙江紹興	卅三年一月	仝右	三四五
471.12	王正國	三八	四川巴	卅六年三月	仝右	三五〇
453.60	韓習云	二四	湖北宜昌	廿九年十一月	仝右	二八〇
463.08	段紹云	三〇	四川巴	卅六年五月	仝右	三三五

10

陳海錫	凌海云	冉義云	唐應章	楊正
461.76	461.76	468.00	447.68	429.12
三四	四〇	三〇	二七	二八
四川遂寧	四川資陽	四川華陽	四川巴	四川射洪
廿六年一月	廿五年七月	廿六年五月	廿九年二月	廿九年十二月
仝右	仝右	仝右	仝右	仝右
三一〇	三一〇	三三五	二四〇	一九〇

471,00	何文模	二五	四川巴	廿五年六月	分站值班	三〇〇
438,20	彭俊倫	三四	四川巴	廿五年五月	仝右	三〇五
439,16	羅宣林	二六	四川銅梁	廿六年九月	仝右	三九〇
438,20	向建清	二九	四川長壽	廿五年一月	架线	三〇五
474,12	朱如恩	三四	浙江鎮海	廿九年十月	仝右	三六五

11

姓名	年龄	籍贯	到职年月	职务	薪额	附注
尹奇全	二六	四川巴	廿七年六月	修理	三〇〇	478.20
田春浦	二九	四川長寿	廿六年一月	鉄工	三八〇	477.12
楊倫武	三九	四川巴	廿六年五月	仝右	三三〇	467.5
李荣清	四六	四川長寿	廿六年五月	木工	三五〇	471.00
劉安華	一九	四川綦江	廿八年八月	修理 学徒	〇九〇	313.50

小工				
38700	38568	38700	38028	38160
胡友餘	唐玉廷	王漢臣	趙樹臣	陳樹清
六〇	四四	三九	三九	五一
四川巴縣	四川蓬溪	四川巴縣	四川銅梁	四川長壽
廿九年九月	廿九年八月	廿三年四月	廿六年一月	廿五年一月
架线	仝右	仝右	仝右	仝右
三〇〇	二四〇	三〇〇	二五〇	二八〇

12

374.76	372.12	376.20	383.00	387.10

姓名	年齡	籍貫	到職年月	職務	薪額
楊義云	三六	四川巴	廿五年七月	仝右	三〇〇
蒲樹軒	四一	四川巴	廿六年三月	仝右	三〇〇
田云夢	三二	四川涪陵	廿六年五月	仝右	二六〇
劉夢祥	四三	四川長壽	廿七年六月	仝右	二四〇
陳有恒	三六	四川遂寧	廿七年六月	仝右	二五〇

34120	鄧永龍	三九	四川江北	廿六年一月	仝右	二五
32212	吳樹云	三〇	四川巴縣	廿七年一月	仝右	二四〇
48392	余海清	四三	四川合川	廿四年八月	仝右	二四五
32752	黎樹安	四二	四川大足	廿七年五月	仝右	二七〇
32884	唐國元	三七	四川營山	廿七年五月	仝右	二五

13

374.76	張樹清	四六	四川潼南	廿六年九月	仝右	二六〇
376.20	姚長興	四三	四川遂寧	廿一年一月	仝右	二六五
374.76	黃發清	四八	四川武勝	廿六年三月	仝右	二五五
380.28	楊國清	五一	四川綦江	廿五年十二月	仝右	二八〇
380.92	陳十昭	四一	四川蓬溪	廿三年一月	仝右	三〇〇

	姓名	年龄	籍贯	到职年月	职务	薪额
38700	李九林	三八	四川巴县	卅三年九月	仝右	二七五
37212	白樹金	三二	四川铜梁	卅三年九月	仝右	二八五
38518	王銀清	三二	四川巴县	卅三年八月	分站值班	二四五
38160	謝益清	三三	四川璧山	卅三年八月	架线	二五五
38700	舒志清	二九	四川璧山	卅三年九月	分站值班	三〇〇

14

数	姓名	年龄	籍贯	到职年月	职务	薪额
365.78	黄裕如	四九	四川江津	廿二年十月	修理	二三〇
382.92	王元森	三六	四川巴	廿七年三月	仝右	二五五
381.60	张庆祥	二九	四川江北	廿一年一月	仝右	二六〇
385.68	袁宗国	四三	四川江北	廿六年二月	仝右	二五五
366.92	屈银轩	三六	四川大足	廿六年三月	仝右	二三五

	姓名	年龄	籍贯	时间	职务	数目
372.12	袁質彬	三六	四川江北	廿六年二月	仝右	二四五
361.20	屈興發	二八	四川合川		仝右	二〇五
387.00	白纯甫	二七	四川铜梁	廿九年九月	仝右	三〇〇
387.20 石工	倪炳卅	三八	四川大足	廿三年三月	架线	三〇〇
387.20	楊瑞卿	三〇	四川合川	廿六年六月	仝右	三〇〇

15

38292	38420		38028	38292
劉炳云	彭海云	王金全	謝子明	趙興順
四〇	四八	三〇	三九	三九
四川大足	四川巴	四川合川	四川岳池	四川武勝
廿三年五月	廿三年七月	廿三年五月	廿三年三月	廿二年八月
仝右	仝右	仝右	仝右	架线
二〇五	二九〇	二九〇	二七五	二〇五
		已請長假		

張玉清	四九	四川西充	廿五年十一月	仝右	二九五	383,68
倪光全	三二	四川大足	廿六年六月	仝右	二九五	385,68
倪少全	二九	四川大足	廿六年十一月	仝右	二七五	380,28
余治安	五三	四川江北	廿六年七月	仝右	二四五	377,12
梁子文	三一	四川大足	廿七年十一月	仝右	二〇〇	359,88

16

電務科
用電股

編號	職別	姓名	年齡	籍貫	到職年月	職務	薪額
35312		彭見民	二〇	四川巴縣	廿九年七月	仝右	一九〇
35988		孟一白泉水	四五	四川合川	卅年一月	仝右	二〇〇
	電務科用電股						
58992	技工	吳興方	四〇	湖北漢口	廿三年八月	裝表	七二〇
		李茂兆	四一	山東青島	廿三年八月	仝右	六九〇
58584		劉瑞根	三八	湖北黃安	廿三年八月	仝右	六九〇

58884 郭二	楊秀臻	三一	四川巴县	廿三年八月	仝右	四五
49236	楊永山	三九	四川涪陵	廿三年十一月	仝右	四五
49236	鄧海濤	四四	四川潼南	廿三年十月	仝右	四五
49236	張紹渊	三〇	四川潼南	廿三年十一月	仝右	四五
49032	鄧漢卿	四二	四川潼南	廿三年十一月	仝右	四五

17

490.52	陳樹清	三二	四川璧山	廿三年一月	仝右	三〇〇
459.00	荣天蒲	二四	四川璧山	廿九年四月	仝右	二七五
452.28	小工 張漢洲	三七	四川潼南	廿二年八月	仝右	三〇〇
587.00	李華欽	三九	四川巴	廿七年十月	仝右	三〇〇
587.00	鄧海洲	四八	四川潼南	廿三年十月	仝右	三〇〇

387.00	鄧金山	四九	四川潼南	廿二年八月	仝右	三〇〇
387.00	鄧耀光	三五	四川潼南	廿二年七月	仝右	三〇〇
387.00	陳茨三	五〇	四川廣安	廿二年十月	仝右	二五〇
285.68	胡四海	三一	四川巴	廿六年四月	仝右	二五〇
285.68	鄧樹臣	五六	四川潼南	廿二年二月	仝右	二五〇

18

38192	38192	38424	38424	38028
胡廷佐	胡占邑	陳其林	曾棟材	薛務廷
五二	三八	三四	三六	三二
四川岳池	四川江北	四川樂至	四川璧山	四川潼南
廿七年五月	廿七年七月	廿八年五月	廿八年六月	廿八年六月
仝右	仝右	仝右	仝右	仝右
二八五	二九〇	二九〇	二七五	二七五

19

37068	胡占云	三一	四川江北	廿九年五月	仝右	二三〇
36792	胡汉保	三三	安徽太平	廿六年一月	仝右	二三五
36396	张树光	三三	四川南充	卅年四月	仝右	一九〇
35724	李吉階	三七	四川南充	卅年一月	仝右	一七〇
34908	陈凤歧	三二		廿九年十二月	仝右	一四〇

346,32	盧甫國	三六	四川巴	卅二年十二月	仝右	一五五
347,64	王樹榮	二九	四川璧山	廿九年十月	仝右	一三〇
340,44	張傑光	二九	四川南充	卅三年五月	仝右	〇九〇
31,[illegible]32	學徒 侯益達	二五	四川安岳	廿七年一月	仝右	一三〇
3[illegible],32	黎昌琴	二一	四川巴	卅三年七月	仝右	〇九五

電務科
表務股

20

316.68	34044	30660	38028	32352
電務科表務股	学徒 陳祖銘	林学	蒋友泉	陳学良
	二七	二三	二二	二二
	四川綦江	四川岳池	四川潼南	四川巴
	卅一年九月	卅一年七月	廿一年二月	廿一年六月
	外勤校表	修理電表	仝右	仝右
	一三〇	一五〇	〇八〇	一三〇

電務科
電話室

小二 345.00	小二 346.32		報二 477.12	469.08	小二
朱宗学	朱云成	電務科電話室	陳子恒	蒲國民	廖松如
二三	三三		三六	四三	三八
四川 巴	四川 巴		四川 蓬溪	四川 巴	四川 華陽
廿二年六月	廿七年六月		廿二年二月	廿二年一月	廿九年十二月
校表室[illegible]助工作	外勤校表		架設查修線路	仝右	仝右
一四五	二七五		三八〇	三四〇	二四〇

21

370,68	張仕仁	三三	江苏徐祥	廿二年二月	仝右	二四五
372,12	任直澄	二五	四川大足	廿一年十二月	仝右	二百
376,70	楊坤發	二五	湖南道	廿三年八月	仝右	二四〇
370,68	李鈞	四三	湖南湘鄉	廿二年三月	仝右	二一〇
362,64	楊基鴻	三五	四川西充	廿九年二月	仝右	一百

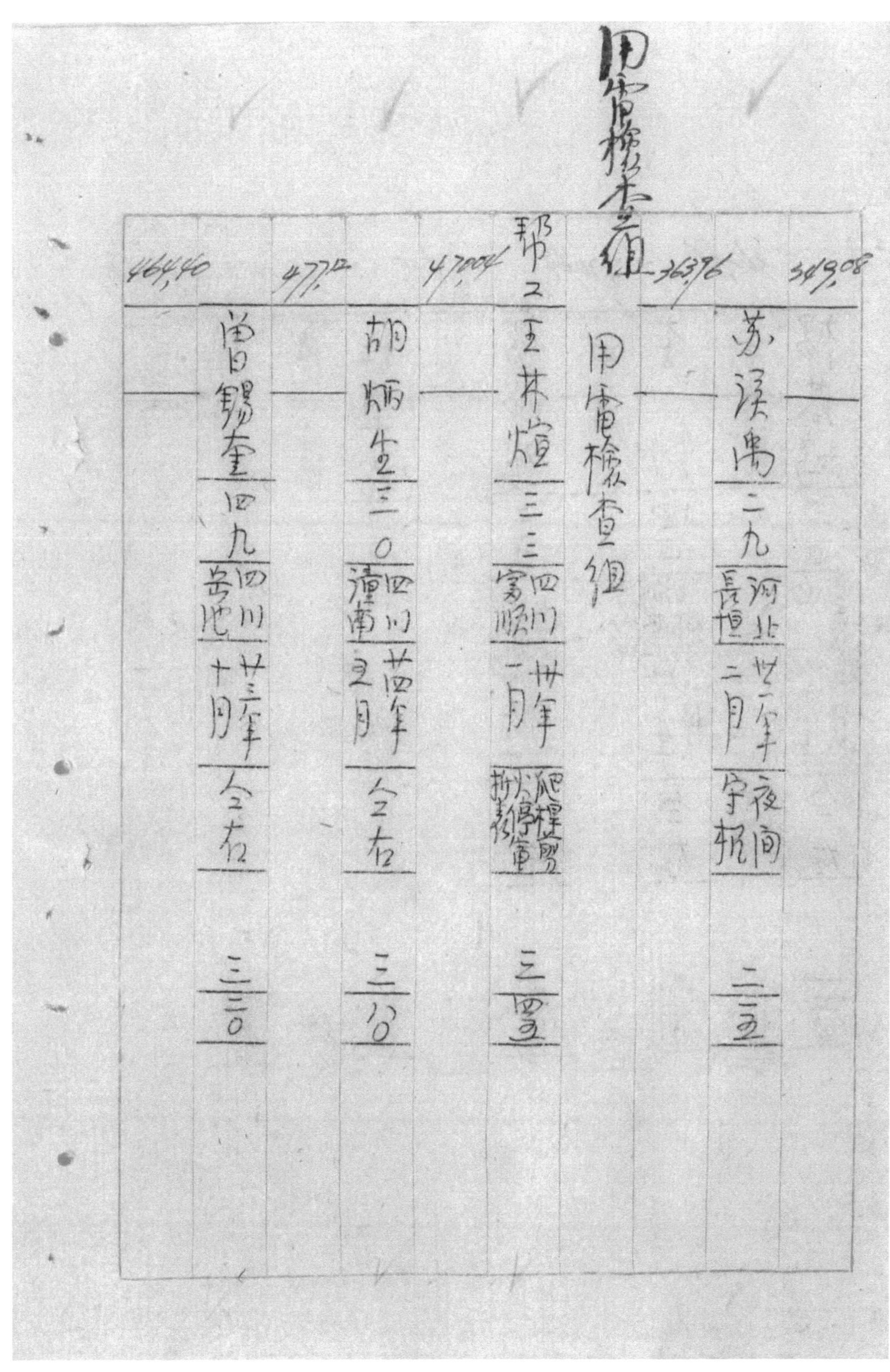

用管檢查組

姓名	年龄	籍贯	到职年月	职务	薪额	备注
蘇渓禹	二九	河北長垣	廿一年二月	夜间守报	二五	349,08
						363,76
用管檢查組						
邦工王林煊	三三	四川富顺	卅一年一月	[illegible]	三四五	47004
胡炳生	三〇	四川潼南	卅四年三月	仝右	三八	477,12
曾锡奎	四九	四川岳池	卅三年十月	仝右	三三〇	464,40

22

477.12	呂海雲	四九	四川巴縣	廿二年十二月	仝右	三	三○
469.44	王洪安	四三	四川富順	廿二年十月	仝右	三	八○
340.44 學徒	夏代琭	二二	四川巴縣	卅年九月	仝右	一	三○
346.32	劉素民	二二	四川簡陽	廿八年一月	仝右	一	三○
316.68	衛連根	二一	江蘇上海	廿四年四月	營業部材料	○	四五

	姓名	年龄	籍贯	到职年月		月薪
小2　34,224	王治清	四七	四川岳池	廿八年十月	仝右	一三五
36,540	劉遠庸	三四	四川岳池	廿四年五月	仝右	二三〇
47,212	鄒炳林	三六	四川巴	廿六年六月	仝右	二四五
37,884	鄧炳宣	五〇	四川潼南	廿七年二月	仝右	二七〇
38,700	鄧粤林	五五	四川潼南	廿二年十月	仝右	三〇〇

23

總務科第二股事務室

姓名	年龄	籍贯	到职年月	职务	薪额	备注
陳見	三五〇	四川廣安	廿六年四月	公右	二五〇	373.44
第二股事務室						
小二 莫玉山	五七	四川武勝	廿七年十月	清潔	二五	363.96
曾永泰	三六	四川成都	廿六年一月	燒水	二五	366.72
周治荣	三六	四川綦江	廿七年五月	清潔	二三〇	365.28
呂[illegible]超	二五	四川榮昌	廿九年七月	雜務	一五	

编号	姓名	年龄	籍贯	到职时间	职务	
368.56	林德全	五四	四川武勝	廿二年七月	清潔	二九〇
384.24	江北川	三九	四川簡陽	廿七年四月	雜務	二三五
366.72	楊伯先	四二	四川成都	廿七年一月	傳達	二三〇
365.28	譙盛達	二二	四川岳池	卅年四月	醫務室雜務	二一〇
362.64	周炳山	三四	四川江津	廿九年七月	雜務	二〇五

厰務科
第二厰修配股

24

姓名	年齡	籍貫	到職年月	職務	薪額	附記
廖樹清	三九	四川江北	卅二年八月	燒水	一三五	36,120
匡子荣	四一	四川潼南	卅二年六月	清潔	一八〇	36,2??
李少成	三八	四川江北	卅二年六月	仝右	一七〇	35,448
莫海洲	四八	四川武勝		仝右	二〇〇	35,172
第二厰修配股						
技工 吳煥誠	四四	四川巴	卅三年十月	值班（遞補）	六七〇	373,44

编号	姓名	年龄	籍贯	到职年月	职务	薪额
58370	李光瑞	四二	浙江紹興	廿九年四月	機務修理	六四〇
57804	劉德初	三二	浙江青田	廿六年六月	仝右	五四〇
55764	夏金寶	四七	浙江鄞	廿三年七月	電氣修理	七八〇
59808	唐良棟	二六	四川巴	廿六年六月	檢查[illegible]電	五二〇
55356	吳鑫初	三一	江蘇上海	廿九年十二月	電氣修理	五一〇

25

	姓名	年龄	籍贯	到职年月	职务		
551.64	徐阿文	三〇	江苏上海	廿一年十一月	修理炉房	七	三〇
591.24	田蒼	三〇	四川潼南	廿一年五月	車工	四	八〇
545.52	顏可能	三〇	四川巴	廿一年九月	修理汽車	四	三〇
552.52	裴志誠	三四	四川巴	廿一年三月	仝右	三	五〇
528.24	陳吉昌	三〇	四川巴	廿一年六月	仝右	一	六〇

编号	姓名	年龄	籍贯	到职年月	职务	薪额
47,448	帮工 周鹤林	三四	四川巴	廿二年十月	杂务	四六五
49,440	杜炳臣	三二	四川江北	廿六年三月	修理助手	四四五
49,032	杨焕云	三二	四川长寿	廿六年四月	仝右	三九五
48,024	冯成州	三六	四川江北	廿六年六月	杂务	三六五
47,820	陈昭州	三二	四川巴	廿六年六月	锅炉值班	三七〇

26

475.08		471.12	469.08	459.00
管育林	張順清	尹澤阜	羅朝舉	歐陽鍔
三六	四三	二五	三二	二五
安徽巢縣	四川銅梁	四川巴縣	四川南川	四川巴縣
廿六年三月	廿七年十二月	廿九年八月	廿九年二月	廿六年十月
修理助手	鉄工	修理助手	修理助手	機務修理
三七五	三五〇	三四〇	三〇〇	三一〇

姓名	年龄	籍贯	到职年月	职务	薪额	
劉[illegible]安	二八	四川潼南	廿三年一月	電氣修理	四六〇	461,76
陳昌生	二八	四川南充	廿七年十二月	修理助手	三四〇	493,44
汪明漢	二一	四川璧山	廿九年三月	仝右	二〇〇	469,008
殷名森	二五	四川長寿	卅年十二月	仝右	一七五	43,188
陳元楊	三〇	四川江北	廿九年十月	電焊	二九〇	425,16

27

456.24	陳順本	四二	四川廣安	廿六年九月	木工	四一〇
483.24	黄俊卿	四〇	四川岳池	廿五年十月	仝右	三〇〇
学徒 459.00	羅習昭	二八	四川江北	廿三年一月	修理学習	一四〇
543.07	黄恒昌	二七	四川犍為	廿三年三月	仝右	一三〇
393.72	朱銀春	二五	四川瀘	廿九年九月	車工学習	〇九〇

	姓名	年龄	籍贯	到厂年月	职务	工资
31,332	顧紹裘	三三	四川廣安	卅年六月	学習木工	〇九〇
31,332 小工	馮焕如	三六	四川巴	廿六年三月	鍋炉值班	三〇〇
38,700	陳維緒	四九	四川合川	廿七年四月	泥工助手	二八〇
38,160	蔣慶祥	四六	四川潼南	廿七年八月	仝右	二八〇
38,160	江流才	二七	四川璧山	廿六年六月	炉房值班	二亖

28

374.76	362.64	361.20	358.56	358.56
謝友彬	毛青云	胡世楷	劉德发	張登榮
三六	四〇	二七	三二	二四
四川長寿	四川渠県	四川璧山	四川潼南	四川璧山
廿九年三月	廿八年六月	廿八年五月	廿九年六月	廿八年一月
修理房打扎	鉄工助手	修理房打扎	電焊助手	修理房打扎
二一〇	二〇五	一九五	一九五	一八〇

编号	姓名	年龄	籍贯	入职时间	职务	薪额
35448	李家發	三一	四川潼南	卅年八月	汽車修理助手	一五五
34564	李云光	二〇	四川潼南	卅年八月	修理房打雜	一五五
34764	李云松	三〇	四川西充	卅三年五月	仝右	一三五
34224	尹國堂	二五	四川巴	卅年八月	仝右	一二〇
33372	莊仿坤	四四	四川成都	卅三年五月	管理工具	一二〇

29

编号	姓名	年龄	籍贯	到职	职务	薪额
33372	冉中玉	四一	四川荣昌	廿一年八月	修理房打扎	一二〇
33372	楊九成	三九	四川璧山	廿三年三月	石工	一〇〇
32016	王成明	三一	四川江北	廿四年六月	修理房打扎	〇八五
30996	蔡榮華	三六	四川巴	廿三年三月	汽車修理助手	一二〇
33372	岳祥先	四二	四川璧山	廿三年十一月	電務修理机務	三〇〇

387,00	胡冀卿	三八	四川華陽	卅二年三月	值電話班	一六五
38,040	譚治民	二九	四川南充	廿九年十月	仝右	一六五
35,040	王錕章	二七	四川泸	卅年三月	仝右	一七〇
351,72	周玉章	三五	四川潼南	廿九年十二月	打扎	二二〇
365,28	蒲金廷	三一	四川銅梁	卅一年八月	起重代班	一一〇

30

业务科第一股管理股

第一股管理股

	衛昭義	李宣華	曹慶甫	江蘭生
技工				
年龄	四三	三二	四五	五〇
籍贯	江苏上海	湖北漢口	江苏上海	江苏上海
到职	廿六年一月	廿三年一月	廿六年一月	廿四年五月
职务	透平值班	仝右	仝右	鍋炉值班
薪额	七二〇	六七〇	六三〇	七六〇
154.48	589.92	583.70	596.00	595.52

编号	姓名	年龄	籍贯	到职年月	职务	薪额
55164	段國華	四二	四川射洪	卅六年六月	仝右	五一〇
54960	楊培清	四二	四川巴縣	卅三年二月	仝右	五〇〇
57376	陳永章	三二	四川自貢	卅二年十一月	值班雷板	六二〇
48626	邦之 冯德云	三七	四川江北	卅四年四月	值班鍋炉	四二五
48621	趙樹清	四四	四川巴縣		小工头	四三五

31

48,024	高洪鈞	四〇	四川江津	廿二年八月	仝右	三九五
47,508	張炳生	三六	四川巴	廿六年四月	鍋炉值班	三七〇
47,820	陳思發	四三	四川漢川	廿二年一月	小工頭	三八五
47,304	周绍金	三六	四川巴	廿九年一月	鍋炉值班	三六〇
47,304	李均安	四七	四川閬中	廿六年四月	仝右	三六〇

48,736	鄧慶祥	三一	四川潼南	廿三年六月	水池看水工	四五
47,342	高國清	二四	四川巴	廿七年十月	電氣修理	三六五
47,004	徐世榜	二六	四川涪陵	廿六年六月	透平值班	三四五
46,932	王輝宗	二四	四川安岳	廿六年十二月	仝右	三〇五
47,616	張子云	二六	四川忠	廿七年十月	電板值班	三七五

32

468.24	段俞明	二五	四川江北	卅六年三月	仝右	三三五
425.16	廖俊卿	二五	四川岳池	卅八年八月	仝右	一七五
346.32 学徒	封緝熙	二七	四川巴	卅六年十月	值鍋炉班	一五〇
340.44	譚世謙	二一	四川廣安	卅六年三月	值電板班	一三〇
340.44	廖民強	三〇	四川岳池	卅六年三月	值鍋炉班	一三〇

326.88	吕维新	二一	四川[illegible]	卅年六月	电板值班	一二〇
313.32	钱昭炎	三〇	湖北武昌	廿年二月	锅炉值班	九〇
313.32	胡直林	二八	四川大足	卅年二月	检查[illegible]	九〇
333.72	张毓佛	二六	四川巴	卅年一月	透平值班	一二〇
387.00 小工	陈树泉	三〇	四川安岳	廿七年八月	炉房挑煤	三〇〇

33

38700	姓名	年龄	籍贯	入厂时间	职务	工资
38700	李華山	三六	四川巴	廿六年一月	仝右	三〇〇
38700	王明海	四八	四川江北	廿二年十月	透手清潔	三〇〇
38700	楊勤安	五三	四川江北	廿三年二月	鍋爐清潔	三〇〇
38700	張瑞卿	五三	四川涪陵	廿三年九月	鍋爐碎煤	三〇〇
38700	鍾漢卿	四五	四川巴	廿三年八月	水池看水工	三〇〇

387.00	伍春廷	四六	四川江北	廿三年十月	挑煤	二〇〇	
387.00	張國祥	三二	四川江北	廿七年七月	值班鍋炉	三〇〇	
	李樹廷	三三	四川長寿	廿二年二月	清潔炉房	二五〇	已請長假
387.00	王銀廷	四五	四川巴	廿七年七月	挑鍋炉煤	三〇〇	
384.24	徐銀軒	四一	四川江北	廿七年一月	仝右	二九〇	

34

38160	38028	38028	38028	38028
黄清國	何廣建	唐銀發	唐銀山	龍子林
三五	三〇	四一	四一	三六
四川安岳	四川江北	四川遂寧	四川巴	四川潼南
卅年一月	廿七年三月	廿七年十一月	廿四年十二月	廿六年十一月
仝右	仝右	仝右	仝右	仝右
二六〇	二七五	二七五	二七五	二七五

编号	姓名	年龄	籍贯	到职年月	职务	薪额
38,028	葛世海	三三	四川武胜	廿六年三月	仝右	二七五
38,470	官树云	四七	四川巴	廿六年九月	仝右	二八五
38,028	曾發廷	四三	四川江北	廿六年五月	仝右	二七五
38,028	陳绍文	三二	四川潼南	廿六年九月	鍋炉值班	二七五
37,752	唐清云	三六	四川巴	廿六年十月	鍋炉挑煤	二六五

35

姓名	年龄	籍贯	到职年月	备注	数目	数目
郭绍轩	四二	四川巴	廿九年二月	仝右	二六五	377,52
郑成云	三三	四川江北	廿七年三月	仝右	二五五	374,76
曾炳昌	二八	四川涪陵	廿九年一月	仝右	二七五	380,28
谯柏林	二九	四川长寿	廿九年一月	仝右	二六〇	376,20
欧陞三	三八	四川潼南	廿八年二月	仝右	二六〇	376,20

黄海清	二六	四川江北	廿六年九月	仝右	二五五	374.76
熊治安	四一	四川合川	廿七年二月	仝右	二五五	374.76
邓炳云	二八	四川巴	廿九年七月	仝右	二五五	374.76
鄢金安	四七	四川蓬溪	廿六年六月	仝右	二五五	374.76
徐瑰池	四二	四川涪陵	廿七年一月	修房队煤	二五〇	373.44

36

373,44	朱锡民	三八	四川巴	廿七年二月	锅炉挑煤	二五〇
373,44	宋荣成	四六	四川江北	廿六年四月	锅炉值班	二五〇
370,68	陆正恩	二八	四川江北	廿九年十二月	锅炉挑煤	二四〇
374,76	谯步云	四二	四川长寿	廿六年六月	仝右	二三五
353,16	唐占民	三一	四川江津	廿九年十一月	仝右	一七五

编号	姓名	年龄	籍贯	到职年月	职别		备注
~~35,580~~	王萬昊	四一	四川巴縣	廿九年五月	仝右	一 五	已請長假
~~35,580~~	陳占荣	三二	四川巴縣	卅年十二月	仝右	一 五	
35,448	陳崇明	三五	四川江北	卅年三月	仝右	一 六	
36,936	徐永清	三二	四川江北	廿六年一月	仝右	二 三五	
37,212	苟茂林	四三	四川蓬溪	廿六年二月	仝右	二 四五	

37

姓名	年龄	籍贯	到职年月	考核	数目	附注
王治云	三六	四川江北	卅九年一月	合格	二四五	372.12
廖言章	四〇	四川巴	卅九年二月	合格	二四〇	370.68
陈召先	三六	四川广安	卅九年五月	合格	二四〇	370.68
吴金臣	三九	四川巴	卅六年一月	合格	二二〇	365.28
赵利儒	三四	四川涪陵	卅九年五月	合格	二三	366.72

365.28	365.28	363.96	361.20	359.88
周树生	蒋银册	胡俊	肖金云	唐占武
二九	四五	三九	四三	三四
四川江津	四川潼南	四川成都	四川璧山	四川江津
廿五年二月	廿九年五月	廿六年八月	廿九年一月	廿七年五月
炉房添煤	锅炉挑煤	管理挑水	锅炉挑煤	仝右
二三〇	二三〇	二三五	二〇五	二〇〇

38

36264	35856	35856	35856	35580
樊錫甫	周坤元	謝少卿	黄樹生	黄國清
三三	四〇	三四	三三	三二
四川江北	四川潼南	四川潼南	四川合川	四川巴
廿七年六月	卅年十一月	卅年五月	卅年三月	廿七年八月
仝右	仝右	仝右	仝右	仝右
二〇	一五	一五	一五	一五

355,80	周策良	四八	四川铜梁	卅年四月	仝右	一 [illegible]
355,80	周海林	四三	四川涪陵	卅年三月	水池看水工	一 [illegible]
347,64	杨相林	二九	四川江津	廿九年十月	锅炉挑煤	一 [illegible]
347,64	涂青云	二一	四川江北	卅二年九月	仝右	一 [illegible]
346,2[illegible]	胡青云	二九	四川巴[illegible]	卅五年五月	仝右	一 [illegible]

39

姓名	年龄	籍贯	入厂年月	职务		
李青合	四三	四川广安	廿六年六月	仝右	一五五	347.64
鄧成贵	三二	四川江北	廿一年二月	仝右	一五五	347.64
楊玉成	四二	四川南部	廿二年一月	水池看水之	一五五	347.64
陳錫卿	三四	四川潼南	廿二年二月	鍋炉值班	一六〇	349.08
陳金萬	三七	四川長寿	廿年三月	鍋炉挑煤	一三五	342.24

編號	姓名	年齡	籍貫	到差年月	職務	薪額
34,[illegible]8	譚長才	三七	四川長壽	卅二年九月	鋼炉值班	一四〇
33,708	胡海清	三三	四川長壽	卅二年三月	鋼炉挑煤	一三五
34,224	吳長祿	二七	四川巴	卅二年二月	仝右	一三五
34,224	譙云清	二八	四川長壽	卅二年三月	仝右	一三五
34,224	陳長文	三三	四川安岳	卅二年五月	仝右	一三五

厂务科
第三厂
修理股

40

581.72　303.12　309.96　331.24

技工

姓名	年龄	籍贯	到职时间	职务	薪额
荣天鋕	二八	四川璧山	卅三年四月	仝右	一三五
王芳銀	三五	四川璧山	卅三年四月	仝右	○八○
龍子合	三七	四川涪陵	卅四年六月	仝右	○七五
第三厂修配股					
陳叔玉	三二	四川巴	廿八年七月	修理電机	六六○
毛崇夫	四四	浙江奉化	廿七年七月	修理机械	七二○

58992	楊士華	三一	安徽蕪湖	廿七年六月	仝右	六	二〇
37396	陳傳新	三〇	四川資中	廿九年九月	仝右	五	一〇
55164	胡[illegible]濤	三〇	江蘇上海	廿七年六月	泥工	七	〇〇
58728	張順康	三三	江蘇無錫	廿九年十月	水工	六	〇〇
58462	夏洪順	三三	四川長壽	廿六年八月	機械修理	四	三〇

41

535.52	唐有常	二八	四川巴	九年一月	仝右	三八〇
525.12	于炳林	二八	四川铜梁	五年八月	仝右	三七〇
523.08	帮工 吴天植	三〇	四川巴	六年九月	修理电机	四四
490.32	邓阳春	三五	四川潼南	二年五月	修理机械	四五
484.32	周独居	二五	四川江北	六年一月	仝右	三六〇

编号	姓名	年龄	籍贯	到职年月	职务	薪额
47304	楊季卿	二八	四川潼南	廿八年八月	仝右	三百
47100	劉炳生	四一	四川巴	廿七年九月	泥工	三三〇
46700	曹亞賢	二五	四川江北	廿九年三月	修理機械	三四〇
46900	沈德昌	四八	四川酆都	廿五年二月	泥工	二八五
45492	張榮成	三一	四川合川	廿二年六月	石工	二六〇

42

备注	姓名	年龄	籍贯	到职年月	工作	工资	金额
	宋俊明	三〇	四川泸	廿五年六月	机械修理	二八五	948.20
	苏炳荣	三六	四川璧山	廿七年三月	河边吸水泵修理	二八〇	454.92
学徒	曾崇德	二〇	四川岳池	卅年三月	机械修理	一五〇	453.60
小工	潘恒清	四九	四川巴	廿八年十二月	泥工打扎	二六五	346.52
	鄧銀凰	四二	湖南衡阳	廿七年三月	炉房值班	二七〇	377.52

编号	姓名	年龄	籍贯	到职年月	职务	薪
37884	熊紹昌	四九	四川江津	廿六年十二月	爐房打雜	二五五
37476	趙華高	三六	四川璧山	廿六年七月	雜工代班	二五五
37476	蔣錫安	五四	四川岳池	廿六年十二月	修理雜務代理	二五五
37476	唐漢成	六〇	四川岳池	卅年二月	办公室值勤	二四五
37212	閻邦達	三五	四川璧山	廿九年一月	修理雜務代班	二四五

43

37,212	陳方榮	二九	四川巴	廿八年二月	電機修理雜務	二四
37,212	張蘭亭	二八	安徽懷遠	廿九年十月	爐房打雜	二四
37,212	周海廷	五三	四川巴	卅年一月	雜工代理	二五
363,96	張漢金	四二	四川廣安	廿九年一月	爐房值班	二五
363,96	鄧樹林	二八	四川巴	卅年一月	爐房挑煤	二五

36,396	楊潔泉	三〇	四川潼南	卅年十月	炉房值班	二一〇
36,264	王玉成	四二	四川西充	卅年八月	傳達	一六〇
34,908	陳天涵	二六	四川蓬溪	卅年二月	炉房打扎	一六〇
34,908	唐仕雲	二二	四川巴	卅年八月	打水船值班	一四〇
34,368	唐俊云	四九	四川岳池	卅年十一月	仝右	一四〇

44

编号	姓名	年龄	籍贯	到职时间	职务		薪额
34368	唐林生	二二	四川江北	卅二年七月	紅炉房打扎		一四〇
34368	張文光	四一	四川南充	卅二年六月	扎工代班		一四〇
34368	楊金山	三七	四川蓬溪	卅二年八月	合布		一四〇
34368	楊通山	四八	四川潼南	卅二年六月	修理扎務代班		一四〇
31368	周星明	三〇	四川雲陽	卅二年二月	清潔		一四〇

343.68	劉崇儉	二三	四川郫縣	卅三年三月	廚房值班	一二〇
333.72	張海寬	四五	江蘇銅山	卅三年二月	清潔	一二〇
333.72	史從發	三五	江蘇江浦	卅四年五月	修理打扎	〇七〇
299.76	張秉祥	三三	河南商縣	卅四年五月	辦公室值勤	〇七〇
299.76	劉釗倫	四六	四川潼南	卅年三月	清潔	一六〇

厰務科 第二厰 管理股

45

第二厰管理股

	姓名	年龄	籍贯	到职年月	职务	薪额
489.92 技二	樂四隆	三一	浙江鄞	廿三年三月	透平值班	七二〇
531.92	陳祥生	三五	浙江鄞	廿九年二月	仝右	六一〇
584.52	王金波	六〇	江苏南京	廿三年七月	管理吸水	六八〇
596.00	房安精	四五	江苏江浦	廿六年四月	鍋炉值班	六三〇

349.68

573.96	石昆飛	四一	浙江鄞	廿七年七月	仝右	六二〇
郵2 483.28	龍昆洋	三一	四川潼南	卅六年九月	值電報班	四〇五
438.72	文國棟	二七	四川巴	卅四年三月	仝右	二三五
427.80	鄧正俊	二八	四川江津	廿九年一月	仝右	一八五
425.16	吳常[illegible]	二一	四川巴	卅年六月	仝右	一七五

46

494.31	薛炳山	三四	江苏镇江	廿六年十月	锅炉值班	四六五
466.24	張青合	三六	四川富顺	廿七年六月	仝右	二九〇
460.52	陳永麟	三七	湖北漢口	卅年十月	遗手值班	三〇五
346.52 学徒	曾健臣	二四	四川潼南	廿九年十一月	仝右	一五〇
323.52	孫達培	二一	四川双流	卅年一月	電板值班	一〇五

陈以昇	李国忠	张白良	周俊臣	杨健卅
31332		29640	34046	38160 小二
一九	二二	二二	二二	三四
四川巴县	四川巴县	四川南充	四川长寿	四川綦江
廿一年	廿四年四月	廿三年五月	廿三年五月	廿六年六月
仝右	值班技手	仝右	仝右	值班锅炉
〇九五	〇七〇	〇六〇	一三〇	二一〇

47

姓名	年齡	籍貫	到職年月	職務	工資	
楊海山	三一	四川巴縣	廿六年三月	仝右	二七〇	378.84
劉華璂	四七	安徽蕪湖	廿九年二月	仝右	二六〇	376.20
胡賢安	四一	四川鄰水	卅年二月	爐房挑煤	二五	363.96
王治生	二九	四川資中	卅年七月	仝右	二五	363.96
蔣炳州	二八	四川潼南	廿六年十月	仝右	二五	363.96

359,88 359,88 359,88 359,88 359,88

鄧國清	三四	四川郫水	卅年四月	仝右	二〇〇
劉大發	三〇	四川巴	卅年二月	仝右	二〇〇
趙海樓	三七	四川巴	卅年一月	仝右	二〇〇
朱春榮	三二	四川岳池	卅年十一月	仝右	二〇〇
包維陞	三三	四川巴	廿九年十一月	仝右	二〇〇

48

35448　35448　35448　351,77　349,08

贾本荣	四八	安徽怀远	廿八年六月	仝右	一八〇
杨三元	二九	四川武胜	廿八年一月	仝右	一八〇
杨长清	四一	四川合川	廿八年三月	仝右	一八〇
陶克勝	三三	四川长寿	廿九年六月	透平值班	一七〇
汤海涛	三四	四川铜梁	廿八年七月	锅炉房扫煤	一七〇

340,44	張世清	三六	四川閬中	卅年八月	仝右	一三〇
343,68	田有餘	三四	安徽壽	卅年九月	仝右	一四〇
343,68	楊子華	三七	四川廣安	卅二年六月	仝右	一四〇
343,68	李玉清	四一	四川合川	卅二年六月	仝右	一四〇
343,68	蕭任昭	四〇	四川瀘	卅年九月	仝右	一四〇

49

姓名	年龄	籍贯	入厂时间	职务	工资	备注
王儀三	三七	四川西充	廿三年二月	仝右	一三〇	340.44
張炳安	三六	四川潼南	廿六年二月	仝右	二五	374.76
任祥仲	二八	四川廣安	廿七年六月	河边接管吸水	二五	380.28
梁煥文	三五	四川合川	廿七年八月	煤房挑煤	二五	369.36
鄧洲成	三二	四川潼南	廿六年二月	仝右	二五	374.76

37,068	魏绍清	四二	四川泸	三十年三月	仝右	二四
36,936	何保出	三四	四川涪陵	卅年~~九~~月	仝右	二三
36,936	杨海宣	二九	四川岳池	廿九年七月	仝右	二三
36,936	蔡厚元	二五	四川巴	廿九年十月	仝右	二三
36,672	陈明章	三四	四川巴	廿七年八月	仝右	二三

50

366.72	甯三元	二九	四川资阳	三十五年二月	仝右	二五
366.72	毛月安	二八	四川岳池	三十五年六月	仝右	二五
366.72	胡树全	三四	四川鄰水	三十五年二月	仝右	二五
383.96	梁福清	三五	四川长寿	三十五年八月	仝右	二五
365.56	赵兴仁	三五	四川垫江	卅五年三月	仝右	二五

366,72	魏高恒	三六	四川鄰水	廿九年七月	仝右	二五
363,96	秦務廷	三六	四川鄰水	卅年二月	仝右	二五
363,96	鄧金順	三〇	四川岳[illegible]	廿九年七月	旧边務 宣[illegible]水	二五
363,96	黄海清	三三	四川巴	卅年二月	炉房 挑煤	二五
363,96	黄銀山	二七	四川潼南	卅年三月	仝右	二五

51

333.72	夏慶棠	三五	四川渠縣	卅三年二月	仝右	一三〇
333.72	姜宗漢	三四	四川合川	卅三年三月	仝右	一三〇
333.72	樊聯修	三八	四川江津	卅三年三月	仝右	一三〇
333.72	黎紹清	三五	四川武勝	卅三年三月	仝右	一三〇
340.44	王春山	三九	山東鄒縣	卅三年三月	仝右	一三〇

廠務科 第三廠 修理股

233/72	周雲清	二四	四川潼南	卅三年三月	河边接管吸水		一二〇
299/76	王明宣	四一	四川廣安	卅三年三月	排解煤務		〇七〇
299/76	鄒明發	三五	四川合川	卅四年二月	仝右		〇七〇
299/76	彭思發	五一	四川巴縣	卅四年三月	仝右		〇七〇

第三廠修配股

技二	汪卿蘭	四三	浙江鄞縣	廿七年三月	機務修理		八〇

52

600,72	張荣甫	四一	浙江鎮海	廿九年十月	仝右	六二〇
573,96	金仕良	三六	浙江山陰	廿九年十月	仝右	五五〇
559,68	計龍生	三六	江蘇上海	廿九年六月	車工	五九〇
567,84	胡文俊	三六	江蘇上海	廿九年九月	機務修理	五一〇
551,64	顏筱順	三〇	江蘇上海	廿九年四月	泥工	八〇〇

编号	姓名	年龄	籍贯	进厂时间	工种	工资
600.72	黄绍脩	三三	四川巴	卅五年五月	電焊	五一〇
551.64	薛银镛	三六	四川巴	卅五年四月	起重	五四〇
551.64	蔡祐泉	四八	江苏無锡	卅五年十月	鉄工	五〇〇
569.88	蔡根泉	四一	江苏無锡	卅五年五月	仝右	六九〇
	黄柏清	五一	四川廣安	卅五年四月	木工	五五〇

53

姓名	年龄	籍贯	到职年月	职务	薪额	批注
華信寶	四七	浙江鎮海	廿七年十月	電務領工	八〇〇	56,852
曹根發	五二	江蘇上海	卅年十一月	電氣修理	五九〇	600,72
曹云根	四三	浙江鄞	卅年十一月	仝右	五五〇	567,84
廖松楠	三四	四川廣安	卅年六月	木工	二五	559,68
唐義鈞	四四	四川廣安	卅年六月	仝右	二六五	449,52 邦二

449.52	李金盛	四九	四川江津	卅年一月	雜務	三〇〇
459.00	李云華	三八	四川巴縣	卅七年十一月	電氣修理	三七〇
475.08	林宗成	三六	四川銅梁	卅九年九月	信差	三一五
465.72	柏学志	二三	四川岳池	卅九年十一月	机務修理	二三五
446.76	王甫康	二三	四川巴縣	卅年十一月	仝右	一八五

54

	姓名	年龄	籍贯	到职	职务	金额
427,80	馬國仁	三六	浙江海寧	卅五年三月	泥2	二七〇
46,084	張玉春	三三	四川南充	卅五年二月	修理機務	二七〇
44,074 學徒	羅澤隆	二六	四川岳池	卅五年十二月	車2	一罡
346,59	傅從華	二六	四川岳池	卅五年九月	值班打水機	一三五
342,74	吳樹臣	二四	四川巴縣	卅五年八月	修理機務	一三〇

34,0[illegible]	耿禧福	一九	四川巴縣	卅三年二月	值班電板	一三〇
34,044	龔承遂	二三	四川岳池	卅三年十一月	車工	一三五
34,224	羅生榮	二九	四川巴縣	卅三年二月	廠房打雜	一三五
33,024	米德林	二〇	四川遂寧	卅二年七月	電焊助手	〇八五
31,668	羅順鑫	二〇	四川岳池	卅三年十一月	車工	〇八〇

55

306.62	甘懋棠	二二	浙江鄞县	廿三年六月	机务修理	〇七五
303.15	陈炳荣（小二）	四八	四川巴县	廿九年十月	小工头	二七〇
378.74	胡万镒	三〇	四川江北	廿九年十月	打扎	二二五
374.76	魏云成	二七	四川叙永	廿九年九月	仝右	二二五
374.76	谭树清	三三	四川铜梁	廿九年十月	仝右	二二五

377,52	374,76	372,12	365,28	368,04
何樹雲	張國賢	趙華榮	傅樹清	劉方成
二七	二九	二二	二七	三二
四川江津	四川銅梁	四川南充	四川長壽	四川鄰水
廿九年十月	廿九年七月	卅年十月	廿九年六月	卅年十月
薛	薛	薛	薛	薛
仝右	打字機房	仝右	仝右	仝右
二五五	二四五	二二〇	二三〇	二三〇

56

365,28	365,28	365,28	365,28	365,28
唐桂林	陳錦堂	陳青全	左紹明	黄明清
四二	四五	三一	二六	二五
四川巴	四川涪陵	四川涪陵	四川綦江	四川合川
卅年八月	卅年四月	卅年四月	廿九年二月	廿九年十二月
冶作助理	信差	打杂	煮重代班	炉房代班
二三〇	二三〇	二三〇	二三〇	二三〇

编号	姓名	年龄	籍贯	到职年月	职务	薪额
365,28	劉銀輝	二六	四川巴縣	卅年十一月	泥乙	二二〇
365,28	蕭炳昌	三〇	四川巴縣	卅年七月	代理班長	二二〇
365,28	汪紹清	二六	四川江北	卅年一月	仝右	二二〇
365,28	王洪九	二六	四川巴縣	卅年三月	仝右	二二〇
365,28	周玉祥	三一	四川鄰水	卅年十一月	仝右	二二〇

57

编号	姓名	年龄	籍贯	到职日期	职务	薪额
365,28	吴树云	二四	四川铜梁	卅一年一月	打水船值班	二三〇
365,28	陈树云	二一	四川璧山	卅一年二月	起重代班	二三〇
365,28	李光锡	二五	四川资中	卅一年一月	仝右	二三〇
365,28	李肇毅	五一	四川安岳	卅一年七月	烧水	二三〇
	陶海茂	二五	四川巴	卅年九月	修理房 九二	二一〇

姓名	年龄	籍贯	到职年月	职别	薪额	
唐海廷	二七	四川包	卅二年十二月	仝右	二〇	36264
唐安民	三三	四川广安	卅二年二月	仝右	二〇	35988
佟述彬	三五	四川江津	廿六年九月	代理班长	二〇	35988
蒋泽澍	二四	四川江北	卅二年九月	值营班[illegible]	二〇	35988
杨学溪	三七	四川江北	卅二年二月	仝右	二〇	35988

58

姓名	年齡	籍貫	到職年月	職務	薪額	
楊俊孚	二九	四川潼南	卅九年八月	管理工員	二〇〇	359.88
李平川	三二	四川渠縣	卅年十月	修理技工	二三〇	359.88
柏鴻清	三五	四川江北	卅年八月	冷作小工	二〇〇	361.20
葉緯熙	二三	四川巴縣	卅年八月	機務代班	二〇〇	354.48
劉樹良	二八	四川江北	卅九年七月	起重代班	二〇〇	354.48

	姓名	年龄	籍贯	到差年月	职务		
35448	易锡渭	二九	四川江北	卅年八月	舒房打机	一	公
35448	雍锡图	四八	四川江津	卅年九月	打机	一	公
35448	胡汉明	四二	四川广安	卅年八月	起重代班	一	公
35448	谭锡盛	三三	四川铜梁	卅年七月	石工	一	公
35448	何长富	二八	四川阆中	卅年六月	起重代工	一	公

59

编号	姓名	年龄	籍贯	到职时间	职务		薪额
35448	吳配華	四〇	四川渠縣	卅年十二月	修理廠打雜		一六〇
35448	呂配林	三四	四川長壽	卅年十月	起重伙班		一六〇
35448	史文進	四八	四川閬中	卅年一月	宿舍打雜		一五〇
35712	高榮成	二六	四川巴縣	廿九年二月	實驗室打雜		一六〇
35448	余光華	三三	四川江津	卅年七月	辦公室茶役		一五〇

357.12	趙海欽	四二	四川巴	卅二年三月	修理房 打九	一六〇
34.908	張禹三	四七	四川合川	卅二年七月	機器房 清潔	一七〇
351.72	陳炳泉	四七	四川墊江	卅二年九月	醫務室 打九	一六〇
34.908	王志光	二九	湖南長沙	卅二年一月	木工間 打九	一六〇
34.908	李旭東	三四	四川江津	卅二年八月	燒水	一六〇

厂务科 第三厂 管理股

60

编号	姓名	年龄	籍贯	到职年月	职务	薪额
34908	阚伟民	二五	四川綦江	廿一年一月	工友领班 管打扎	一四〇
34368	李成君	三三	四川涪陵	廿一年二月	小工 工作	一三五
34224	第三厂管理股					
58992	甘安庆	四七	浙江鄞县	廿九年十月	技工 修理	七〇
57596	陈祖庚	三六	四川南充	廿九年十月	技工 值班	六〇

编号	姓名	年龄	籍贯	入职年月	职务	备注
567,84	陳阿榮	四六	江苏无锡	卅三年三月	電板值班	五 九〇
561,72	彭紹遠	三六	四川巴	卅四年四月	炉房值班	五 六〇
555,72	顧福堂	五六	江苏上海	卅三年九月	透平值班	五 三〇
555,72	金錦海	四八	江苏上海	卅三年十月	電板值班	五 三〇
553,68	田海清	三五	四川江北	卅三年十二月	炉房值班	五 二〇

61

备注	姓名	年龄	籍贯	到职年月	职务	薪额
5464	祁慎祥	三三	江苏南京	廿三年三月	仝右	五一〇
481.20 帮工	王世昌	三三	四川巴县	廿五年四月	仝右	四〇〇
480.24	劉紹文	三一	湖北漢口	廿九年七月	仝右	二四五
475.08	李如澜	三六	四川成都	廿三年二月	仝右	三七〇
476.16	龔家模	三一	江苏上海	廿三年五月	机務修理助手	三七五

47508	孫承富	三五	四川南充	廿六年二月	電報值班	三七
47208	陳俊林	三五	四川大足	廿五年五月	報務值班	三五
46896	張佐煊	三五	四川長壽	廿五年六月	仝右	三四
46774	周元亨	三一	四川岳池	廿四年一月	仝右	三三
46674	李元芳	三二	四川成都	廿二年十二月	仝右	二九

62

	姓名	年龄	籍贯	到职时间	职务	薪额
学徒 34044	羅維其昌	二四	四川巴	卅八年八月	電板	一三〇
34044	謝易楊	二二	四川岳池	卅一年一月	遞手	一三〇
340,44	嚴浩然	二一	四川潼南	卅五年十一月	仝右	一三〇
34044	楊兆南	二一	四川江北	卅八年八月	仝右	一三〇
31668	胡仁堅	一九	四川江北	卅八年八月	電板	一〇五

30660	陽盛[illegible]	二一	四川岳池	卅三年四月	仝右	〇	六〇
30976	王芳芸	一九	四川江北	卅二年八月	仝右	〇	六〇
29304	姜存礼	一九	四川合江	卅三年五月	仝右	〇	六〇
38028 小二	唐玉春	三五	四川云山	廿七年一月	伙房挑煤	二	七五
38028	李海波	四九	四川长寿	廿九年十月	仝右	二	七〇

63

37620	37752	38028	37476	37750
陳樹安	陳國森	楊毅文(?)	張沛清(?)	張科平(?)
二九	三六	三三	二五	四四
四川巴縣	四川遂寧	四川閬中	四川巴縣	四川武勝
廿九年七月	廿六年十月	廿六年三月	廿九年五月	廿九年十月
仝右	仝右	仝右	仝右	[illegible]
二百(?)	二百(?)	二百(?)	二五(?)	二百(?)

编号	姓名	年龄	籍贯	到职年月	职务	薪额
37344	張之清	三三	四川巴縣	廿五年十二月	打炉九房	二三〇
37212	彭崇圭	三三	四川潼南	廿五年九月	水池司水	二四五
37068	張金廷	三四	四川巴縣	廿五年十二月	仝右	二四〇
36804	張炳祥	二八	四川巴縣	廿五年五月	校炉廠房	二三〇
36804	何瑞成	二九	四川江津	廿五年四月	仝右	二三〇

64

368,04	汪绍文	三三	四川江北	廿六年一月	炉房出灰	二	三〇
368,04	冯平安	三三	四川巴	廿六年二月	仝右	二	三〇
368,04	刘伯英	二六	四川長寿	廿九年二月	仝右	二	三〇
365,28	陳茂軒	三六	四川長寿	廿九年四月	下煤代班	二	三〇
365,28	陳绍清	二七	四川遂寧	廿九年一月	炉房撥火	二	三〇

编号	姓名	年龄	籍贯	到职年月	职务	
365,28	岳朝伯	二八	四川蓬溪	卅年二月	仝右	二三
365,28	刘世吉	三六	四川江北	廿九年十月	炉房挑煤	二三
365,28	廖国理	四二	四川广安	卅年四月	水船打杂	二三
365,28	高海楼	三〇	四川巴	卅年三月	炉房挑煤	二三
365,28	范海山	三九	四川岳池	卅年一月	仝右	二三

65

姓名	年龄	籍贯	到职	职务	薪额
馮益三	三二	四川酆都	卅年十月	仝右	二二〇
鄧萬木	三六	四川巴	卅年八月	仝右	二二〇
吳玉山	三三	四川銅梁	卅年三月	仝右	二二〇
何炳林	二五	四川合川	卅年四月	仝右	二二〇
盧樹清	三三	四川巴	卅年一月	仝右	二二〇

365,78 365,78 365,78 365,78 365,78

365,28	蒲天忠	三二	四川岳池	卅一年十二月	仝右	二三〇
365,28	趙未三	四七	四川安岳	廿九年一月	仝右	二三〇
365,28	劉君儒	二六	四川永川	卅年九月	仝右	二三〇
365,28	王海全	四二	四川江津	廿八年一月	仝右	二三〇
365,28	唐清和	三二	四川遂寧	廿九年一月	仝右	二三〇

66

365,78 365,78 365,78 365,78 365,78

姓名	年龄	籍贯	入公司年月	职务	薪额
侯彬武	三八	四川巴縣	卅年九月	仝右	二三〇
黄樹清	三〇	四川長壽	卅年一月	仝右	二三〇
謝占元	三三	四川巴縣	卅年三月	仝右	二三〇
朱華軒	四二	四川巴縣	廿九年一月	仝右	二三〇
蒋海山	三二	四川江北	卅年三月	仝右	二三〇

姓名	年龄	籍贯	到职年月		金额	备注
彭贡林	三七	四川长寿	卅九年三月	仝右	二三〇	365,28
郑树成	三九	四川长寿	卅年二月	仝右	二三〇	365,28
程绍宣	三五	四川长寿	卅年五月	仝右	二三〇	365,28
甘炳良	四二	四川彭水	卅年一月	仝右	二三〇	365,28
杨文傑	四四	四川长寿	卅年九月	仝右	二五〇	361,20

编号	姓名	年龄	籍贯	到厂年月	职务		
358.56	杨海云	二九	四川遂宁	廿三年七月	仝右	一	一盘
361.20	王庆云	三〇	四川巴	廿四年十月	仝右	二	二〇五
359.88	余明清	三四	四川江北	廿三年十一月	打水看字搬	二	二〇〇
357.12	杨明焘	二八	四川南中	廿三年二月	挑炉房煤	一	一另
357.12	宋维册	三五	四川璧山	廿三年一月	仝右	一	一另

35448	冷树清	二八	四川江北	廿七年一月	全右	一	10
35448	李治平	四七	四川广安	卅二年八月	全右	一	10
35448	吴长清	二四	四川巴县	卅二年九月	全右	一	10
35448	刘佳轩	三二	四川大足	卅二年九月	全右	一	10
35448	刘金成	二八	四川巴县	卅一年八月	全右	一	10

68

35448 35448 35448 35448 35448

姓名	年龄	籍贯	入职年月	备注	数额
宋炳成	四八	四川大足	卅四年四月	仝右	一〇〇
鄧海云	三八	四川巴縣	卅四年七月	仝右	一〇〇
葉光贵	二六	四川江北	卅四年八月	仝右	一〇〇
張玉文	三六	四川江北	卅四年八月	仝右	一〇〇
高元成	三四	四川長壽	卅四年九月	仝右	一〇〇

354,48	354,48	354,48	354,48	354,48
尹榮清	馮青華	譚進之	任正罡	劉樹榮
二一	二四	三四	三三	三二
四川合	四川巴	四川涪陵	四川巴	四川巴
卅年七月	卅年八月	卅年七月	卅年七月	卅年九月
仝右	仝右	仝右	仝右	仝右
一百	一百	一百	一百	一百

69

354,48	354,48	354,48	354,48	354,48
張建明	黄永榮	于世清	李海明	盧光福
四二	四四	四六	三三	二七
四川富順	四川墊江	四川資陽	四川巴縣	四川巴縣
卅九年九月	卅一年九月	卅七年八月	卅七年八月	卅七年十月
仝右	仝右	仝右	仝右	仝右
一份	一份	一份	一份	一份

编号	姓名	年龄	籍贯	到职时间	备注	数额
354,448	文树堂	三四	四川綦江	廿八年八月	仝右	一〇
354,448	詹宗镍	二六	四川綦江	廿八年七月	仝右	一〇
354,448	黄国图	三二	四川江津	廿八年二月	仝右	一〇
354,448	匡孟钿	三〇	四川潼南	廿八年八月	仝右	一〇
354,448	沈光照	三三	四川巴县	廿八年五月	仝右	一〇

70

编号	姓名	年龄	籍贯	时间	状态	数额
35448	鄧煥堂[?]	三五	四川綦江	卅七年七月	今在	一百
35448	王既述[?]	三五	四川安岳[?]	卅七年七月	今在	一百
35448	周光銘[?]	三四	四川巴縣	卅七年六月	今在	一百
35448	余海波	二七	四川長壽	卅七年七月	今在	一百
35172	王占林	三三	四川瀘縣	卅七年六月	今在	一百[?]

35448	王焕林	四九	四川泸	卅八陆军	全右	一百
35448	周世彪	三二	四川长寿	卅九陆军	全右	一百
35448	张汉成	二八	四川长寿	卅十陆军	全右	一百
35448	傅海晨	四二	四川綦江	卅八陆军	全右	一百
35448	周世发	四五	四川富顺	卅八陆军	全右	一百

1

71

姓名	年龄	籍贯	入公司年月	职别	薪额	金额
趙基阜	四二	四川寧縣	卅一年八月	仝右	一〇〇	354,48
譚葉明	二八	四川潼南	卅一年八月	仝右	一〇〇	354,08
戴瀾倫	三三	四川江北	卅一年七月	仝右	一七五	351,72
趙芳森	二二	四川南充	卅一年八月	仝右	一〇〇	354,48
彭子青	三六	四川長壽	卅一年七月	仝右	一〇〇	354,48

35448	熊福臣	三三	四川巴县	廿八年	仝右	一百
35,040	彭福云	四三	四川富顺	廿九年	仝右	一百
34,908	刘景武	四六	四川涪陵	廿八年	仝右	一百
34,908	王学林	五〇	四川江北	廿七年	仝右	一百
34,908	左世忠	三〇	四川垫江	廿六年	仝右	一百

72

编号	姓名	年龄	籍贯	入公司年月	备注	薪额
34908	何崇華	三〇	四川資中	卅二年八月	仝右	二〇〇
34908	趙吉亨	四四	四川射洪	卅二年八月	仝右	一〇〇
34908	游國清	三三	四川[illegible]	卅二年八月	仝右	一〇〇
34368	唐萬順	三九	四川富順	卅二年八月	仝右	一四〇
	羅維清	二八	四川江津	卅二年七月	仝右	一四〇

34,368	楊清理	二三	四川閬中	卅三年二月	仝右	一四○
34,368	余顯培	二六	四川長壽	卅三年一月	仝右	一四○
34,368	段海云	三三	四川璧山	卅三年六月	仝右	一四○
34,368	劉萬祥	三三	四川長壽	卅三年六月	仝右	一四○
33,372	文明陽	三一	四川潼南	卅三年七月	仝右	一三○

73

江北辦事處

江北辦事處

職別	姓名	年齡	籍貫	到職年月	職務	薪額	備注
電工	韓國勳	五五	江蘇上海	廿二年十月	北岸土木及修理	七九〇	599.40
	黄彬甫	四八	浙江鎮海	廿七年四月	仝右	六三〇	576.00
帮工	唐慧軒	四八	四川岳池	廿二年三月	仝右	三九〇	479.16
學徒	袁泉生	二七	江蘇武進	卅年七月	仝右	一三〇	340.44
小工	温良臣	三五	四川岳池	廿六年七月	仝右	二五五	

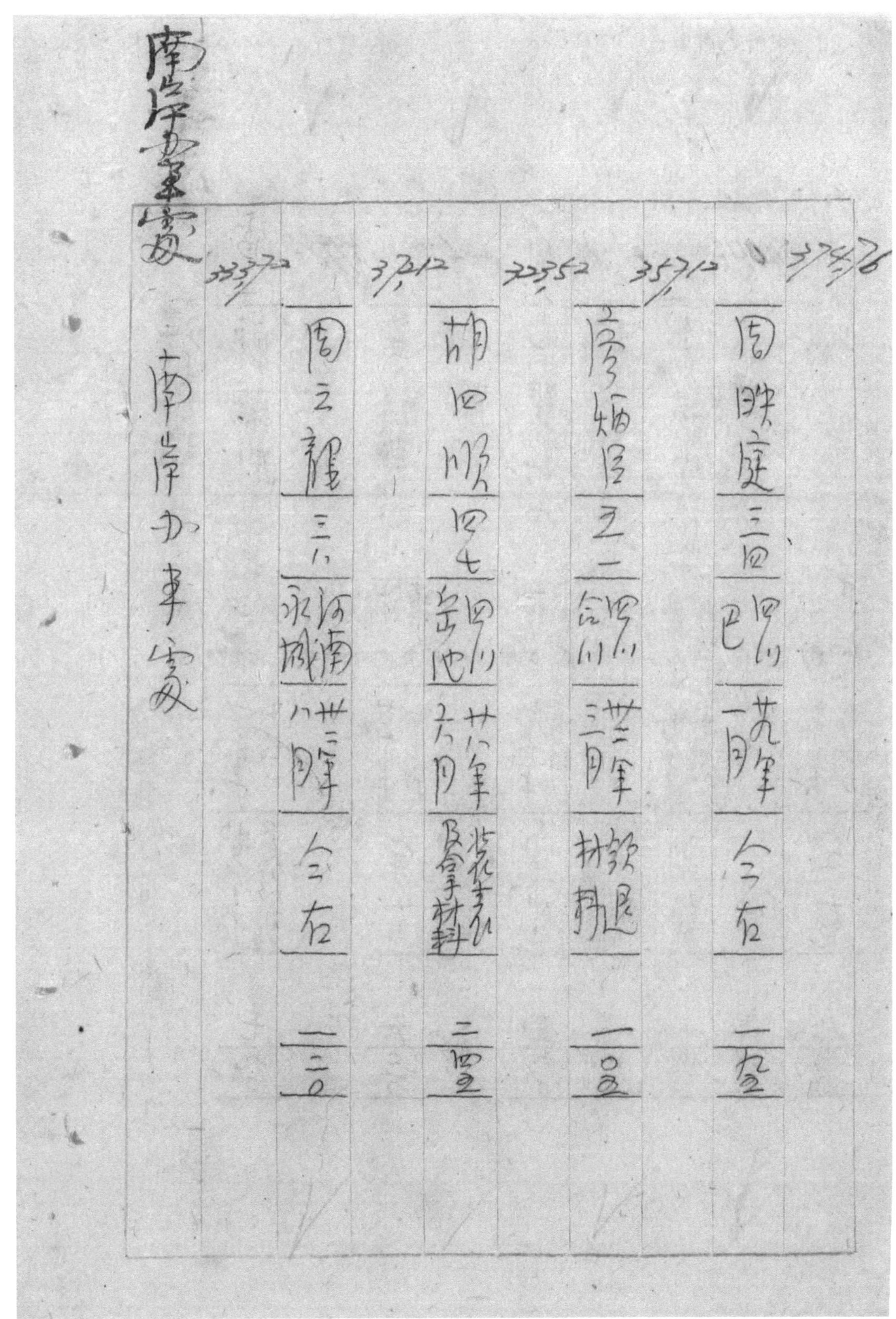

南岸办事处

374/76　357/12　223/52　37/12　333/72

南岸办事处

周映庭	三四	四川巴	廿九年一月	仝右	一九五
廖炳臣	三二	四川合川	廿二年三月	挑运材料	一〇五
胡四顺	四七	四川岳池	廿六年六月	装卸及拿材料	二四五
周云龙	三八	河南永城	廿二年八月	仝右	一二〇

74

597.96	領工	芳在其	四六	江苏上海	廿三年三月	領工	七 〇
592.86	電工	施福生	三九	江苏崇明	廿三年二月	分電站值班	七 四
557.64		王松林	三六	安徽桐城	廿七年八月	電工	五 四
577.92		陳杏生	四六	江苏上海	廿五年九月	分電站值班	六 四
581.76		沈阿根	四八	江苏上海	廿三年三月	仝右	六 六

557,64	羅萬邑	三二	四川蓬溪	廿六年二月	電二	五	〤〇
464,40 部巾2	韓丙仁	三三	浙江瑞安	廿九年八月		三	〢〇
430,04	蔡澤民	三〇	四川成都	廿六年七月		三	〤〇
449,52	劉孝廉	二九	四川巴	廿六年七月		二	〥〇
486,24	周章慶	三三	江蘇上海	廿三年五月		二	九〇

75

	職別	姓名	年齡	籍貫	到職日期		薪額
427.80		馮子書	二九	四川西充	卅九年十一月		一全
346.32	學徒	李耀成	二五	四川巴	卅九年十一月		一吾
303.12		廖俊良	二二	四川成都	卅年十一月		〇亖
306.48		彭玉林	二七	四川蓬溪	卅年四月		〇八
463.96	小工	張永福	三四	四川江北	卅年五月		二三

376,08	372,00	380,16	316,68	370,68
羅信成	陳春明	張紹成	陶春成	陳玉合
三六	三九	三七	二一	三六
四川安岳	四川南充	四川遂寧	四川巴縣	四川南充
廿年九月	廿年六月	廿年六月	廿年二月	廿年三月
二六〇	二四五	二七五	〇九五	二四〇

76

359,88	361,70	373,44	374,76	387,00
張海全	卯雨林	李世才	苏玉合	余海全
四六	四二	三九	三三	三二
四川岳池	四川江津	四川岳池	四川岳池	四川岳池
廿九年九月	廿六年三月	廿六年六月	廿七年九月	廿六年三月
二〇〇	二〇五	二二〇	二〇五	三〇〇

381.60	鄧務恩	四三	四川岳池	廿七年九月	二六〇
359.88	李树江	三五	四川巴	廿七年八月	二〇〇
370.68	李海章	三六	四川巴	廿九年二月	二四〇
369.36	李盛全	四九	四川巴	廿七年七月	二三五
384.24	缪占清	四二	四川巴	廿七年二月	二九五

77

385.56	陳德元	四一	四川三台	廿六年二月	二五
377.52	江國文	五〇	四川長壽	廿九年十月	二五
367.92	楊德之	二九	湖北宜昌	廿年六月	二三〇
358.44	張永賢	二五	四川巴	卅年十一月	一五
372.00	孔順進	三〇	四川富順	廿七年三月	二五

377.00	365.78	377.00	356.40	361.20
江萬良	溫吉成	張紹清	劉俊德	張克坤
二八	四八	三一	三七	三三
四川鄷都	〃	四川江北	四川大足	四川忠
廿七年一月	廿七年三月	廿七年九月	廿六年二月	廿七年九月
二四五	二〇五	二四五	一六五	二三〇

78

330.74	李照堂	三九	河南唐河	卅三年十一月		一三五
343.56	譚定國	四六	四川岳池	卅三年一月		一四四
346.32	張順和	四二		卅三年一月		一三三
340.44	沈肇鈞			卅三年六月		一三〇
3[illegible]1.5[illegible]	何紹卿			卅三年八月		一三五

陳慶昭			卅三年二月	一二〇	333,60
張光富			卅三年二月	一二〇	333,60
鄧永昌	四〇	四川巴縣	卅三年三月	二六〇	376,08
甘海全	四九	四川巴縣	卅三年二月	三〇〇	387,00
歐文山	三六	四川合川	卅三年六月	二五〇	385,56

79

姓名	年龄	籍贯	入职年月			编号	金额
段玉清	三六	四川南充	廿六年八月			二公	383.92
段康全	二七	四川武胜	廿七年十月			二四	370.68
严绍之	三七	四川合川	廿九年七月			二〇三	361.70
简绍武	四四	四川南川	廿九年十月			二〇	376.08
简树清	四〇	〃	廿四年十月		〉	二〇	377.52

编号	姓名	年龄	籍贯	到职日期		薪额
366,60	简元生	二七	〃	廿九年十月		二三五
374,76	余海云	二七	四川江津	卅年二月		二五五
351,72 舵徒	高丙云	四一	四川江北	廿九年六月		一七〇
343,56	高树云	四一	四川涪陵	廿九年三月		一四〇
320,04	周世华	二四	〃	廿九年七月		一〇〇

80

沙坪壩辦事處

603.48	578.04		549.60	578.04
鉗工	電工			
姜阿福	全維孝	王仲尼	王瑞初	陳國民
三九	二九	三〇	二八	四二
江蘇上海	四川彭縣	四川江北	江蘇江陰	江蘇上海
廿三年九月	廿三年八月	廿三年二月	廿三年四月	廿三年四月
線路工作修理鉗工	線路旅	分站值班	線路旅	渝第一分站值班
八三〇	六四〇	五〇〇	六四〇	五〇〇

	姓名	年龄	籍贯	到职年月	职务	
56580	顾正庭	五二	浙江宁波	卅年六月	新桥修理道渣	四三
45560 邦工	李家喜	二五	四川巴县	卅年八月	协助修线路工	四五
48328	王正安	二八	四川綦江	卅年九月	仝右	三五
48034 小工	张经之	三二	四川遂宁	卅年三月	线路材料搬运	三〇〇
38300	刘清泉	三九	四川巴县	卅年六月	〃	三〇〇

81

向荣华	四六	四川江北	艺徒一月	〃	三〇〇	38,700
苏松柏	三〇	四川巴县	艺徒六月	〃	二九〇	38,700
谌吉昌	四〇	四川江北	艺徒二月	〃	三〇〇	38,424
蒋宪臣	三七	四川潼南	艺徒六月	〃	二四五	38,700
周华生	四一	四川巴县	艺徒六月	值务、班站	二四五	37,212

38,468	王永亮	三二	四川江北	廿七年三月	仝右	二九
38,424	陳超羣	二九	四川潼南	廿二年二月	綫路器材搬運	一四
34,368	李廷才	二五	四川江北	廿七年六月	〃	二四
37,068	何登賢	三六	四川梁	廿七年七月	〃	二九
38,424	何樹華	三二	四川巴	廿六年七月	〃	三〇

82

	姓名	年龄	籍贯	到职年月		
387.00	胡双合	三二	四川岳池	卅五年三月	〃	二 / 〇
381.60	周荣云	二八	四川江津	卅五年八月	〃	二 / 九〇
384.24	谢杏鉴	四二	四川巴县	卅五年二月	〃	二 / 二
383.92	李荫林	三六	四川巴县	卅五年七月	〃	二 / 七〇
378.84	黄银州	三〇	四川巴县	卅二年一月	〃	〇 / 二

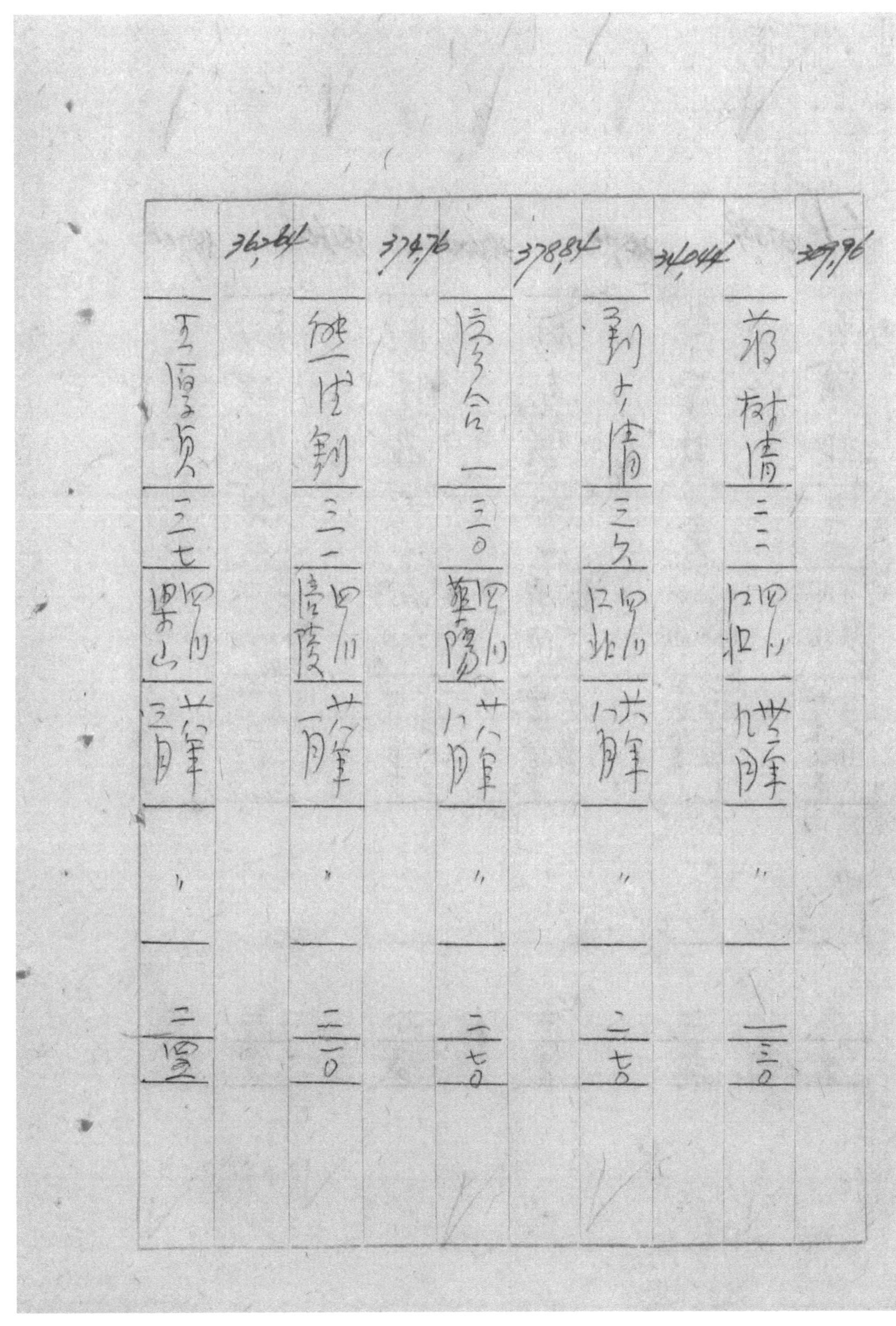

30?,96	34,044	37,884	37,476	36,264
蒋树清	刘大清	廖合一	熊星钊	王厚贞
三二	三六	三〇	三一	二七
四川江北	四川江北	四川綦阳	四川涪陵	四川梁山
廿三年九月	廿六年八月	廿六年八月	廿八年一月	廿年三月
〃	〃	〃	〃	〃
一三〇	二七〇	二七〇	二一〇	二四〇

83

372.12	罗汉章	二八	巴县四川	廿六年三月	〃	二五	
373.52	蒋镛	四七	[illegible]四川	廿六年七月	〃	二五	
374.76	周桂林	四二	三台四川	廿六年一月	〃	二五〇	
377.44	赵子用	三九	遂宁四川	廿七年三月	张值介绍	二八〇	
381.60	何友清	二〇	大足四川	廿三年三月	陈清介绍	一六〇	

姓名	年龄	籍贯	到职年月	职务	工资	金额
梁保清	三二	四川大足	廿二年九月	线路工作	三〇〇	333.72
何炳钦（石工）	三一	四川大足	廿年二月	石工	三〇〇	387.00
毛进宣	二八	四川大足	廿七年六月	〃	三〇〇	387.00
罗[illegible]	二八	四川大足	廿九年三月	〃	二六〇	387.00
蔡云山	二四	四川广安	廿年九月	〃	一[illegible]	369.36

84

350,40	340,44	342,24	333,12
		学徒	
何燧位	謝天賜	張銀生	
二九	二四	二一	
璧山	巴縣	巴縣	
廿九年九月	廿九年七月	卅年三月	
〃	綫路工務	〃	
一三〇	一三五	一〇五	

共計二百一十名

重庆电力股份有限公司各科室职员一九四一年度考绩改支薪金清册（时间不详） 0219-1-35

重慶電力股份有限公司各科室職員三十年度考績改支薪金清冊

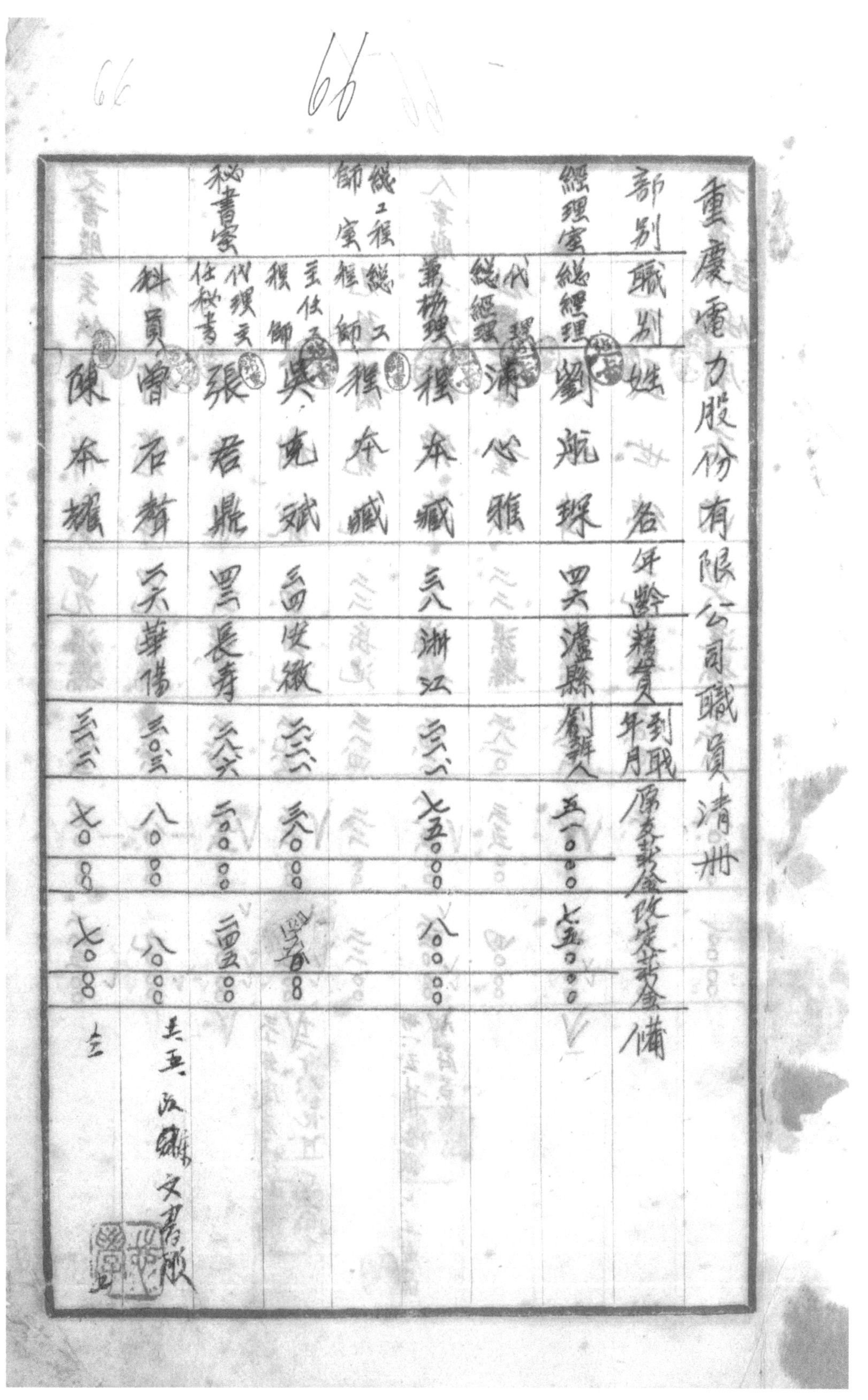

66

重慶電力股份有限公司職員清冊

部别	職别	姓名	年齡	籍貫	到職年月	原支薪金	改支薪金	備考
經理室	總經理	劉航琛	四六	瀘縣	創辦人	五一〇〇〇	七五〇〇〇	
	代理總經理	浦心雅						
	業務協理	程本臧	三八	浙江	三〇、八	七五〇〇〇	八〇〇〇〇	
總工程師室	總工程師	程本臧						
	主任工程師	吳克斌	三四	安徽	三三、八	三八〇〇〇	四五〇〇〇	
秘書室	代理主任秘書	張君鼎	四三	長壽	二八、六	三〇〇〇〇	三五〇〇	
	科員	曾石蕃	二六	華陽	三〇、三	八〇〇〇	八〇〇〇	
		陳本擬			三三、八	七〇〇〇	七〇〇〇	[illegible]

共五 [illegible] 文書[illegible]

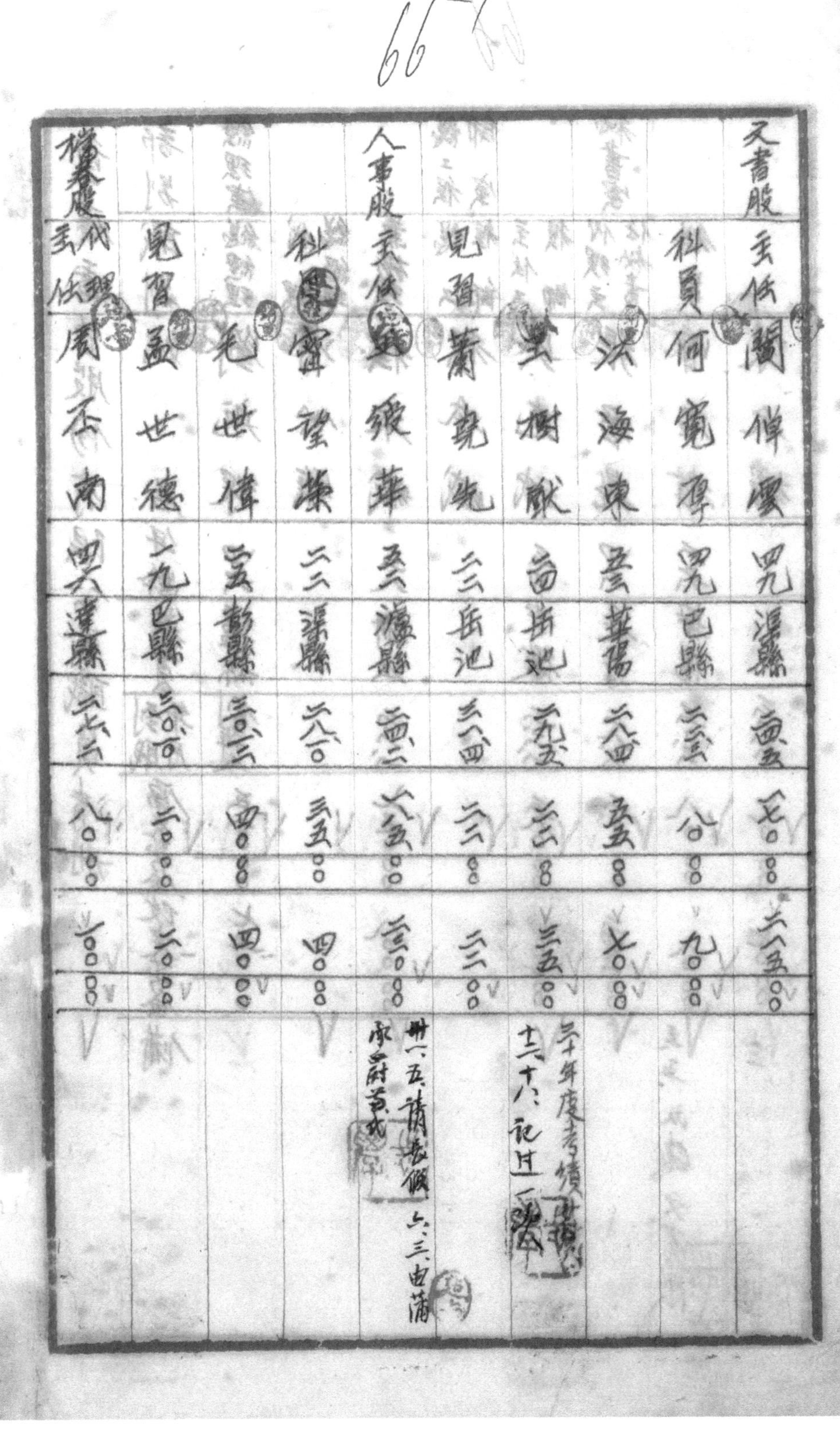

66

文书股	主任	阎伟庆	〤〩	渠县	〤〥	〧〇〇	〢〨〥〇〇	
	科员	何宽厚	〤〩	巴县	〢〣〥	〨〇〇	〩〇〇〇	
		沈海东	〣〥	華陽	〢〨〤	〣〥〇〇	〧〇〇〇	
		[illegible]树猷	〢〤	岳池	〢〩〥	〢〦〇〇	〣〥〇〇	三十年度考绩 十二、十八、记过一次
	见习	萧尧先	〢〦	岳池	〢〨〤	〢〢〇〇	〢〢〇〇	
人事股	主任	吴绶華	〣〦	潼县	〤〢	〦〥〇〇	〢〦〇〇	卅一、五、请长假 六、三、由蒲承尉兼代
	科员	宁望荣	〢〢	渠县	〢〨〇	〣〥〇〇	〤〇〇〇	
		毛世伟	〢〥	彭县	〢〢〢	〤〇〇〇	〤〇〇〇	
	见习	孟世德	一九	巴县	〢〢〇	〢〇〇〇	〢〇〇〇	
档案股	代理主任	周丕南	〤〦	達县	〢〧〦	〨〇〇〇	〢〇〇〇〇	

67

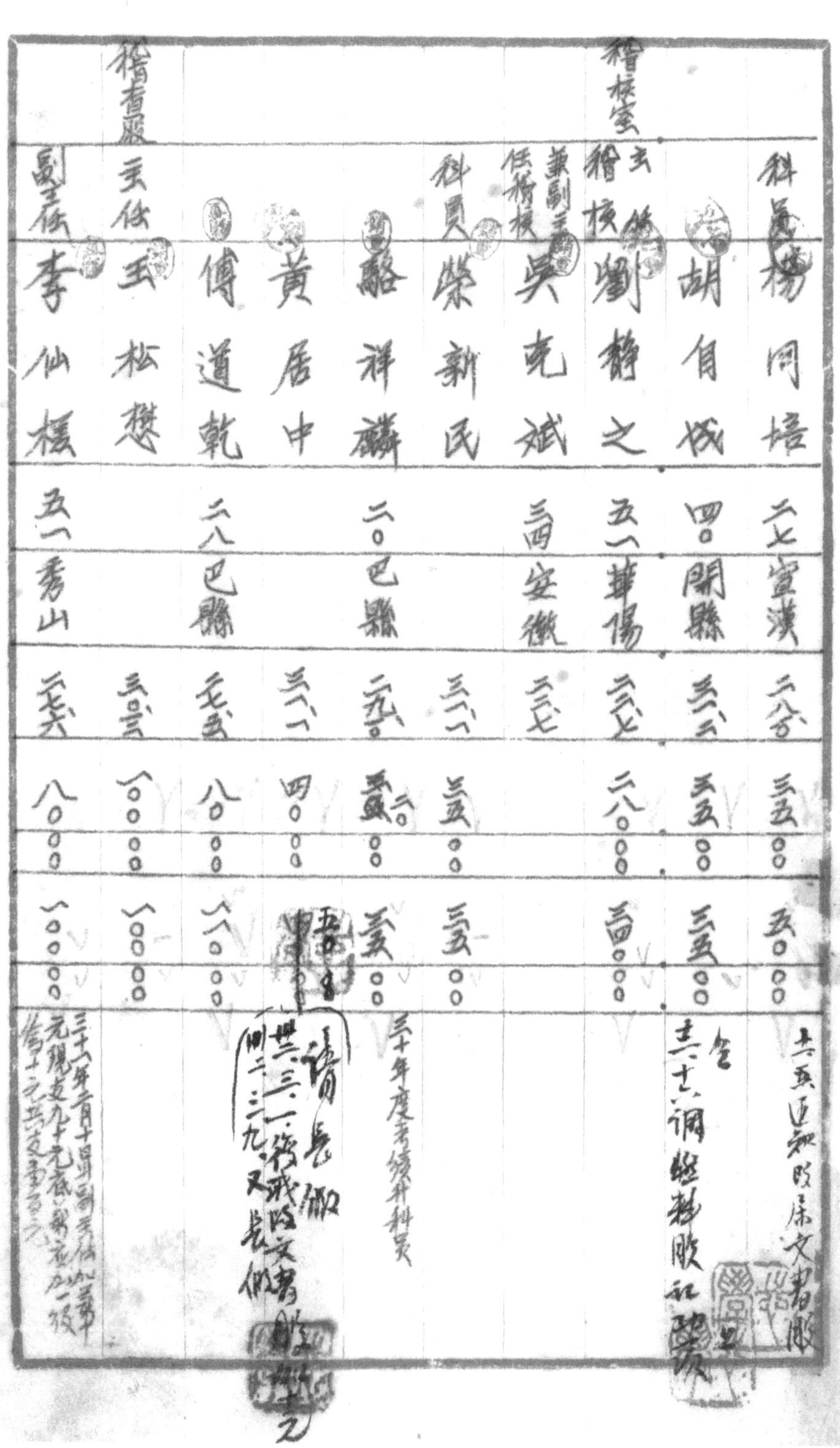

部门	职别	姓名	年龄	籍贯				备注
	科员	楊同培	二七	宣漢	[illegible]	三五〇〇	五〇〇〇	[illegible]
		胡自成	四[illegible]	開縣	[illegible]	三五〇〇	三五〇〇	[illegible]
稽核室	主任稽核	劉靜之	五一	華陽	[illegible]	二八〇〇	四〇〇〇	
	兼副主任稽核	吳克斌	三四	安徽	[illegible]			
	科員	榮新民			[illegible]	三五〇〇	三五〇〇	
		駱祥麟	二〇	巴縣	[illegible]	[illegible]	[illegible]	三十年度考績升科員
		黃居中			[illegible]	四〇〇		[illegible]
		傅道乾	二八	巴縣	[illegible]	八〇〇	八〇〇〇	
稽查股	主任	王松樵			[illegible]	八〇〇	八〇〇〇	
	副主任	李仙樵	五一	秀山	[illegible]	八〇〇	八〇〇〇	[illegible]

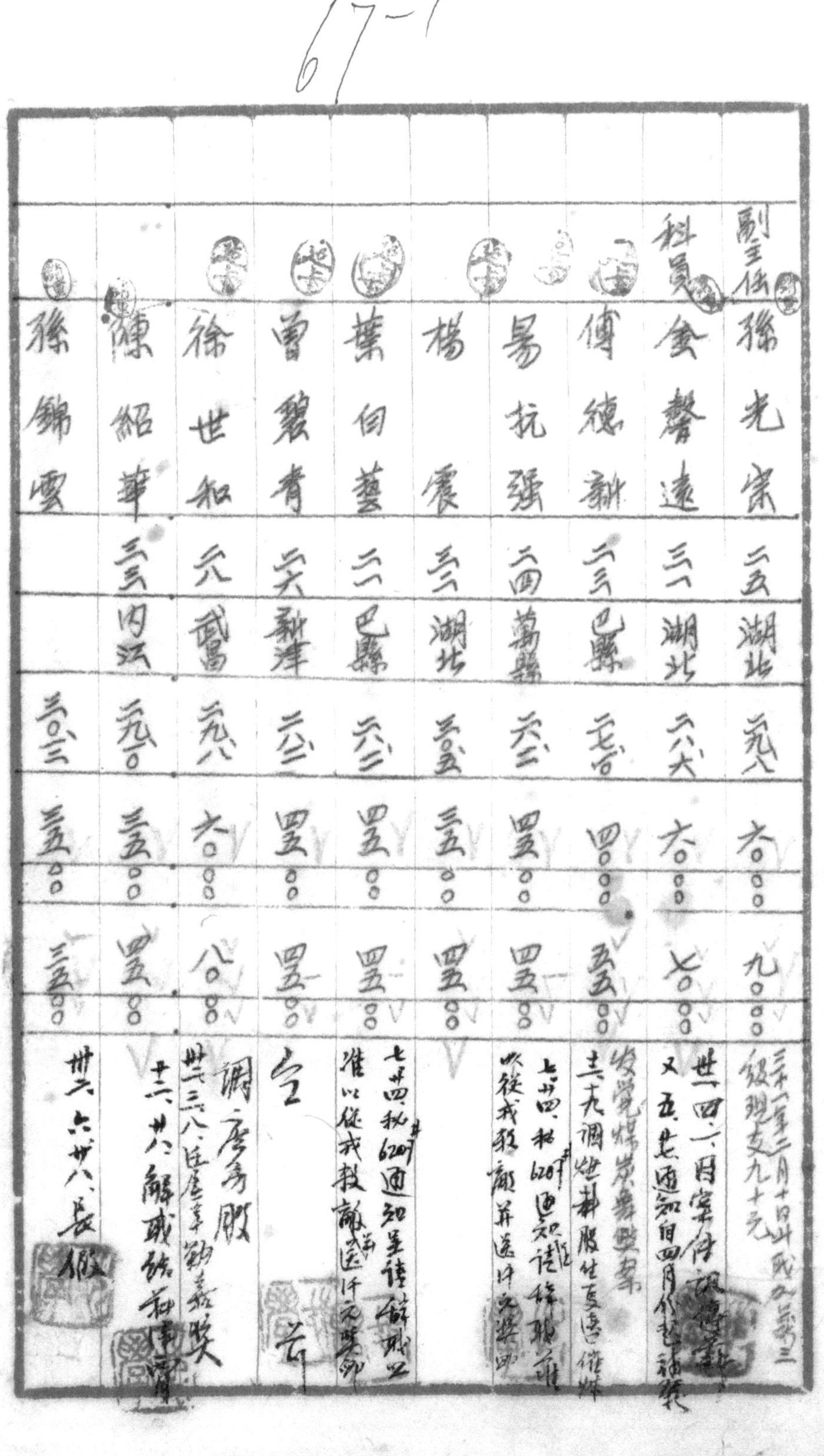

68

審核股

職別	姓名	年齡	籍貫	到職	原薪		新薪		備註
	楊鎮海	二九	山東	三一、八	三五	〇〇	三五	〇〇	三一、廿八、解職、後再使用
主任	胡子傑	三四	湖北	三一、一	三五	〇〇	三五	〇〇	
	吳德超	五六	平南	三〇、一二	八〇	〇〇	一八〇	〇〇	三十一年十月廿日明戒示加 升加三級
副主任	張志學	三八	湖北	三二、七	八〇	〇〇	一〇〇	〇〇	
科員	楊明振	二六	江蘇	三〇、一〇	六〇	〇〇	八〇	〇〇	
	王樹椿	一九	岳池	三〇、七	四五	〇〇	五〇	〇〇	
	趙麗生	三三	成都	二九、四	四五	〇〇	六〇	〇〇	
	陳昆强	二三	開江	三〇、七	三五	〇〇	四〇	〇〇	九、三、大事通知班派式 科員加五元月支四〇元
	劉德第	二三	巴縣	三一、八	五〇	〇〇	五〇	〇〇	二、二、到職
	夏瑞峰	二七	淮安	三一、八	三五	〇〇	三五	〇〇	

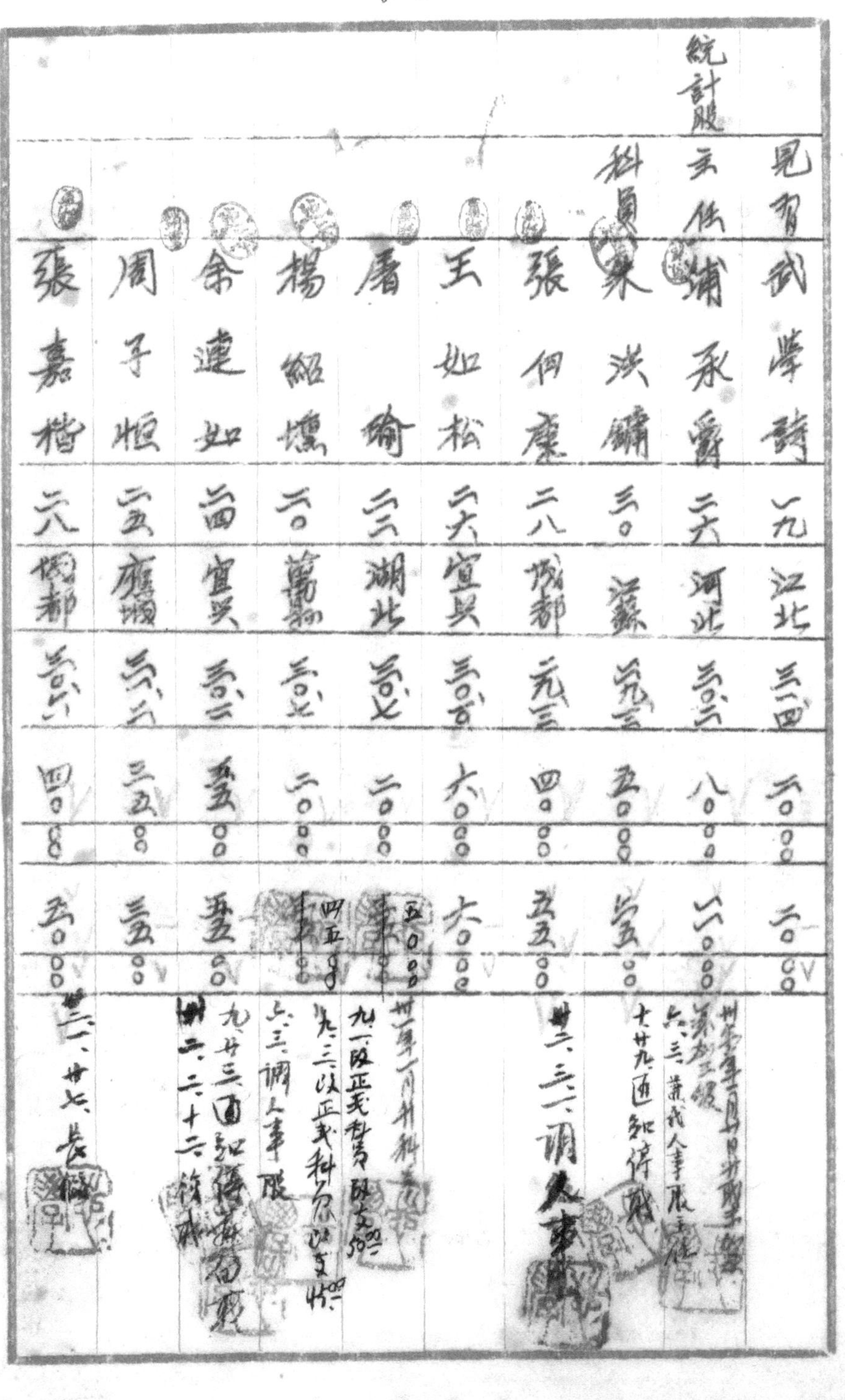

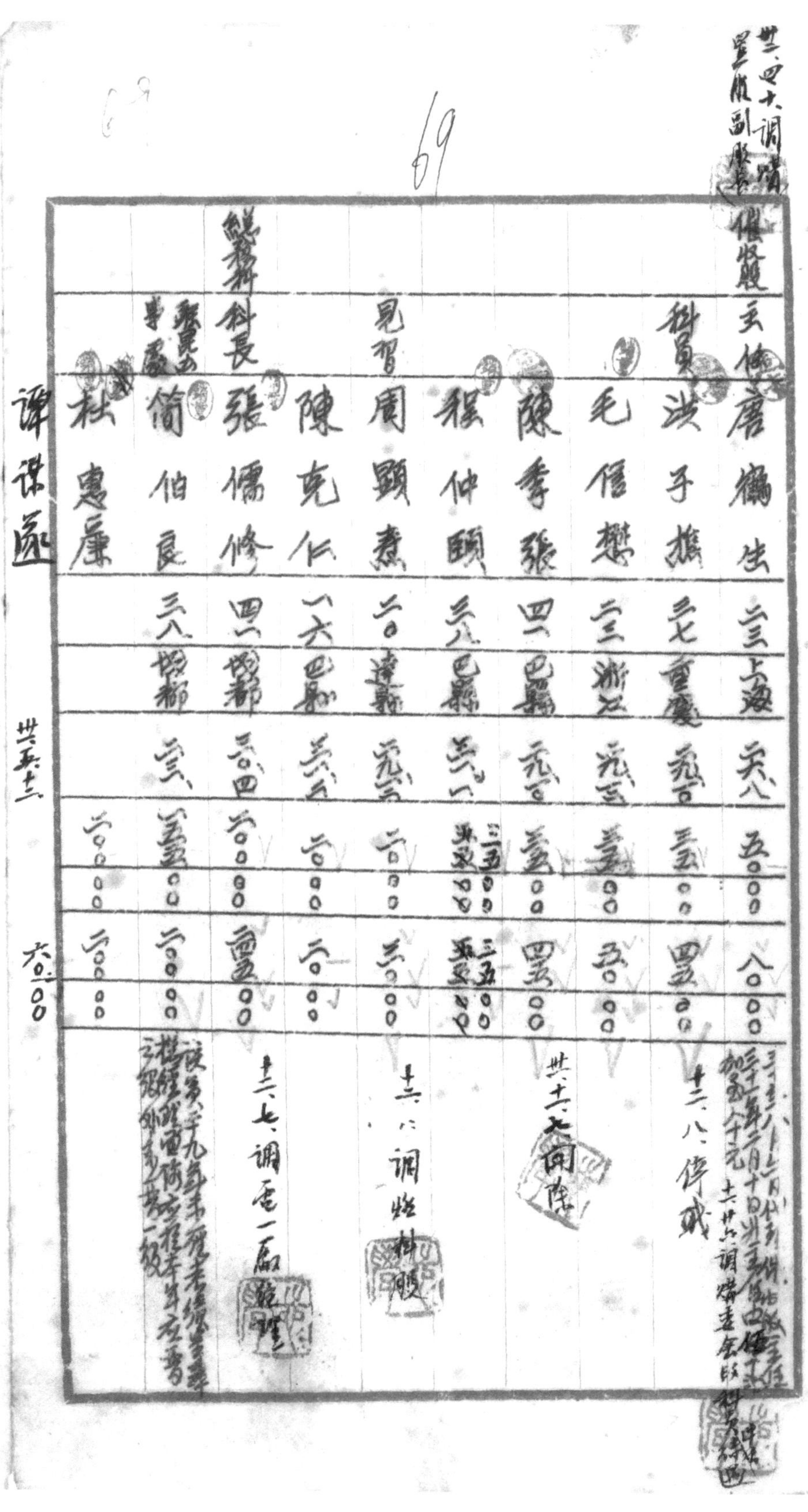

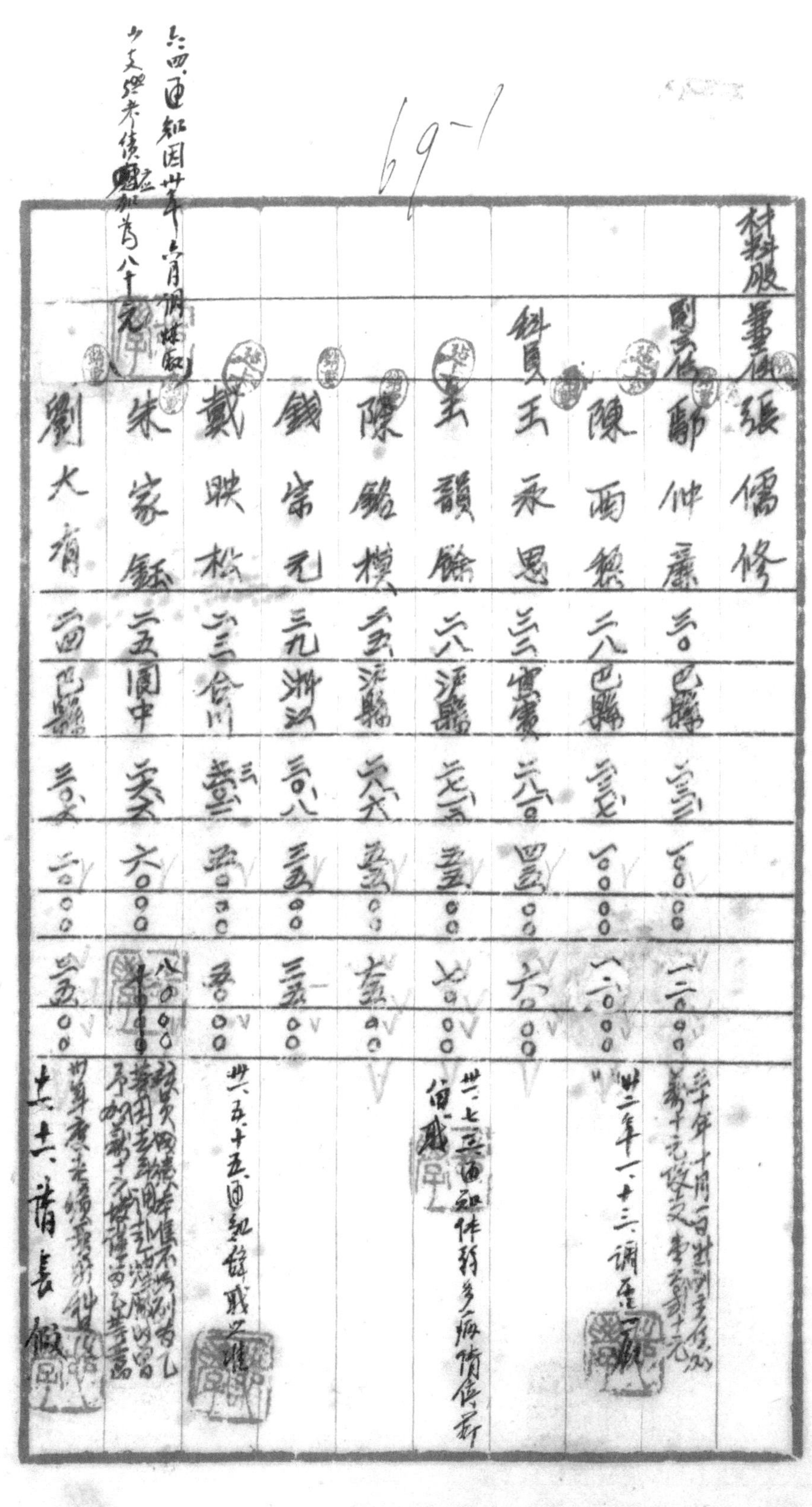

材料股

职别	姓名	年龄	籍贯
董股	張儒修		
副工程	鄒仲康	四○	巴縣
	陳雨蒸	二八	巴縣
科員	王秉恩	三三	宜賓
	袁韻餘	二八	涪陵
	陳銘模	三五	涪陵
	錢宗元	三九	浙江
	戴映松	二三	合川
	朱家鈺	二五	閬中
	劉大有	四四	巴縣

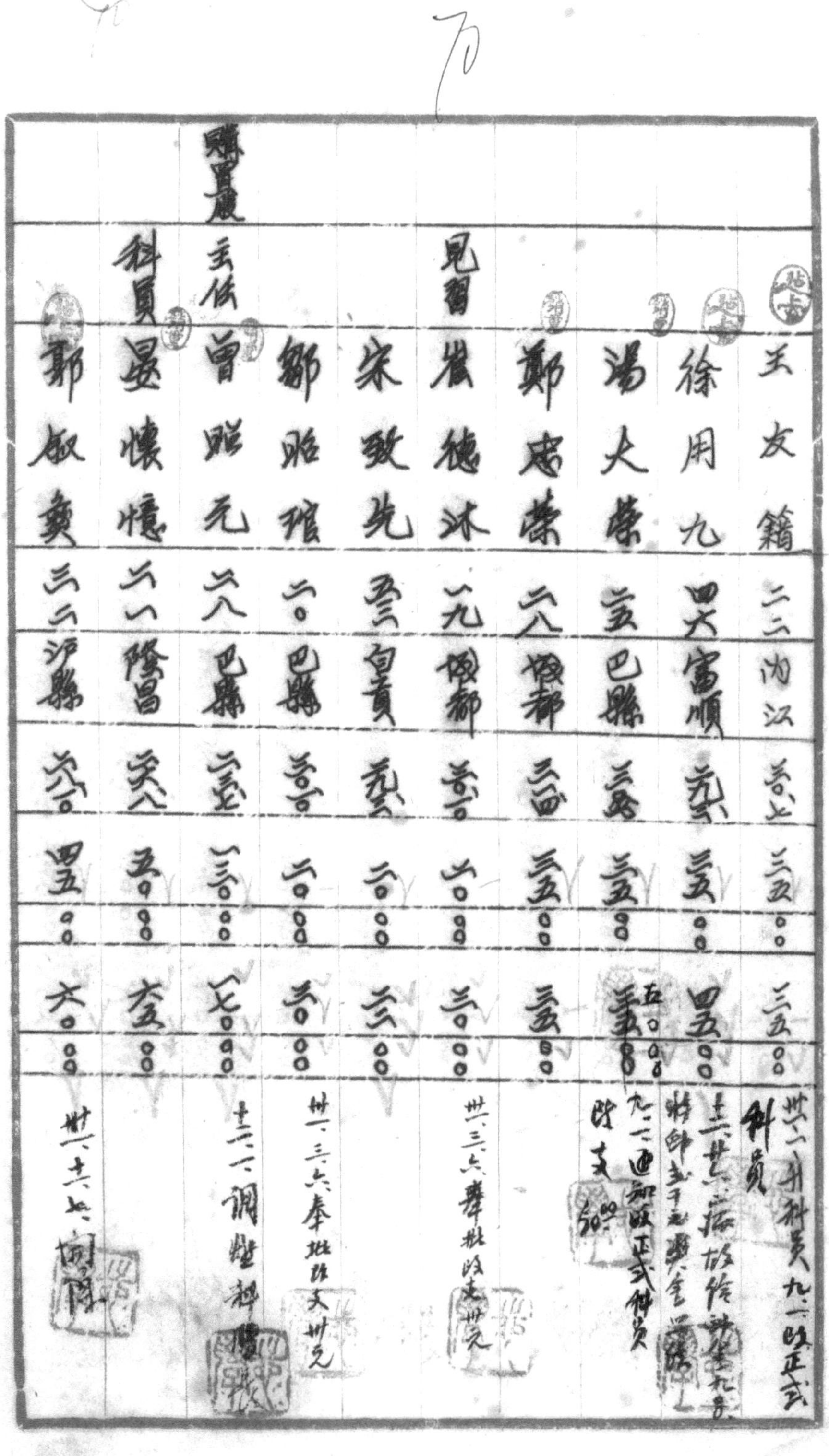

职别	姓名	年龄	籍贯	[illegible]	[illegible]	[illegible]	备注
	王友籍	二二	内江	[illegible]	三五〇〇	三五〇〇	卅一、升科员九、一改正式 科员
	徐用九	四六	富顺	[illegible]	[illegible]〇〇	四五〇〇	十二、廿六、[illegible]放给[illegible]特邮[illegible]奖金[illegible]
	汤大荣	[illegible]	巴县	[illegible]	[illegible]〇〇	[illegible]〇〇 五〇〇〇	九、一、通知改正式科员 改支 [illegible]
	郑忠荣	二八	成都	三四	[illegible]〇〇	[illegible]〇〇	
见习	崔德沐	一九	成都	[illegible]	[illegible]〇〇	[illegible]〇〇	卅、三、六、奉批改支卅元
	宋致先	[illegible]	自贡	[illegible]	二〇〇〇	[illegible]〇〇	
	邹照瑄	二〇	巴县	[illegible]	二〇〇〇	[illegible]〇〇	卅、三、六、奉批改支卅元
主任	曾照元	二八	巴县	[illegible]	[illegible]〇〇	[illegible]〇〇	十二、一、调[illegible]
科员	晏怀忆	二八	隆昌	[illegible]	五〇〇〇	[illegible]〇〇	
	郑叙彝	二二	泸县	[illegible]	四五〇〇	六〇〇〇	卅、十、廿六、[illegible]

70-1

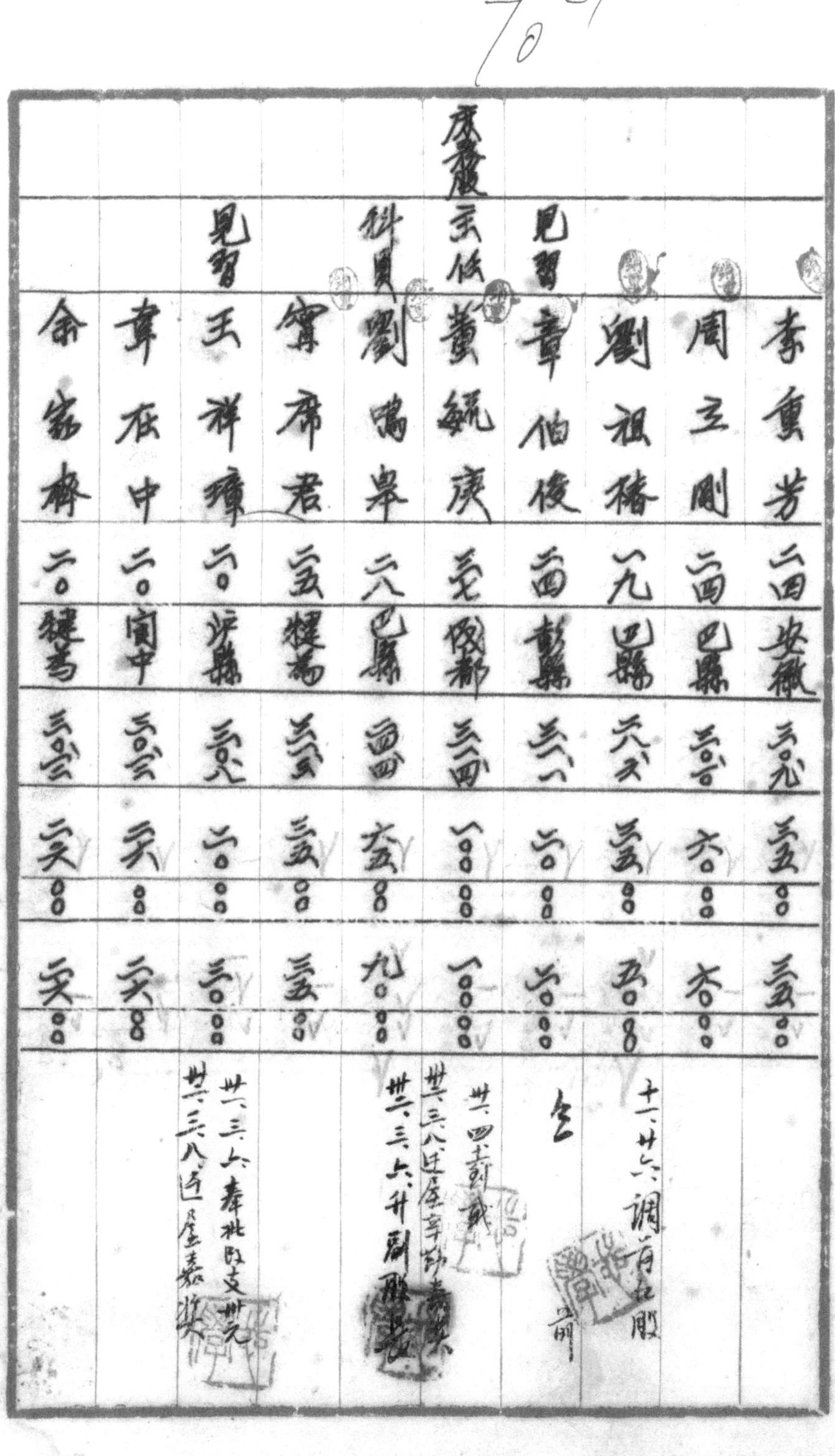

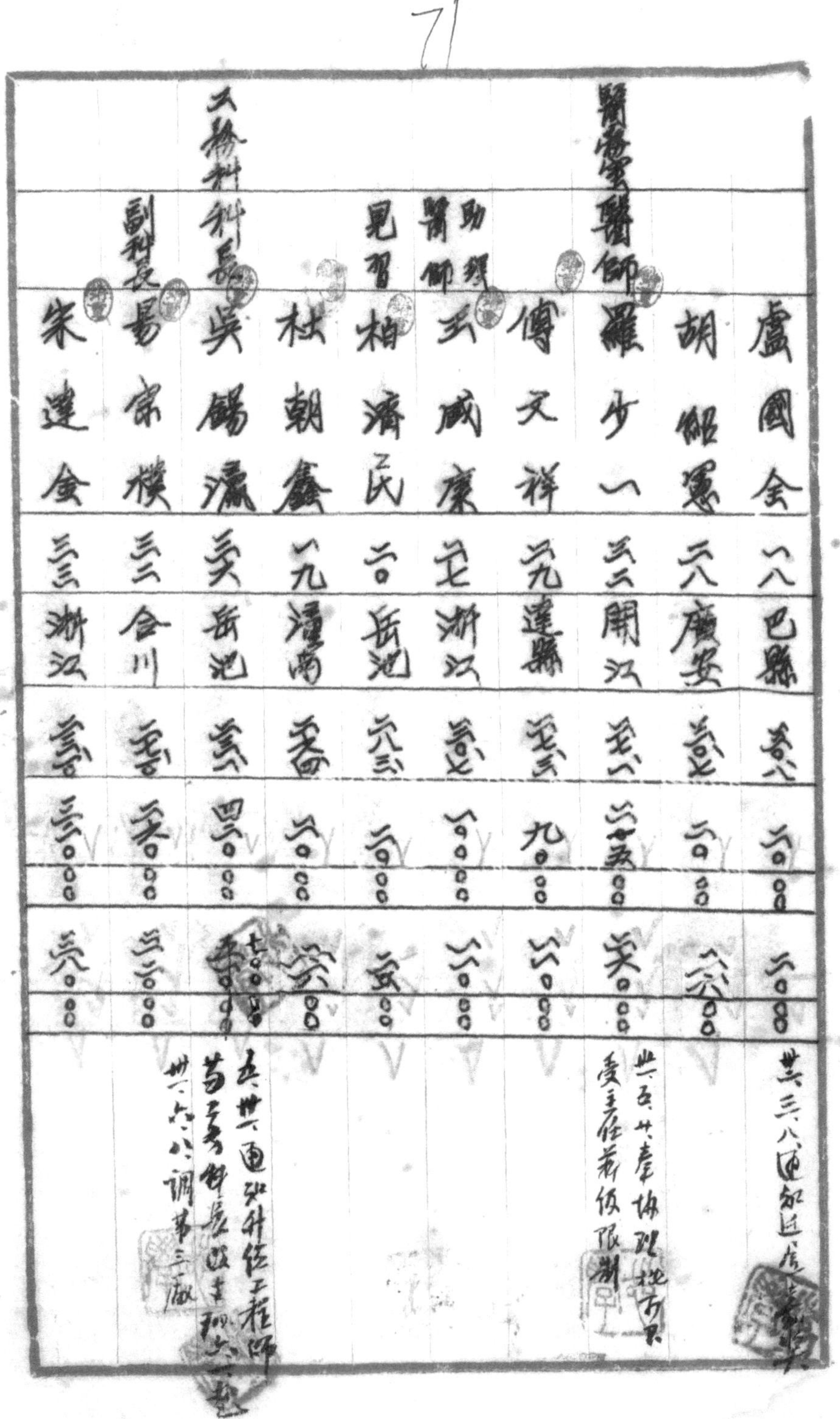

姓名	职别	年龄	籍贯	备注
盧國全		一八	巴縣	卅三、八、通知送廠[illegible]
胡俶寬		二八	廣安	
羅少一	醫務室醫師	三二	閬江	卅五、廿、奉協理批示 受主任薪俸限制
傅文祥		二九	達縣	
武威康	助理醫師	二七	浙江	
柏濟民	見習	二〇	岳池	
杜朝鑫		一九	潼南	
吳錫瀛	工務科科長	三六	岳池	卅五、卅、通知升任工程師 [illegible]科長[illegible] 卅六、八、調第三廠
易宗模	副科長	三二	合川	
宋達全		三三	浙江	

71-1

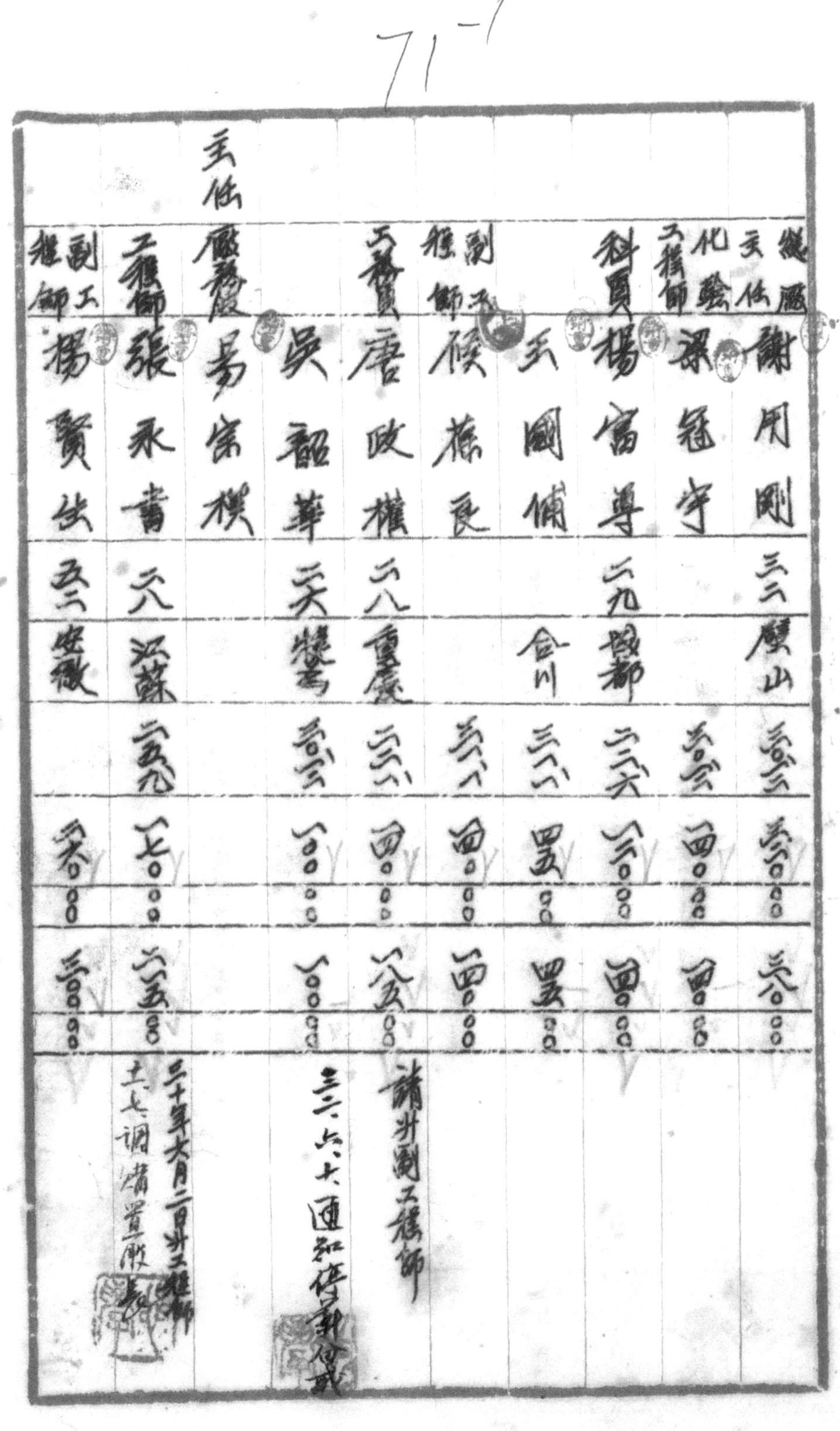

職別	姓名	年齡	籍貫				備考
總廠主任	謝用剛	三二	廣山	卅·三	叁〇〇.〇〇	叁〇〇.〇〇	
化驗主任工程師	梁錫守			卅·三	四〇〇.〇〇	四〇〇.〇〇	
科員	楊富導	二九	成都	二九·六	一二〇.〇〇	四〇.〇〇	
	王國俌		合川	三一·八	四五.〇〇	四五.〇〇	
副工程師	侯蔭良			卅·八	四〇.〇〇	四〇.〇〇	
工務員	唐政權	二八	重慶	三〇·八	四〇.〇〇	八〇.〇〇	請升副工程師
	吳韶華	二六	灌縣	卅·三	一〇〇.〇〇	一〇〇.〇〇	三一、六、十八通知停薪 鄭
主任廠務處	易宗模						
工程師	張永書	二八	江蘇	二五·九	一七〇.〇〇	一六五.〇〇	三十年六月二日升工程師 十七調備置廠長
副工程師	楊賢鈖	五二	安徽		二〇〇.〇〇	二〇〇.〇〇	

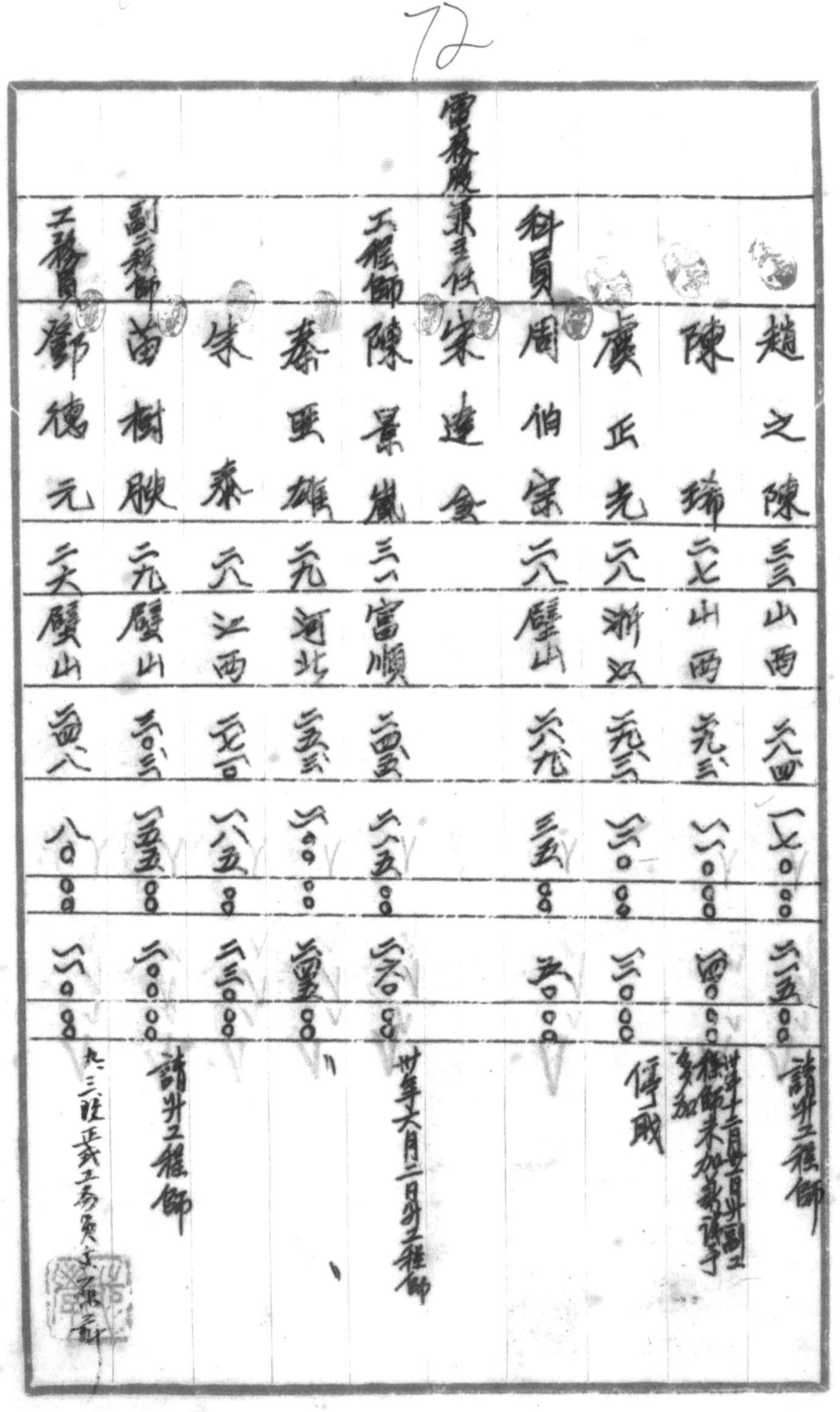

72

	趙之陳	三三	山西	六四	一七〇〇〇	二一五〇〇	請升工程師
	陳瑞	二七	山西	九三	一八〇〇〇	四〇〇〇〇	廿年十二月廿二日升副工程師未加薪請予另加
	盧正光	二八	浙江	九三	三〇〇〇	三〇〇〇〇	停職
科員	周伯宗	二八	璧山	六九	三五〇〇	五〇〇〇	
營業股兼主任	宋達金						
工程師	陳景嵐	三一	富順	四五	二八五〇〇	[illegible]	廿年六月二日升工程師
	秦亞雄	二九	河北	[illegible]	[illegible]	[illegible]	〃
	朱泰	二八	江西	[illegible]	一八五〇〇	二三〇〇〇	
副工程師	蕭樹勛	二九	璧山	[illegible]	一五五〇〇	二〇〇〇〇	請升工程師
工務員	鄧德元	二六	璧山	四八	八〇〇〇	一八〇〇〇	九、三、[illegible]正式工務員[illegible]

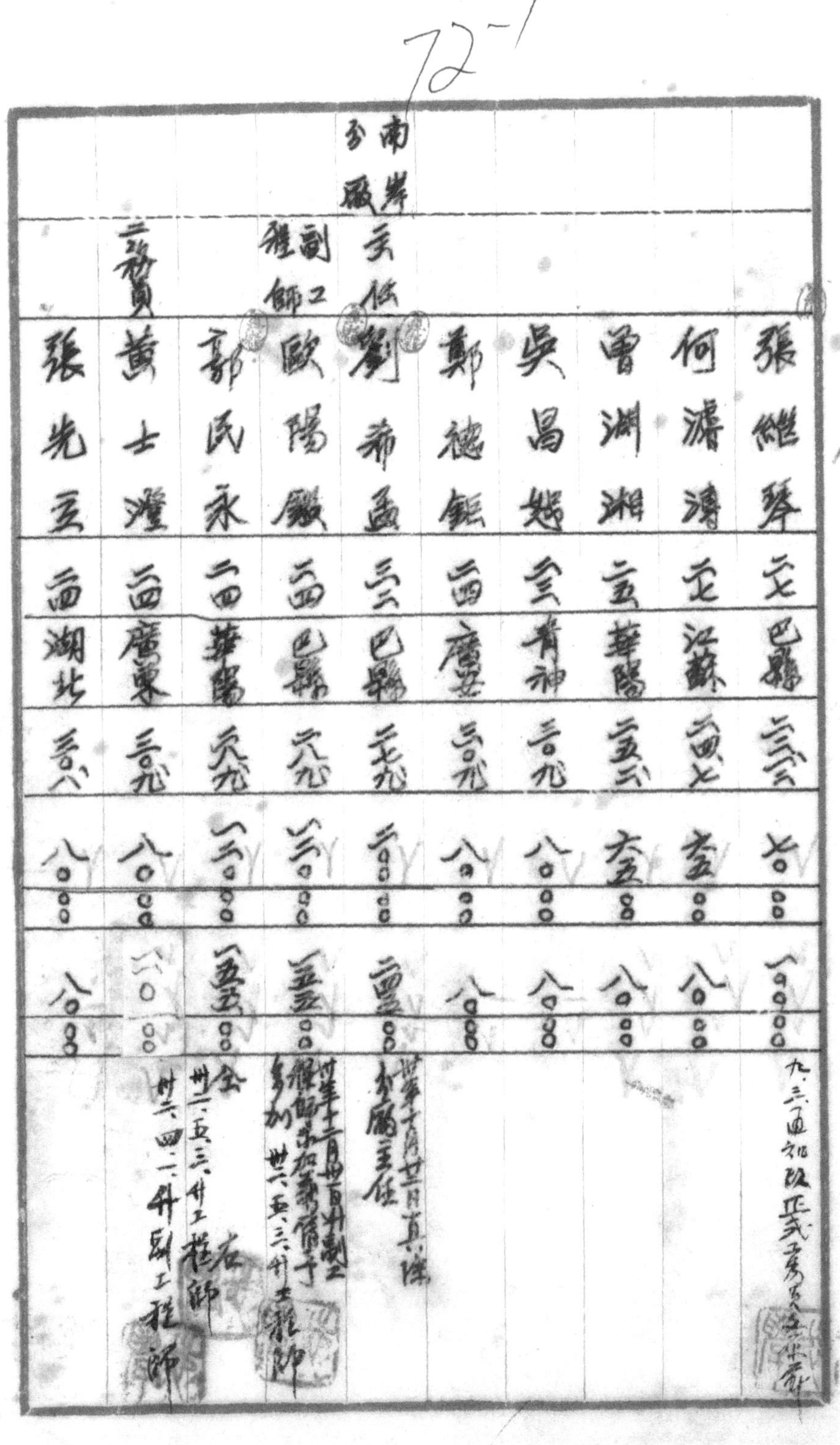

72-1

南岸分廠

職別	姓名	年齡	籍貫	數目一	數目二	備註
	張繼琴	[illegible]	巴縣	[illegible]	[illegible]	九.三.[illegible]通知改正式工務員[illegible]
	何濾濤	[illegible]	江蘇	[illegible]	[illegible]	
	曾淵湘	[illegible]	華陽	[illegible]	[illegible]	
	吳昌熾	[illegible]	青神	[illegible]	[illegible]	
	鄭德鉦	[illegible]	廣安	[illegible]	[illegible]	
主任	劉希孟	[illegible]	巴縣	[illegible]	[illegible]	卅年十月廿日真[illegible] 分廠主任
副工程師	歐陽鐵	[illegible]	巴縣	[illegible]	[illegible]	卅年十二月廿五日升副工程師[illegible] 卅六.五.三.升工程師
	郭氏永	[illegible]	華陽	[illegible]	[illegible]	卅二.五.三.升工程師 右 全
工務員	黃士瀅	[illegible]	廣東	[illegible]	[illegible]	卅六.四.一.升副工程師
	張先立	[illegible]	湖北	[illegible]	[illegible]	

73

業務科

職別	姓名	年齡	籍貫				備註
	王德峻	二五	重慶	二九、八	八〇〇〇	八〇〇〇	十一、一升副工程師存科
	高秉明	二九	江蘇	三三、三	三五〇〇	七〇〇〇	
	彭定翔	一八	巴縣	二九、八	三五〇〇	五〇〇〇	
科長	張价	四〇	南充	四、九	三〇〇〇	三四〇〇	卅一、五、廿六通知收費股主任病故暫請茂
副科長	余克稷	三〇	湖南	二三、七	四五〇〇	六〇〇〇	
科員	張鴻勛	四八	巴縣	二三、〇	一三〇〇〇	一五五〇〇	
	陳樹風	二七	瀘縣	三五、九	六五〇〇	九〇〇〇	
	吳敬嘉	一九	瀘縣	二八、七	四五〇〇	六〇〇〇	
見習	吳重賢	一九	瀘縣	二八、七	三〇〇〇	三五〇〇	卅年度考績升科員
周鏡康	余克稷			卅六、三	三五.〇〇	三五.〇〇	卅六、三、十八飭科通知余克稷轉職以章鳴康接任

科長室列出鍾

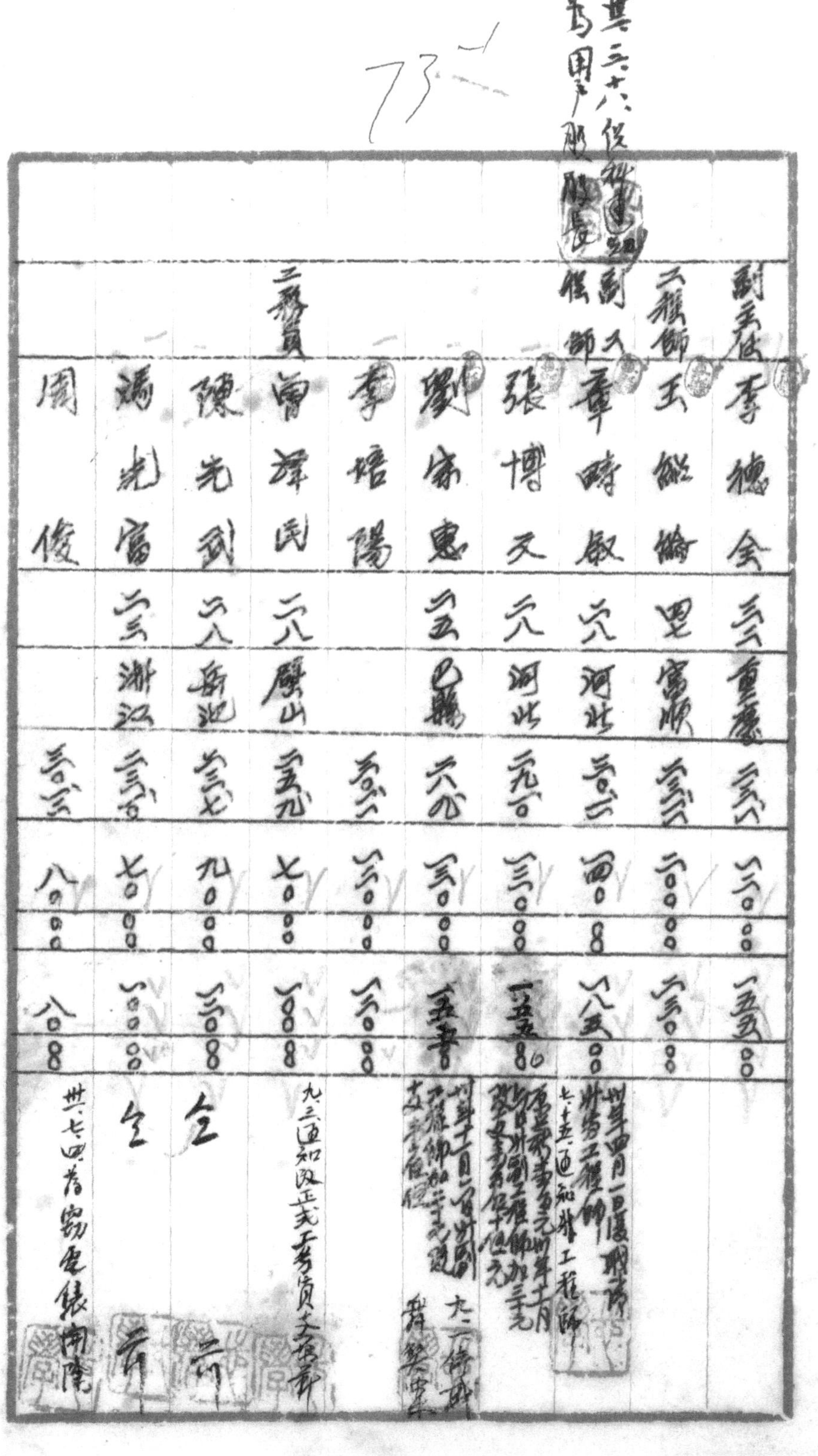

副主任 李德全	三二	重庆	三六八	一二〇〇〇	一五〇〇〇	
二级技师 王		富顺		二〇〇〇〇	二〇〇〇〇	
副工程师 韦时叙	二八	河北		四〇〇〇	一八〇〇〇	
张博文	二八	河北	一九〇	一二〇〇〇	一五〇〇〇	
刘宗惠	二五	巴县	一八〇	一二〇〇〇	一五〇〇〇	
李培阳				一二〇〇〇	一二〇〇〇	
三等办事员 曾烨民	二八	梁山		七〇〇〇	一〇〇〇〇	
陈光武	二八	岳池		九〇〇〇	一三〇〇〇	
汤光富	二六	浙江		七〇〇〇	一〇〇〇〇	仝
周俊				八〇〇〇	八〇〇〇	卅七四

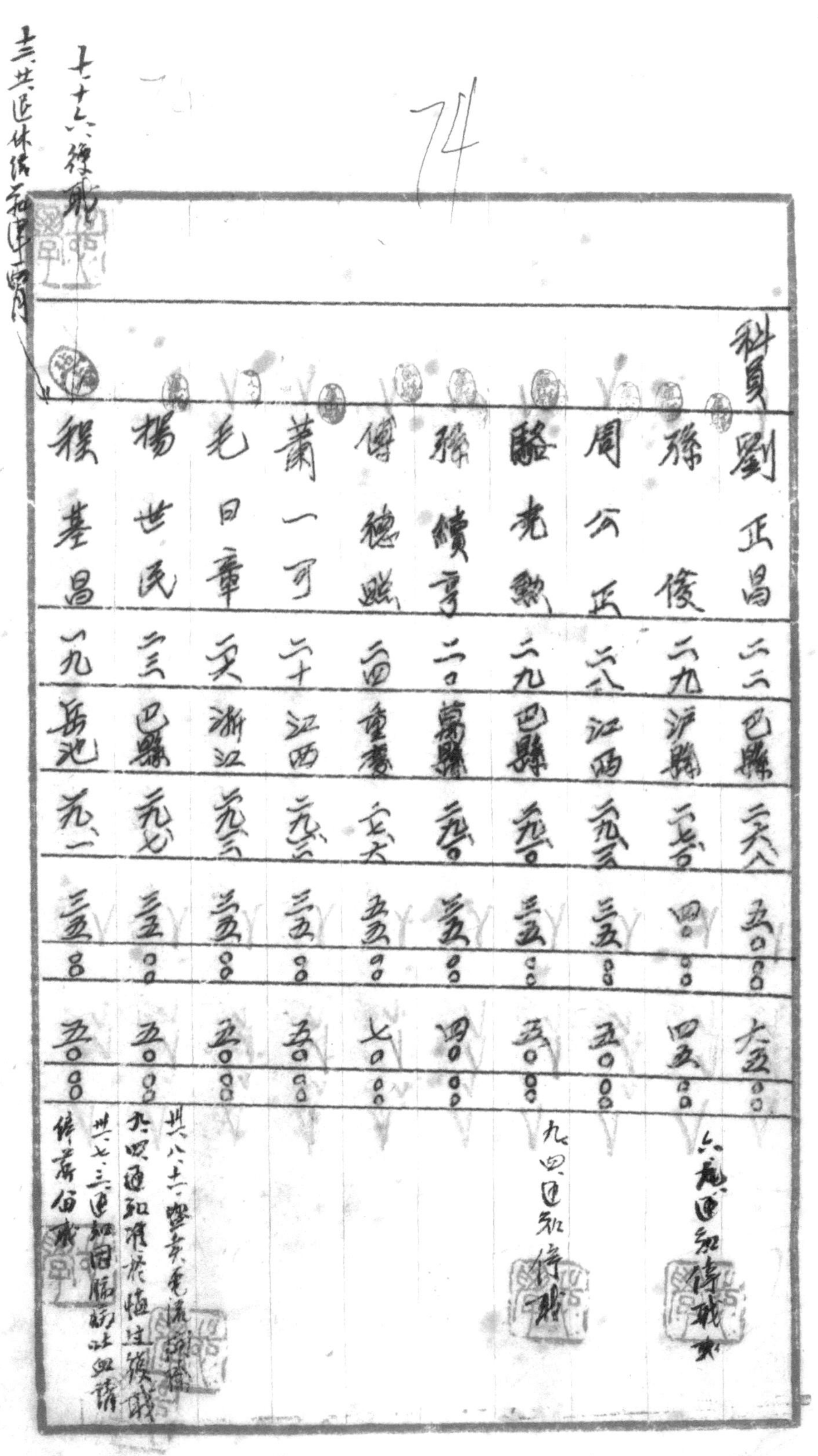

74

科員					
劉正昌	二二	巴縣	二六、八	五〇〇〇	六五〇〇
孫 傑	二九	滬縣	二七、三	四〇〇〇	四五〇〇
周公正	二八	江西	二九、三	三五〇〇	五〇〇〇
駱光勳	二九	巴縣	二九、四	三五〇〇	五〇〇〇
孫續亨	二〇	萬縣	二九、四	三五〇〇	四〇〇〇
傅德熙	四四	重慶	二九、六	五五〇〇	七〇〇〇
蕭一可	二十	江西	二九、三	三五〇〇	五〇〇〇
毛曰章	二六	浙江	二九、三	三五〇〇	五〇〇〇
楊世民	二三	巴縣	二九、七	三五〇〇	五〇〇〇
程基昌	一九	岳池	二九、一	三五〇〇	五〇〇〇

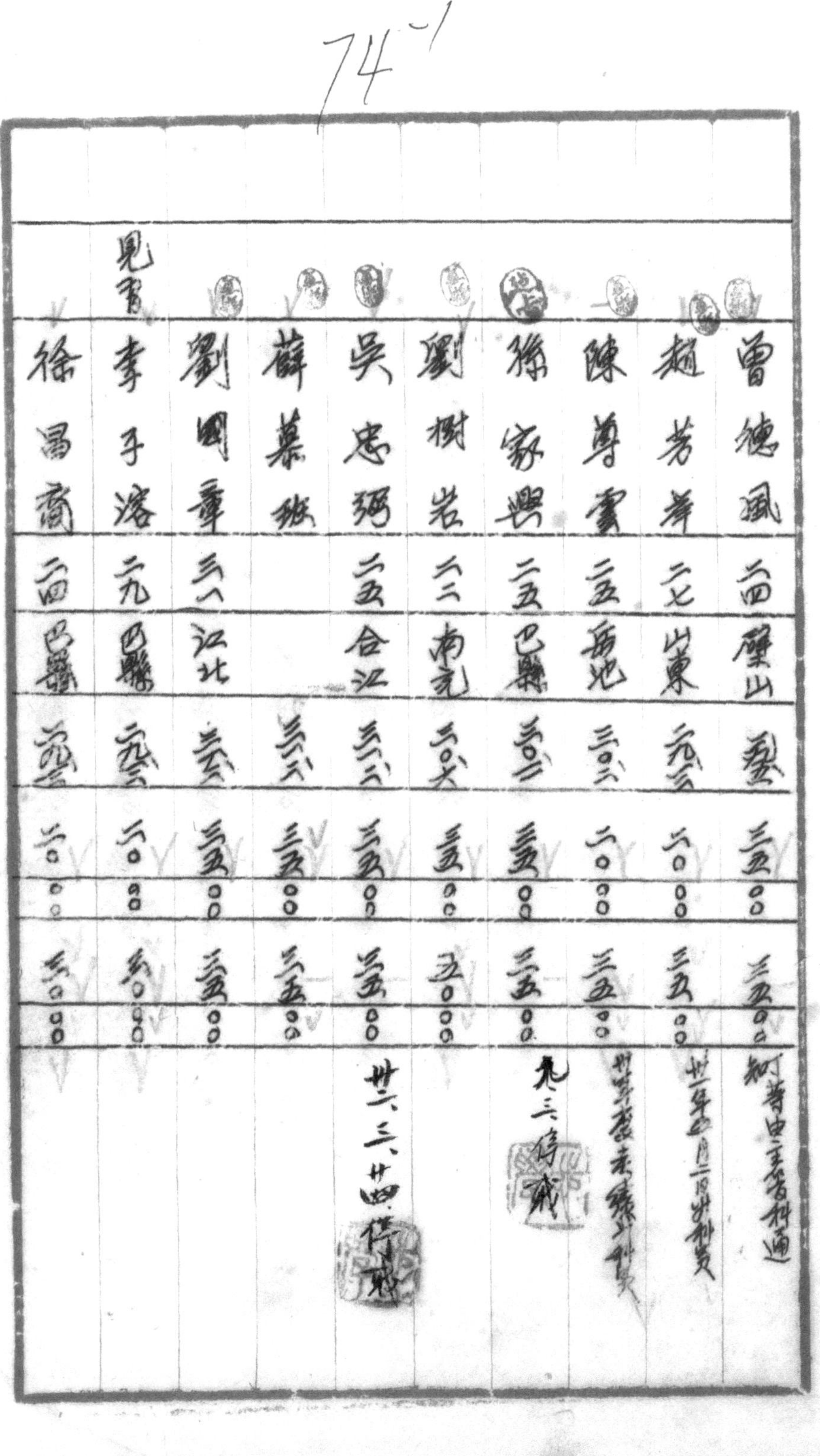

74-1

姓名	年龄	籍贯	[illegible]	[illegible]	[illegible]	备注
曾德風	四四	璧山	[illegible]	三五〇〇	三五〇〇〇	飭著由主管科通
趙芳華	二七	山東	[illegible]	二〇〇〇	三五〇〇	卅一年四月二日升科員
陳尊雲	三五	岳池	三〇二	二〇〇〇	三五〇〇	卅一年[illegible]表未繳[illegible]升科員
孫家興	二五	巴縣	[illegible]	三五〇〇	三五〇〇	九三停職
劉樹岩	二二	南充	三〇六	三五〇〇	五〇〇〇	
吳忠珊	二五	合江	[illegible]	三五〇〇	三五〇〇	卅一、三、廿四停職
薛慕娥			[illegible]	三五〇〇	三五〇〇	
劉國華	三八	江北	[illegible]	三五〇〇	三五〇〇	
李子溶（見習）	二九	巴縣	[illegible]	二〇〇〇	三〇〇〇	
徐昌齋	二四	巴縣	[illegible]	二〇〇〇	三〇〇〇	

75

备注	姓名	年龄	籍贯		薪额		附注
	王德懋	二八	泸县	一五六	一〇〇〇	三〇〇〇	
抄表股 王傳	王德华	二五	重庆	一五八	四〇〇〇	一〇四〇〇	原薪一六〇 此系工程师加二千元 路支壹百七十元
科员	郑权	三〇	泸县	一四八	六五〇〇	九〇〇〇	
	夏仕庚	三一	富顺	一三八	八〇〇〇	一三〇〇〇	
	洪家桢	二八	成都	一五二	三五〇〇	七〇〇〇	
	胡澄秋	三一	巴县	一七〇	四〇〇〇	五五〇〇	
	文家敏	二五	河北	一三九	四五〇〇	六〇〇〇	
	唐勤序	三〇	江北	一四九	三〇〇〇	六〇〇〇	
	赖光耀	二八	巴县	一六八	三〇〇〇	六五〇〇	
	何开源	二七	内江	一七九	四〇〇	三五〇〇	

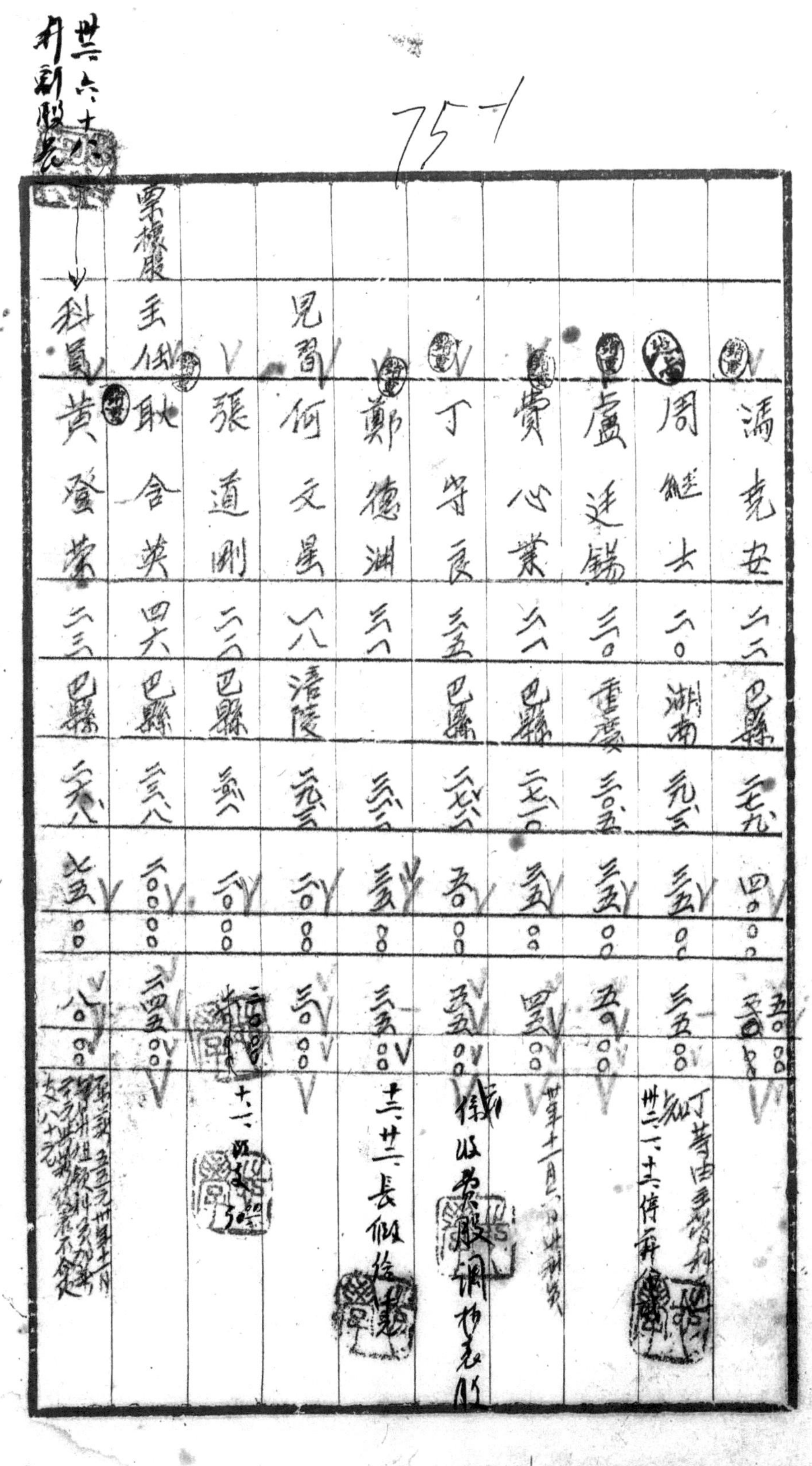

76

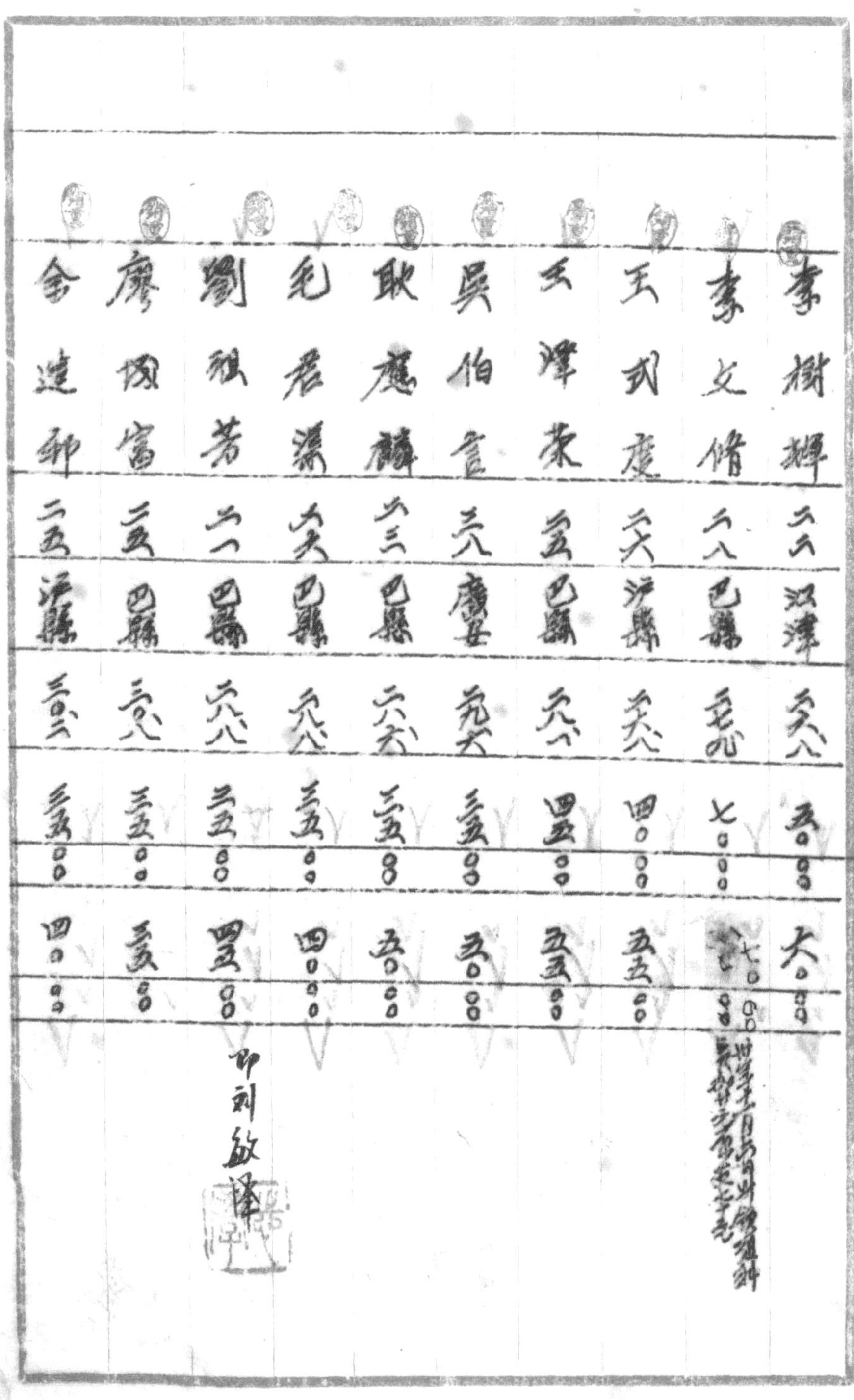

姓名	年龄	籍贯			
李樹輝	二六	江津	三〇、八	五〇〇〇	六〇〇〇
李文修	二八	巴縣	二九、九	七〇〇〇	八七〇〇〇 [illegible]
王式度	二六	瀘縣	三〇、八	四〇〇〇	五五〇〇
王澤榮	二五	巴縣	三〇、八	四五〇〇	五五〇〇
吳伯言	三八	廣安	二九、六	三五〇〇	五〇〇〇
耿應麟	二三	巴縣	二八、六	三五〇〇	五〇〇〇
毛君璪	二六	巴縣	二八、八	三五〇〇	四〇〇〇
劉祖若	二一	巴縣	二八、八	三五〇〇	四五〇〇
廖阅富	三五	巴縣	三〇、八	三五〇〇	三五〇〇
余建卿	二五	瀘縣	三〇、八	三五〇〇	四〇〇〇

印刷 敏澤

76

职别	姓名	年龄	籍贯	日期	薪额	薪额	备考
	周卿猶	二〇	巴縣	二八、六	三〇〇〇	四五〇〇	升科員
	周復生	二二	巴縣	二八、七	三〇〇〇	四〇〇〇	
	劉竹斌	二三	巴縣	二八、九	三〇〇〇	四五〇〇	
見習	費世昌	二四	巴縣	三〇、三	二六〇〇	四〇〇〇 三五〇〇	升科員
科員	劉文曄	二三	瀘縣	三〇、三	三五〇〇	五五〇〇	
見習	張志堅	二四	南充	三〇、六	二〇〇〇	三〇〇〇	九、十四、請辭
	谷其友	二二	璧山	二九、三	二〇〇〇	二六〇〇	
	趙國棟	二五	巴縣	三〇、四	二〇〇〇 二二〇〇	二七〇〇 二六〇〇	
	王鄉寧	二〇	巴縣	二九、三	二〇〇〇	二六〇〇	
收發股主任	麥鶴年（刘熙伯）	三十	廣漢	三〇、七（卅七、十四）	八〇〇〇（二三〇〇）	一三〇〇〇（二三〇〇）	卅一、五、卅、擬[illegible] 卅七、十四、函[illegible] 股科長[illegible]
副主任	許翁展	二五	巴縣	二八、八	一〇〇〇〇	一三〇〇〇	卅年三月以副主任[illegible]以級（甲）[illegible]

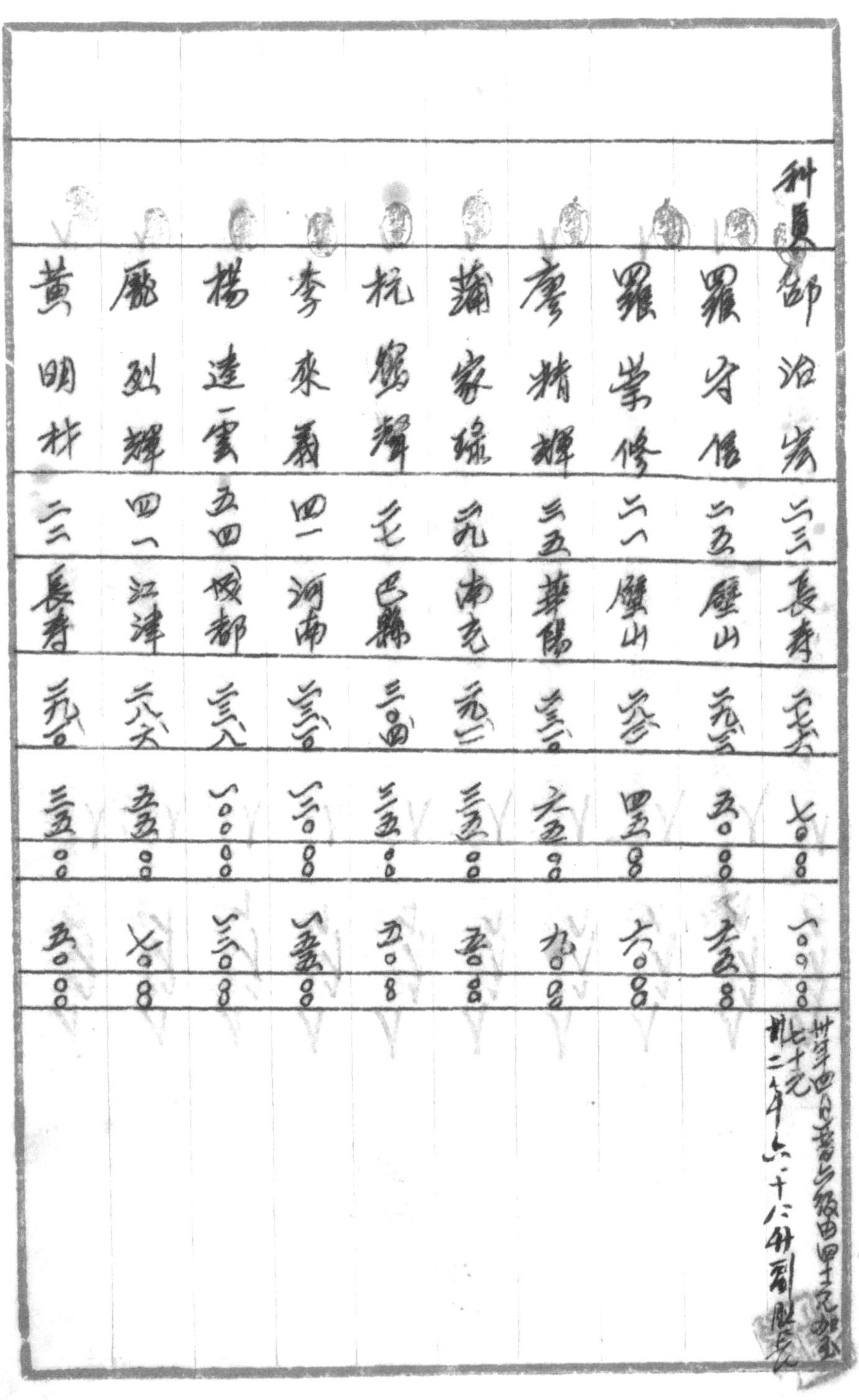

職別	姓名	年齡	籍貫		金額	金額
科員	鄒治嵐	二三	長壽	[illegible]	七〇.〇〇	一〇〇.〇〇
	羅守信	二五	璧山	[illegible]	五〇.〇〇	[illegible].〇〇
	羅業修	二八	璧山	[illegible]	四五.〇〇	六〇.〇〇
	廖精輝	三五	華陽	[illegible]	六五.〇〇	九〇.〇〇
	萧家琨	[illegible]	南充	[illegible]	三五.〇〇	五〇.〇〇
	杭鹤声	[illegible]	巴縣	[illegible]	三五.〇〇	五〇.〇〇
	李來義	四一	河南	[illegible]	一二〇.〇〇	[illegible].〇〇
	楊達雲	五四	成都	[illegible]	一〇〇.〇〇	一三〇.〇〇
	严烈辉	四一	江津	[illegible]	[illegible].〇〇	七〇.〇〇
	黃明林	二二	長壽	[illegible]	三五.〇〇	五〇.〇〇

卅三年四月一日奉令級由四十元加至七十元
卅二年六月十八升副股長

77-1

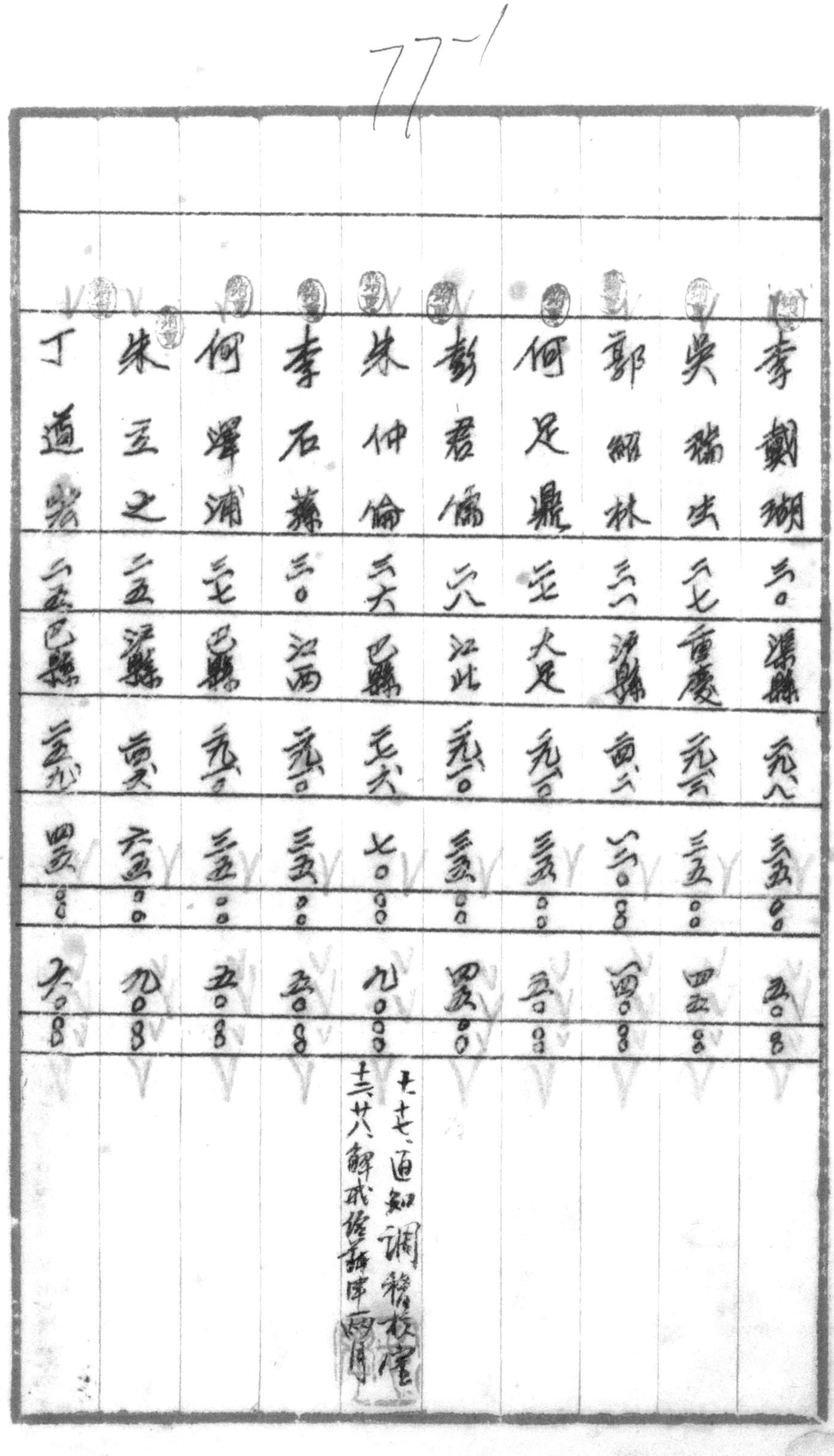

姓名	年龄	籍贯	年月			备注
李戴瑚	三〇	渠县	廿九、八	三五〇〇	五〇〇〇	
吴瑞生	二七	重庆	廿九、六	三五〇〇	四五〇〇	
郭紹林	三八	瀘县	卅、八	一〇〇〇〇	一四〇〇〇	
何足鼎	二七	大足	廿九、一〇	三五〇〇	五〇〇〇	
彭君儒	二八	江北	廿九、一〇	三五〇〇	四五〇〇	
林仲倫	二六	巴县	廿七、六	七〇〇〇	九〇〇〇〇	卅七、十一、廿七 通知調稽核室；十二、廿八 辭職，發給薪津兩月
李石蘇	三〇	江西	廿九、一〇	三五〇〇	五〇〇〇	
何澤浦	二七	巴县	廿九、一〇	三五〇〇	五〇〇〇	
朱立之	二五	江津	卅四、六	六五〇〇	九〇〇〇	
丁道岩	二五	巴县	三三、九	四五〇〇	六〇〇〇	

78

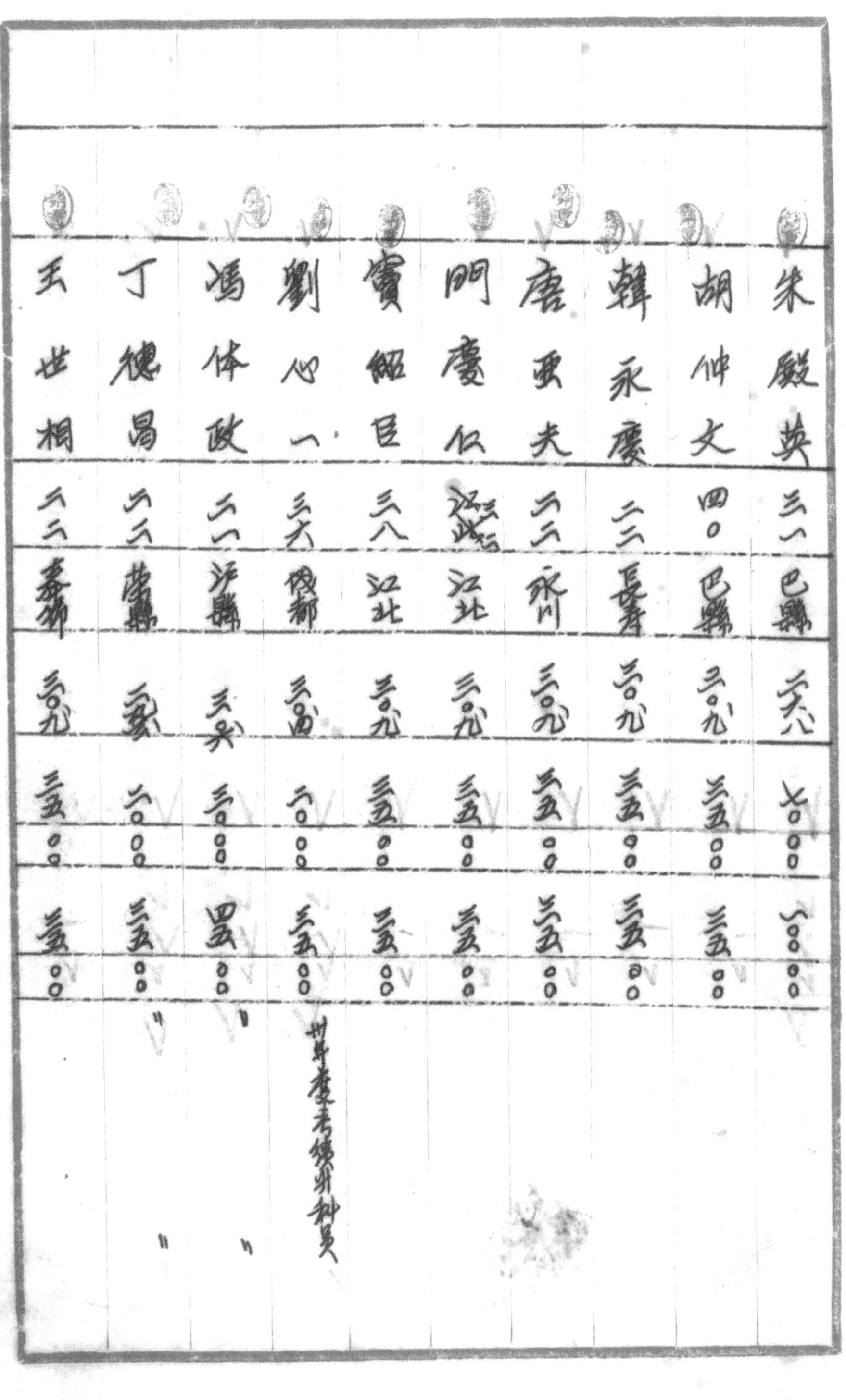

姓名	年龄	籍贯	到职年月	金额	金额	备注
朱殿英	三一	巴县	二六.八	七〇〇〇	八〇〇〇	
胡仲文	四〇	巴县	三〇.九	三五〇〇	三五〇〇	
韩永庆	二二	长寿	三〇.九	三五〇〇	三五〇〇	
唐[illegible]夫	二二	永川	三〇.九	三五〇〇	三五〇〇	
明庆仪	[illegible]	江北	三〇.九	三五〇〇	三五〇〇	
實紹巨	三八	江北	三〇.九	三五〇〇	三五〇〇	
劉心一	三六	成都	三〇.四	二〇〇〇	三五〇〇	卅年度考绩升补员
馮体政	二一	泸县	三一.六	三〇〇〇	四五〇〇	〃 〃
丁德昌	二二	[illegible]	三〇.六	二〇〇〇	三五〇〇	〃 〃
王世相	二二	[illegible]	三〇.九	三五〇〇	三五〇〇	

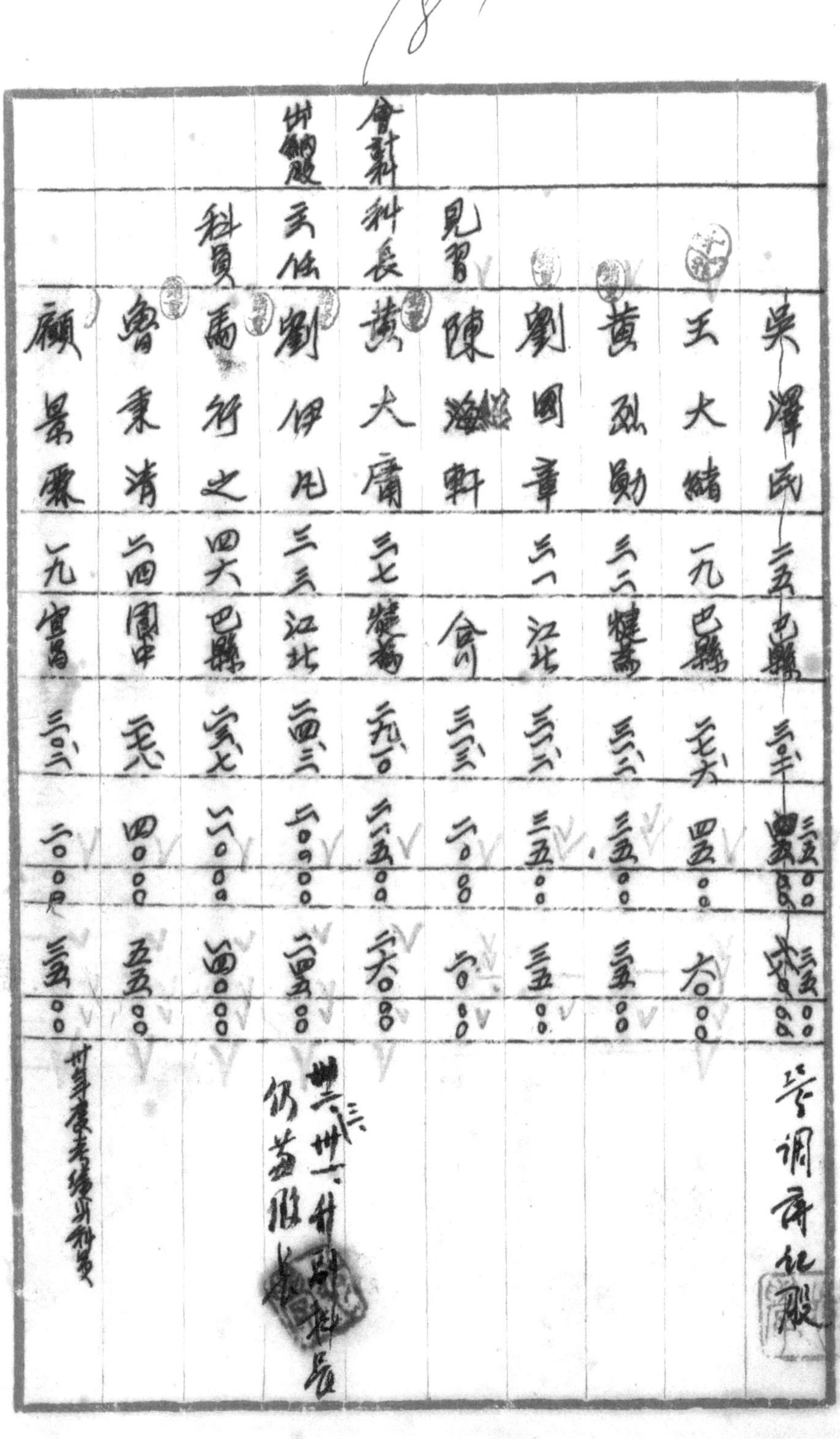

	吴泽民	二五	巴县	三〇、一		
	王大绪	一九	巴县	二七、六	四五〇	六〇〇
	黄烈勋	二二	犍为	三〇、二	三五〇	三五〇
	刘国章	二一	江北	三〇、二	三五〇	三五〇
见习	陈海轩		合川	三〇、一	二〇〇	二〇〇
会计科科长	黄大庸	三七	犍为	二九、一〇	二五〇〇	六〇〇
出纳股主任	刘伊凡	三三	江北	二四、三	二〇〇〇	二五〇〇
科员	马衍之	四六	巴县	二六、七	二〇〇〇	四〇〇〇
	鲁秉清	二四	阆中	二九、八	四〇〇	五五〇
	顾景霖	一九	宜昌	三〇、二	二〇〇	三五〇

营调齐[illegible]

卅一、卅六、卅三 [illegible] 科长

卅年度考绩[illegible]

簿記股

見習 漆先進	二二	江北	三〇、三六	三〇〇〇	三〇〇〇	
主任 劉德惠	二四	巴縣	三八、八	九〇〇〇	三〇〇〇	卅三年九月五日升副主任支九十元 卅四年[illegible]月升主任[illegible]級加二十五元
科員 張治源	三〇	仁壽	三三、三	五〇〇〇	六五〇〇	
艾明郁	三四	江北	二六、一〇	四〇〇〇	五〇〇〇	
易則修	三五	合川	三〇、三	五〇〇〇	五〇〇〇	八、卅 通知 長假照准
熊靜澤	二七	達縣	三〇、三	五〇〇〇	六〇〇〇	卅年四月廿三日調用 [illegible]支五十元
湯大榮						調材料股
王文光	三〇	巴縣	二九、三	四五〇〇	五五〇〇	十、廿八 通知 長假
見習 張顯華	三〇	巴縣	三三、三	三〇〇〇	三六〇〇	卅一、七、四 開除 該員作社數 二九、六、八元 追繳
周光泳	二六	達縣	三四	三〇〇〇	三五〇〇	卅年度考績升科員
小組員 吳肇民	二五	巴縣	三〇、二	三五〇〇	三五〇〇	已由收費股調來 王治通知停職

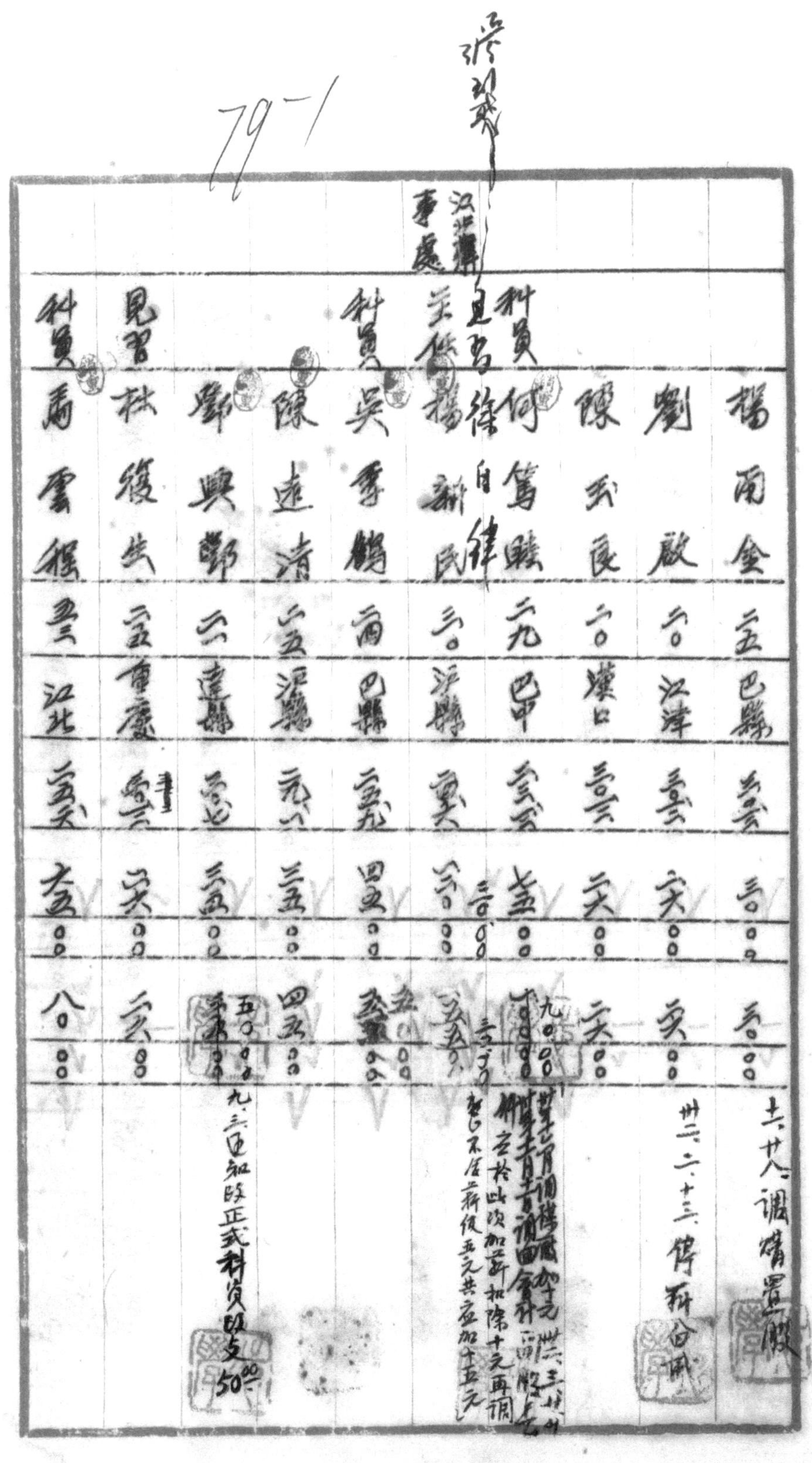

南岸辦事處

職別	姓名	年齡	籍貫				備註
[illegible]	張繼吾	二五	巴縣	三〇一	三五〇〇	三五〇〇	人事股七、廿三、通知停職 [illegible]不力停職
	劉佩雄	三六	江蘇	三〇七	六叁〇〇	三三〇〇	
科員	魯麗臣	四四	酆都	三〇八	一〇〇〇〇	一三〇〇〇	
	謝天澤	三〇	璧山	三〇八	九〇〇〇	一二〇〇〇	卅一、三、廿九、升股員
	胡爲言	三七	江北	六〇七	四五〇〇	六〇〇〇	卅二、二、十九、停職
工務員	周惠若	二八	涪陵	二九八	八〇〇〇	一〇〇〇〇	九、三、改正式工務員 [illegible]
	冉模	二六	萬縣	三三〇	七〇〇〇	九〇〇〇	調江北辦事處　九、三、通知改正式工務員 [illegible]
	程孟齊	二八	巴縣	二九八	七〇〇〇	九〇〇〇	九、三、奉通知改正式工務員　[illegible]
	施慎安	二四	江蘇	三〇七	五〇〇〇	六六〇〇	
	朱秉恰			二〇六	一〇〇〇〇	一〇〇〇〇	卅二、四、六、停職

80-1

沙坪坝办事处								
見習	歐陽民	三七	濱中	三九四	一六〇〇	四〇〇	卅年度考績升科員
	顏恩榮	三〇	重慶	三〇六	三〇〇〇	三〇〇〇	卅六、四、廿三 [illegible]
	杜[illegible]佩			三〇四	二〇〇〇	二〇〇〇	
主任	劉澤民	三八	河北	三六三	三〇〇〇	六八〇〇	
副工程師	范志高	二九	華陽	三六八	四〇〇〇	一八五〇〇	請升為工務師 卅六、二、廿三通知升工程師 卅六、二、廿三工程[illegible]
工務員	張雲山	二九	上海	三七六	一二〇〇〇	一五五〇〇	
	唐啟海	二八	巴縣	三七〇	三〇〇〇	六〇〇〇	
	劉棠[illegible]	三五	灌陽	四九	八〇〇〇	一八〇〇〇	卅六、五、廿六通知請長假
科員	劉祖蔭	二四	巴縣	三五七	五五〇〇	七〇〇〇	
	楊慶麃	三七	江蘇	三〇一	八〇〇〇	一八〇〇〇	

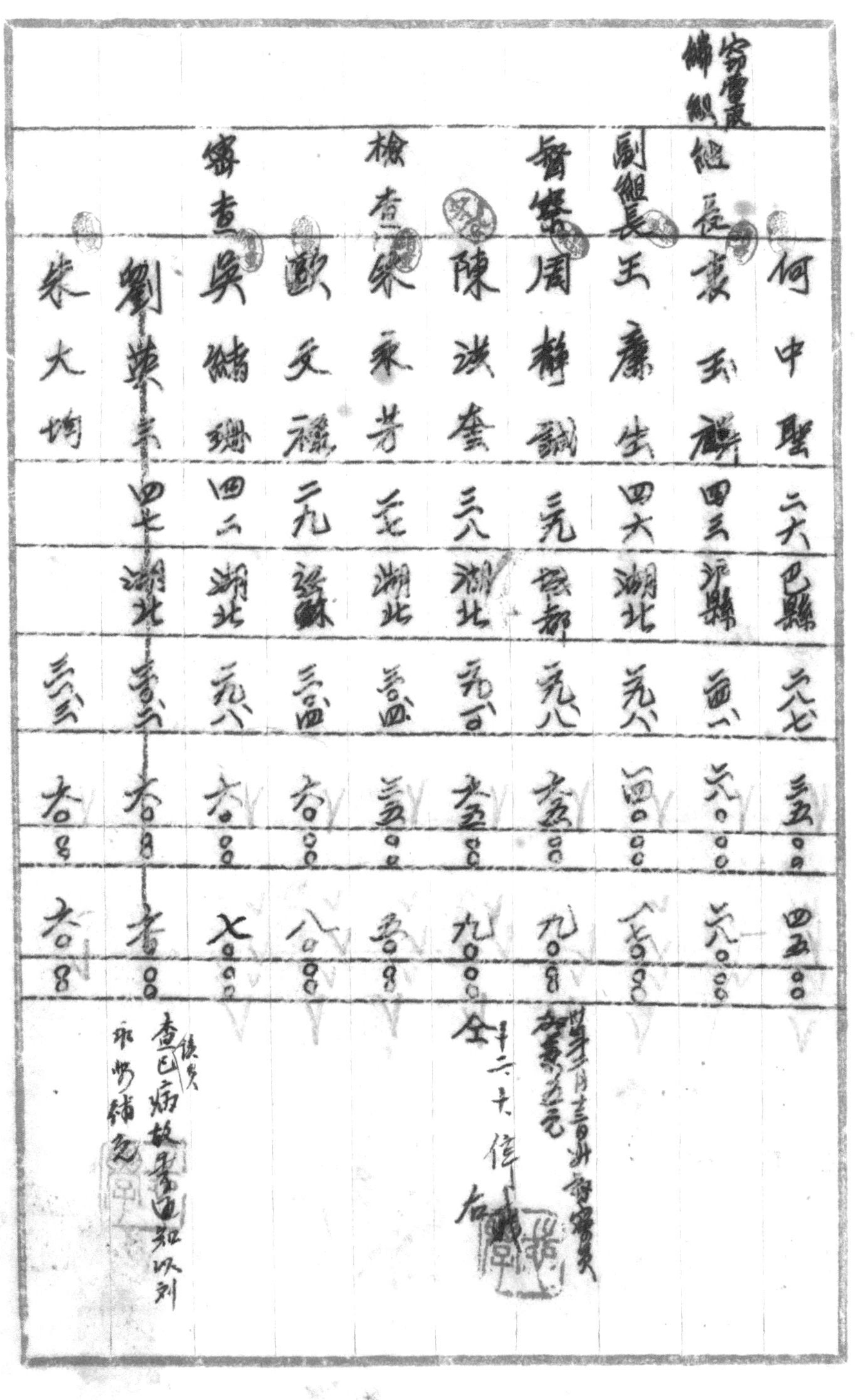

分電處
佈線組

職別	姓名	年齡	籍貫	到職	原薪	新薪	備註
	何中聖	二六	巴縣	二八、七	三五〇〇	四五〇〇	
總組長	袁玉麟	四三	江縣	卅、一	六〇〇	六〇〇	
副組長	王康生	四六	湖北	廿九、八	四〇〇	八〇〇〇	
督察	周静鐵	三九	成都	廿九、八	二五〇〇	九〇〇	卅年十二月十三日升督察員，加薪至元
	陳洪奎	三八	湖北	廿九、一	三五〇〇	九〇〇〇	全
檢查	張秉芳	三七	湖北	卅、四	三五〇〇	六〇〇	
	歐文禄	二九	江蘇	三一、四	六〇〇〇	八〇〇〇	
審查	吳皓珊	四二	湖北	廿九、八	六〇〇〇	七〇〇〇	
	劉英元	四七	湖北	卅、六	六〇〇	六〇〇	該員查已病故，業已知照劉處
	張大均			三一、三	六〇〇	六〇〇	不必補充

十二、六　偉　右誠

81-1

遷建工程處

職別	姓名	年齡	籍貫	到職	月薪		薪額		備註
	劉永安			三四	二〇〇	〇〇	二〇〇	〇〇	卅六、三、十八、停職
庶務	陶毓武	四五	巴縣	六、六	四五〇	〇〇	五五〇	〇〇	卅六、五、廿八、調[illegible]
錄事	陶基寬	二六	江蘇	三〇、一	三五	〇〇	三五	〇〇	
書記	楊靜安			三三	[illegible]	〇〇	[illegible]	〇〇	
事務	吳錫瀛			二三、一	四一〇	〇〇	五一〇	〇〇	
工程師	盛澤園	二八	湖南	三三、六	六〇〇	〇〇	[illegible]	〇〇	[illegible]升工程師
副工程師	張萬椿	三六	成都	三三、九	[illegible]	〇〇	二〇〇	〇〇	調升工程師
土木工程師	屠寶森	三〇	遂寧	三三、四	二六〇	〇〇	三二〇	〇〇	卅三、十二、[illegible]通知裁至年
工務員	戴次麟	三〇	內江	三四、八	七〇〇	〇〇	九〇〇	〇〇	升工務[illegible]十二、[illegible]
	陳季文	二三	遂溪	三三、五	六〇〇	〇〇	八〇	〇〇	八、十四、人事通知停職

卅七、二、通知
戰時期內以正式五分
四月支八十元

82

職別	姓名	年齡	籍貫	到職年月	原薪	現薪	備考
學習工務員	蘇紫文	二七	梓橦	二九·六	七〇·〇〇	八〇·〇〇	十一、三、二調董事會；卅一、四、廿三、開除
科員	朱劲先	四九	閬中	三〇·四	一〇〇·〇〇	一二〇·〇〇	
	劉和鈞	三〇	鄰水	三〇·一	五〇·〇〇	六五·〇〇	稍差
	劉隆巘	二六	隆昌		四〇·〇〇	四五·〇〇	該員卅年支薪四十元，任科員級，但係支見習津貼，卅一、七、一六奉批照補卅年相差津貼
	喻邦欽	二五	巴縣	三〇·六	三五·〇〇	七〇·〇〇	
見習	劉煥成	二六	岳池	二九·九	三〇·〇〇	四〇·〇〇	卅一、三、八、遵照呈奉勤...
	陽光化	二九	岳池	三〇·八	六〇·〇〇	六〇·〇〇	
工務員	傅淅蓀	二一	岳池	二九·九	八〇·〇〇	一〇〇·〇〇	卅一、一、升副工程師 去職
	孫新傳	二五		二九·八	八〇·〇〇	一二〇·〇〇	卅一、一、升副工程師 去職
	趙新			三二、四、一復職	五〇·〇〇	[illegible]	復職
	朱嚴樸			卅一、三	五〇·〇〇	[illegible]	
	任業			卅一、五	八〇·〇〇	八〇·〇〇	

卅一、四　五〇·〇〇　五〇·〇〇　復職　呈通知停職

因工程處員吳國藩

82-1

卅七、七、卅 调工程师

部门/职别	姓名		薪额		备注
	赵芳库	二九、十三	二〇〇.〇〇	三五〇.〇〇	卅科员
霍绍纪 稽核	许静怡	卅五、廿八	一〇〇.〇〇	一〇〇.〇〇	五、廿六、人事通知 七、卅、到职
送电处	王国新	[illegible]	一〇〇.〇〇	一〇〇.〇〇	
工务科	郭竹永	[illegible]	五〇.〇〇	八〇.〇〇	练习工务员 改工务员 七、一、到 七、一、通知
工务员	杨兆坤	[illegible]	二五〇.〇	全上	七月份起
全	张锡瑞	[illegible]	二五.〇	全上	全
中央处 工务员	王海彰	[illegible]	五〇.〇〇	八〇.〇〇	七月份起薪 二、六、升工务员
二厂 助理医师	周祥云		一〇〇.〇〇	一〇〇.〇〇	八、廿六、人事通知
会计科 实习	冷荣喜	[illegible]	二〇〇.〇〇		八、廿八、人事通知 九月 到职
又	黎济生	[illegible]	二〇〇.〇〇		九月二十 调电一厂

83

职务	姓名	日期	金额	备注
第一炼厂 欠请	黄佐之	31/9	二〇〇〇、	八、十八、人事通知
业务科助理工务员	任培江	31/10	五〇〇〇	九、廿九、秘书室通知 十一、到职
工程师兼总务副科长	曾康圻	31/10	三〇〇〇〇	十、十九、到职 十二、七、代科长
厂务花厂 处理	王荣晖	31/11	二〇〇〇	由总厂调来自十一月份起薪 总务股
支行借款 稽核	王忠权 陈道本	31/11	二五〇〇〇	十一月九日通知 卅年一月廿日通知即通本
总务科 调用科员	严世钧	31/12	三五〇〇	人事股服务 卅二、二、廿五
秘书兼总务科 副科长	王寅生	31/11	〡〇〇〇	十二、廿六通知来厂
总务科 医务室	叶文全	31/11	一〇〇.〇〇	三级助理医师 十二、十二通知
又 燃料股 科员	祝振庭	31/12	六〇〇〇	十二、七、通知 十二、廿一到职
总务科 科员	王云鹏	31/12	三五〇〇	由第一厂调来 十二、廿六

卅六.十一.廿二 为查明小工股 兼实记工一次

833-1

职别	姓名	日期	薪额	备注
协理兼总工程师	陈仿陶			十二.廿八.仁 来沪 [illegible]
秘书	夏斌初	32.十	300.00	卅六.一.一到职 科长待遇
购置股科员	陈秉权	32.半	150.00	卅二.一.四到职
试用科员 文书股	徐照尧	31.29/12	300.00	十二.卅 卅一.十二.廿九到职
材料股科员	冯荣初	32.1	400.00	一月七日到职
江西处科员	李仲康	32.9/1	400.00	一月八日到职
庶务股见习	方国林	32.9/1	300.00	一月十一日到职 三.卅.离职 [illegible]
总行派 监收材料且留	王坚	31.03	200.00	十二月到职
总务科副科长	陶且颜	32.2/2	250.00	卅二.二.一到职
文书股科员	孙泰晖	32.2/2	800.00	卅二.二.二到职

重庆电力股份有限公司各科、厂、处、组、社高级职员一九四三年、一九四四年度考绩清册（时间不详） 0219-1-35

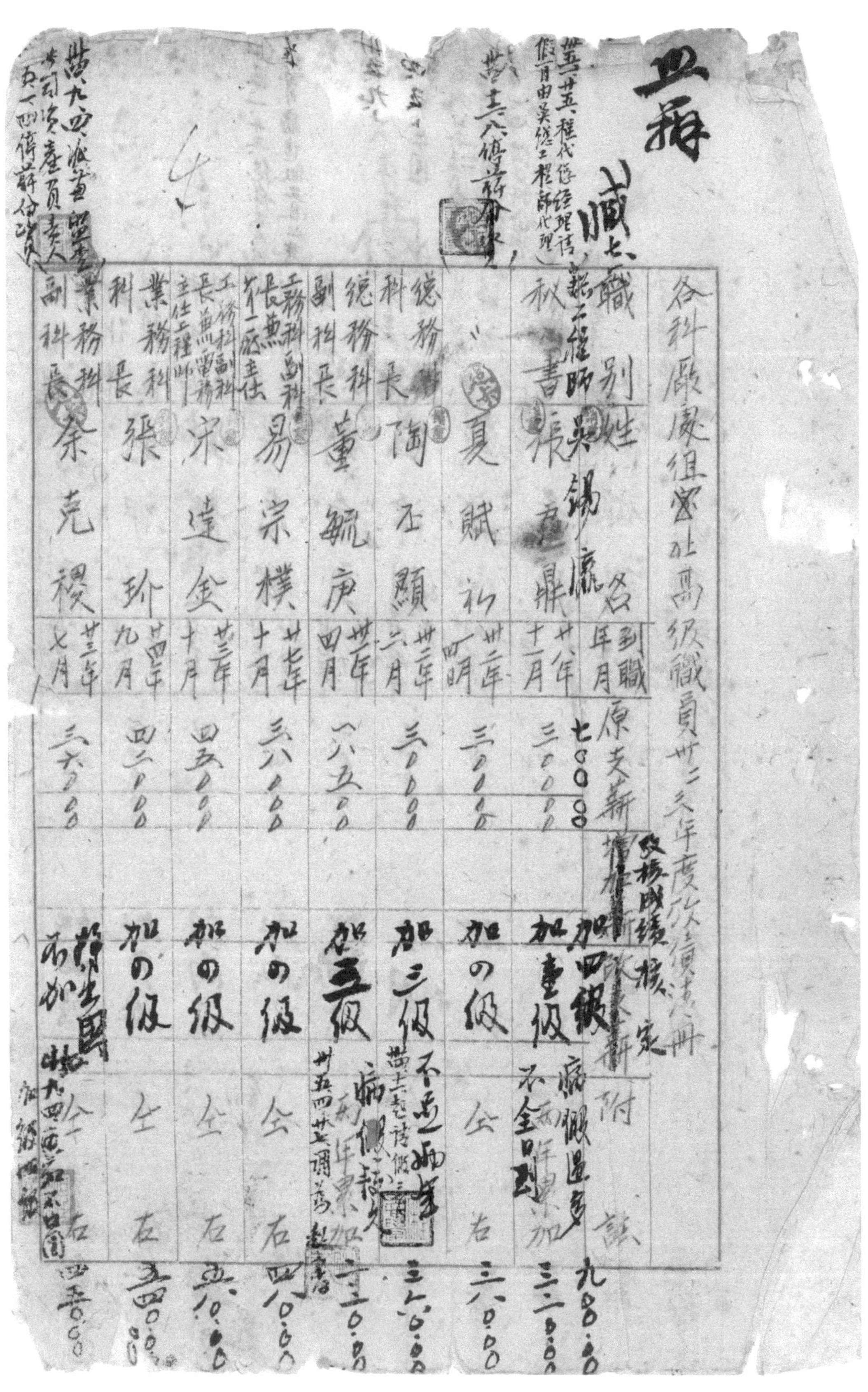

各科厂处组室社高级职员卅二、三年度考绩清册

职别	姓名	到职年月	原支薪	核定	附注	
总工程师	吴锡瀛		七〇〇.〇〇	加四级		九〇〇.〇〇
秘书	张彦鼎	廿八年十一月	三〇〇.〇〇	加壹级	病假逾多不全给加	三二〇.〇〇
科长	夏赋初	卅一年一月	三〇〇.〇〇	加四级	仝右	三六〇.〇〇
总务科长	陶丕显	卅二年六月	三〇〇.〇〇	加三级	不足一年	三六〇.〇〇
总务科副科长	董毓庚	卅二年四月	一六五.〇〇	加五级	病假	二二〇.〇〇
工务科副科长兼第一厂主任	易宗樸	卅一年十月	三八〇.〇〇	加四级	仝右	四六〇.〇〇
工务科副科长兼电务主任工程师	宋达銓	卅二年十月	四五〇.〇〇	加四级	仝右	五三〇.〇〇
业务科科长	张珩	卅一年九月	四二〇.〇〇	加四级	仝右	五四〇.〇〇
业务科副科长	余克稷	卅二年七月	三六〇.〇〇	不加	仝右	四三〇.〇〇

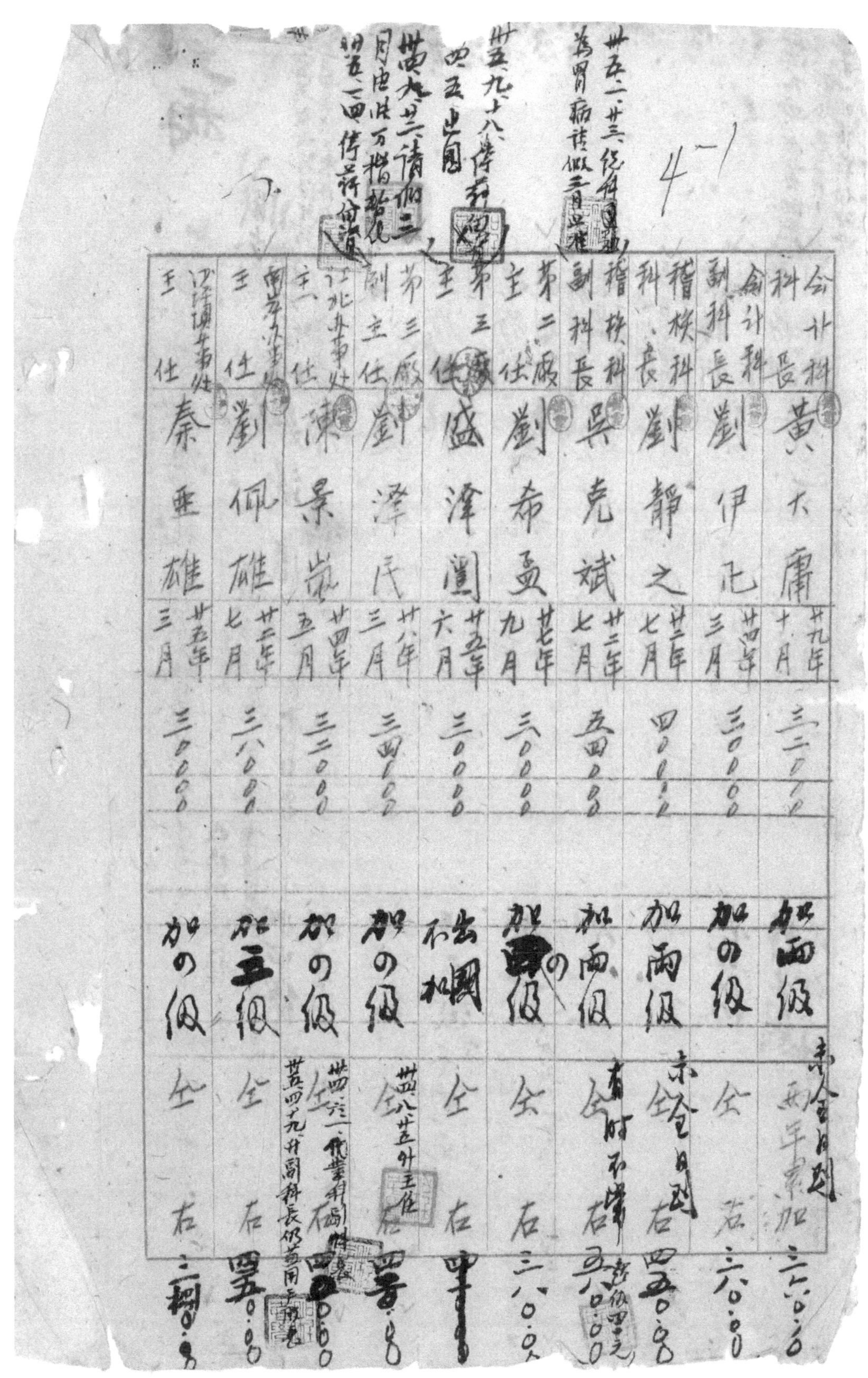

4-1

卅五、一、廿三，纪科长因患胃病请假三月照准

卅五、九、十八，传科长
四五出国

卅五、九、廿六，请假二月由洪万楷代

卅五、一、四，传许备谱

职别	姓名	到职年月	薪额		拟加		新薪额
会计科科长	黄大庸	廿九年十月	三二〇〇〇		加两级	仝右	三六〇〇〇
会计科副科长	刘伊凡	卅四年三月	三〇〇〇〇		加四级	仝右	三六〇〇〇
稽核科科长	刘静之	廿三年七月	四〇〇〇〇		加两级	仝右	四五〇〇〇
稽核科副科长	吴克斌	廿三年七月	五四〇〇〇		加两级	仝右	五八〇〇〇
第二厂主任	刘希孟	廿七年九月	三〇〇〇〇		加四级	仝右	三八〇〇〇
第三厂主任	盛泽闻	廿五年六月	三〇〇〇〇		出国不加	仝右	四〇〇〇〇
第三厂副主任	刘泽民	廿八年三月	三四〇〇〇		加四级	仝右	四二〇〇〇
江北办事处主任	陈景岚	卅四年五月	三二〇〇〇		加四级	仝右	四〇〇〇〇
南岸办事处主任	刘佩雄	廿二年七月	三六〇〇〇		加五级	仝右	四五〇〇〇
江津办事处主任	秦亚雄	廿五年三月	三〇〇〇〇		加四级	仝右	三八〇〇〇

未令自到 至年底加

未令自到

有时不来

卅四、八、廿五，外主任

卅四、六、一，代业务副科长

卅四、九、廿，副科长仍兼同上职

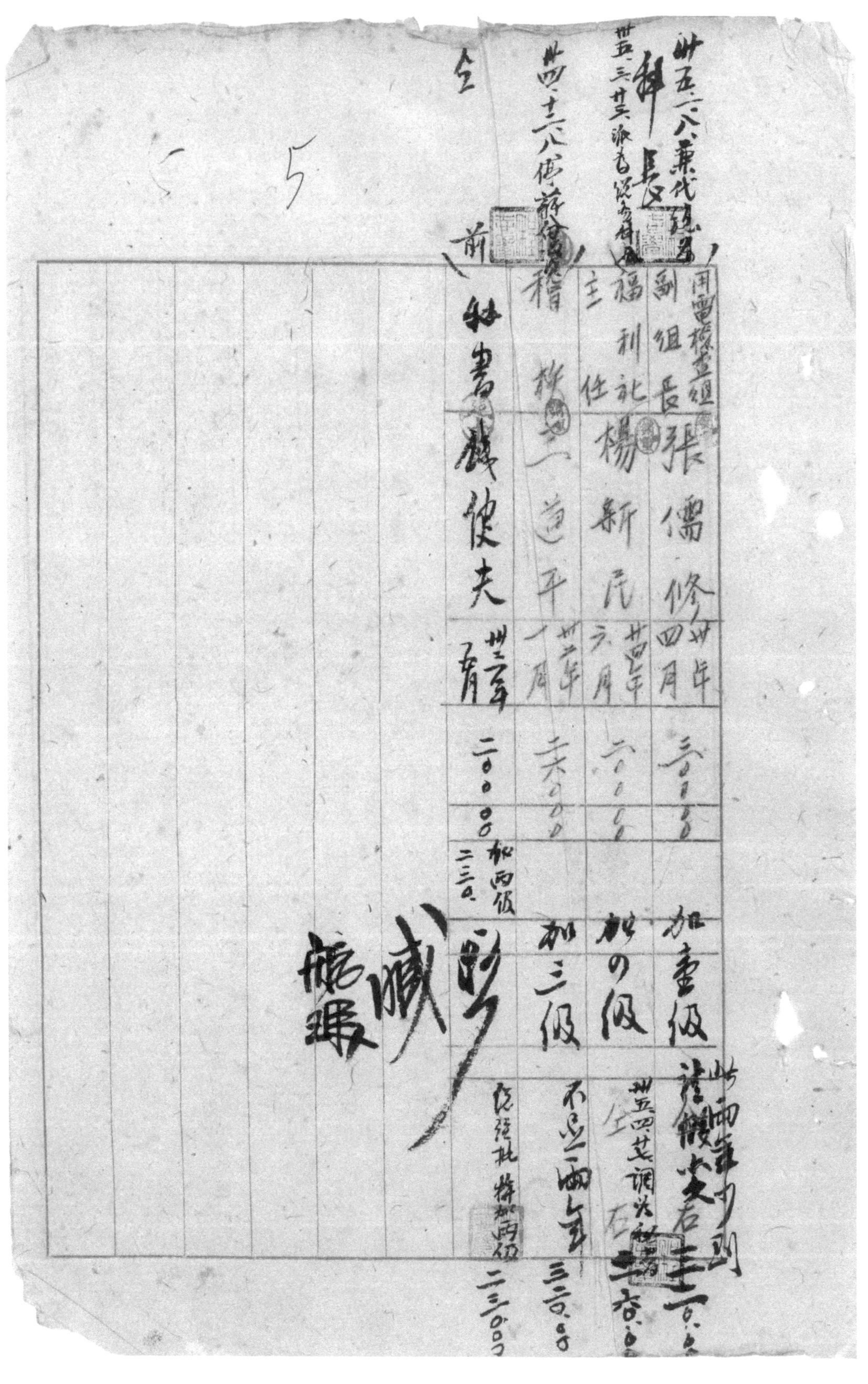

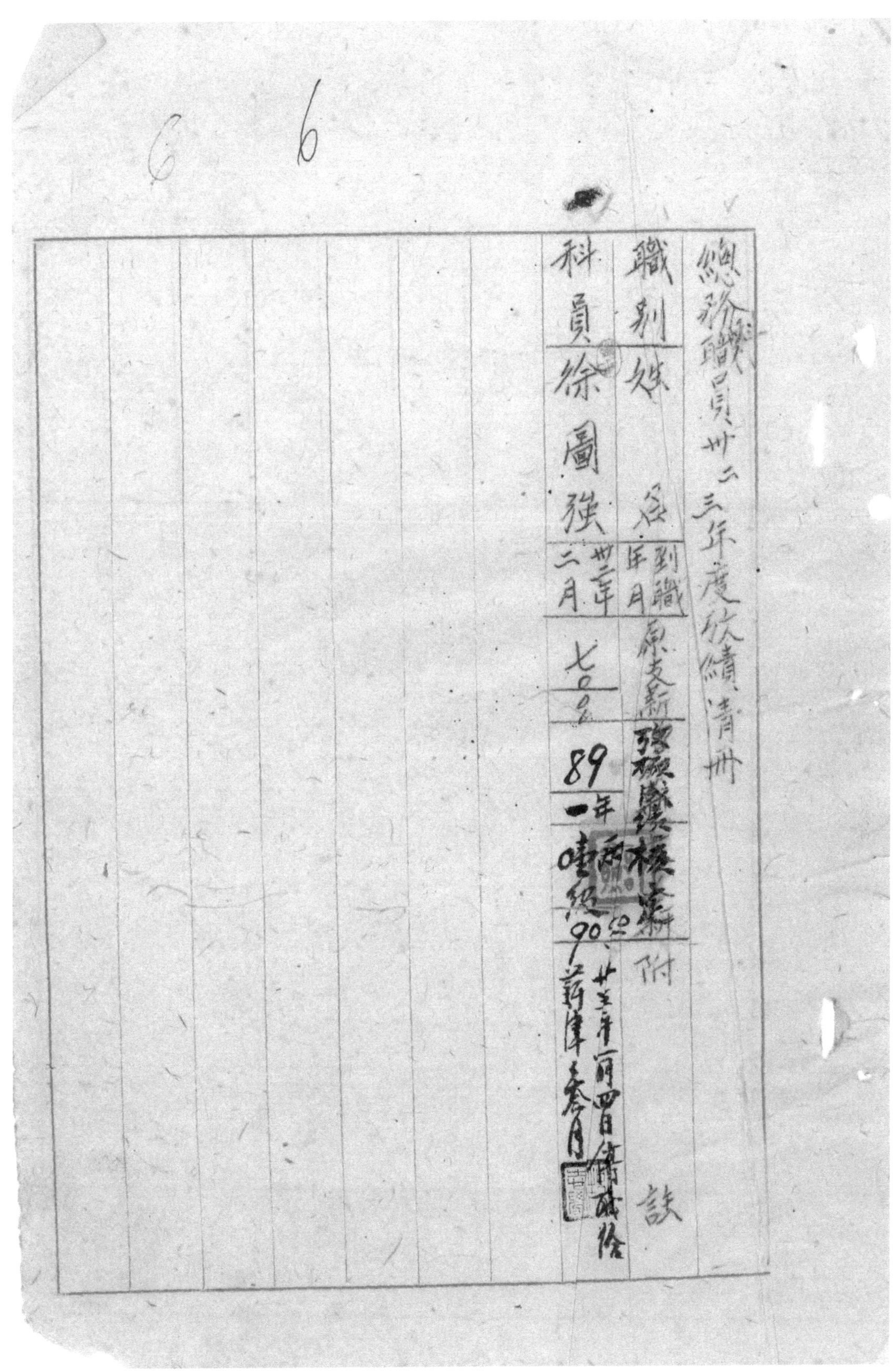

6 6
總務職員卅二三年度成績清册
職别 姓名 到職年月 原支薪 考核獎懲 附註
科員 徐圖強 卅二年二月 七〇元 89 一年嘉獎 90 卅三年四月四日備兼秘書

卅五、三、廿三通知代理總務科副科長

卅六、十一、廿三停職 給薪叁月

前呈請加薪 奉諭考績合併辦理

卅五、五、廿調審核股

總務科文書股職員卅三年度考績清冊

職別	姓名	到職年月	原支薪額	擬核成績		新薪	核定	附註
長	劉續雲	卅四年五月	〢五〇〇	180	年二	四級 260.-		兩年累加 另支超額津貼 業經總經理批准撥十元 [illegible]
副股長	劉子南	廿七年二月	一三〇〇	170	年二	四級 185.-		兩年累加
科員	江海東	卅一年四月	一〇〇〇	160	年二	四級 140.-		仝右
〃	孫希曉	卅三年二月	八〇〇〇	85	年一	四級（貳級） 100.-（120.-）		總經理批依考績核依原薪特加廿元
〃	楊同培	卅一年十月	六〇〇〇	170	年二	四級 90.-		兩年累加
〃	賀美修	卅三年三月	〤〇〇〇	80	年一	貳級 50.-（55.-）		總經理批特加一級 卅六、十一、卅停職給薪叁月
見習	蕭堯先	卅二年四月	二六〇〇	170	年二	四級 45.-		兩年累加
	陶基寬	卅三年十月	三五〇〇	88	年一	晋級 50.		調審核股原加二級 總經理特加一級

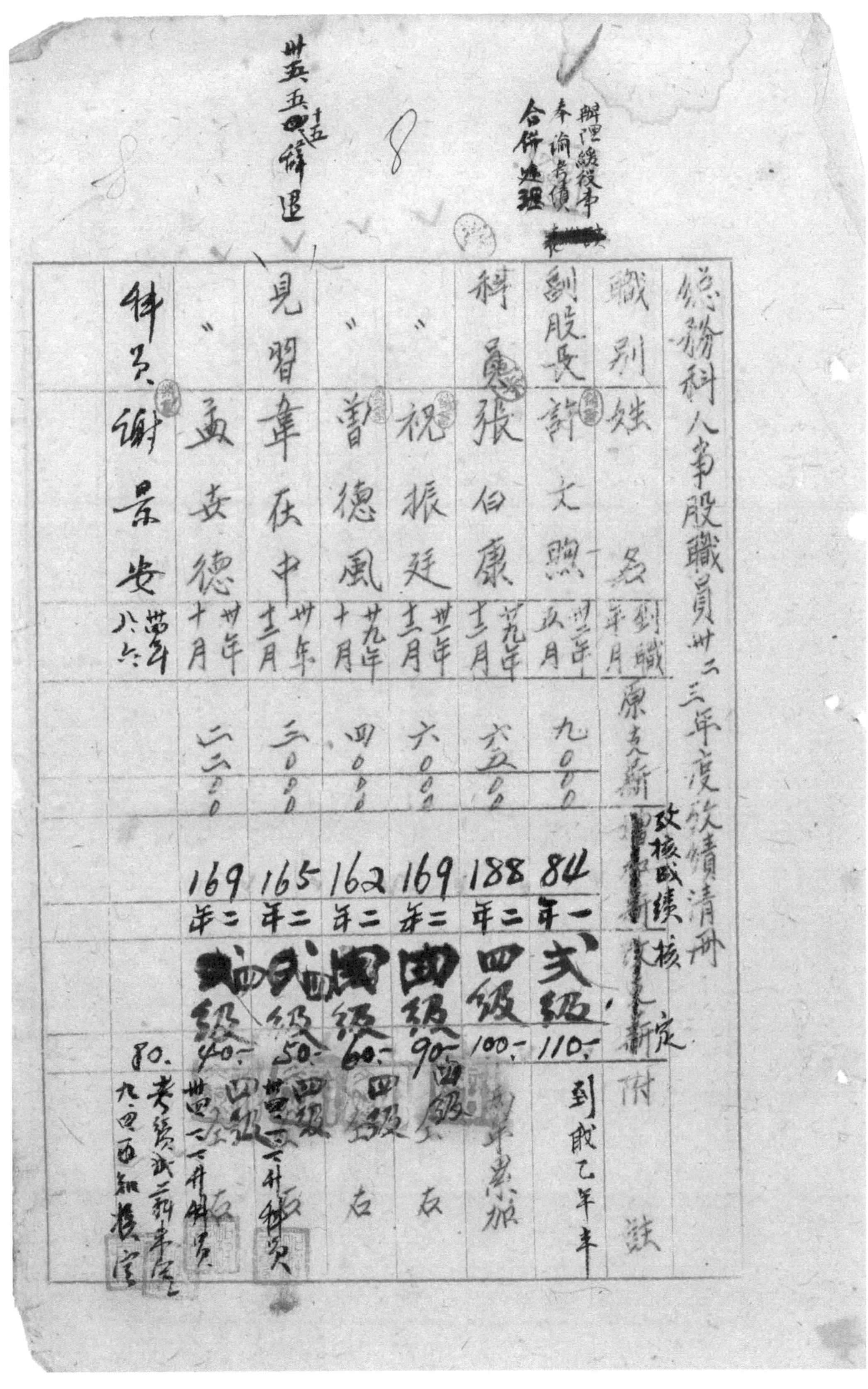

辦理總務事
奉諭考績
合併速理

卅五.五.四 辭退

總務科人事股職員卅二三年度考績清冊

職別	姓名	到職年月	原支薪	改核成績	核定	附註
副股長	許文熙	卅一年五月	九〇〇〇	84 一年	弍級 110	到職乙年半
科員	張伯康	廿九年十二月	六五〇〇	188 二年	四級 100	
〃	祝振廷	卅年十二月	六〇〇〇	169 二年	四級 90	四級 右
〃	曹德風	廿九年十月	四〇〇〇	162 二年	四級 60	四級 右
見習	韋在中	卅年十二月	三〇〇〇	165 二年	四級 50	四級 卅四.一.一升科員
〃	孟安德	卅年十月	二二〇〇	169 二年	四級 40	四級 卅四.一.一升科員
科員	謝景安	卅四年八.六			80	考績武二新年定 九.四.五 知

總務科材料股職員卅二三年度攷績清冊

職別	姓名	到職年月	原支薪	攷核成績		核定		附註
股長	鄔仲熹	廿三年十一月	一五五 00	170	二年	四級	215.-	兩年累加
副股長	陳西黎	廿三年七月	一五〇 00	160	二年	四級	215.-	原薪級不符奉批照薪級表修正
工程師	王殿鰲	廿二年五月	一〇〇 00	70	一年	壹級	215.-	
副工程師	潘振祥	廿二年五月	一四〇 00	95	一年	弍級	170.-	經總理批升工程師
科員	朱家鉞	廿六年六月	一〇〇 00	183	二年	四級	140.-	兩年累加
〃	王永恩	廿八年十月	八〇 00	170	二年	四級	120.-	仝右
〃	陳鎰謨	廿六年六月	八〇 00	145	二年	弍級	80.- 100.-	仝右
〃	喻邦仕	廿三年一月	一〇〇 00	177	二年	四級	140.-	仝右

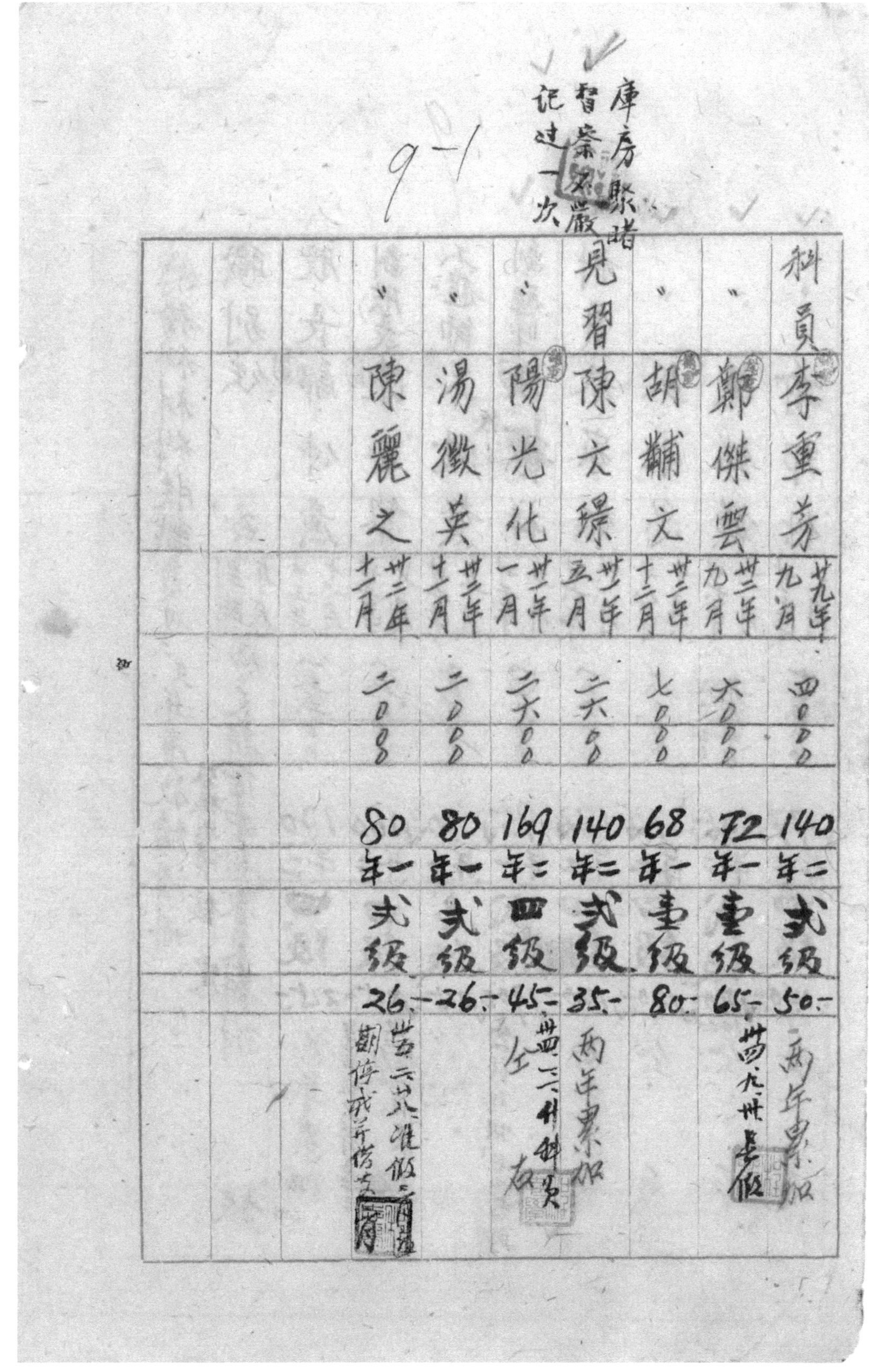

9-1

庫房賬储 督察不嚴 記過一次

職别	姓名	到職年月	保證金		年限	級别	薪額	備註
科員	李重芳	廿九年九月	四〇〇〇	140	二年	貳級	50.-	兩年累加
〃	鄭傑雲	卅二年九月	六〇〇〇	72	一年	壹級	65.-	卅四.九.卅長假
〃	胡黼文	卅二年十二月	七〇〇〇	68	一年	壹級	80.-	
見習	陳文璟	卅一年五月	二六〇〇	140	二年	貳級	35.-	兩年累加
〃	陽光化	卅一年一月	二六〇〇	169	二年	四級	45.-	仝右 卅四.一.廿一辭職
〃	湯徵英	卅二年十一月	二〇〇〇	80	一年	貳級	26.-	
〃	陳麗之	卅二年十一月	二〇〇〇	80	一年	貳級	26.-	卅五.六.廿八准假

10 10 ?

記功

總務科燃料股職員卅六年度攷績清冊

職別	姓名	到職年月	原支薪	考核成績		核定		附註
股長	曹聰元	卅三年一月	二五〇〇	180	二年	四級	260.-	兩年累加 再支照准暫津貼式十元
副股長	周文剛	卅四年一月	八〇〇〇	168	二年	四級	120.-	仝右
科員	楊継壎	卅年七月	五叁〇〇	172	二年	四級	80.-	仝右
〃	傅德新	廿七年十月	六〇〇〇	144	二年	式級	30.-	仝右 卅五、一、廿五調接李[illegible]
〃	胡智成	卅三年二月	四五〇〇	164	二年	四級	65.-	仝右
〃	馮崇禍	卅三年一月	四〇〇〇	95	一年	式級 四	50.- 80	仝右 總經理批特加兩級為四級 卅五、四、卅、辭退 經簽准 二月
〃	連鍾毓	卅三年九月	叁五〇〇	79	一年	壹級	40.-	
〃	嚴正	卅三年十二月	七〇〇	82	一年	式級	90.-	

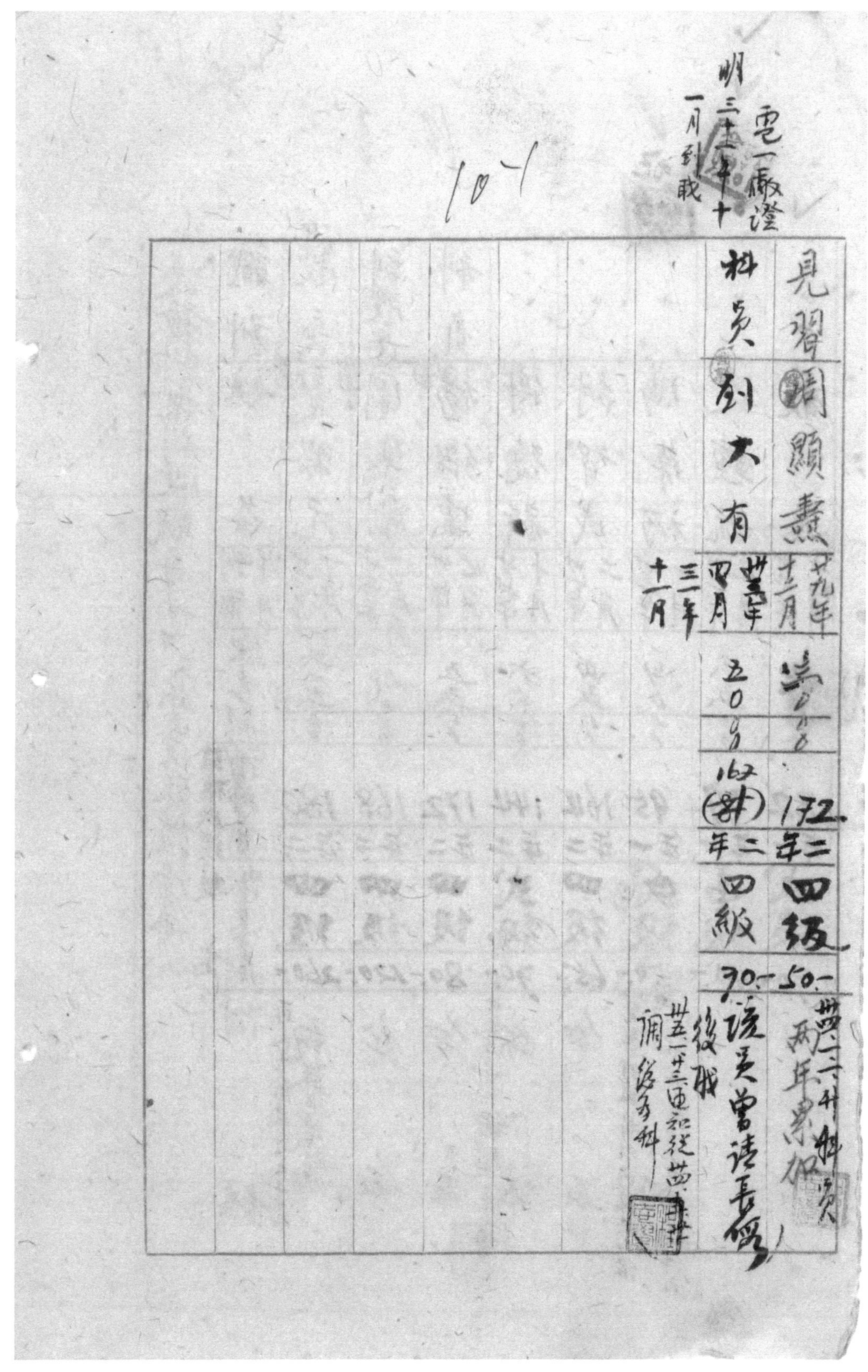

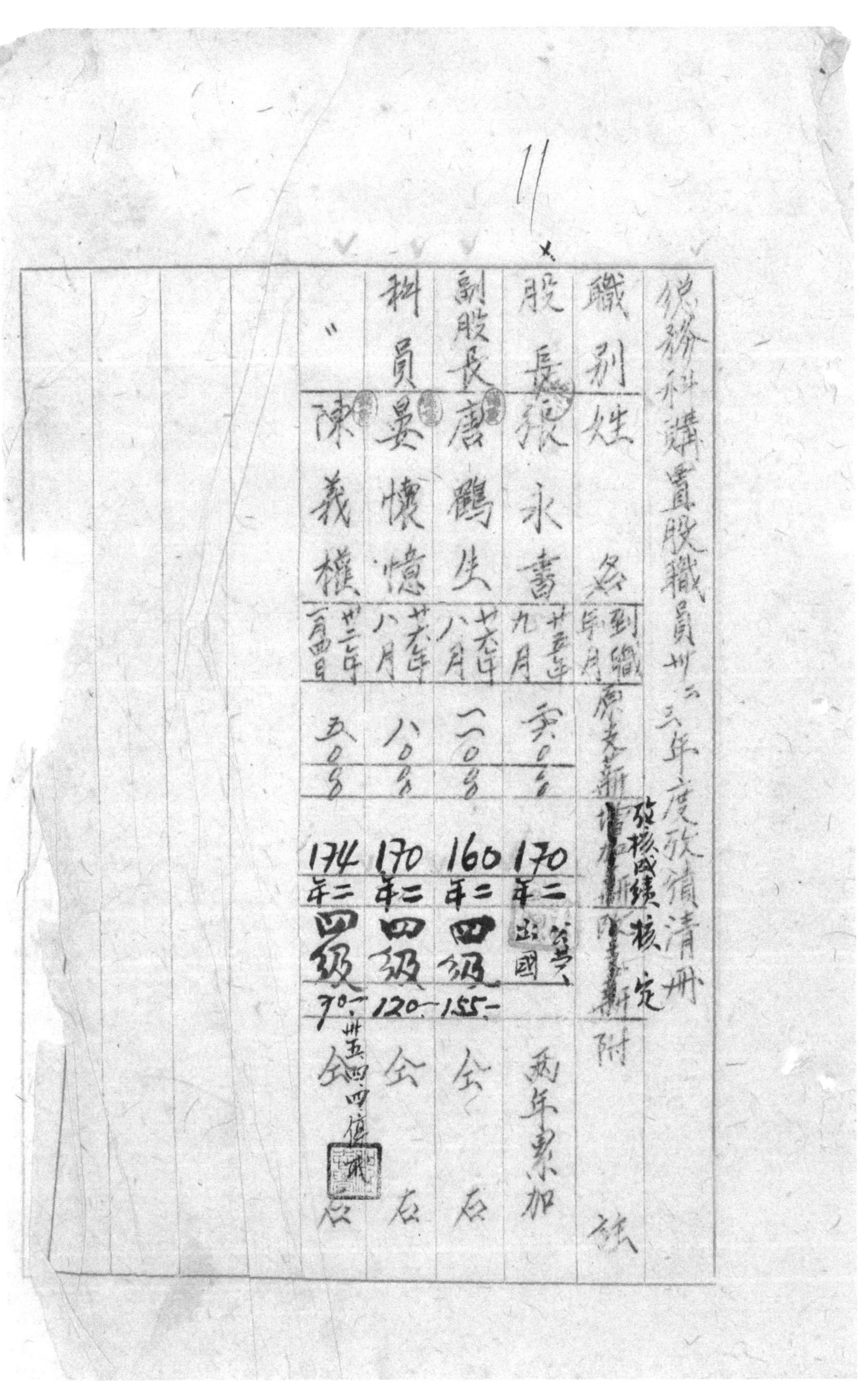

11

總務科購置股職員卅三年度考績清冊

職別	姓名	到職年月	原支薪	擬核成績	核定	附註
股長	張永書	廿五年九月	貳〇〇	170 年二 出國 公费		兩年累加
副股長	唐鶴生	廿六年八月	一〇〇	160 年二 四級	155-	会右
科員	晏懷憶	廿六年八月	八〇〇	170 年二 四級	120-	会右
〃	陳義權	卅二年一月四日	五〇〇	174 年二 四級	70-	卅五 四 四 会右

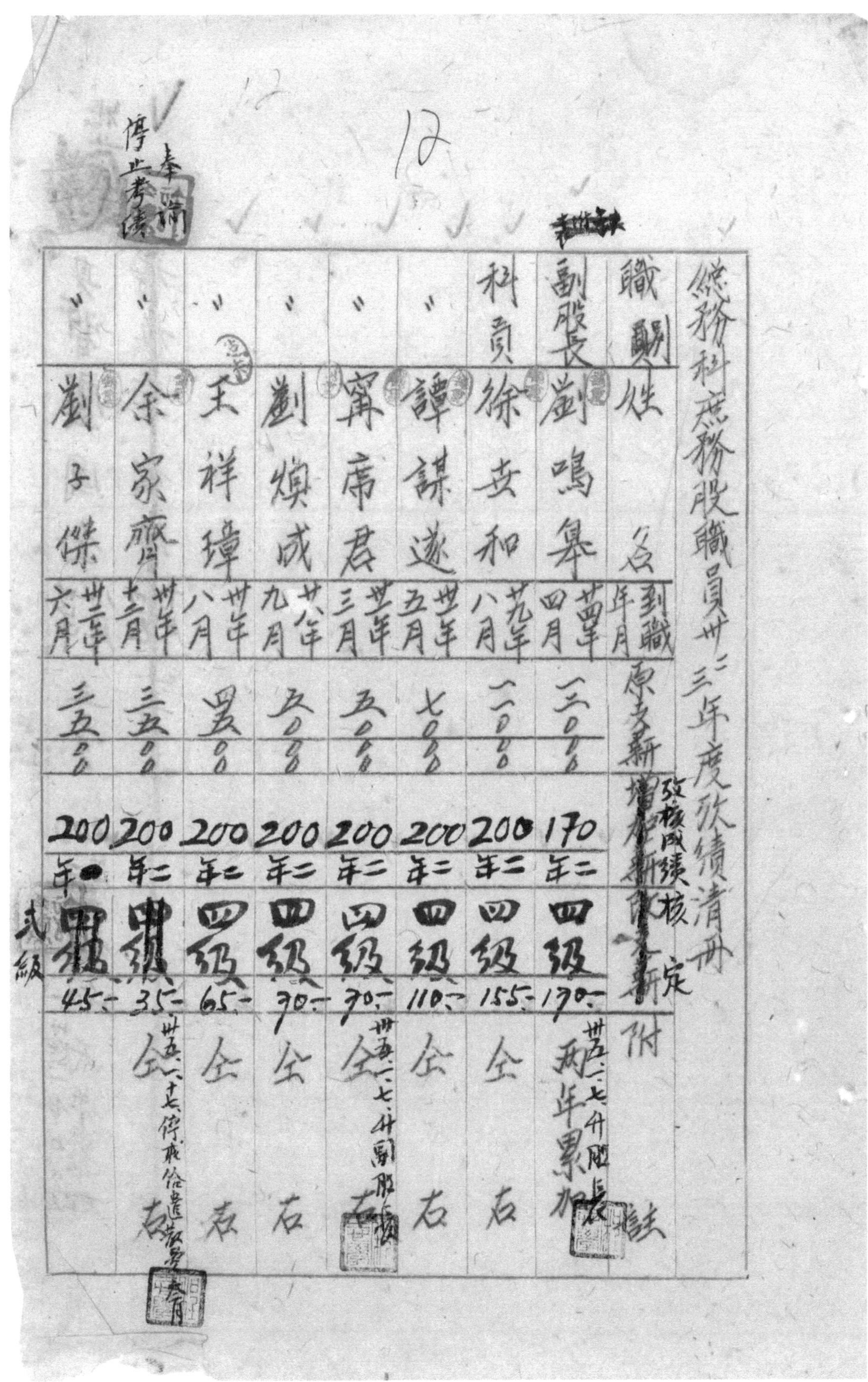

奉諭停止考績

12

總務科庶務股職員卅三年度攷績清冊

職別	姓名	到職年月	原支薪	增加薪額（攷核成績核定新薪）				附註
副股長	劉鳴皋	廿二年四月	一二〇〇	170	年二	四級	170	兩年累加（卅五、二、七升股長）
科員	徐安和	廿九年八月	一〇〇〇	200	年二	四級	155	仝右
〃	譚謀遂	卅年五月	七〇〇	200	年二	四級	110	仝右
〃	甯席君	卅年三月	五〇〇	200	年二	四級	70	仝右（卅五、二、七升副股長）
〃	劉煥成	卅年九月	五〇〇	200	年二	四級	70	仝右
〃	王祥璋	卅年八月	四五〇	200	年二	四級	65	仝右
〃	余家齊	卅年十二月	三五〇	200	年二	四級	35	仝右（卅五、一、十七停職給資遣散費）
〃	劉子傑	卅二年六月	三五〇	200	年一	四級（改貳級）	45	

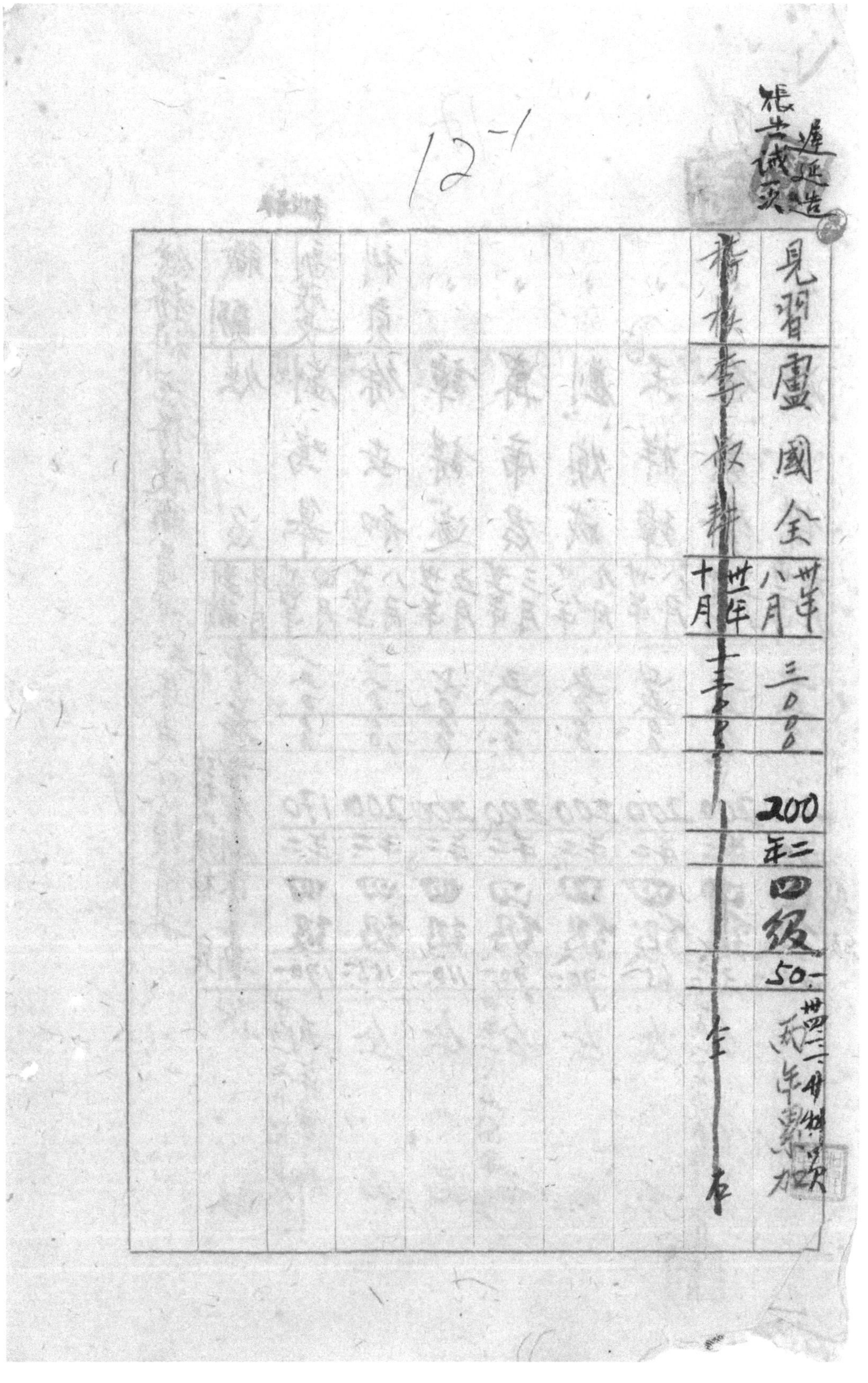

12-1

見習	盧國全	卅年八月	三〇〇	200	年二	四級	50.-	卅三一卅 [illegible] 加
技術[illegible]	李叔耕	卅年十月	十二〇〇					仝上

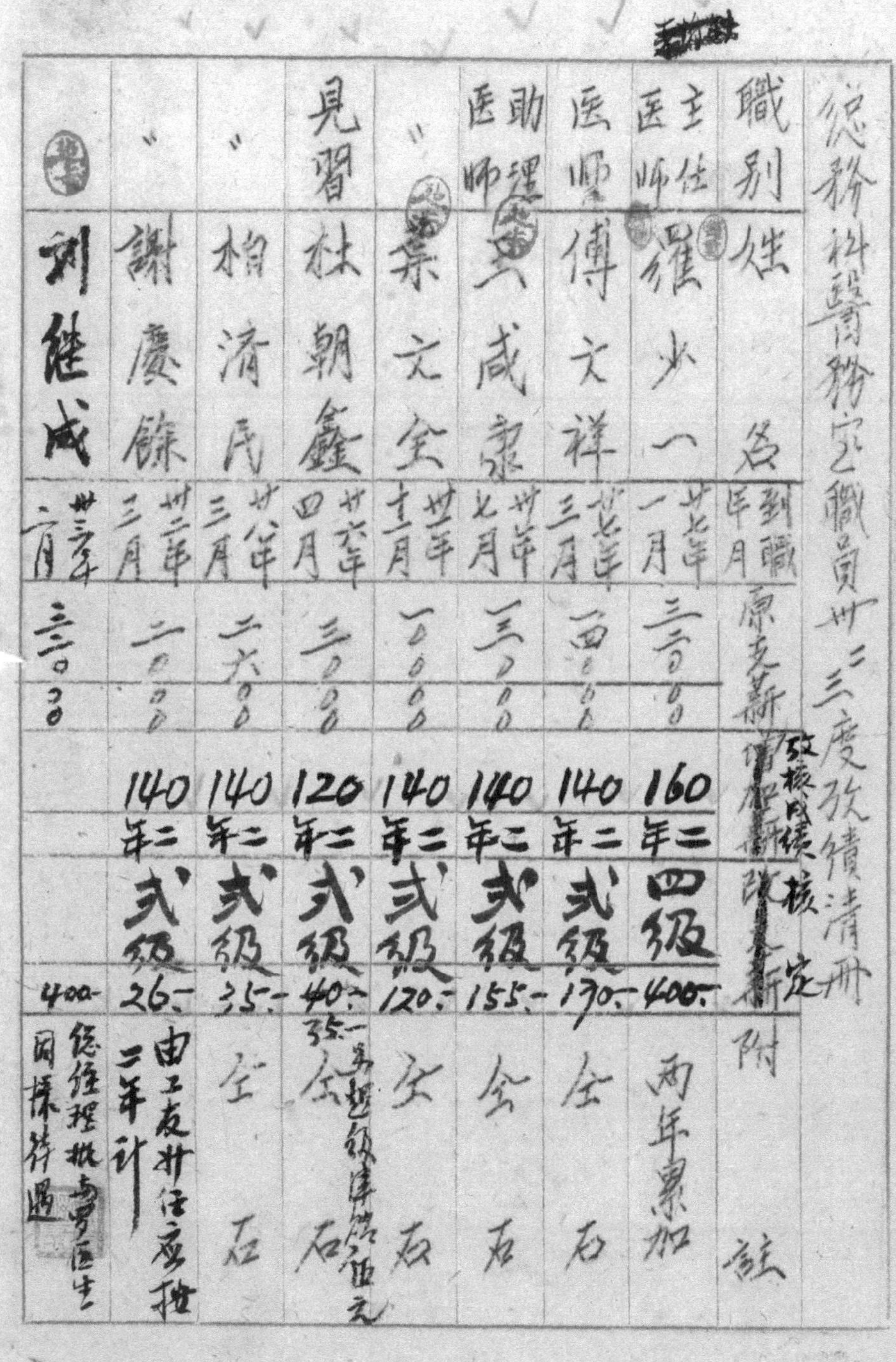

13

總務科醫務室職員卅二、三度攷績清冊

職別	姓名	到職年月	原支薪	攷核成績	核定新薪			附註
主任醫師	羅少一	廿七年一月	三〇〇	160	年二	四級	400.-	兩年累加
醫監	傅文祥	廿七年三月	四〇〇	140	年二	弍級	170.-	仝右
助理醫師	吳咸泉	廿八年七月	三〇〇	140	年二	弍級	155.-	仝右
〃	葉文全	廿年十二月	一〇〇	140	年二	弍級	120.-	仝右
見習	林朝鑫	卅一年四月	三〇〇	120	年二	弍級	40.- 35.-	另照級津貼伍元 仝右
〃	柏清民	卅二年三月	二六〇	140	年二	弍級	35.-	仝右
〃	謝慶餘	卅二年三月	二〇〇	140	年二	弍級	26.-	由工友卅年任應按二年計
	劉繼成	卅三年二月	三〇〇				400.-	總經理批為某醫生同樣待遇

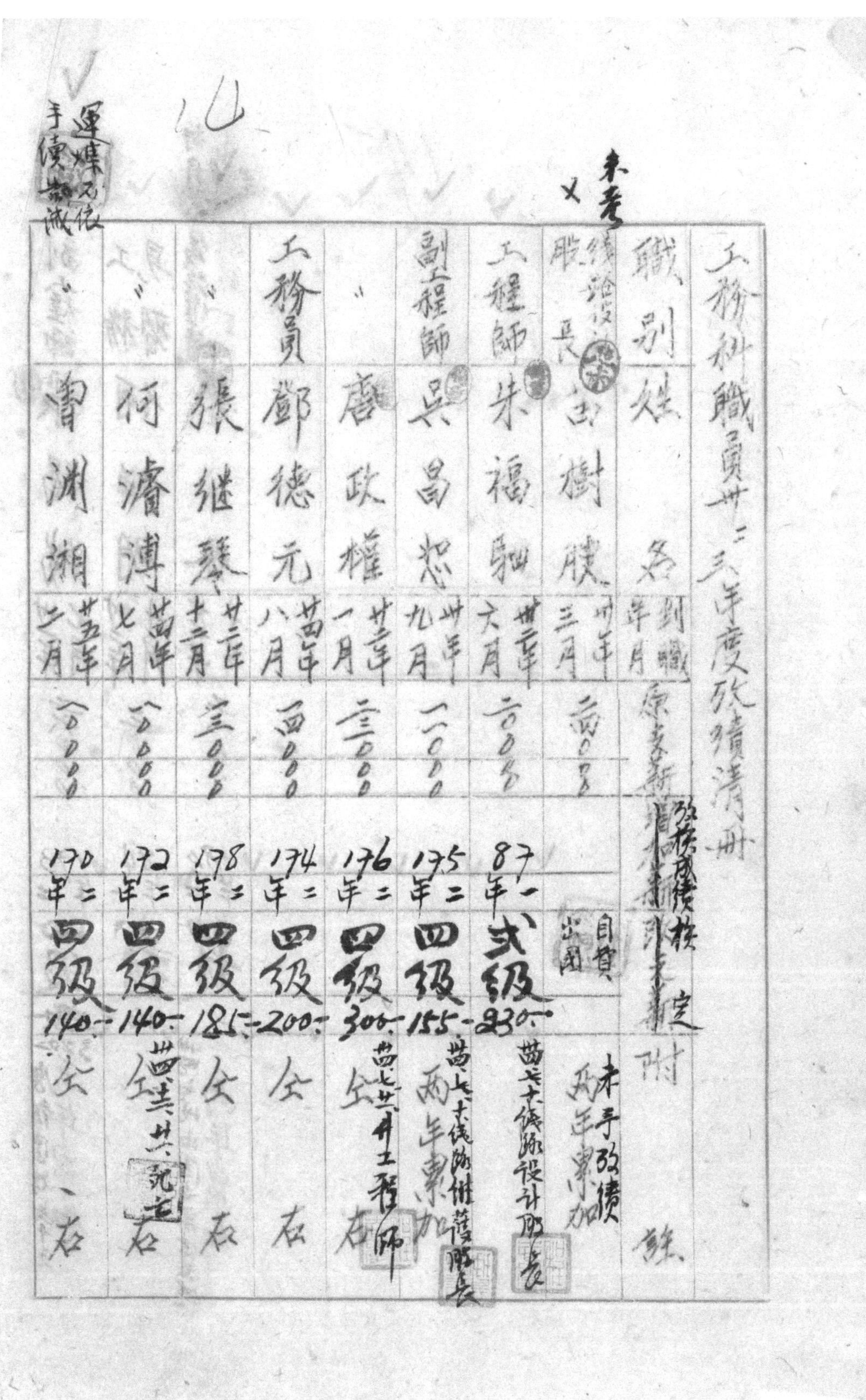

運煤不依手續撤職

16

未卷

工務科職員卅二三年度考績清冊

職別	姓名	到職年月	原支薪	考核成績	核定	附註
線路設計股長	由樹騰	卅年三月	兩00	自貢出國		未予考績 兩年累加
工程師	朱福軸	廿六年六月	六00	87 一年	弍級 230-	卅三七十線路設計股長
副工程師	吳昌恕	卅年九月	一00	175 二年	四級 155-	兩年累加 卅三七十線路維護股長
〃	唐政權	廿七年一月	三00	176 二年	四級 300-	仝右 卅三七廿一升工程師
工務員	鄧德元	廿四年八月	四00	174 二年	四級 200-	仝右
〃	張継琴	廿二年十二月	三00	178 二年	四級 185-	仝右
〃	何濬溥	廿四年七月	八00	172 二年	四級 140-	仝右 卅三七廿六辭職
〃	曾渊湘	廿五年二月	八00	170 二年	四級 140-	仝、右

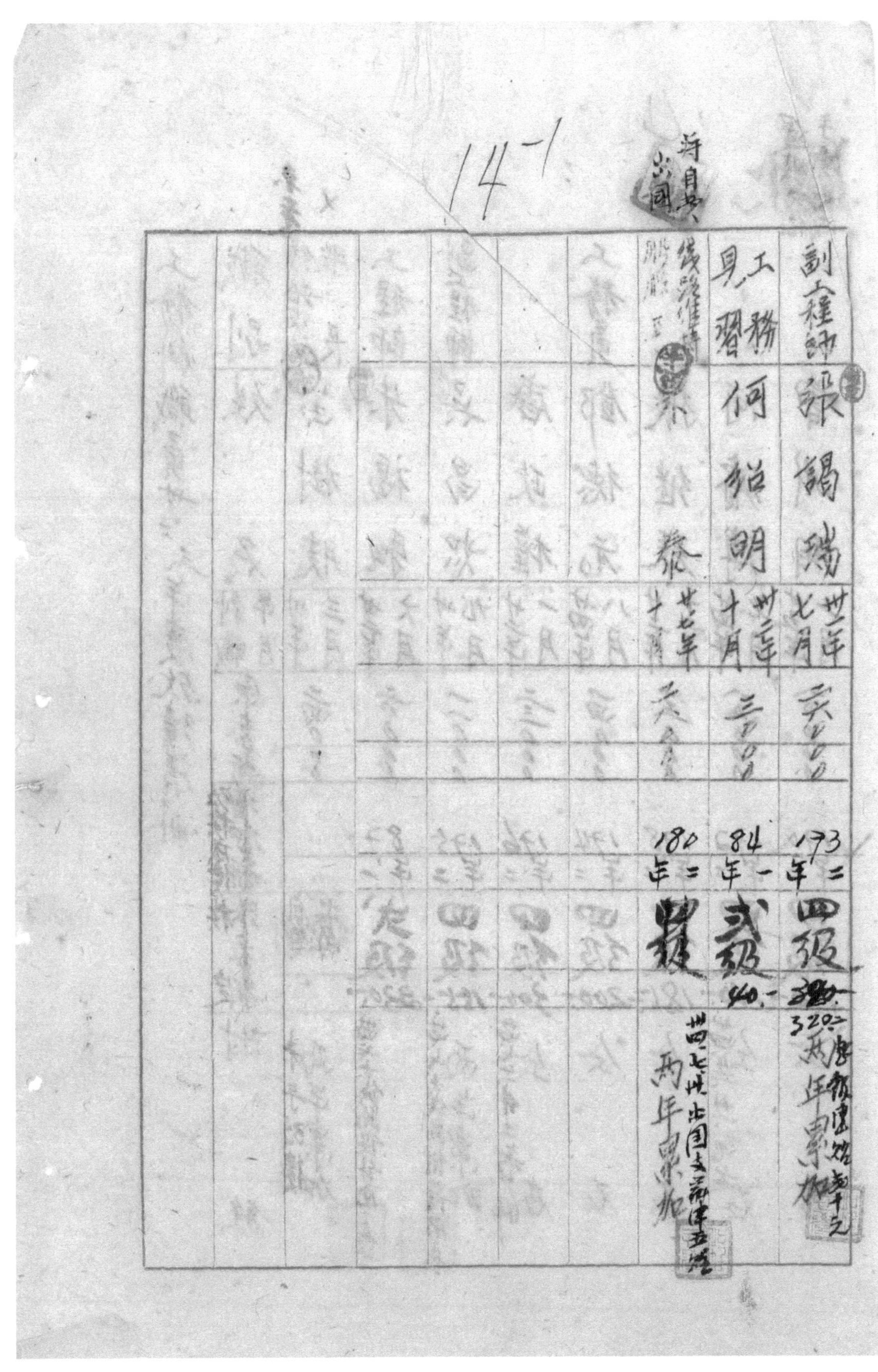

14-1

将自□、出国

职别	姓名	到职年月	薪额	年资	级别	备注
副工程师	张锡瑞	廿一年七月	三六〇	173 年二	四级 320.-	两年累加
工务员习	何绍明	卅二年十月	三〇〇	84 年一	贰级 160.-	
线路维持员	朱维[illegible]	廿七年十一月	二六〇	180 年二	[illegible]级	卌七年出国[illegible] 两年累加
[illegible]	[illegible]	[illegible]	[illegible]	[illegible]	[illegible]	[illegible]

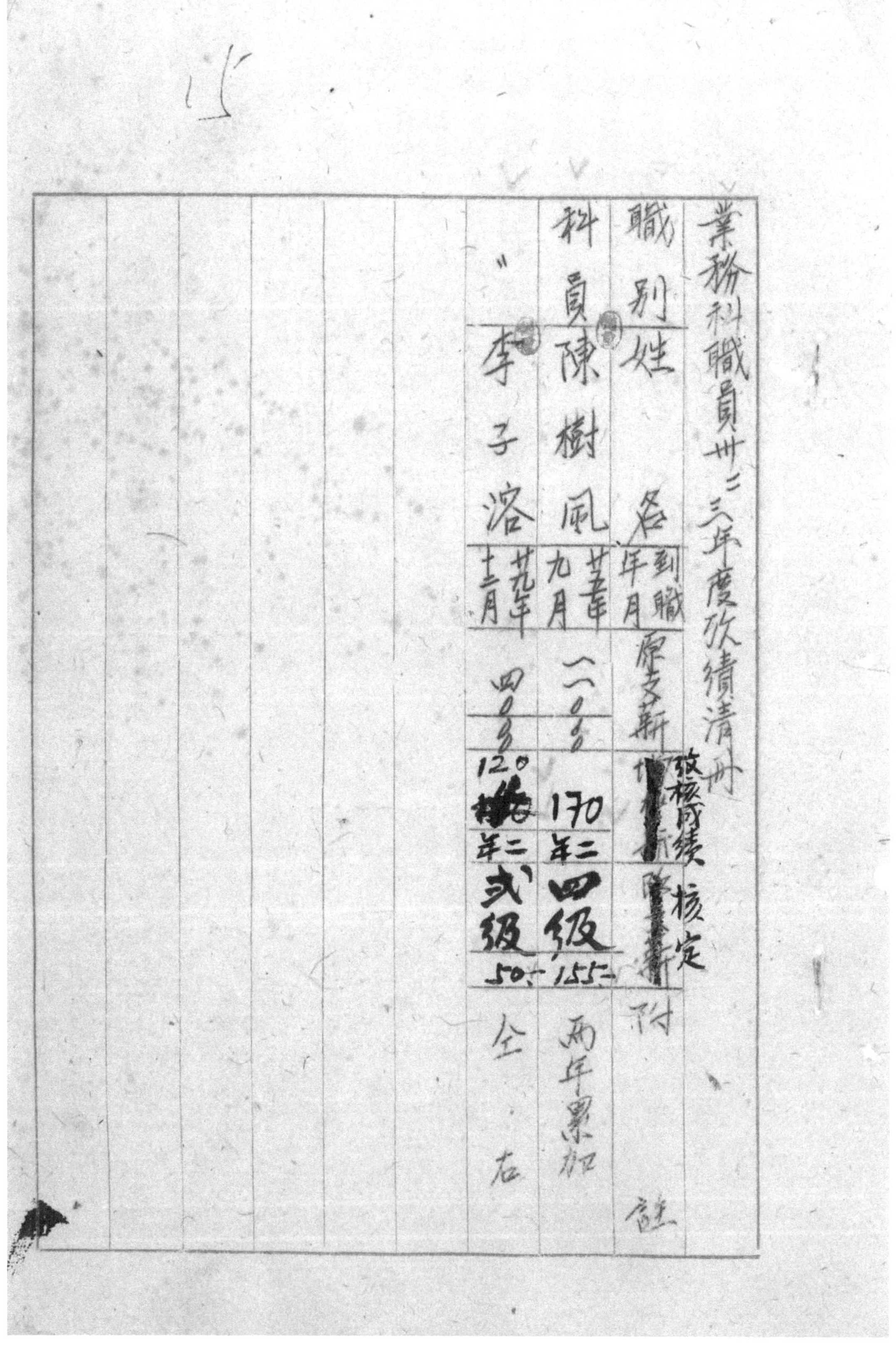

業務科職員卅二三年度攷績清冊

職別	姓名	到職年月	原支薪	攷核成績 核定	附註
科員	陳樹風	廿三年九月	一〇〇	170 二年 四級 155	兩年累加
〃	李子溶	廿九年十二月	四〇〇	120 二年 貳級 50	仝右

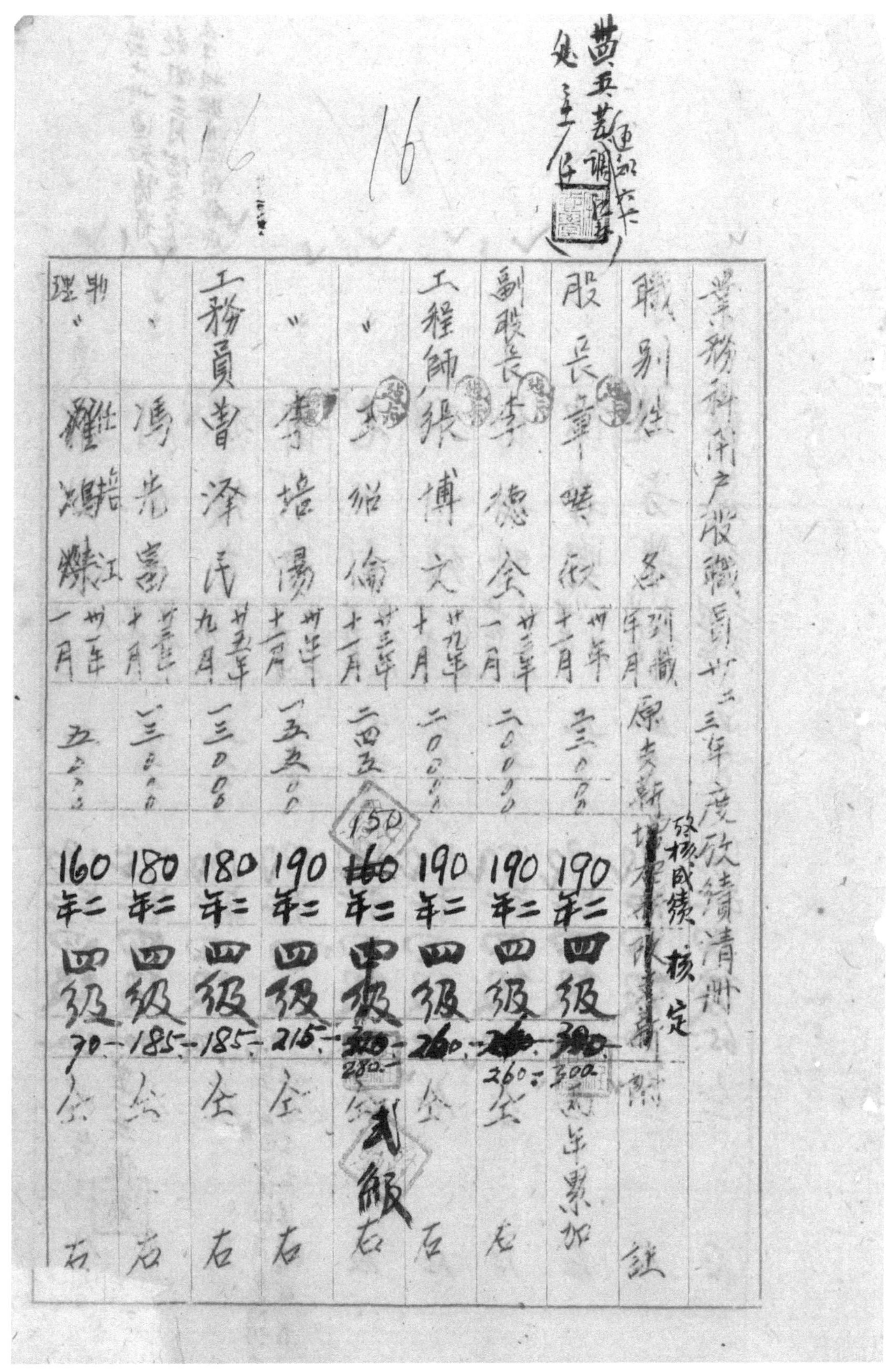

16

業務科用戶股職員卅三年度考績清冊

職別	姓名	到職年月	原支薪俸	考核成績	核定	附註
股長	章[illegible]叙	卅年十一月	三〇〇	190 年二	四級 280- 300-	全 呈累加
副股長	李德全	廿三年一月	二〇〇	190 年二	四級 240- 260-	全
工程師	張博文	廿九年十一月	二〇〇	190 年二	四級 260-	全
〃	王紹倫	廿三年十一月	二四五	160 150 年二	四級 300- 280-	全 式級
〃	李培湯	卅年十一月	一五五	190 年二	四級 215-	全
工務員	曹澤民	廿三年九月	一三〇	180 年二	四級 185-	全
〃	馮先富	廿三年十月	一三〇	180 年二	四級 185-	全
助理 〃	羅鴻[illegible]	卅年一月	五〇	160 年二	四級 70-	全

16-1

卅一.十.卅 通知請前 薪假二月 借支三月 奉批照准追期歸還

職別	姓名	到職年月	原薪	新薪	等級	加薪	備考
科員	劉正昌	廿六年八月	九〇〇	190	二年四級	130	兩年考績加
〃	周公正	廿九年十二月	六五〇	175	二年四級	100	仝右
〃	孫續亨	廿九年十月	五〇〇	160	二年四級	70	仝右
〃	蕭一可	廿九年十二月	六五〇	180	二年四級	100	仝右
〃	毛日章	廿九年十二月	六五〇	180	二年四級	100	仝右
〃	王大鈞	廿七年六月	七〇〇	160	二年四級	110	仝右
〃	楊世明	廿九年七月	六五〇	180	二年四級	100	仝右
〃	陳尊雲	卅年二月	五〇〇	190	二年四級	70	仝右
〃	趙方華	廿九年十二月	五〇〇	190	二年四級	70	仝右
〃	薛慕經	卅年二月	四五〇	160	二年四級	65	仝右

卅一.十.卅 借[illegible]

卅二.一.卅 通知請假二月 准借支三月 追期歸還 [illegible]

17

姓名	年月	数目	数目	年	级	薪	备注	备注
毛信懋	廿八年十二月	壹〇〇	160	年二	四级	80.—	仝	右
徐㽞裔	廿九年十二月	四〇〇	158	年二	弍级	50.—	仝	右
王德懋	廿九年十月	四〇〇	120	年二	弍级	50.—	仝	右
邓兴勤	卅年七月	六〇〇	130	年二	弍级	70.—	仝	右
萧藻年	卅三年九月	五五〇〇	90	年一	弍级	65.—		

18

錯誤記過 抄表

考績附條辦

朱意業記過一次

業務科抄表股職員卅三年度攷績清冊

職別	姓名	到職年月	原支薪額	攷核成績	核定	附註
股長	王德華	廿七年八月	二五〇〇	190	二年 四級 280	兩年累加 卅三年上半[illegible] 股長
見習工務	鄒承瑄	卅年八月	二五〇〇	96	一年 弍級 45	
科員	鄭[illegible]權	廿四年八月	一三〇〇	182	二年 四級 170	兩年累加
	夏仲康	廿四年八月	一五〇〇	179	二年 四級 200	外支超級津貼 兩年累加
	洪家楨	廿五年十一月	一〇〇〇	178	二年 四級 140	兩年累加
	胡澄秋	廿七年十月	七〇〇	160	二年 四級 110	仝右
	文家敏	廿五年九月	六五〇	143	二年 弍級 80	仝右
	唐勤庠	廿四年九月	七〇〇	128	二年 弍級 90	仝右

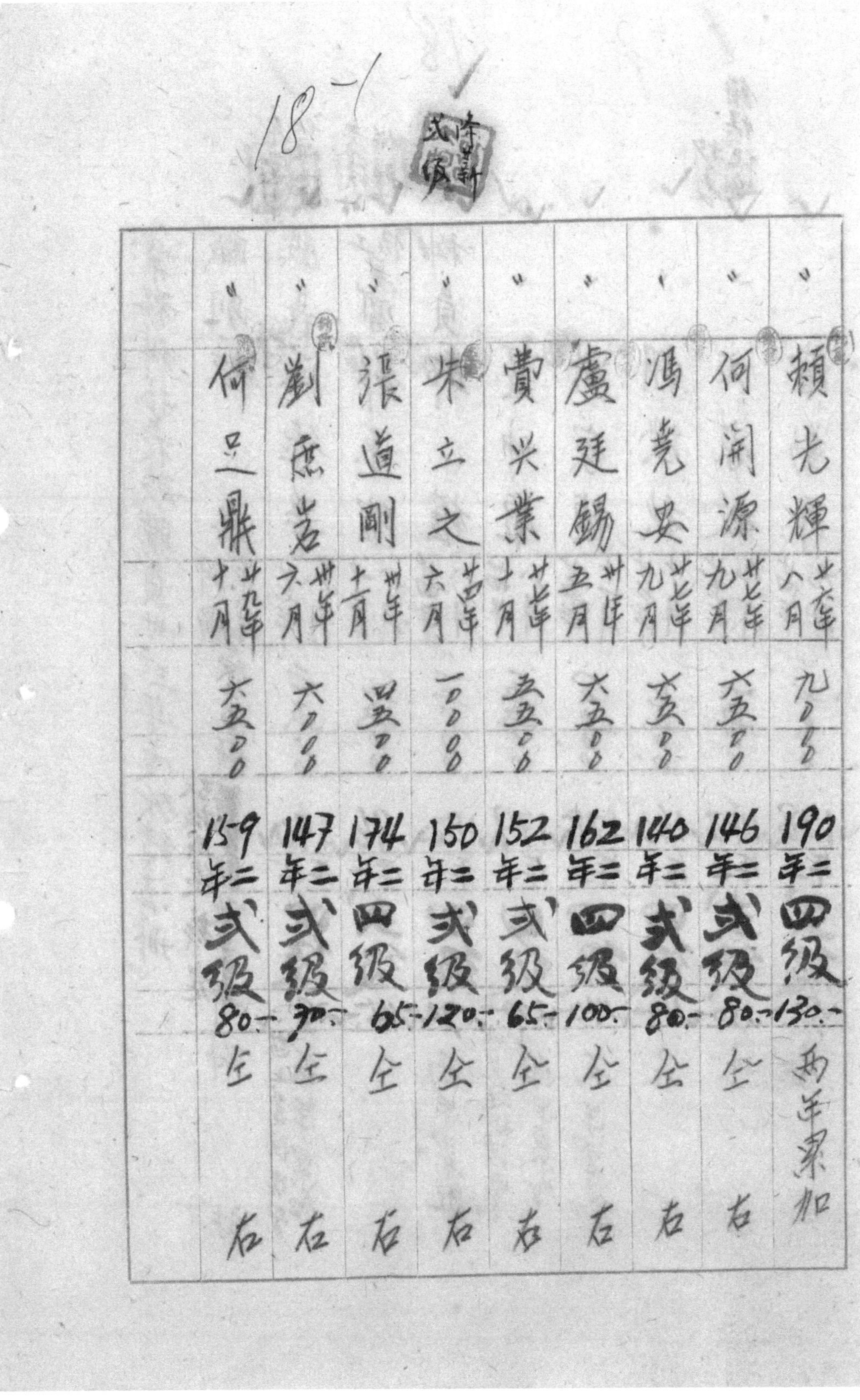

18-1

降薪贰级

	姓名	年月		号	级		备注
〃	賴光輝	廿六年八月	九〇〇〇	190	年二四級	130.-	兩年累加
〃	何闲源	廿七年九月	六五〇〇	146	年二贰级	80.-	仝右
〃	馮堯安	廿七年九月	六〇〇〇	140	年二贰级	80.-	仝右
〃	盧廷錫	卅年五月	六五〇〇	162	年二四级	100.-	仝右
〃	費兴業	廿七年十月	五五〇〇	152	年二贰级	65.-	仝右
〃	朱立之	廿四年六月	一〇〇〇〇	150	年二贰级	120.-	仝右
〃	張道剛	卅年十一月	四五〇〇	174	年二四级	65.-	仝右
〃	劉庶岩	卅年六月	六〇〇〇	147	年二贰级	70.-	仝右
〃	何足鼎	廿九年十月	六五〇〇	159	年二贰级	80.-	仝右

業務科業據股職員卅三年度攷績清冊

職別	姓名	到職年月	原支薪	擬加薪 核定	附註
股長	黃登雲	廿六年八月	一二〇〇	190 年二 四級 155.-	兩年累加
副股長	李文修	廿七年九月	一〇〇〇	190 年二 四級 140.-	仝右
科員	李樹輝	廿八年八月	八〇〇	175 年二 四級 120.-	仝右
〃	王澤榮	廿八年一月	七〇〇	173 年二 四級 110.-	仝右
〃	毛君渠	廿八年八月	五五〇	181 年二 四級 80.-	仝右
〃	劉祖芳	廿八年八月	六〇〇	170 年二 四級 90.-	仝右
〃	廖成富	卅年二月	五〇〇	184 年二 四級 70.-	仝右
〃	余造邦	卅年二月	五〇〇	164 年二 四級 70.-	仝右

19-1

职别	姓名	到职年月	薪额	号数	晋级	备注
科员	周復生	廿八年七月	五五0	160年二	四级 80	两年累加
〃	周邦瑫	廿八年六月	六000	188年二	四级 90	仝右
〃	劉竹然	廿八年九月	六000	160年二	四级 90	仝右
〃	費世昌	卅年二月	五000	176年二	四级 70	仝右
〃	吳重貴	廿八年七月	四五00	156年二	贰级 55	仝右
〃	谷其友	廿九年十二月	四000	164年二	四级 60	仝右
〃	趙國棟	卅年四月	四000	175年二	四级 ~~60~~ 60	仝右
〃	王邦寧	廿九年十二月	四000	155年二	贰级 ~~70~~ 50	仝右
〃	鄭立農	卅二年十月	六000	91年一	贰级 ~~[illegible]~~ 70	
〃	王武度	廿六年八月	七000	181年二	四级 110	两年累加

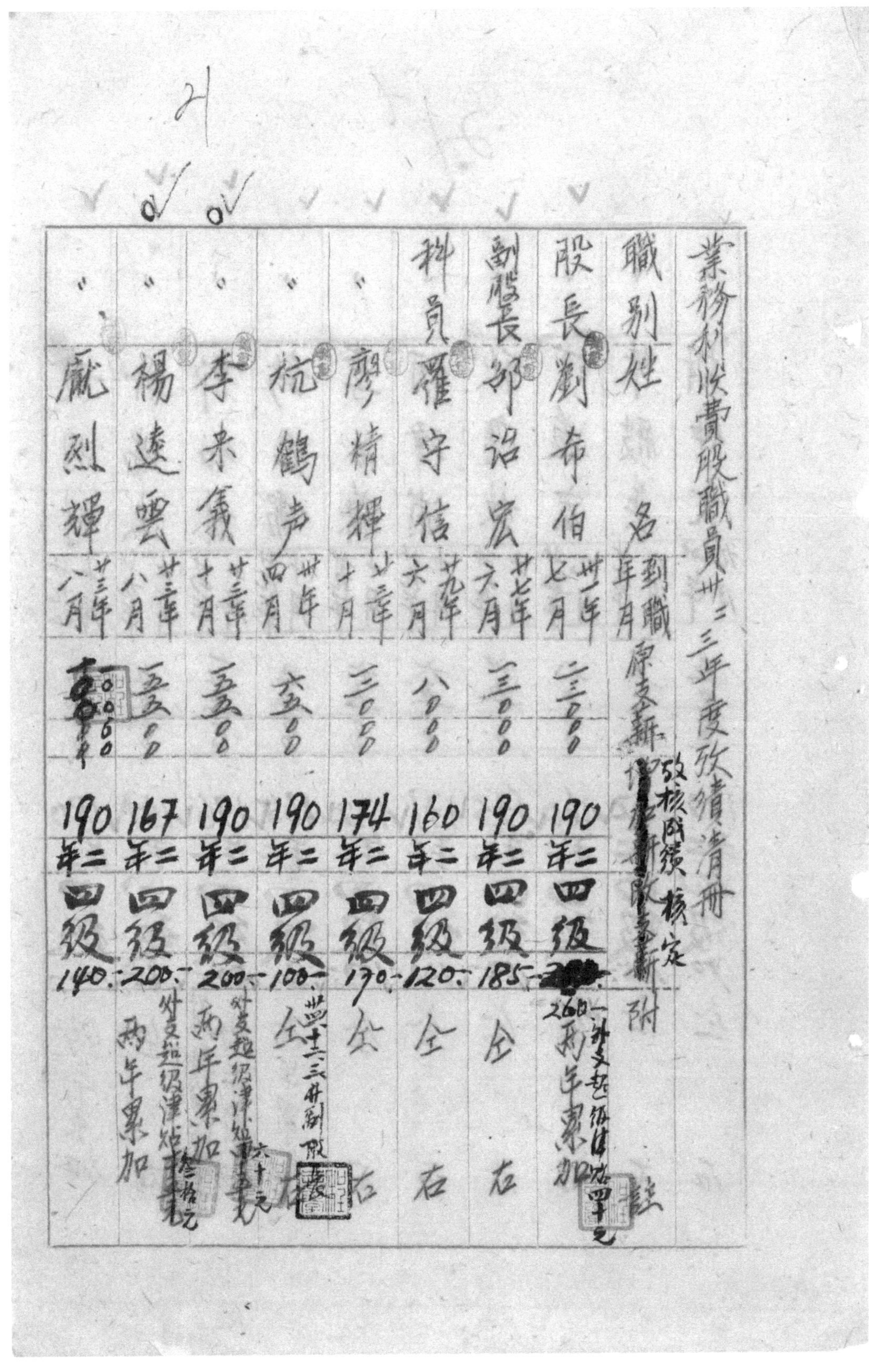

業務科收費股職員卅二、三年度攷績清冊

職別	姓名	到職年月	原支薪	攷核成績	核定加薪	新支薪	附註
股長	劉希伯	卅一年七月	二三00	190	二年四級	[illegible] 260	外支超級津貼四十元 兩年累加
副股長	鄧詒宏	廿七年六月	三000	190	二年四級	185	仝右
科員	羅守信	廿九年六月	八000	160	二年四級	120	仝右
〃	廖精輝	廿二年十月	三000	174	二年四級	170	仝右
〃	杭鶴声	卅年四月	六五00	190	二年四級	100	仝右 卅二年十二月卅日升副股長
〃	李来義	廿二年十月	一五五00	190	二年四級	200	外支超級津貼六十元 兩年累加
〃	楊遠雲	廿三年八月	一五五00	167	二年四級	200	外支超級津貼參拾元 兩年累加
〃	龐烈輝	廿三年八月	[illegible]	190	二年四級	140	

215

	姓名	年月				级		
〃	黄明材	廿九年十月	一六五00	180	年二	四级	100.-	两年累加
〃	吴瑞生	廿九年十二月	一五五00	151	年二	弍级	65.-	仝右
〃	郭绍林	廿四年二月	一五五00	176	年二	四级	200.-	两年累加 付支超级津贴四十五元
〃	彭君儒	廿九年十月	一五五00	165	年二	四级	80.-	两年累加
〃	李石荪	廿九年十月	一六五00	172	年二	四级	100.-	仝右
〃	何泽浦	廿九年十月	一六五00	171	年二	四级	100.-	仝右
〃	耿应林	廿八年六月	一六五00	173	年二	四级	100.-	仝右
〃	丁道宏	廿五年九月	八000	160	年二	四级	[illegible] 120.-	仝右
〃	朱殿英	廿六年八月	一三000	182	年二	四级	185.-	仝右
〃	胡仲文	卅年九月	五000	160	年二	四级	70.-	仝右

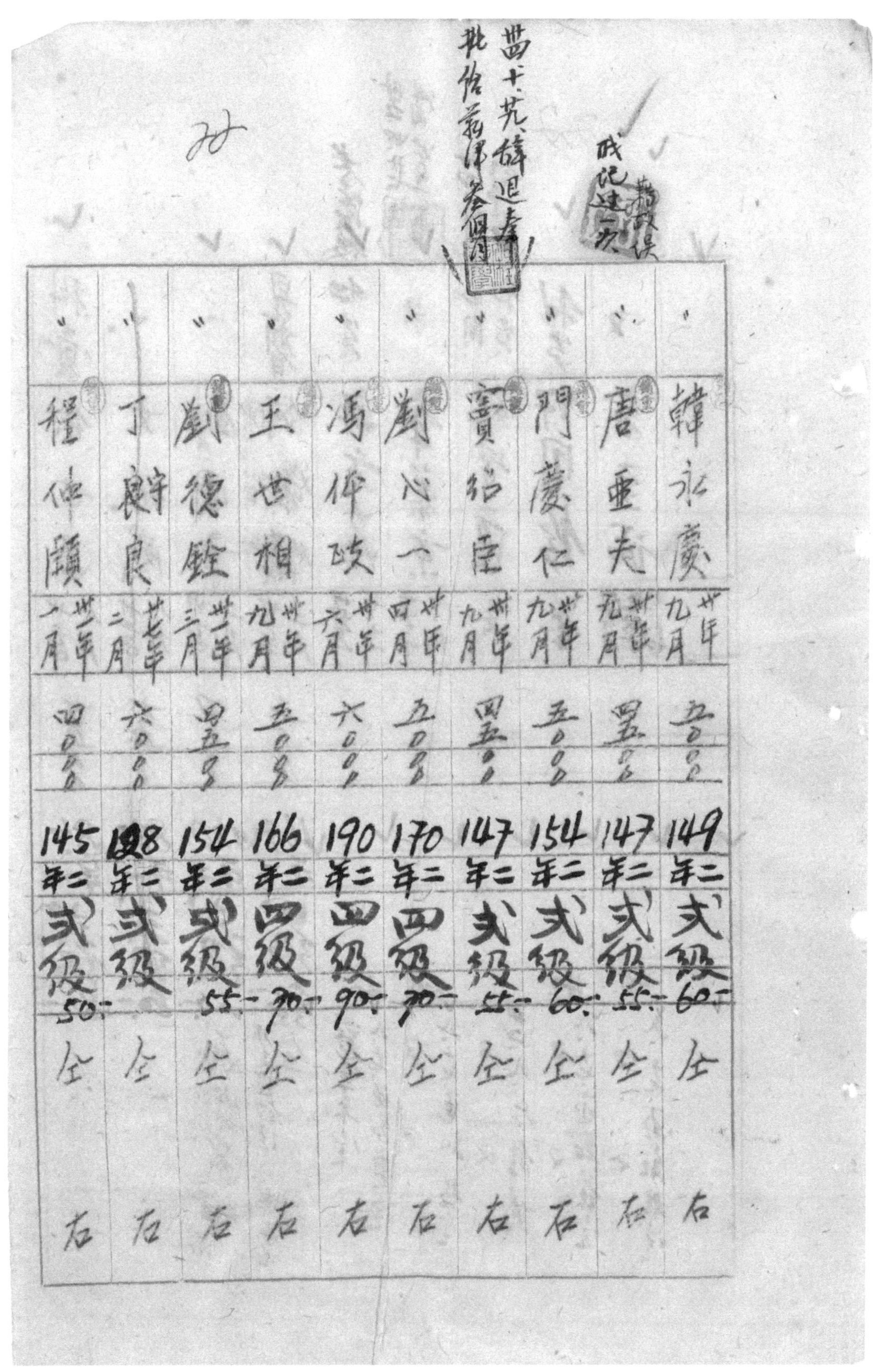

卅八年十二月十九日韓退春批給薪俸各個月

韓永慶	唐亜夫	門慶仁	竇紹庭	劉心一	馮仲玟	王世相	劉德銓	丁守良	程仲顯
卅年九月	卅年九月	卅年九月	卅年九月	卅年四月	卅年六月	卅年九月	卅一年三月	卅二年二月	卅一年一月
五〇〇	四五〇	五〇〇	四五〇	五〇〇	六〇〇	五〇〇	四五〇	六〇〇	四〇〇
149	147	154	147	170	190	166	154	128	145
二年貳級 60.-	二年貳級 55.-	二年貳級 60.-	二年貳級 55.-	二年四級 70.-	二年四級 90.-	二年四級 70.-	二年貳級 55.-	二年貳級	二年貳級 50.-
仝右	仝右	仝右	仝右	仝右	仝右	仝右	仝右	仝右	仝右

22-1

卅四、廿七 伟威

卅四、八、六 科长 伟威

考绩表

职别	姓名	到职年月	原薪			升级	加薪	备注
科员	余世昌	卅年八月	六五〇	85	年一	贰级	80.	
〃	文伯威	卅年八月	六五〇	85	年一	贰级	80.	
〃	刘国章	卅年二月	四〇〇	150	年二	贰级	50.	两年累加
见习	陈绍声	卅一年三月	三〇〇	167	年二	四级	50. 35. 仝	外支超级津贴五元
办事员	解文荣	卅一年七、十二					40.	八、十七、通知查定
又	章慕京	卅一年七、九					50.	又 八、十七、通知查定
试用科员	冯学道	仝						又 卅四、八、六 伟威
科员	许国修	仝					40.	又 八、十七、通知查定
又	方至诚	卅一年七、廿七					40.	又 八、十七、通知查定

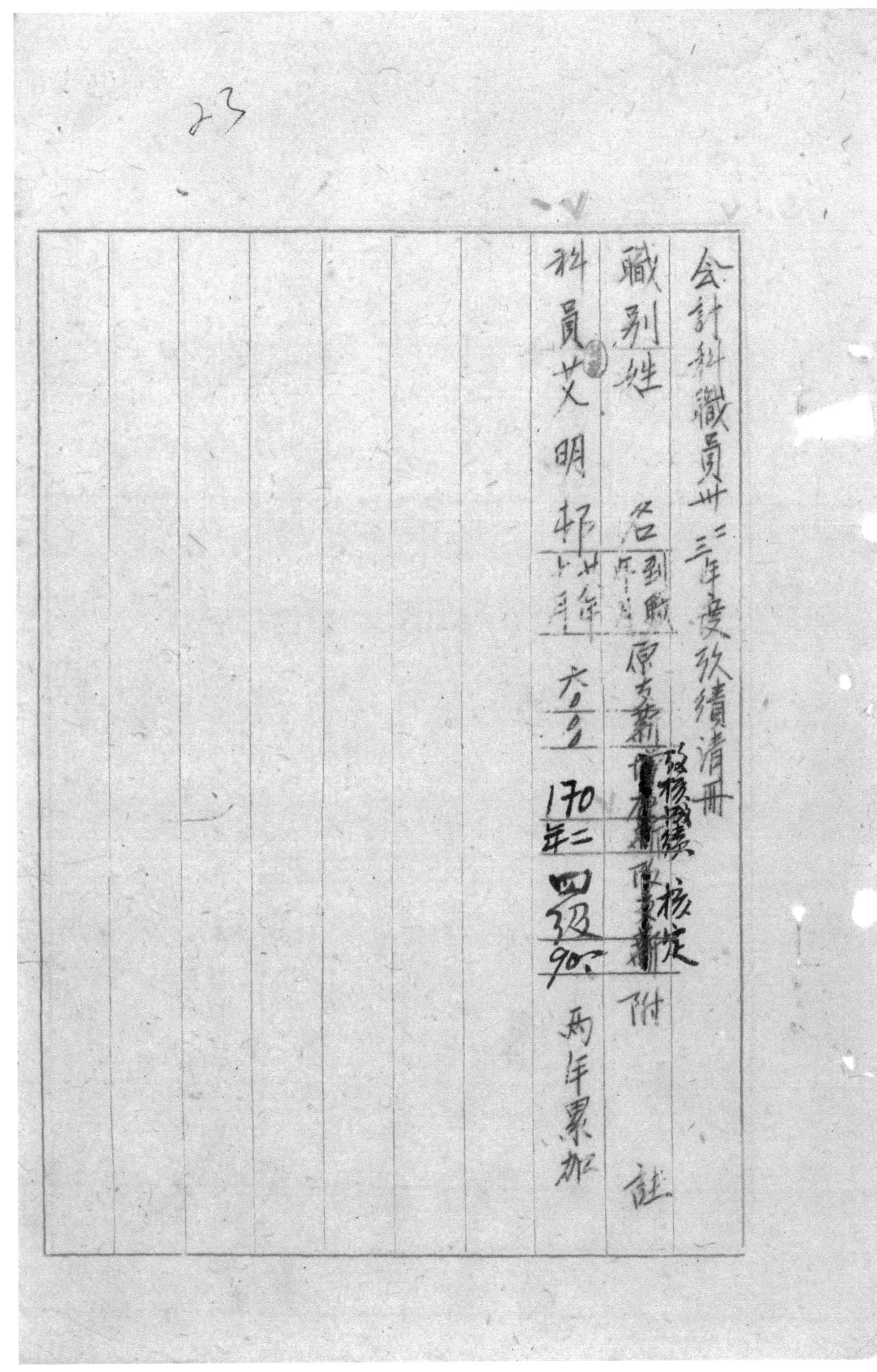

会計科職員卅二三年度攷績清册

職別	姓名	到職年月	原支薪額	攷核成績	核定薪額	附註
科員	艾明邦	卅年[illegible]月	六〇五	170 年二	四級 90	兩年累加

會計科第二股職員卅三年度考績清冊

會計副科長擬請以任職計算加薪（查秦君卅の年□來公司任業役似可酌予進級」

職員	姓名	到職年月	原支薪額	考核成績核定				附註
副股長	高竹之	廿六年七月	八五〇〇	190	年二	四級	245.	兩年累加
科員	曾秉濃	廿七年八月	七〇〇〇	180	年二	四級	110.	仝右
〃	顧景霖	卅年二月	叁〇〇〇	170	年二	四級	70.	仝右
〃	潘先進	卅年十二月	四〇〇〇	160	年二	四級	60.	仝右
見習	秦光墀		弍〇〇	(85)	年二	四級	35.	該員係卅三年廿見習應不敘績經總經理批准特加十五元

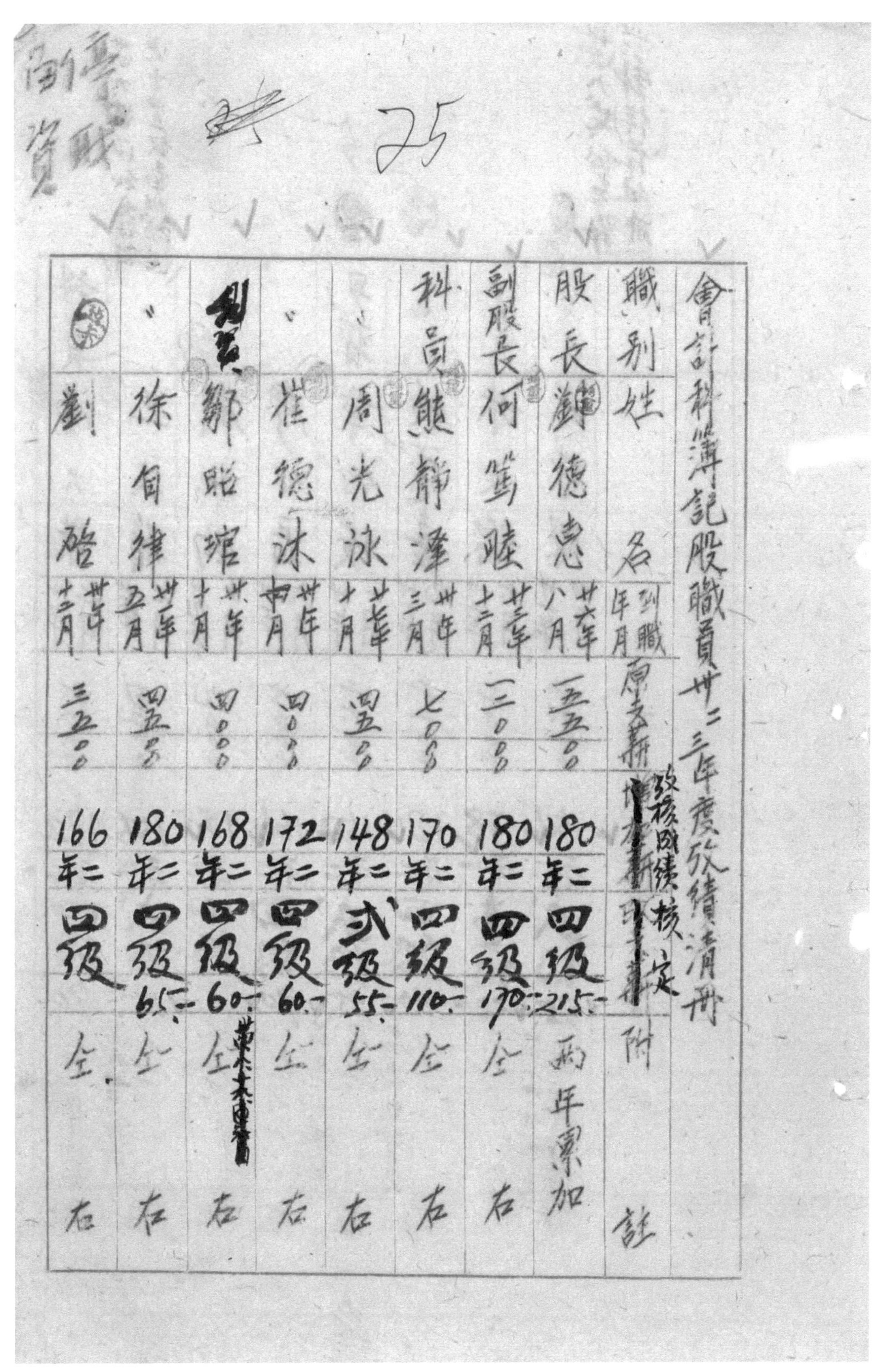

25

會計科簿記股職員卅三年度考績清冊

職別	姓名	到職年月	原支薪	考核成績核定	附註
股長	劉德惠	廿六年八月	一五〇〇	180 二年 四級 215	兩年累加
副股長	何篤睦	廿七年十二月	一三〇〇〇	180 二年 四級 170	仝右
科員	熊靜澤	卅年三月	七〇〇〇	170 二年 四級 110	仝右
〃	周光詠	廿七年十月	四五〇〇	148 二年 弍級 55	仝右
〃	崔德沐	卅年十四月	四〇〇〇	172 二年 四級 60	仝右
[illegible]	鄒昭墉	卅年十月	四〇〇〇	168 二年 四級 60	仝右
〃	徐有律	卅年五月	四五〇〇	180 二年 四級 65	仝右
	劉啓	卅年十二月	三五〇〇	166 二年 四級	仝右

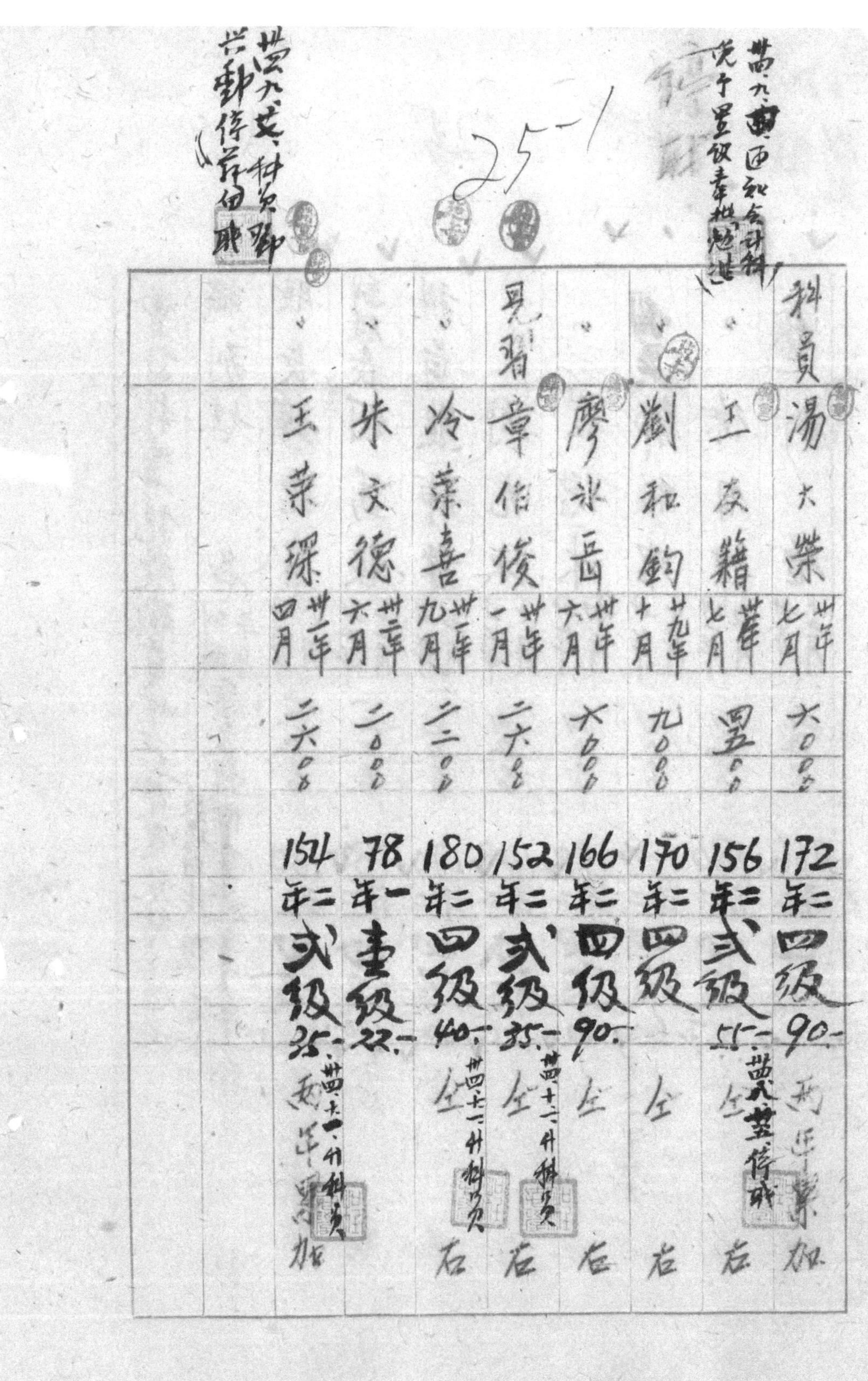

25-1

卅六、九、曲匯和會計科 奚子罡 飲奉批 總逃

卅六、九、艾科員鄧興勳停薪留職

科員	湯大榮	卅年七月	六〇〇〇	172年二四級90.—	薪照加
	王友籍	卅年七月	四五〇〇	156年二弍級55.— 卅六、八、廿五停職	仝右
	劉和鈞	廿九年十月	九〇〇〇	170年二四級	仝右
	廖冰岳	卅年六月	六〇〇〇	166年二四級90.—	仝右
見習	章伯俊	卅年一月	二六〇〇	152年二弍級35.— 卅四、十二、升科員	仝右
	冷榮喜	卅年九月	二二〇〇	180年二四級40.— 卅四、十二、升科員	仝右
	朱文德	卅年六月	二〇〇〇	78年一壹級22.—	
	王榮琛	卅年四月	二六〇〇	154年二弍級35.— 卅四、十一、升科員	薪照加

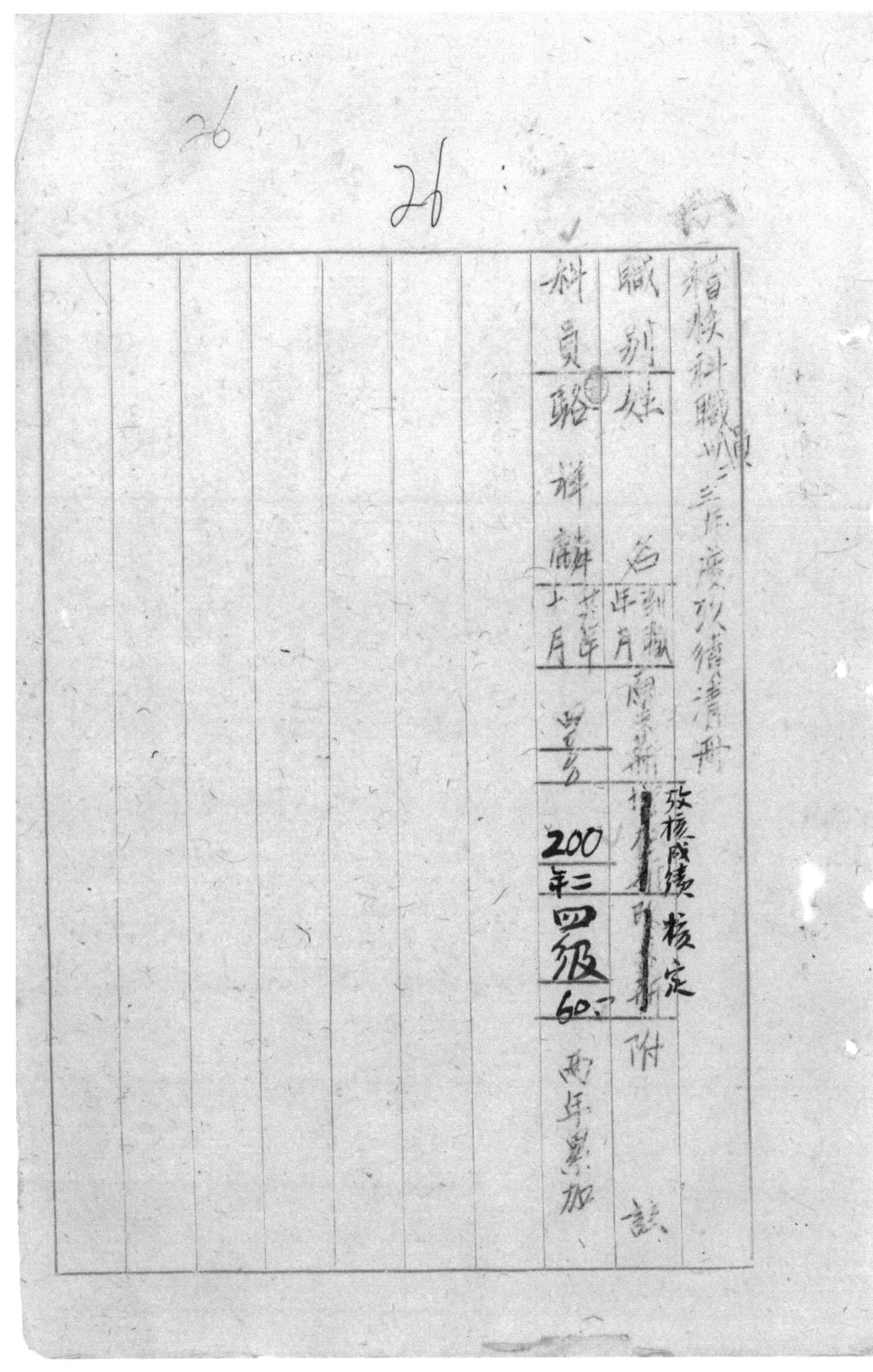

26

稽核科職員卅二年度考績清冊

職別	姓名	到職年月	原支薪額	考核成績核定	附註
科員	駱祥麟	廿八年十月	[illegible]	200 年二 四級 60	兩年累加

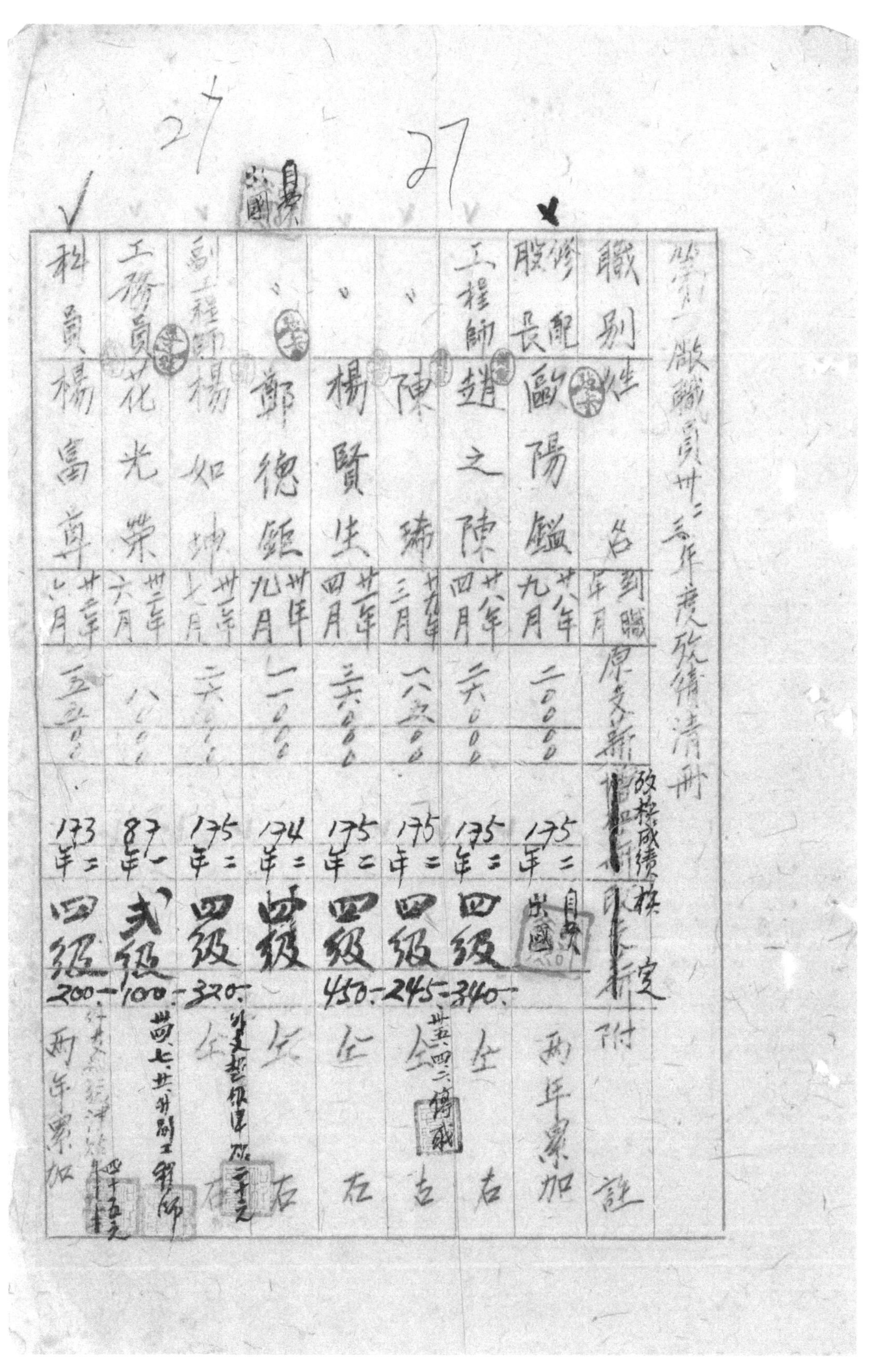

第一廠職員卅二年度考績清冊

職別	姓名	到職年月	原支薪	增加薪	改核成績核定	附註
修配股長	歐陽鎰	廿八年九月	二〇〇〇〇	175 年二	自核	兩年累加
工程師	趙之陳	廿八年四月	二六〇〇〇	175 年二	四級	仝右
	陳琳	廿九年三月	一八五〇〇	175 年二	四級	仝右　卅三、四、二停職
	楊賢生	廿三年四月	二六〇〇〇	175 年二	四級	仝右
	鄭德鉅	卅年九月	一一〇〇〇	174 年二	四級	仝右
副工程師	楊如坤	卅一年七月	二六〇〇〇	175 年二	四級	仝右　外支暫[illegible]二十元
工務員	花光榮	卅二年六月	八〇〇〇	87 年一	貳級	卅七、卅、卅升副工程師
科員	楊嵩卓	廿九年六月	五五〇〇	173 年二	四級	兩年累加　[illegible]四十五元

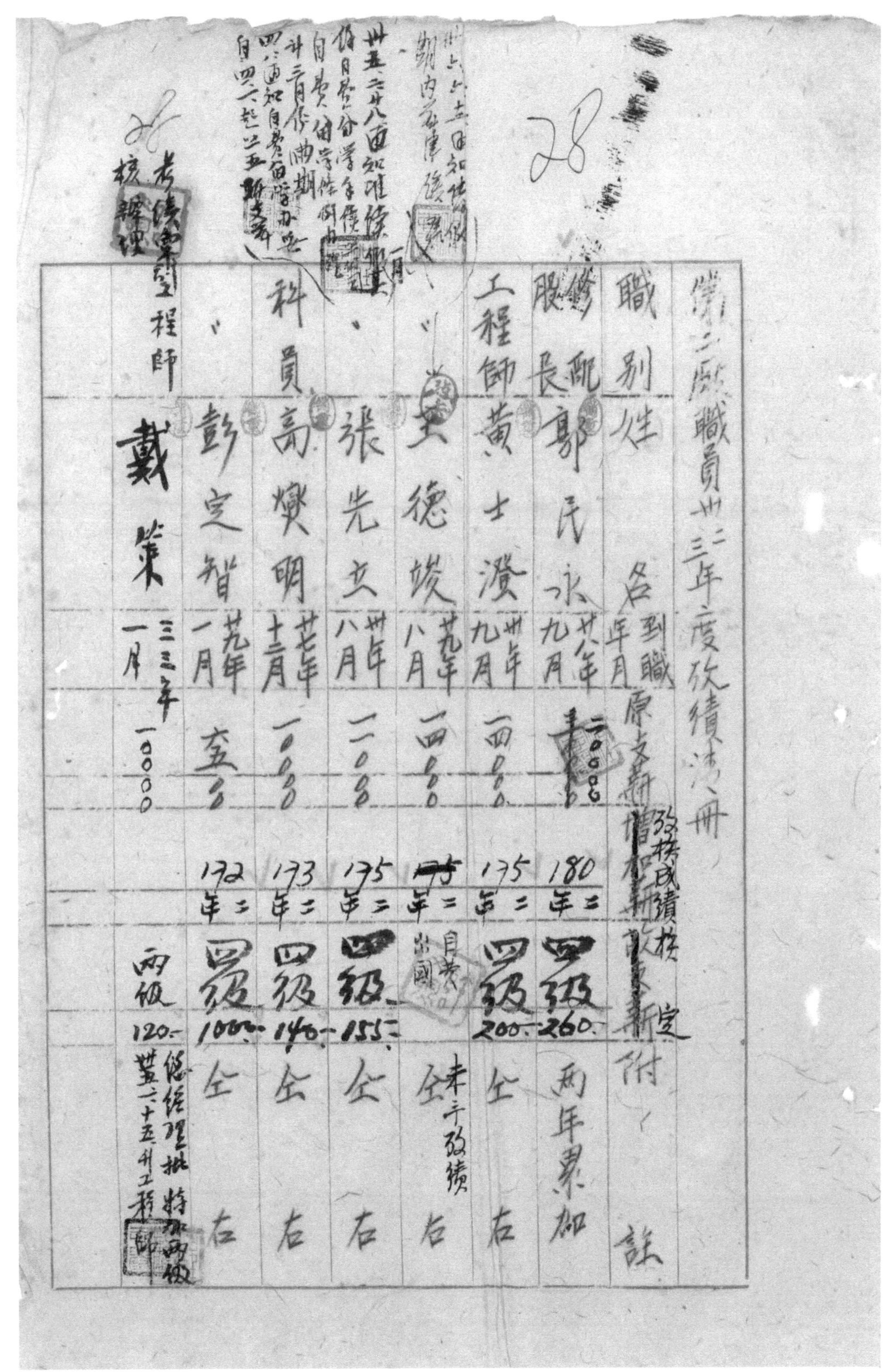

第二廠職員卅三年度攷績清冊

職別	姓名	到職年月	原支薪	攷核成績	增加薪額	核定新薪	附註
修配股長	郭民水	廿八年九月	二〇〇〇	180	年二	四級 200.-260.	兩年累加
工程師	黃士澄	卅年九月	一四〇〇	175	年二	四級	仝右
〃	吳德峻	廿九年八月	一四〇〇	~~175~~	年二	自費出國	仝右 未予攷績
〃	張先立	卅年八月	一二〇〇	175	年二	四級 155.-	仝右
科員	高燮明	廿七年十二月	一〇〇〇	173	年二	四級 140.-	仝右
〃	彭定智	廿九年一月	五〇〇	172	年二	四級 100.-	仝右
考績室工程師	戴策	卅三年一月	一〇〇〇			兩級 120.-	總經理批特加兩級 卅三.十.十五 升工程師

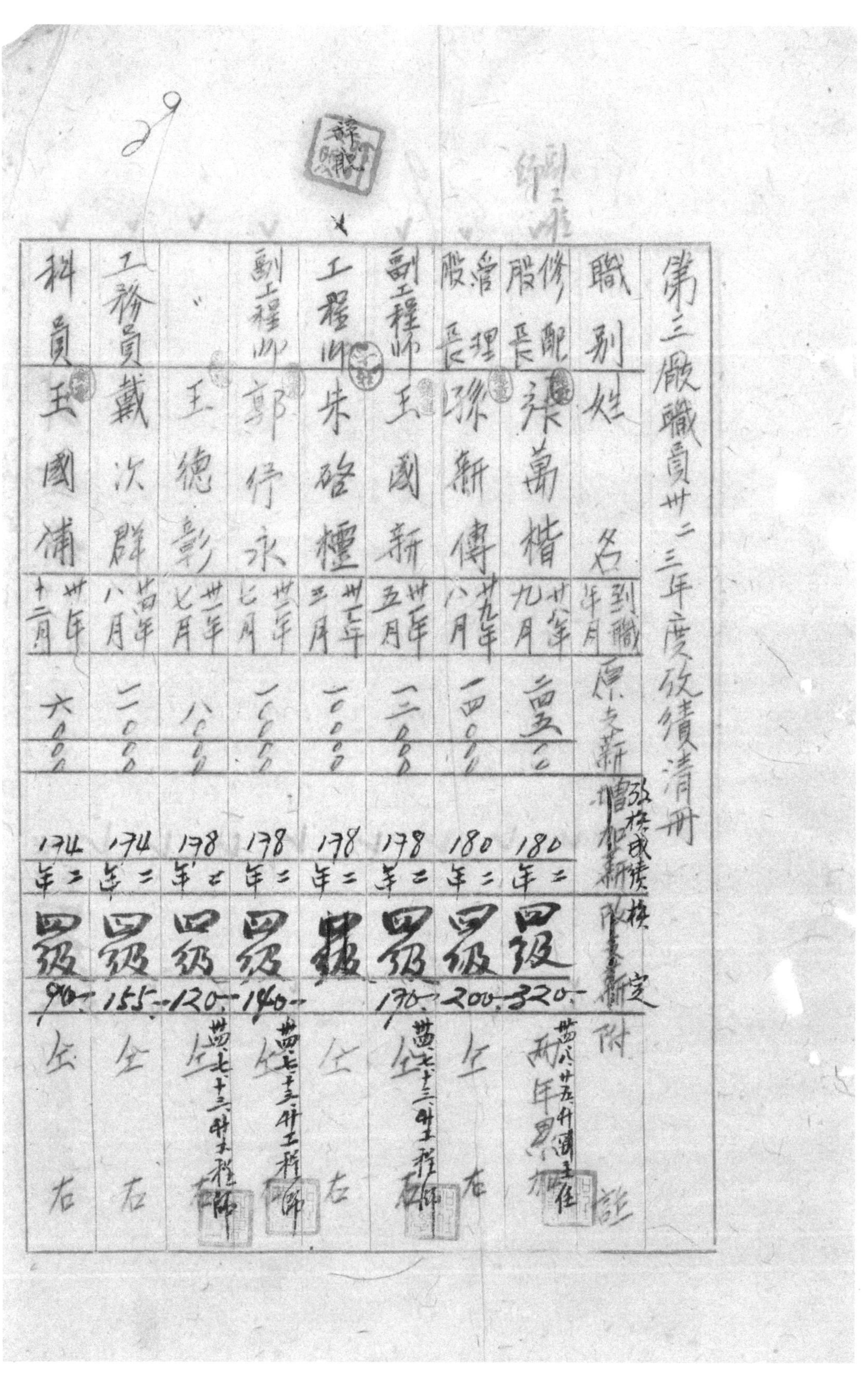

第三廠職員卅二三年度攷績清冊

職別	姓名	到職年月	原支薪		擬核成績		核定新薪	附註
修配股長	張萬楷	廿八年九月	二四五.〇〇	180	二年	四級	320	兩年累加 卅三、八、廿五、升課主任
管理股長	孫新傳	廿九年八月	一四〇.〇〇	180	二年	四級	200	仝右
副工程師	王國新	卅年五月	一三〇.〇〇	178	二年	四級	170	仝右 卅三、七、十三、升工程師
工程師	朱啓檀	卅二年三月	一〇〇.〇〇	178	二年	[illegible]		仝右
副工程師	郭行永	卅一年七月	一〇〇.〇〇	178	二年	四級	140	仝右 卅三、七、十三、升工程師
〃	王德彰	卅一年七月	八〇.〇〇	178	二年	四級	120	仝右 卅三、七、十三、升工程師
工務員	戴次群	卅三年八月	一〇〇.〇〇	174	二年	四級	155	仝右
科員	王國鋪	卅年十二月	六〇.〇〇	174	二年	四級	90	仝右

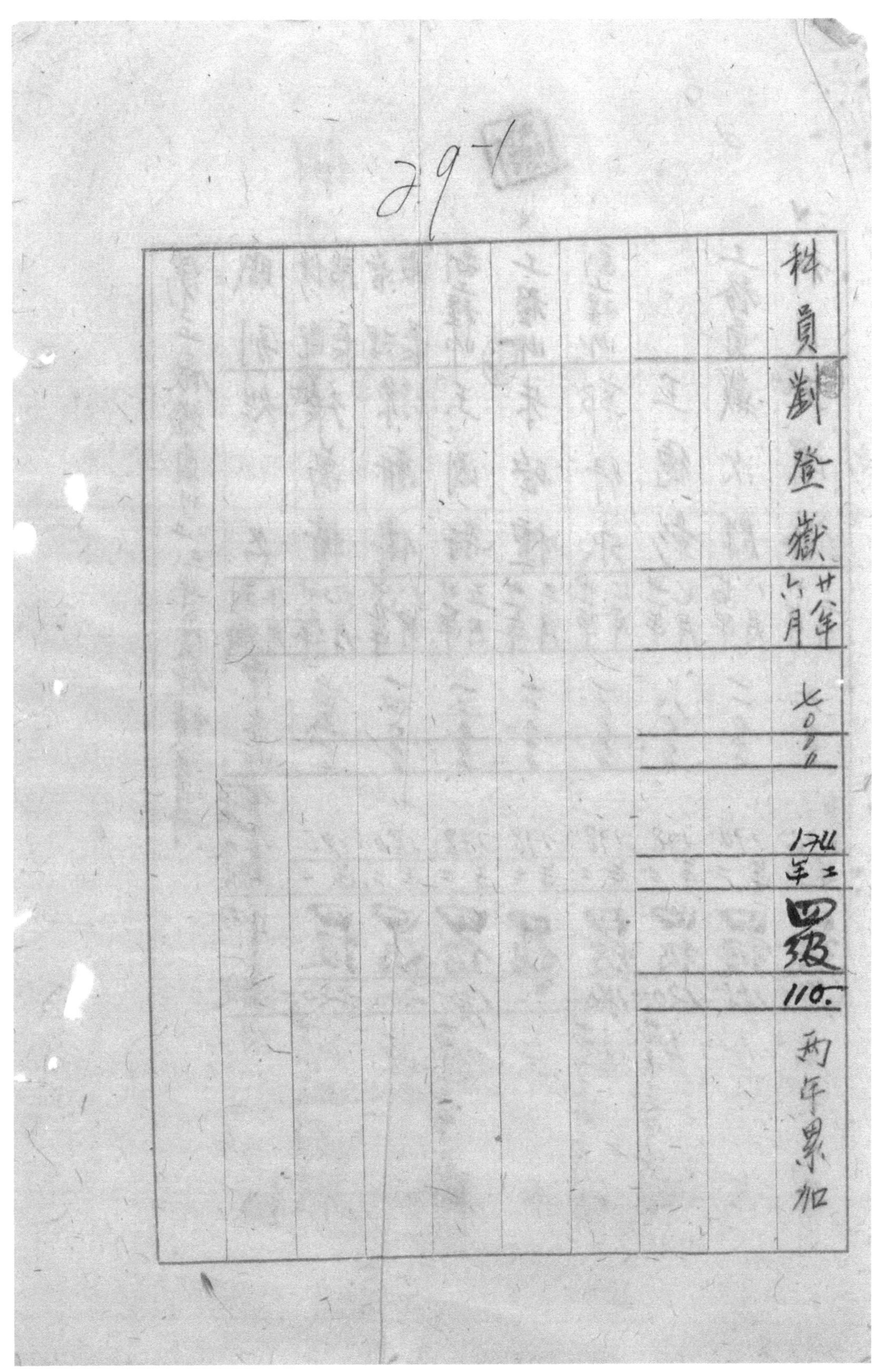

29-1

科員	劉登嶽	廿八年六月	七〇〇	1744 年工	四級	110.	兩年累加

江北辦事處職員卅二三年度考績清冊

職別	姓名	到職年月	原支薪	考核成績	核定	附註
工務員	冉模	廿三年十月	三〇〇	二年 172	四級 170.	兩年累加
科員	李仲康	廿六年七月	四〇〇	二年 170	四級 60.	兩年累加
〃	吳季鶴	廿五年九月	五〇〇	二年 170	四級 100.	仝右 卅八、十、廿二 業務所長[illegible]
〃	陳远清	廿九年一月	六〇〇	二年 170	四級 90.	仝右
〃	馬雲程	廿五年六月	二〇〇	二年 152	貳級 130.	仝右
工務見習	周正倫	卅二年六月	三〇〇	一年 80	貳級 40.	卅八、六、廿九 自[illegible]起 [illegible]

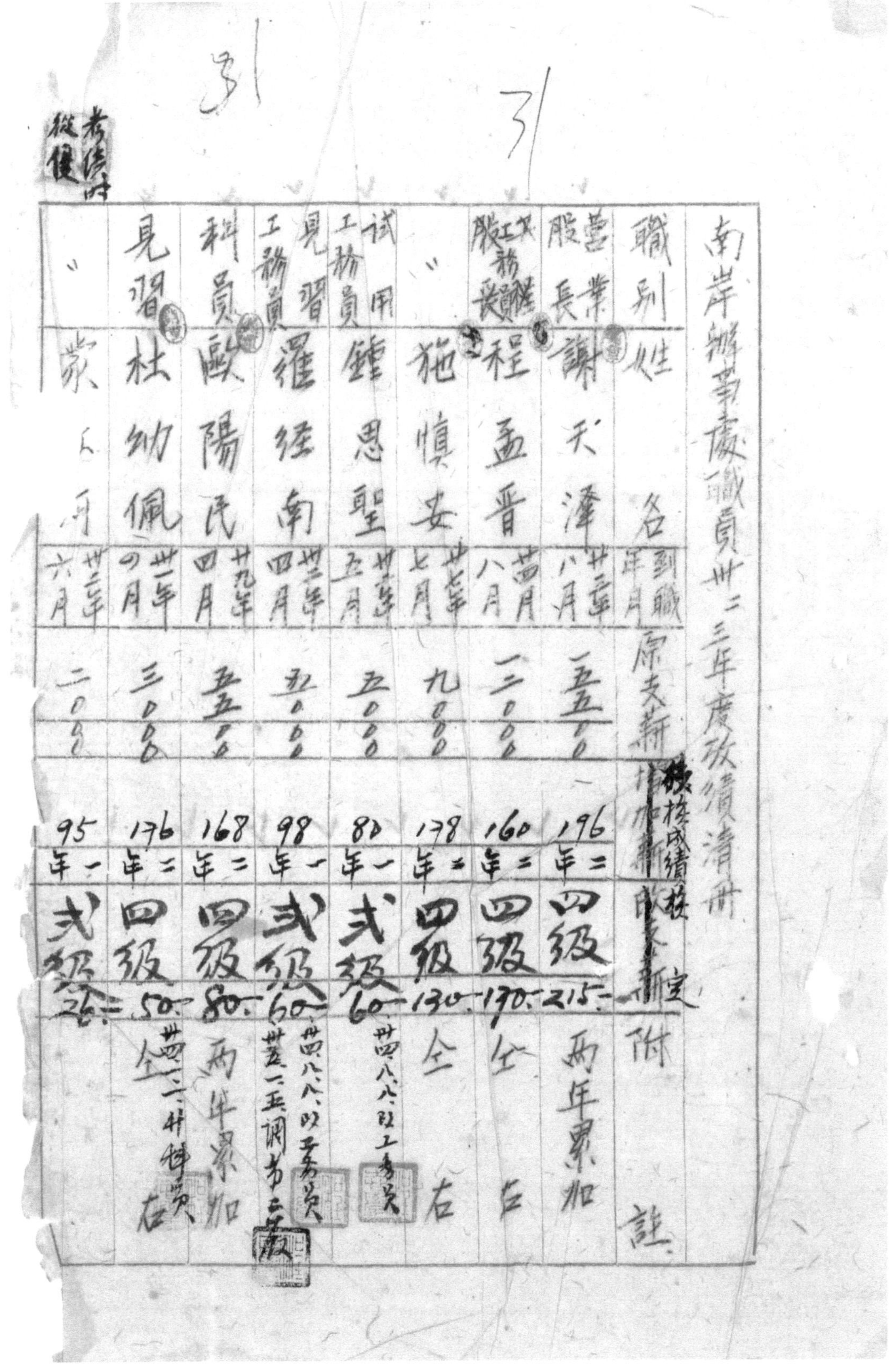

考績時從優

南岸辦事處職員卅二三年度考績清冊

職別	姓名	到職年月	原支薪	考核成績			核定加薪	附註
營業股長	謝天澤	廿五年八月	一五〇〇	196	二年	四級	215	兩年累加
代工務股長	程孟晋	廿四年八月	一二〇〇	160	二年	四級	170	仝右
〃	施慎安	廿七年七月	九〇〇	178	二年	四級	130	仝右
試用工務員	鍾思聖	卅二年五月	五〇〇	80	一年	弍級	60	卅四.八.八.以工務員
見習工務員	羅經南	卅二年四月	五五〇〇	98	一年	弍級	60	卅四.八.八.以工務員 卅五.一.五.調第二段
科員	歐陽民	廿九年四月	五五〇〇	168	二年	四級	80	兩年累加
見習	杜幼佩	卅一年四月	三〇〇	176	二年	四級	50	仝右 卅四.一.一.升科員
〃	蒙	卅二年六月	二〇〇	95	一年	弍級	26	

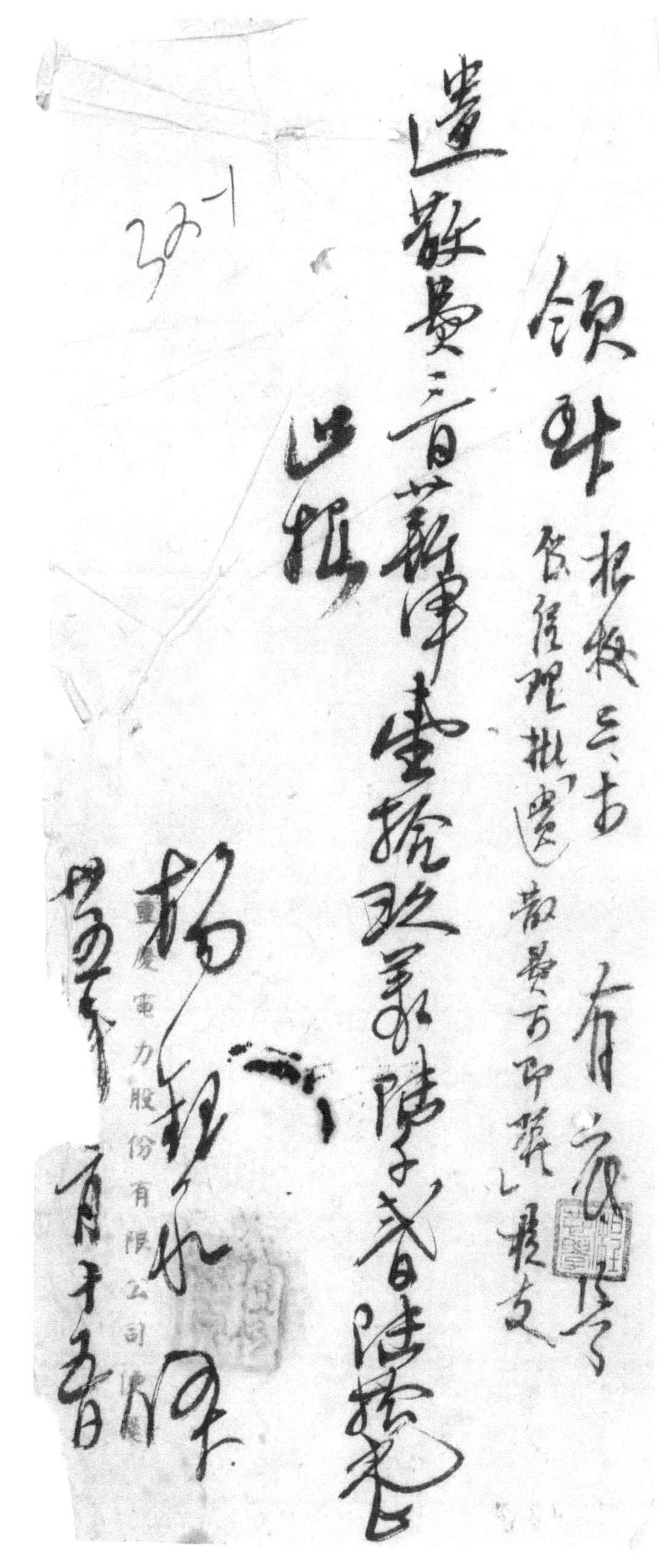

领到 根据三、十[illegible]总经理批准遣散费[illegible]有案[illegible]

遣散费二个月薪津壹拾玖万[illegible]陆[illegible]叁[illegible]陆拾[illegible]

此据

杨程[illegible] 具

重庆电力股份有限公司[illegible]

卅五年[illegible]月十五日

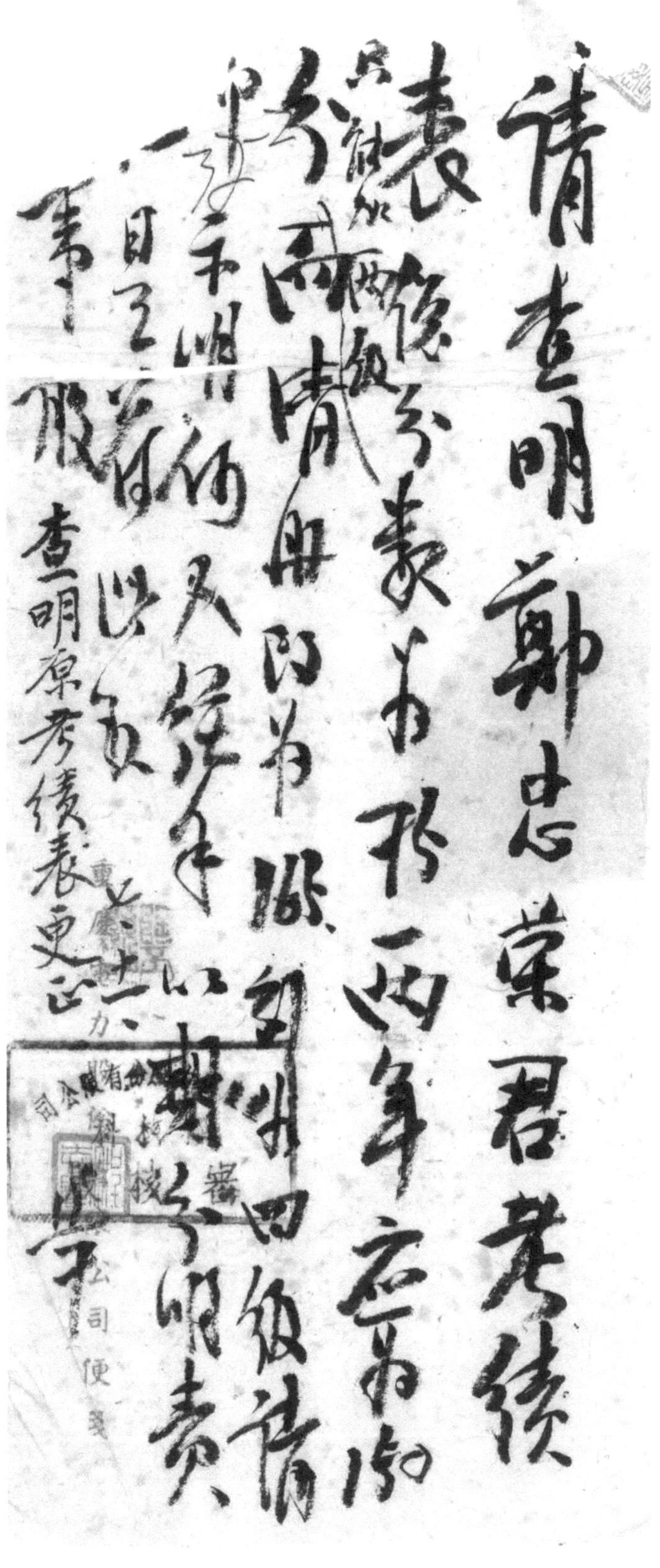

请查明郑忠荣君考绩
表所表示于两年[illegible][illegible]加
考[illegible]请册内[illegible][illegible][illegible]四级请
[illegible]未明何又经年以期之限责
一日至[illegible]得以[illegible]
事假　查明原考绩表更正

重庆电力股份有限公司便笺

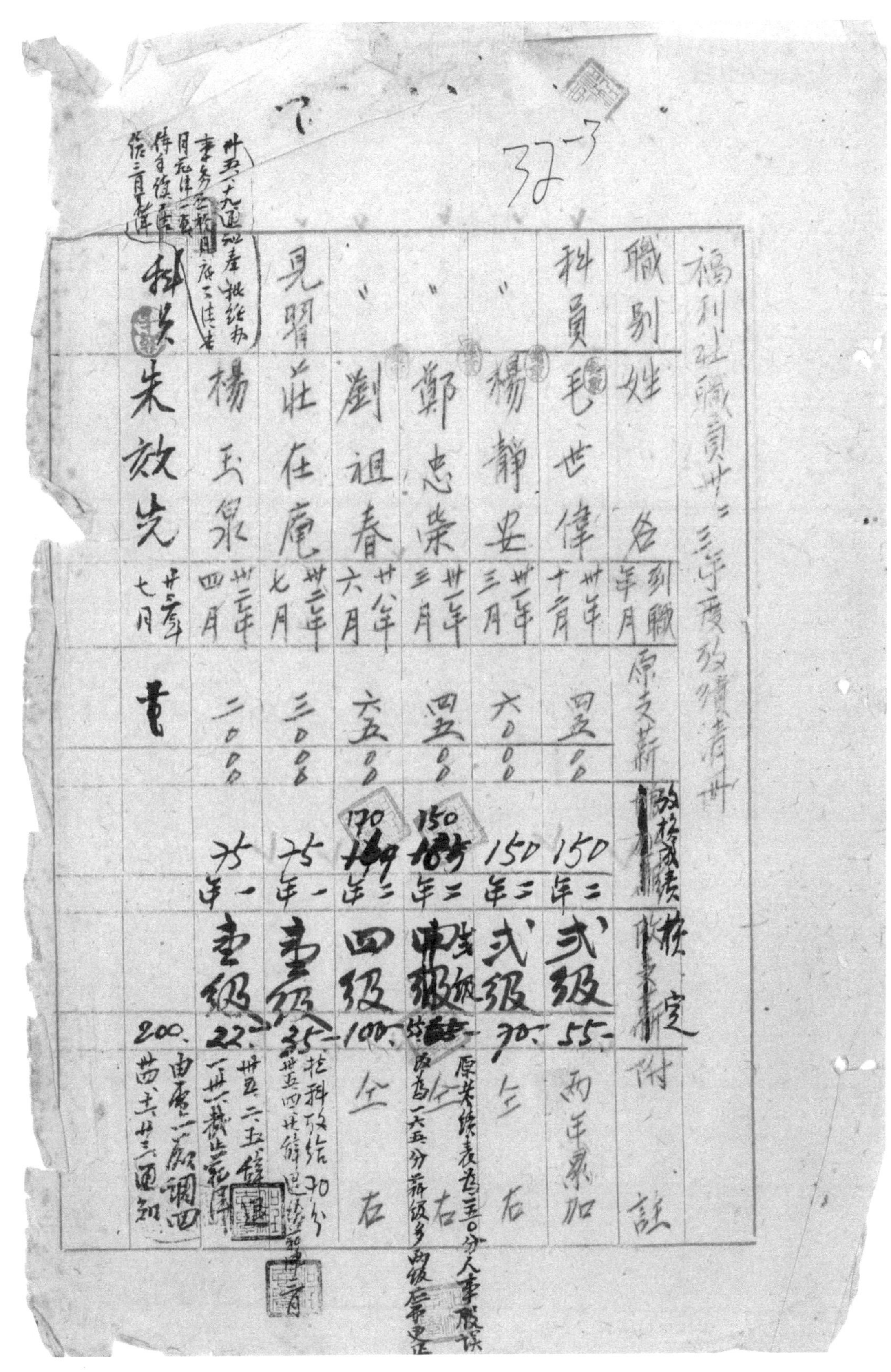

福利社職員卅三年度考績清冊

職別	姓名	到職年月	原支薪	考核成績	核定	附註
科員	毛世偉	卅年十月	四五〇	150 年二	弍級 55	兩年累加
〃	楊靜安	卅一年三月	六〇〇	150 年二	弍級 70	仝右
〃	鄭忠榮	卅一年三月	四五〇	150 年二	[illegible]級	仝右 原考績表為一五〇分人事股誤為一六五分薪級多兩級應予更正
〃	劉祖春	卅一年六月	六五〇	170 年二	四級 100	仝右
見習	莊在鹿	卅二年七月	三〇〇	75 年一	壹級 35	拟科級給70分 卅五.四.廿 [illegible]
〃	楊玉泉	卅二年四月	二〇〇	75 年一	壹級 22	卅五.六.五 [illegible]
科員	朱效先	卅三年七月	[illegible]		200	由處一股調回 卅四.十.卅二通知

卅五.六.九通知奉批給於事务部職員 [illegible]

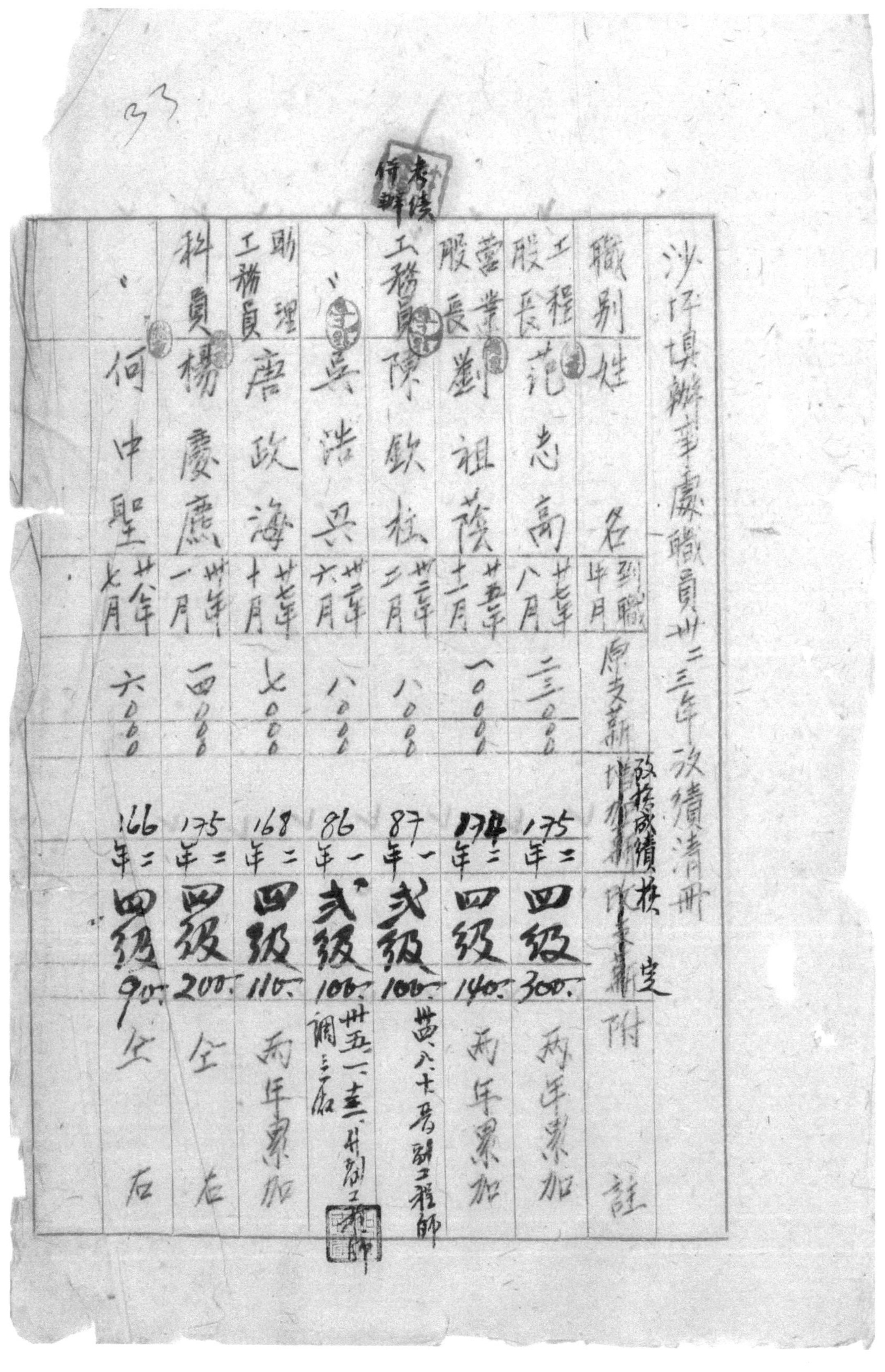

33

沙坪埧辦事處職員卅二、三年考績清冊

職別	姓名	到職年月	原支薪	改按成績核定			附註
工程股長	范志高	廿七年八月	三〇〇	175	年二	四級 300.	兩年累加
營業股長	劉祖蔭	廿五年十一月	一〇〇〇	174	年二	四級 140.	兩年累加
工務員	陳欽植	卅二年二月	八〇〇	87	年一	弍級 100.	卅、八、十起副工程師
〃	吳浩昊	卅二年六月	八〇〇	86	年一	弍級 100.	卅五、一、十五、升副工程師 調三廠
助理工務員	唐政海	廿七年十月	七〇〇	168	年二	四級 110.	兩年累加
科員	楊慶麃	卅年一月	四〇〇	175	年二	四級 200.	仝右
〃	何中聖	廿八年七月	六〇〇	166	年二	四級 90.	仝右

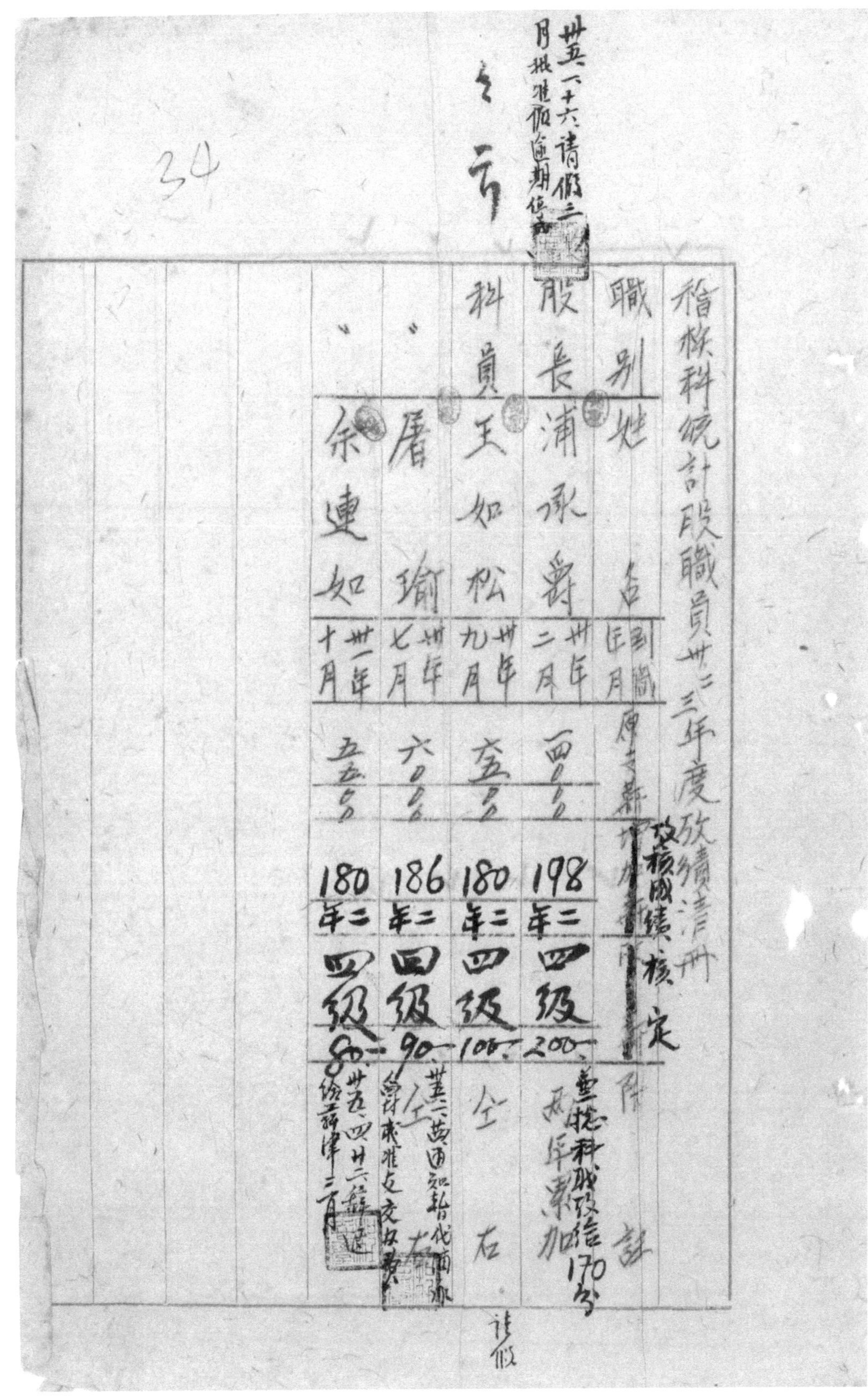

34

卅五、一、十六請假三月 報准個逾期停[illegible]

〃 亠

稽核科統計股職員卅二三年度考績清冊

職別	姓名	到職年月	原支薪俸	考核成績	核定	附註
股長	浦承爵	卅年二月	四〇元	198	年二四級 200	查據科成績總分170分 原年薪加
科員	王如松	卅年九月	六五元	180	年二四級 100	仝右
〃	屠瑜	卅年七月	六〇元	186	年二四級 90	仝右 卅五、一、六黃國如暫代[illegible] 辭職照准交接[illegible]
〃	佘連如	卅一年十月	五五元	180	年二四級 80	卅五、四、廿六辭 徐[illegible]津二月

請假

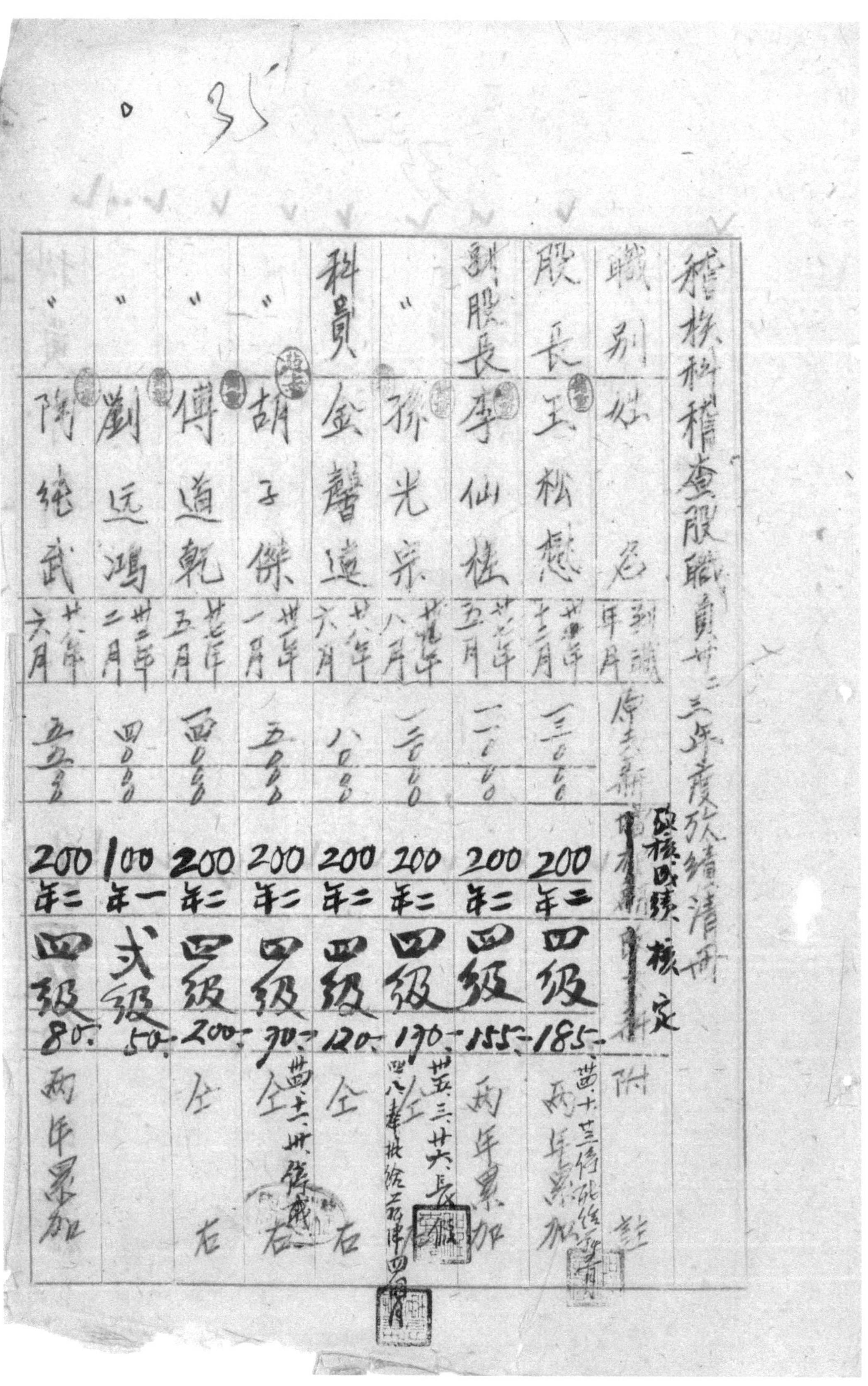

35

稽核科稽查股职员卅三年度考绩清册

职别	姓名	到职年月	原支薪额	考核成绩 核定	附注
股长	王松懋	廿四年十二月	三〇〇	200 年二 四级 185	两年累加 卅四.十.廿三.侍张谷[illegible]
副股长	李仙桂	廿七年五月	二〇〇	200 年二 四级 155	两年累加
〃	孙光宗	廿九年八月	一六〇	200 年二 四级 130	仝 卅五.三.廿六.长 四八奉批给工程津四[illegible]
科员	金馨远	廿八年六月	八〇〇	200 年二 四级 120	仝右
〃	胡子杰	卅一年一月	五〇〇	200 年二 四级 70	仝右 卅三.十二.卅.[illegible]
〃	傅道乾	廿七年五月	四〇〇	200 年二 四级 200	仝右
〃	刘远鸿	卅二年二月	四〇〇	100 年一 式级 50	
〃	陈继武	廿六年六月	五五〇	200 年二 四级 80	两年累加

35-1

科员 蔡新民 卅一年一月 四五 160 年二 四级 60 两年累加

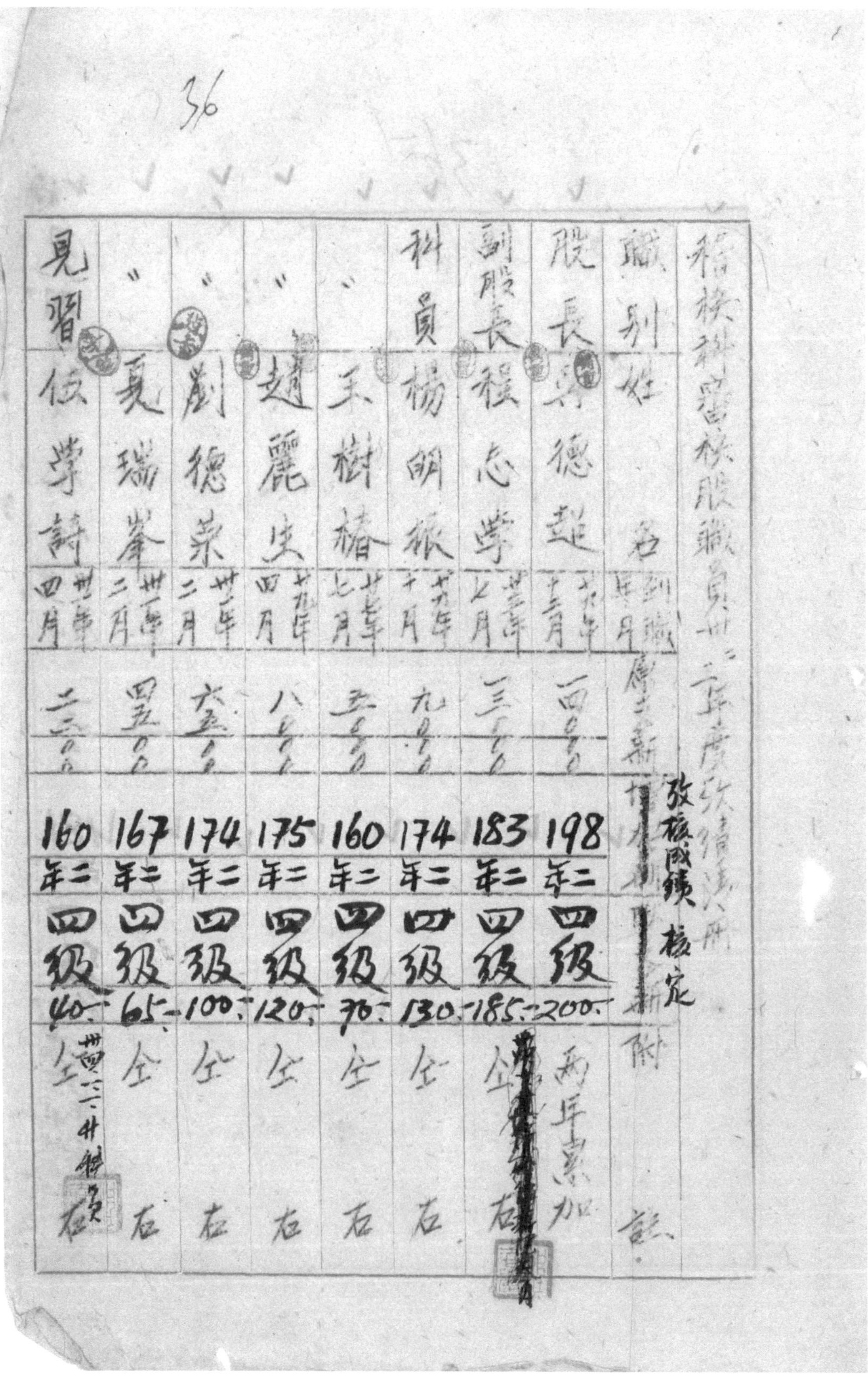

36

稽核科審核股職員卅二年度考績清冊

職別	姓名	到職年月	原支薪額	考核成績	核定新薪	附註
股長	[illegible]德超	廿六年十二月	四00	198 二年	四級 200.	兩年需加
副股長	程志學	廿三年七月	三00	183 二年	四級 185.	仝右
科員	楊明禄	廿六年十月	九00	174 二年	四級 130.	仝右
〃	王樹椿	廿七年七月	五00	160 二年	四級 70.	仝右
〃	趙麗生	廿九年四月	八00	175 二年	四級 120.	仝右
〃	劉德榮	卅一年二月	六五0	174 二年	四級 100.	仝右
〃	夏瑞峯	卅一年二月	四五0	167 二年	四級 65.	仝右
見習	倪學詩	卅一年四月	二00	160 二年	四級 40.	卅[illegible]一廿報到 仝右

改核成績 核定

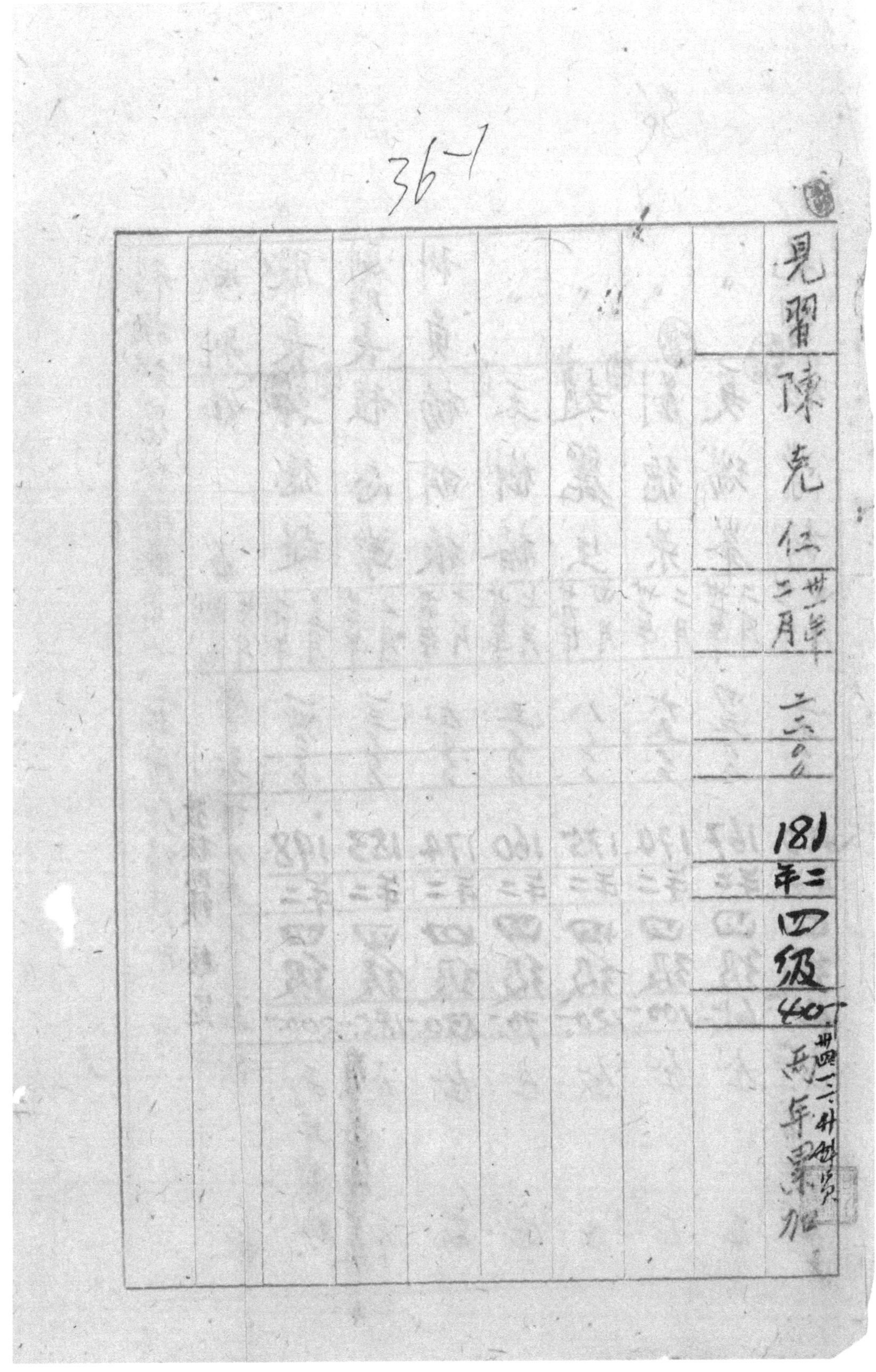
36-1

見習 陳堯仁 卅一年二月 二〇〇 181 年二 四級 405 卅四.一.一升科员 兩年累加

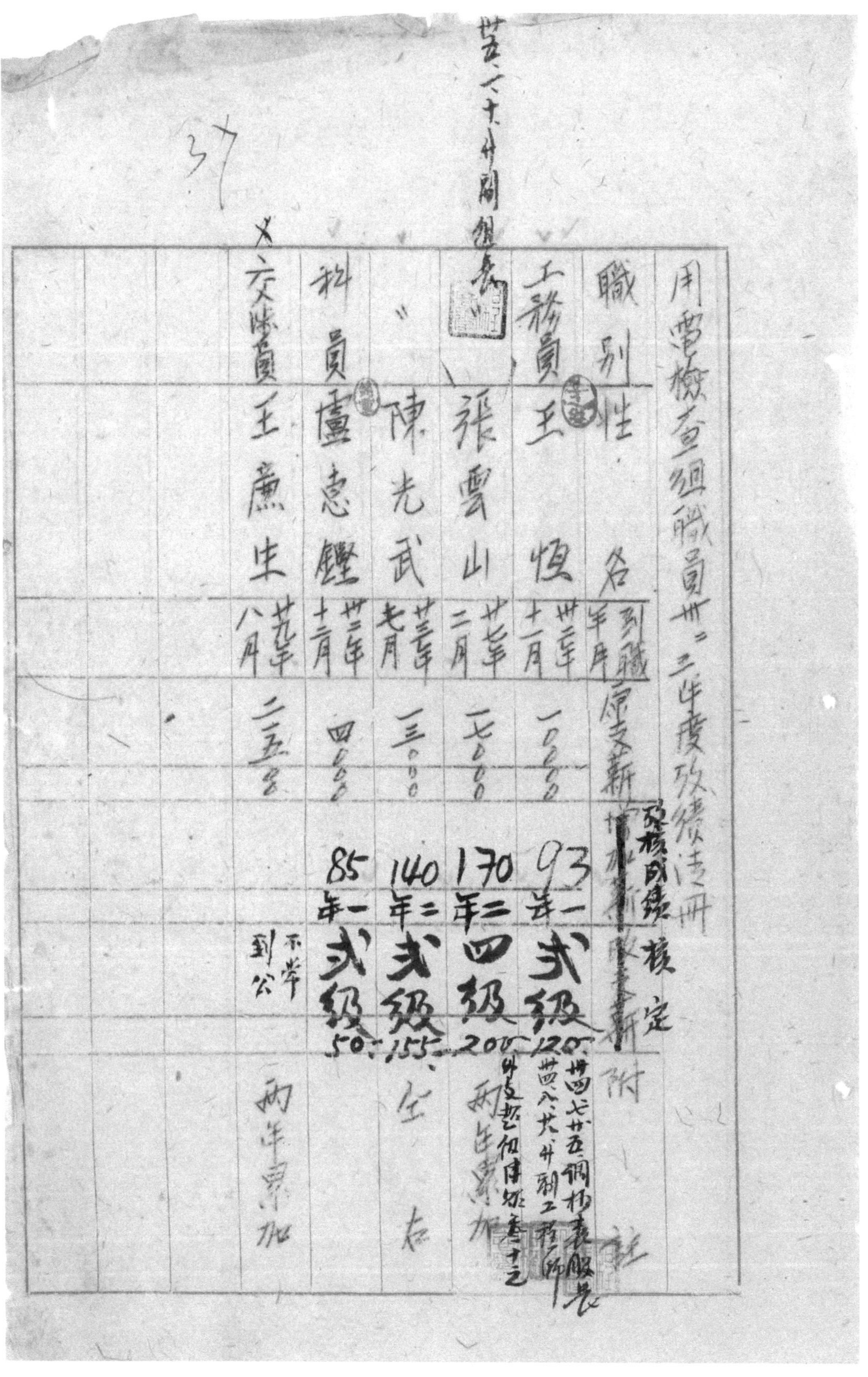

用電檢查組職員卅二年度攷績清冊

職別	姓名	到職年月	原支薪	增加薪額	新薪	考核成績	核定	附註
工務員	王恆	卅年十月	一〇〇〇〇	93	年一	弍級	120	
〃	張雲山	廿七年二月	一七〇〇〇	170	年二	四級	200	兩年累加
〃	陳光武	廿二年七月	一三〇〇〇	140	年二	弍級	155	仝右
料員	盧惠鏗	卅一年十二月	四〇〇〇	85	年一	弍級	50	
交際員	王慮生	廿九年八月	二五〇〇			不到公		兩年累加

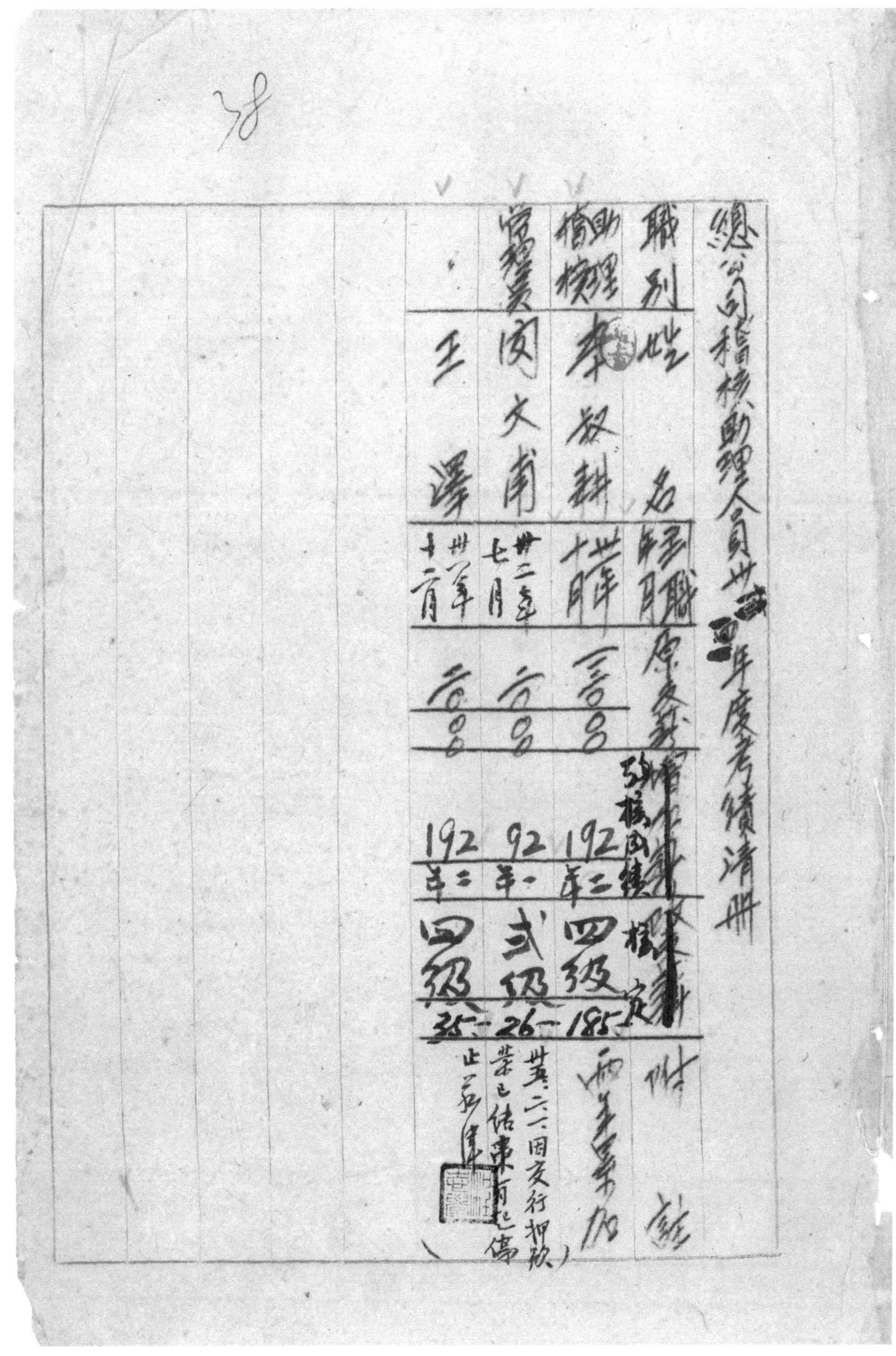

38

總公司稽核、助理人員卅四年度考績清冊

職別	姓名	到職年月	原支薪額	改核因績		擬定		附註
助理稽核	李發耕	卅年十一月	三〇〇	192	年二	四級	185	
常務員	閔文甫	卅二年七月	六〇〇	92	年一	貳級	26	兩年未加
	王澤	卅一年十二月	六〇〇	192	年二	四級	35	（卅四、二、一因交行押款業已結束，自已停止）

總務科庶務股顧警隊職員卅三年度考績册

職別	姓名	到職年月	原支薪額	考核成績	核定	附註
隊附	沈朝雲	卅二年五月	二〇〇	90	一年貳級 26.	
〃	税承勳	卅一年一月	二〇〇	130	二年四級 35.	兩年累加

重庆电力股份有限公司职员考绩册（时间不详）　0219-1-35

49

職員考績冊（一）

準各處所擬惟擬太寬應將

甲、改作三級

乙、改作二級

丙、改作一級

丁、改為不加

等	職別	姓名	到職年月	原薪額	新增加薪額	改定薪額	附註
甲	駐昆办事員	簡伯良	廿三年三月	二〇〇 〇〇	六〇 〇〇（肆）	二四五 〇〇	
甲	文書股股長	闞倬雲	卅四年五月	二一五 〇〇	六五 〇〇	二四五 〇〇	以下文書股 月支超級津貼十五元
甲	副股長	周函南	廿七年二月	一〇〇 〇〇	四〇 〇〇（叁）	一三〇 〇〇	
乙	科員	何寬厚	廿六年三月	九〇 〇〇	三〇 〇〇	一二〇 〇〇	卅四、三、十五停職奉總經理批准照退休規定辦理計退休金三八八〇〇元 卅三、八、廿一 佐
V	〃	曾石声	卅年十一月	八〇 〇〇		八〇 〇〇	
乙	〃	陳本耀	卅年二月	七〇 〇〇	三〇 〇〇	九〇 〇〇	卅四、三、十五 佐 四十八以補經理 [illegible]
甲	〃	江海東	廿八年四月	七〇 〇〇	四〇 〇〇（叁）	一〇〇 〇〇	
乙	〃	楊同培	廿八年十月	四五 〇〇	一五 〇〇	六〇 〇〇	
丙	〃	王樹猷	廿九年五月	三五 〇〇	一〇 〇〇	四〇 〇〇	廿六、八、十五、[illegible] 給薪津三個月

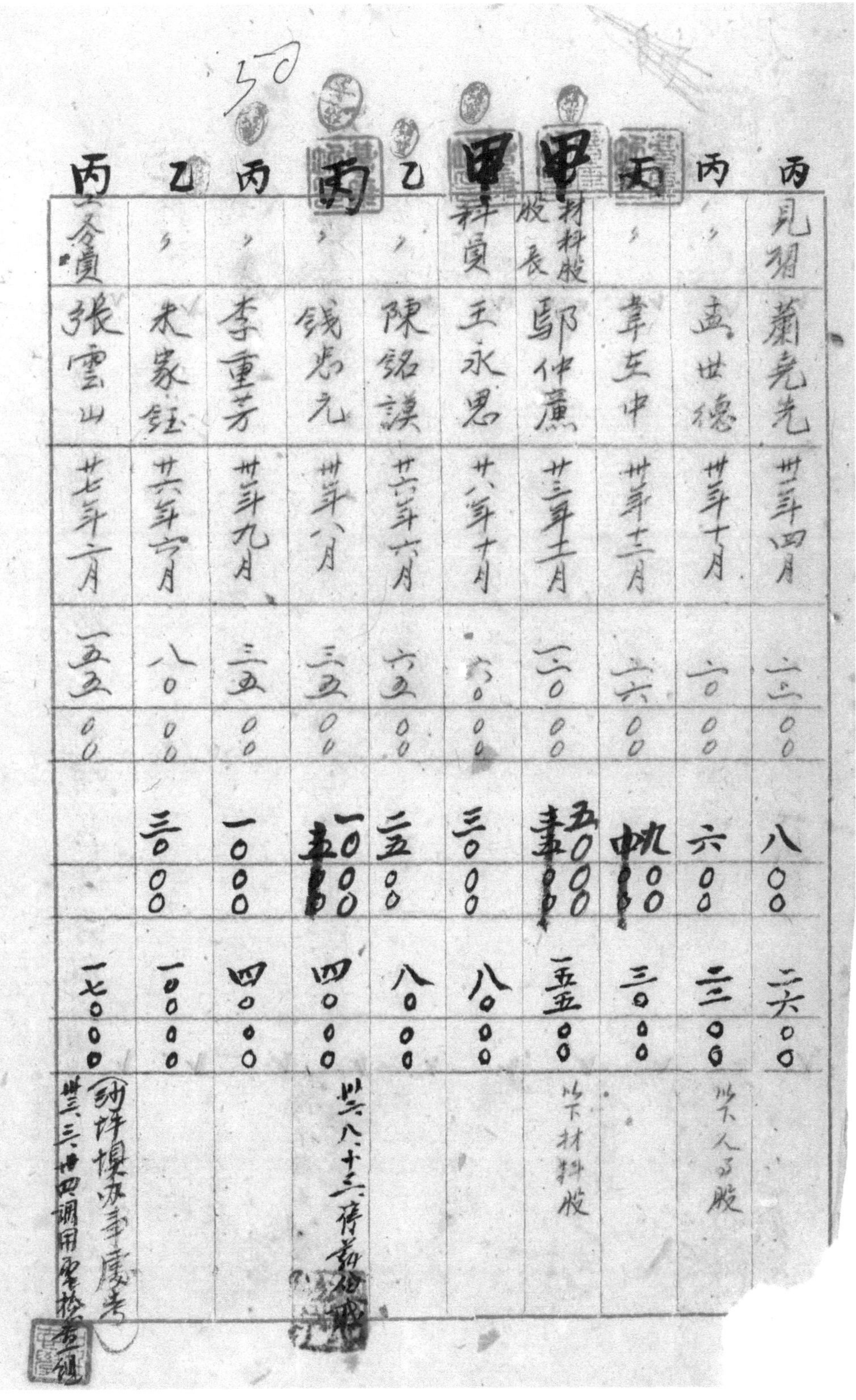

50

等级	职务	姓名	到职年月				备注
丙	見習	蕭堯先	卅二年四月	一二〇〇	八〇〇	二六〇〇	
丙	〃	孟世德	卅二年十月	一〇〇〇	六〇〇	二三〇〇	以下人事股
丙	〃	韋左中	卅二年十二月	一六〇〇	九〇〇	三〇〇〇	
甲	材料股股長	鄔仲薫	廿三年十一月	一二〇〇〇	五〇〇〇	一五五〇〇	以下材料股
甲	科員	王永思	廿八年十月	六〇〇〇	三〇〇〇	八〇〇〇	
乙	〃	陳銘謨	廿六年六月	六五〇〇	二五〇〇	八〇〇〇	
丙	〃	錢忠元	卅年八月	三五〇〇	一〇〇〇	四〇〇〇	卅六、八、十三、停薪留職
丙	〃	李重芳	卅年九月	三五〇〇	一〇〇〇	四〇〇〇	
乙	〃	朱家鈺	廿六年六月	八〇〇〇	三〇〇〇	一〇〇〇〇	
丙	[illegible]令員	張雲山	廿七年六月	一五五〇〇		一七〇〇〇	卅三、三、卅四調用零校[illegible]（附件填收手續考）

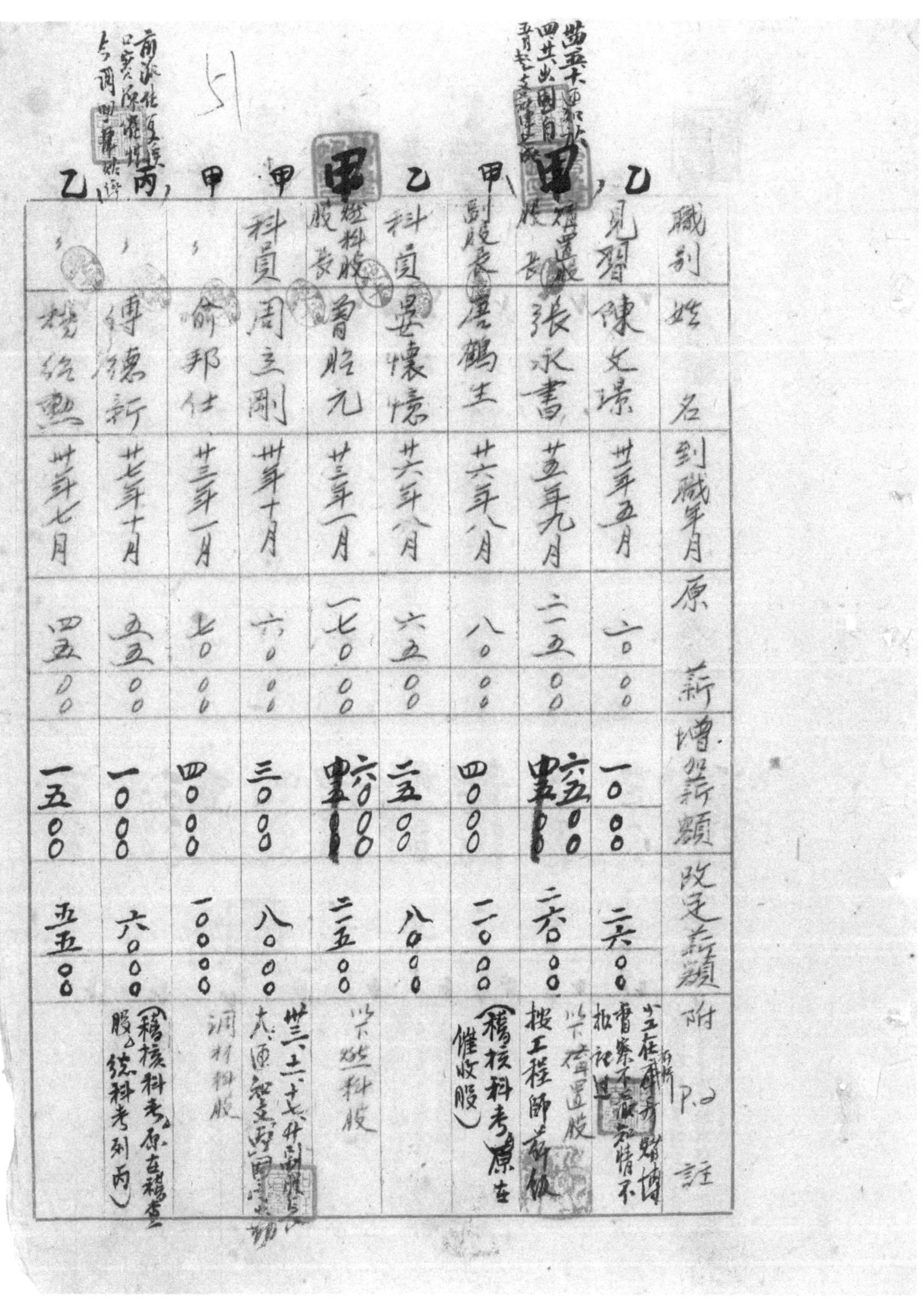

卅五、十、四共出國自五月起文函建議[illegible]

前派往復員[illegible]原濾料[illegible]調整[illegible]

51

職別	姓名	到職年月	原薪	增加薪額	改定薪額	附註
乙 見習	陳文璟	卅年五月	一六〇〇	一〇〇〇	二六〇〇	卅五在職考試時舞弊，書察不嚴，知情不報，記過
甲 購置股股長	張永書	廿五年九月	二二五〇〇	六五〇〇	二九〇〇〇	以下購置股；按工程師薪級
甲 副股長	唐鶴生	廿六年八月	八〇〇〇	四〇〇〇	一二〇〇〇	（稽核科考，原在催收股）
乙 科員	晏懷儂	廿六年八月	六五〇〇	一五〇〇	八〇〇〇	
甲 燃料股股長	曾貽元	廿三年一月	一七〇〇〇	六〇〇〇	二三〇〇〇	以下燃料股
甲 科員	周立剛	卅年十月	六〇〇〇	三〇〇〇	八〇〇〇	卅三、十一、十七升副股長，文函知照[illegible]
甲 〃	俞邦仕	廿三年一月	六〇〇〇	四〇〇〇	一〇〇〇〇	調材料股
丙 〃	傅德新	廿七年十月	五五〇〇	一〇〇〇	六〇〇〇	（稽核科考，原在稽查股，總科考列丙）
乙 〃	楊紹勳	卅年七月	四五〇〇	一五〇〇	五五〇〇	

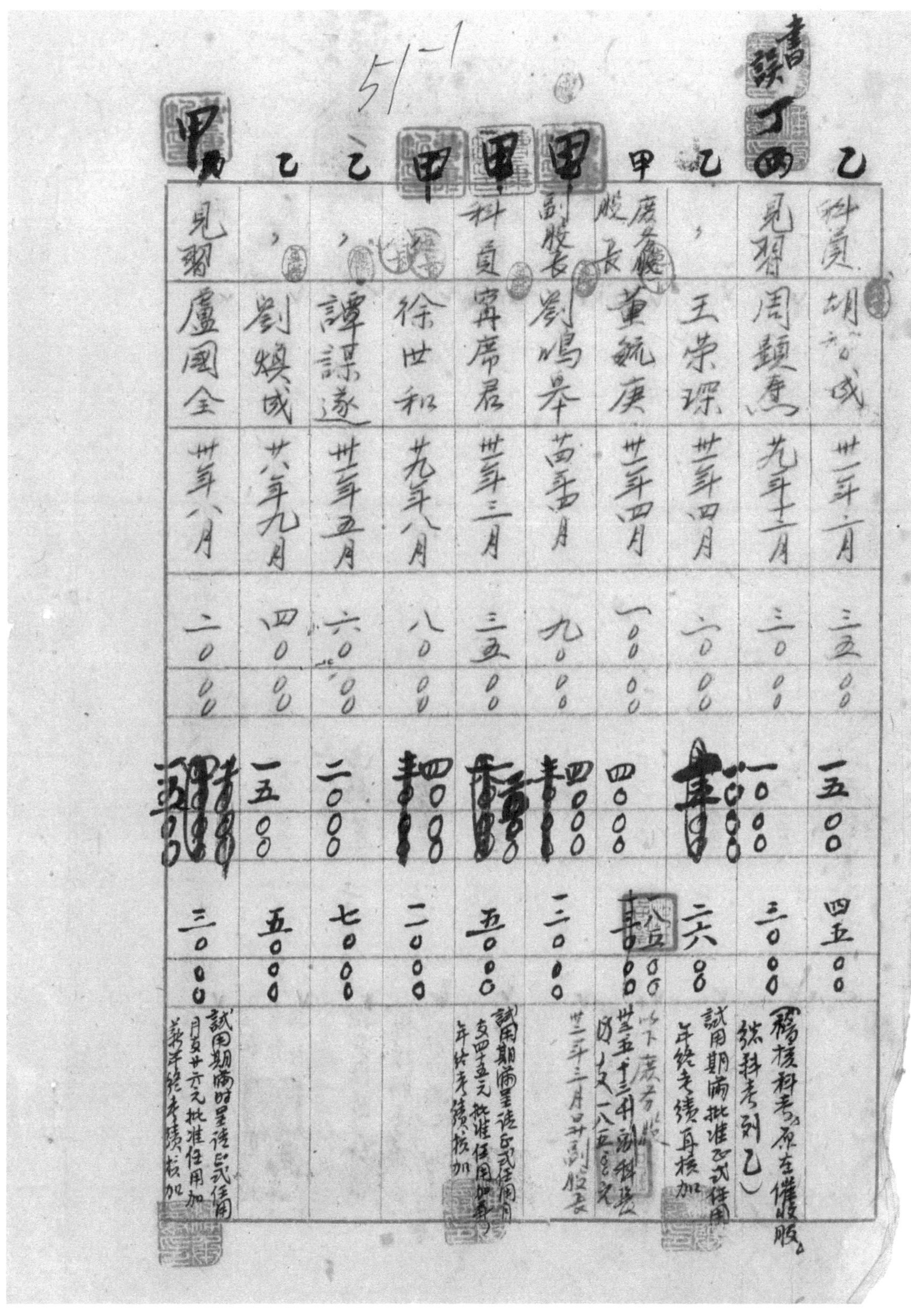

51-1

等级	职务	姓名	到职年月				备注
乙	科員	胡芸成	卅一年十月	三五〇〇	一五〇〇	四五〇〇	
書記 丁 丙	見習	周顗鳶	廿九年十二月	三〇〇	一〇〇〇	三〇〇〇	（移核科考，原在僱員，照科考列乙）
乙	，	王崇璨	廿二年四月	六〇〇	一〇〇〇	二六〇〇	試用期滿批准正式任用，年終考績再核加
甲	庶務股長	董毓庚	廿二年四月	一〇〇〇	四〇〇〇	十〇〇〇	以下庶務股 卅五年十二月升副科長，改支一八五〇〇元
甲	副股長	劉鳴皋	卅四年十一月	九〇〇	四〇〇〇	三〇〇〇	卅三年三月日升副股長
甲	科員	甯席君	廿年三月	三五〇〇	[illegible]	五〇〇〇	試用期滿呈請正式任用，支四十五元，批准任用加薪，年終考績核加
甲	，	徐世和	廿九年八月	八〇〇	[illegible]	二〇〇〇	
乙	，	譚謀遂	廿二年五月	六〇〇	二〇〇〇	七〇〇〇	
乙	，	劉煥成	廿六年九月	四〇〇	一五〇〇	五〇〇〇	
甲 丙	見習	盧國全	卅年八月	二〇〇	[illegible]	三〇〇〇	試用期滿呈請正式任用，月支廿六元，批准任用加薪，年終考績核加

等級	職別	姓名	到職年月	原薪額	增加薪額	改定薪額	附註
甲	見習	王祥璋	廿一年八月	三〇〇〇	二〇〇〇 / 一五〇〇	四五〇〇	升科員
乙	〃	余家齊	廿一年十二月	一六〇〇	一四〇〇 / 一九〇〇	三五〇〇	升科員
丙	〃	胡紹堯	廿一年七月	六〇〇	九〇〇	三〇〇〇	卅六年十二月調福利社 卅三、十、十五 兼顧登
乙	科員	鄭君榮	廿一年三月	三五〇〇	一五〇〇	四五〇〇	卅六、八、十三調[illegible]
甲	主任醫師	羅大一	廿七年一月	六〇〇〇	[illegible]〇〇〇	三二〇〇〇	兼醫務室
甲	醫師	傅文祥	廿七年三月	一一〇〇〇	[illegible]	一四〇〇〇	曾呈請由助理醫師升為醫師月支一百六十元批准升級加薪併入本表辦理
乙	助理醫師	王咸康	廿一年七月	一〇〇〇	三〇〇〇	一三〇〇〇	
丙	見習	柏濟民	廿八年三月	二〇〇	八〇〇	二六〇〇	
丙	〃	杜朝鑫	廿六年四月	二六〇〇	九〇〇	三〇〇〇	

卅六八十三 調福利社

卅三十十五 [illegible]

[illegible]

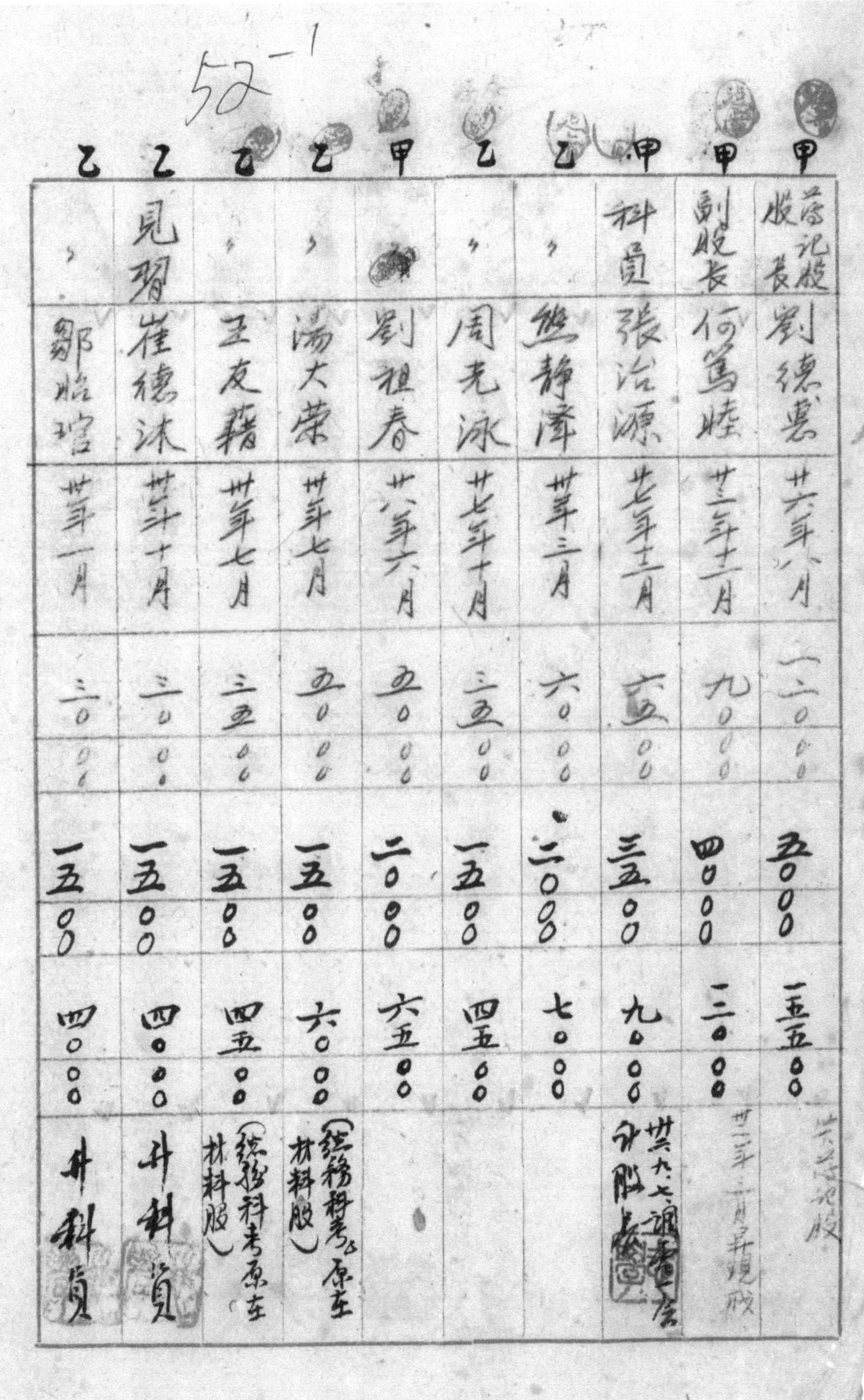

52-1

等	職別	姓名	到職年月	薪額	津貼	合計	備考
甲	登記股股長	劉德惠	廿六年八月	一二〇〇〇	五〇〇〇	一五五〇〇	[illegible]記股
甲	副股長	何篤睦	廿三年十一月	九〇〇〇	四〇〇〇	一三〇〇〇	卅二年十一月昇現職
甲	科員	張治源	廿七年十二月	五五〇〇	三五〇〇	九〇〇〇	卅六.九.七.調[illegible]一處 升股長
乙	〃	熊靜濟	卅年三月	六〇〇〇	二〇〇〇	七〇〇〇	
乙	〃	周光泳	廿七年十月	三五〇〇	一五〇〇	四五〇〇	
甲	〃	劉祖春	廿八年六月	五〇〇〇	二〇〇〇	六五〇〇	
乙	〃	湯大榮	卅年七月	五〇〇〇	一五〇〇	六〇〇〇	（總務科考取 原在材料股）
乙	〃	王友藉	卅年七月	三五〇〇	一五〇〇	四五〇〇	（總務科考取 原在材料股）
乙	見習	崔德沐	卅年十月	三〇〇〇	一五〇〇	四〇〇〇	升科員
乙	〃	鄒臨瑄	卅年一月	三〇〇〇	一五〇〇	四〇〇〇	升科員

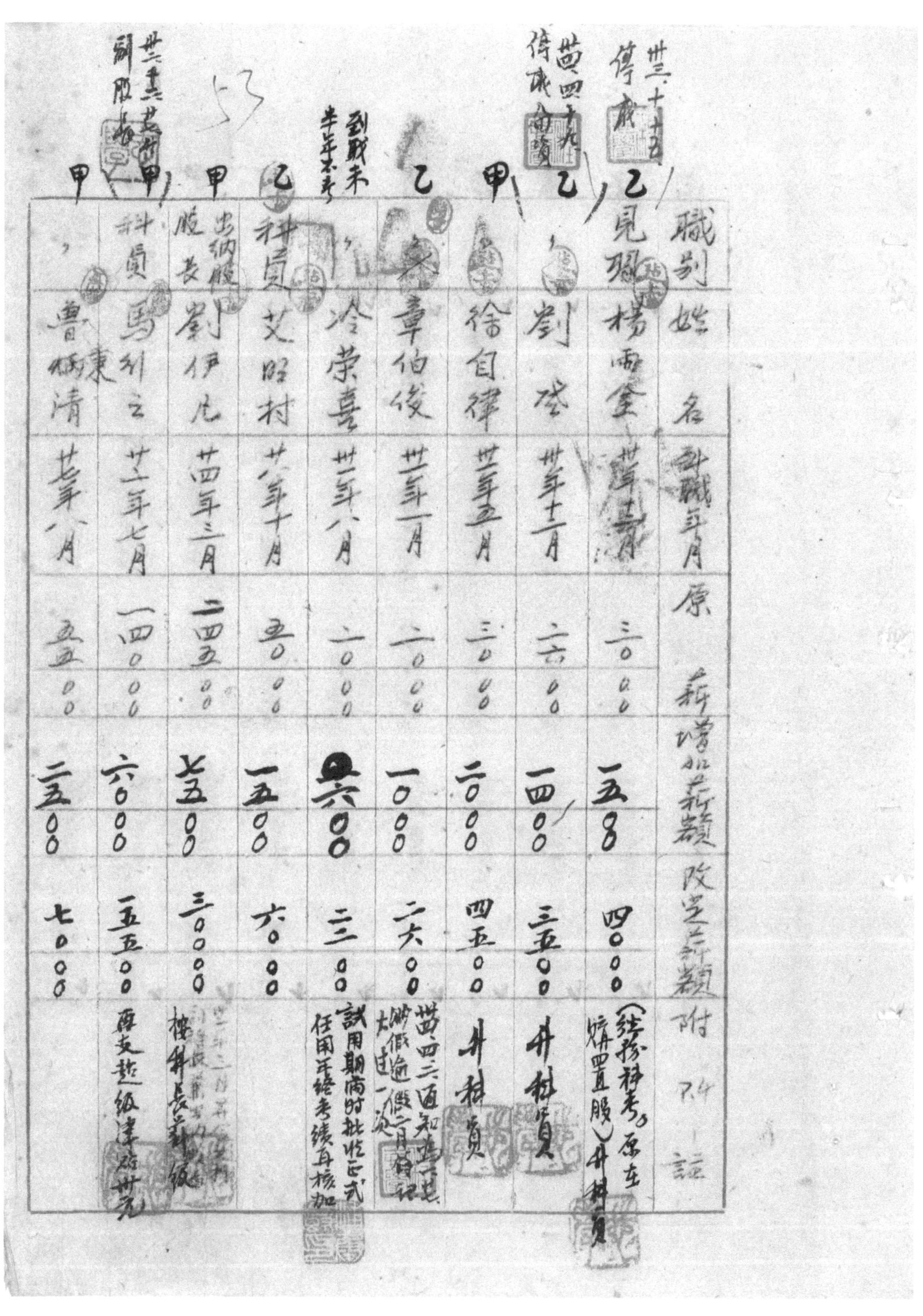

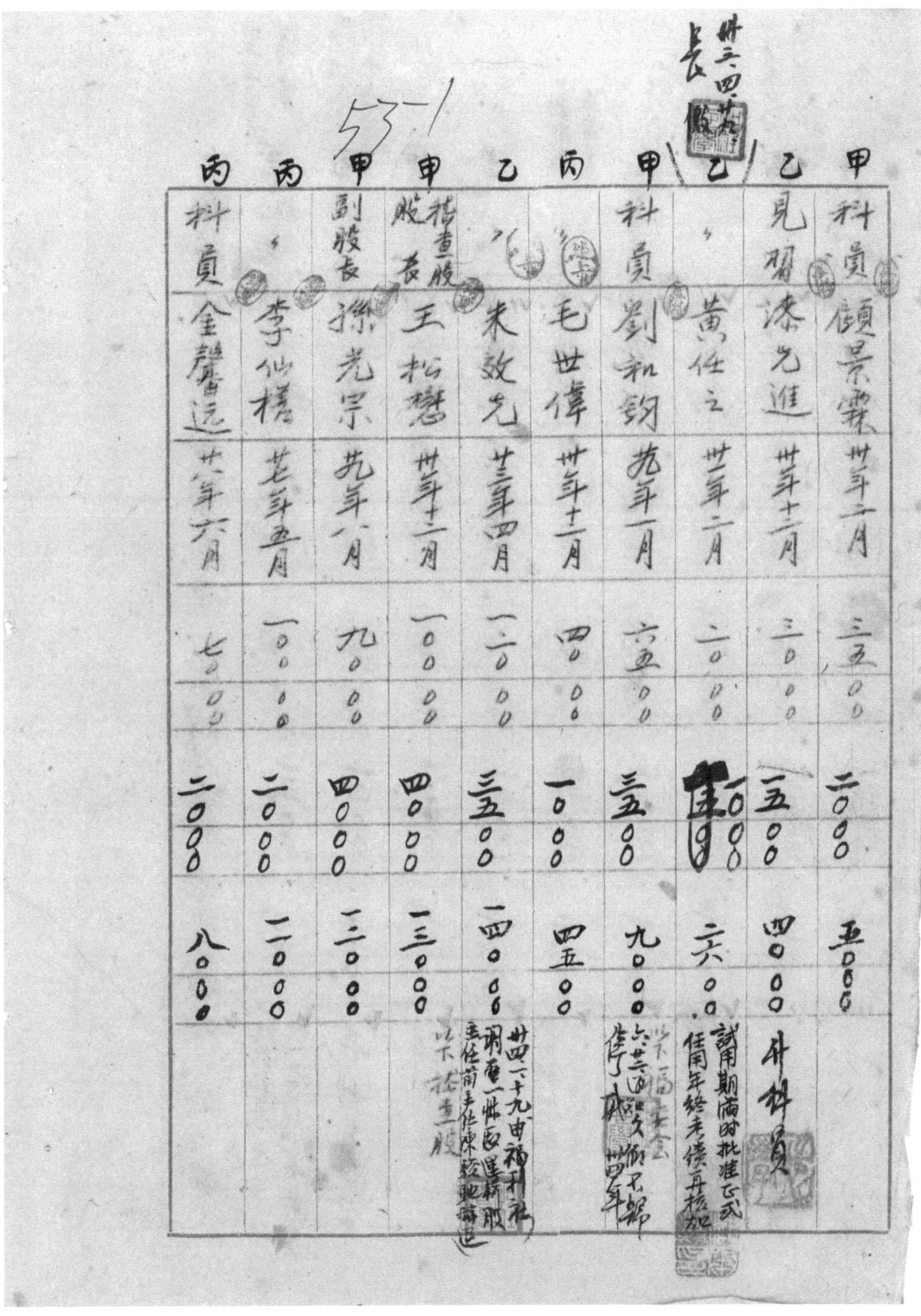

卅六、四、十五
長（印）

53-1

等	職別	姓名	到職年月				備考
甲	科員	顧景霖	卅年二月	三五〇〇	二〇〇〇	五〇〇〇	
乙	見習	滕光進	卅年十二月	三〇〇〇	一五〇〇	四〇〇〇	升科員
乙	〃	黃任之	卅一年二月	二〇〇〇	一〇〇〇	六〇〇	試用期滿時批准正式任用年終考績再核加
甲	科員	劉和鈞	廿九年一月	六五〇〇	三五〇〇	九〇〇〇	卅六……[illegible]……停了……卅四年
丙	〃	毛世偉	卅年十二月	四〇〇	一〇〇〇	四五〇〇	
乙	〃	朱效先	廿三年四月	一二〇〇〇	三五〇〇	一四〇〇〇	卅四、十、十九由福利社調查一……[illegible]……主任前來任……[illegible]
甲	稽查股股長	王松懋	卅年十二月	一〇〇〇〇	四〇〇〇	一三〇〇〇	以下稽查股
甲	副股長	孫光宗	廿九年八月	九〇〇〇	四〇〇〇	一三〇〇〇	
丙	〃	李仙樵	廿七年五月	一〇〇〇〇	二〇〇〇	一二〇〇〇	
丙	科員	金馨遠	卅一年六月	七〇〇〇	二〇〇〇	八〇〇〇	

54

石加

等級	職別	姓名	到職年月	原薪	增加薪額	改支薪額	附註 P.S
甲	科員	楊震	卅年五月	四五〇〇	二〇〇〇	六〇〇〇	卅三、四、三、裁遣匯四月份在〇匯薪津四佰月 卅三、六、廿八、長徵
丙	〃	孫錦雲	卅年十二月	三五〇〇	一〇〇〇	四〇〇〇	
甲	〃	胡子傑	卅年一月	三五〇〇	二〇〇〇	五〇〇〇	
甲	〃	傅道乾	廿七年五月	一一〇〇〇	四五〇〇	一四〇〇〇	
丙	〃	榮新民	卅年一月	三五〇〇	一〇〇〇	四〇〇〇	
	〃	劉遠鴻	卅年十二月	三五〇〇			
甲(?)	〃	陶純武	卅年六月	五五〇〇	二五〇〇	五五〇〇	（窃電取締組考，原在窃電取締組）
丙	〃	駱祥麟	廿九年十月	三五〇〇	一〇〇〇	四〇〇〇	
甲	審核股股長	吳德超	廿九年十二月	一一〇〇〇	四五〇〇	一四〇〇〇	以下審核股

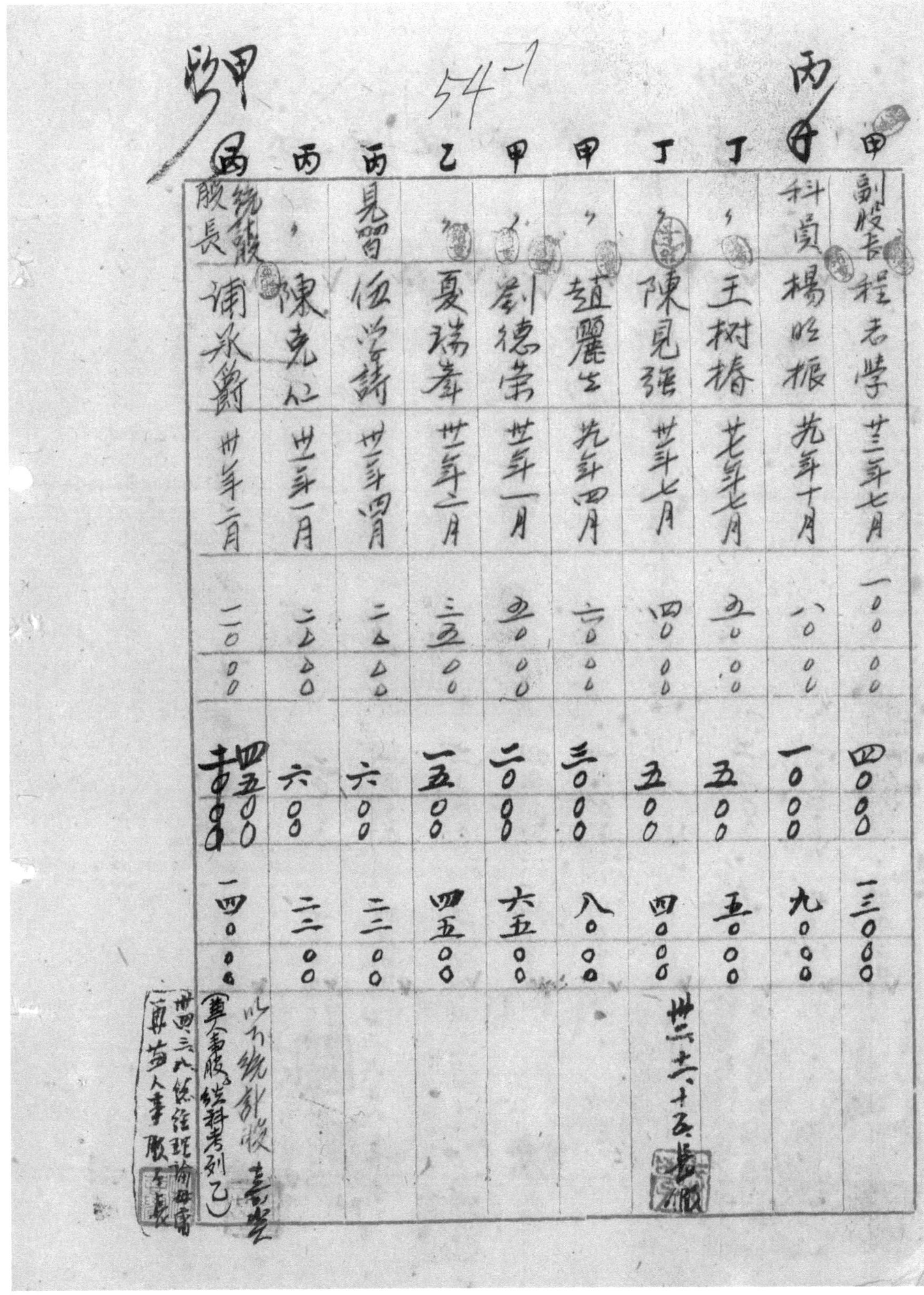

54-1

甲	副股長	程志學	卅三年七月	一〇〇〇〇	四〇〇〇	一三〇〇〇
甲（改丙）	科員	楊昭振	卅九年十月	八〇〇〇	一〇〇〇	九〇〇〇
丁	〃	王樹椿	卅七年七月	五〇〇〇	五〇〇	五五〇〇
丁	〃	陳見强	卅一年七月	四〇〇〇	五〇〇	四〇〇〇
甲	〃	趙麗生	卅九年四月	六〇〇〇	三〇〇〇	八〇〇〇
甲	〃	劉德崇	卅一年一月	五〇〇〇	二〇〇〇	六五〇〇
乙	〃	夏瑞壽	卅一年二月	三五〇〇	一五〇〇	四五〇〇
丙	見習	伍學詩	卅三年四月	二〇〇〇	六〇〇	二三〇〇
丙	〃	陳克仁	卅三年一月	二〇〇〇	六〇〇	二二〇〇
丙	統計股股長	浦永爵	卅年二月	一〇〇〇〇	四五〇〇	一四〇〇〇

以下統計股 [signature]

（華人事股綫科考列乙）

卅四、三、八依據理論科目

華英人事股長 [seal]

卅六、十六、十五 [signature] 長 [seal]

55 不加 、 乙 卅一年 [illegible]

職別	姓名	到職年月	原薪	增加薪額	改支薪額	附註
乙 科員	張白廬	廿九年十二月	五五〇〇	一五〇〇	六五〇〇	卅五、一調用處檢查組
丙 〃	王如松	卅年十月	六〇〇〇	一〇〇〇	六五〇〇	卅三、五、卅一去職
乙 〃	周子恆	卅年二月	三五〇〇	一五〇〇	四五〇〇	試用期滿時批准正式任用年終考績再核加
丙 〃	潘瑜	卅年七月	五〇〇〇	一〇〇〇	六〇〇〇	卅三、五、廿三去職
甲 取締組督察	周靜誠	廿九年八月	九〇〇〇	四〇〇〇	九〇〇〇	卅三、四、二〇改派營業部 四月份支原薪 [illegible] 四個月
甲 檢察	朱永芳	卅年四月	五〇〇〇	二〇〇〇	五〇〇〇	在轉香股辦協電工作 卅四、三、四月份在公司 [illegible] 四個月
甲 〃	歐文楠	卅年四月	八〇〇〇	四〇〇〇	八〇〇〇	仝右 仝前
甲 審察	吳緒珊	廿九年八月	七〇〇〇	四〇〇〇	七〇〇〇	仝右 仝前
甲 〃	朱大鈞	卅年四月	六〇〇〇	三〇〇〇	六〇〇〇	仝右 仝前

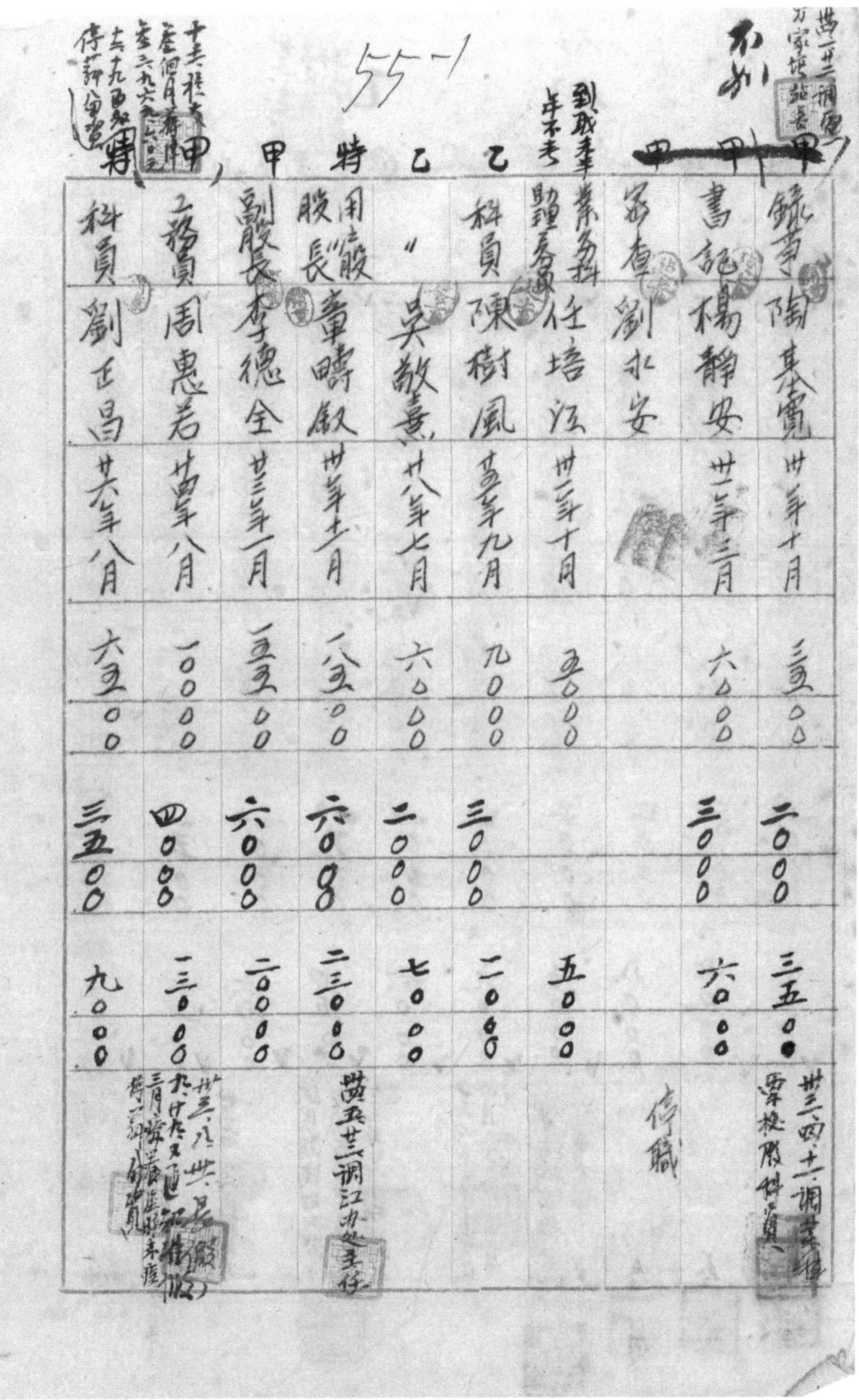

55-1

等级	职别	姓名	到职年月				备注
甲	稽查	陶基宽	卅年十月	三五〇〇	二〇〇〇	三五〇〇	卅二、四、十一调〔…〕股科员
甲	书记	杨静安	卅一年三月	六〇〇〇	三〇〇〇	六〇〇〇	
甲	稽查	刘永安					停职
乙	业务科驻区办事员	任培江	卅一年十月	五〇〇〇		五〇〇〇	
乙	科员	陈树风	廿五年九月	九〇〇〇	三〇〇〇	二〇〇〇	
特	〃	吴敬熹	廿八年七月	六〇〇〇	二〇〇〇	七〇〇〇	
甲	周〔…〕股股长	章畴叙	卅年十一月	一八五〇〇	六〇〇〇	二三〇〇〇	卅二、五、廿三调江北处
甲	副股长	李德全	廿三年一月	一五五〇〇	六〇〇〇	二〇〇〇〇	
甲	工务员	周惠若	廿四年八月	一〇〇〇〇	四〇〇〇	一三〇〇〇	卅二、八、卅一呈〔…〕
特	科员	刘正昌	廿六年八月	六五〇〇	三五〇〇	九〇〇〇	

56

等級	職別	姓名	到職年月	原薪	增加薪額	改支薪額	附註
甲	科員	周公正	廿九年十二月	五〇〇〇	二〇〇〇	六五〇〇	
乙	〃	孫續孚	廿九年十月	四〇〇〇	一五〇〇	五〇〇〇	
甲	〃	蕭一可	廿九年十二月	五〇〇〇	二〇〇〇	六五〇〇	
甲	〃	毛日章	廿九年十二月	五〇〇〇	二〇〇〇	六五〇〇	
乙	〃	王大緒	廿九年六月	六〇〇〇	二〇〇〇	七〇〇〇	
甲	〃	楊世昭	廿九年七月	五〇〇〇	二〇〇〇	六五〇〇	（曾经開除請求復用照准）
丙	〃	曾德風	廿九年十二月	三五〇〇	一〇〇〇	四〇〇〇	調人事股
特	〃	陳尊崇	卅年二月	三五〇〇	五五〇〇	五〇〇〇	
特	〃	趙芳舉	廿九年十二月	三五〇〇	五五〇〇	五〇〇〇	

56-1

乙	科員	劉庶岩	卅年六月	五〇〇〇	一五〇〇	六〇〇〇	
乙	〃	薛慕班	卅年六月	三五〇〇	一五〇〇	四五〇〇	
丙	〃	劉國章	卅年六月	三五〇〇	一〇〇〇	四〇〇〇	
乙	〃	傅德炳	廿九年六月	七〇〇〇	三〇〇〇	九〇〇〇	
丙	〃	毛信懋	廿九年十二月	五〇〇〇	一〇〇〇	五五〇〇	（稽核科考原未催收股△業務科考列甲）
丙	〃	程仲頤	卅年一月	三五〇〇	一〇〇〇	四〇〇〇	（稽核科考原未催收股△業務科考列甲）
乙	見習	李子璐	廿九年十二月	三〇〇〇	一五〇〇	四〇〇〇	升科員
乙	〃	徐昌裔	廿九年十二月	三〇〇〇	一五〇〇	四〇〇〇	升科員
乙	〃	王德懋	廿九年十二月	二〇〇〇	一五〇〇	四〇〇〇	升科員
甲	股長	王德華	廿七年八月	一七〇〇〇	[illegible]〇〇	二五〇〇	[illegible]記過一次

	职别	姓名	到职年月	原薪	增加薪额	改支薪额	附注
甲	职员	郑權	廿四年八月	九〇〇〇	四〇〇〇	一二〇〇〇	
甲	〃	夏仲康	廿五年八月	一三〇〇〇	二五〇〇	一五五〇〇	再支超级津贴二五元
特	〃	洪家模	廿八年十二月	七〇〇〇	四〇〇〇	一〇〇〇〇	
甲	〃	胡澄秋	廿七年十月	四五〇〇	二五〇〇	七〇〇〇	
丙	〃	丈家敏	廿五年九月	六〇〇〇	一〇〇〇	六五〇〇	卅三、七、廿九，计薪错误记过一次
乙	〃	唐勤序	廿四年九月	六〇〇〇	二〇〇〇	七〇〇〇	
特	〃	赖光辉	廿六年八月	六五〇〇	二五〇〇	九〇〇〇	
乙	〃	何開源	廿七年九月	五五〇〇	一五〇〇	六五〇〇	
甲	〃	冯尧安	廿七年九月	五〇〇〇	二〇〇〇	六五〇〇	

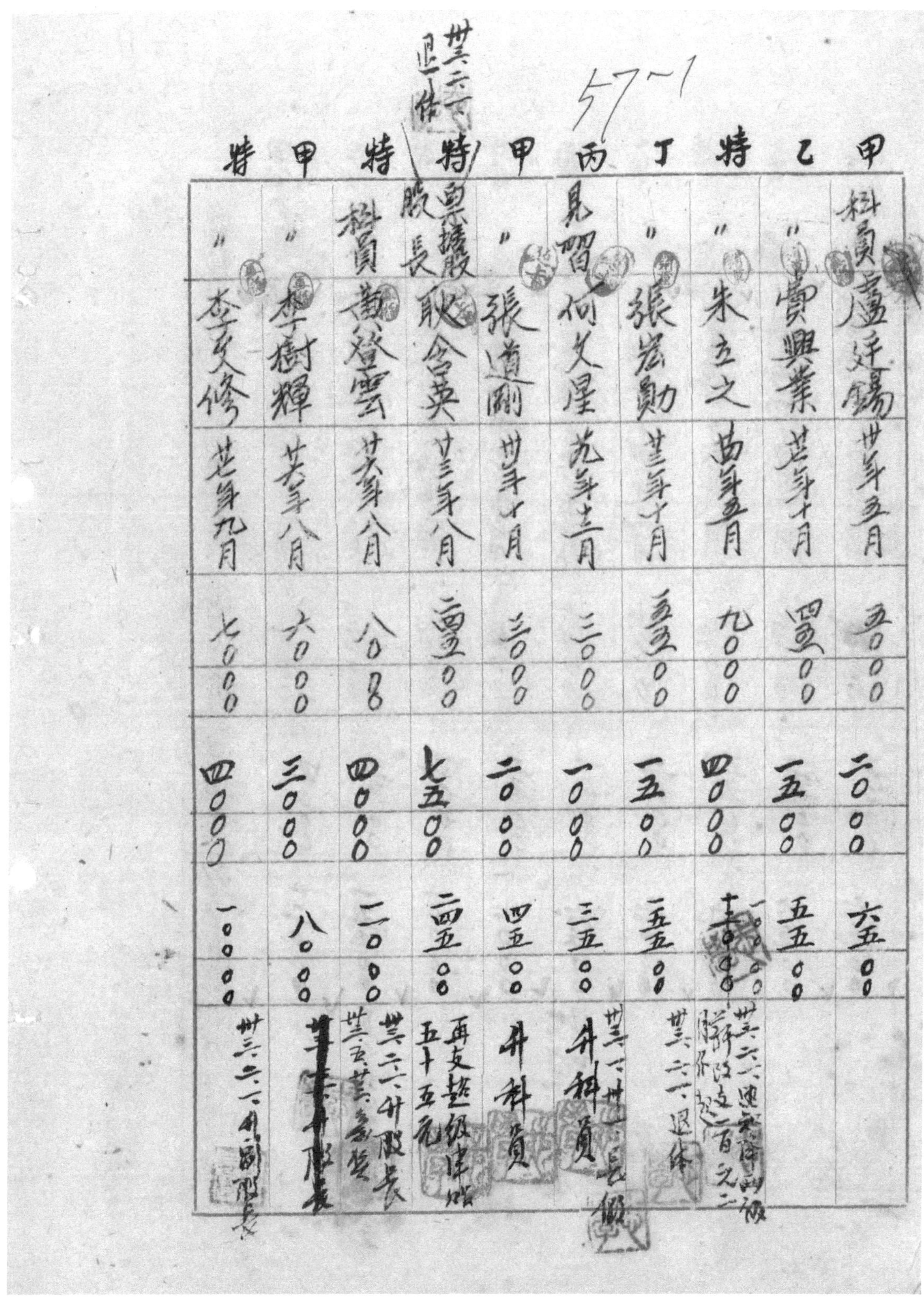

57-1

甲	乙	特	丁	丙	甲	特	特	甲	特
科員	〃	〃	〃	見習	〃	稽核股股長	科員	〃	〃
盧廷錫	賁興業	朱立之	張崇勛	何文星	張道爾	耿含英	衛登雲	李樹輝	李文修
卅年五月	廿七年十月	卅四年五月	廿三年十月	廿九年十二月	卅年十月	廿三年八月	廿六年八月	廿六年八月	廿七年九月
五〇〇〇	四五〇〇	九〇〇〇	五五〇〇	三〇〇〇	三〇〇〇	二五〇〇	八〇〇〇	六〇〇〇	七〇〇〇
二〇〇〇	一五〇〇	四〇〇〇	一五〇〇	一〇〇〇	二〇〇〇	七五〇〇	四〇〇〇	三〇〇〇	四〇〇〇
六五〇〇	五五〇〇	十三〇〇〇	一五五〇〇	三五〇〇	四五〇〇	二四五〇〇	一二〇〇〇	八〇〇〇	一〇〇〇〇
		卅六、六、一連安降兩級 解除試支百分之二	卅六、六、一退休	升科員 卅六、六、卅一長級	升科員	再支超級津貼五十五元	卅六、六、升股長 卅五、卅、參發	~~卅六、六、升股長~~	卅六、二、一升副股長

卅六、六、一退休（耿含英）

58

	職别	姓名	到職年月	原薪	增加新額	改支新額	附注
甲	科員	王式度	廿五年八月	四五〇〇	二五〇〇	七〇〇〇	
甲	〃	王澤荣	廿八年一月	四五〇〇	二五〇〇	七〇〇〇	
甲	〃	吴伯言	廿九年六月	四五〇〇	二〇〇〇	六五〇〇	卅二七病故
甲	〃	耿應麟	廿八年六月	四五〇〇	二〇〇〇	六五〇〇	
甲	〃	毛君渠	廿八年八月	四〇〇〇	二〇〇〇	五五〇〇	
甲	〃	劉祖芳	廿八年八月	四五〇〇	二〇〇〇	六〇〇〇	即劉敬澤
甲	〃	廖成富	卅年六月	三五〇〇	二〇〇〇	五〇〇〇	
乙	〃	余造邦	卅年二月	四〇〇〇	一五〇〇	五〇〇〇	
甲	〃	周復生	廿八年七月	四〇〇〇	二〇〇〇	五五〇〇	

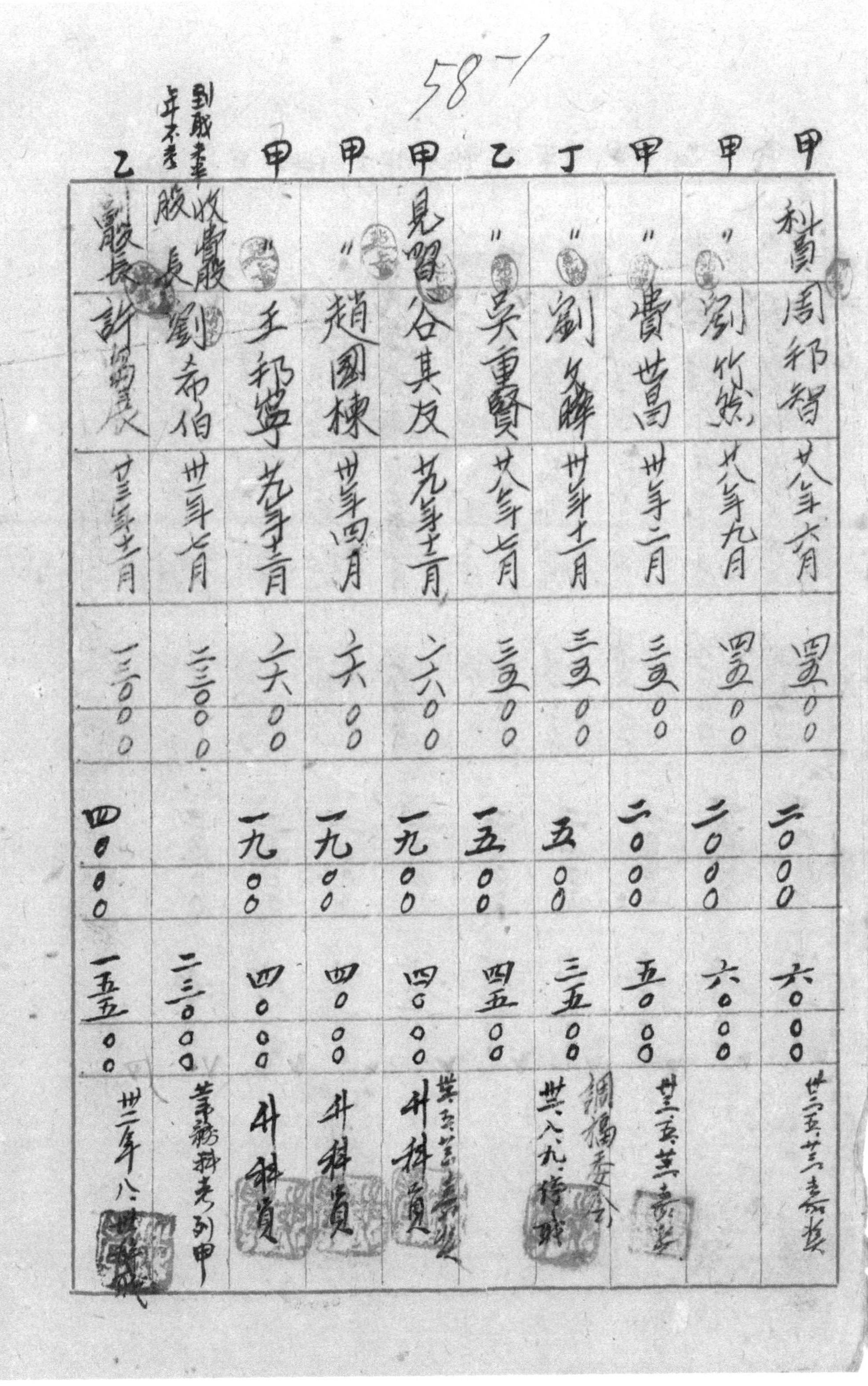

58-1

等	职务	姓名	到职年月				备注
甲	科员	周邦智	廿八年六月	四五〇〇	二〇〇〇	六〇〇〇	卅二、五、十二、嘉奖
甲	〃	刘竹然	廿八年九月	四五〇〇	二〇〇〇	六〇〇〇	
甲	〃	费世昌	卅年二月	三五〇〇	二〇〇〇	五〇〇〇	卅二、五、廿、嘉奖
丁	〃	刘文骅	卅年十一月	三五〇〇	五〇〇	三五〇〇	调稿委会 卅一、八、九、停职
乙	〃	吴重贤	廿八年七月	三五〇〇	一五〇〇	四五〇〇	
甲	见习	谷其友	廿九年十二月	二六〇〇	一九〇〇	四〇〇〇	升科员 卅一、五、廿二、嘉奖
甲	〃	赵国栋	卅年四月	二六〇〇	一九〇〇	四〇〇〇	升科员
甲	〃	王邦宁	廿九年十二月	二六〇〇	一九〇〇	四〇〇〇	升科员
到职未半年不考	收发股股长	刘希伯	卅一年七月	二三〇〇		二三〇〇	业务科考列甲
乙	文书股股长	许[illegible]	卅[illegible]年十一月	一三〇〇	四〇〇	一五〇〇	卅二年八、卅[illegible]

	職别	姓名	到職年月	原薪	增加薪額	改支薪額	附註
特	科員	鄧治宏	廿七年六月	一〇〇〇〇	四〇〇〇	一三〇〇〇	卅二.九.一升副股長
乙	〃	羅守信	廿九年十一月	六五〇〇	一五〇〇	八〇〇〇	
特	〃	羅崇修	廿八年十一月	六〇〇〇	三〇〇〇	八〇〇〇	卅二.九.一升副股長 卅三.十一.卅停職
甲	〃	廖耀輝	卅二年十月	九〇〇〇	四〇〇〇	一三〇〇〇	
甲	〃	蒲家琛	廿九年十月	五〇〇〇	二〇〇〇	六五〇〇	卅三.十二.一[illegible]
甲	〃	杭鶴生	卅年四月	五〇〇〇	二〇〇〇	六五〇〇	
甲	〃	李秉義	廿三年十月	五五〇〇	六〇〇〇	一五五〇〇	再支越級津貼四十五元
甲	〃	楊遠云	廿三年三月	一三〇〇〇	五〇〇	一五五〇〇	再支越級津貼十五元
甲	〃	龐烈輝	廿八年六月	七〇〇〇	四〇〇〇	一〇〇〇〇	

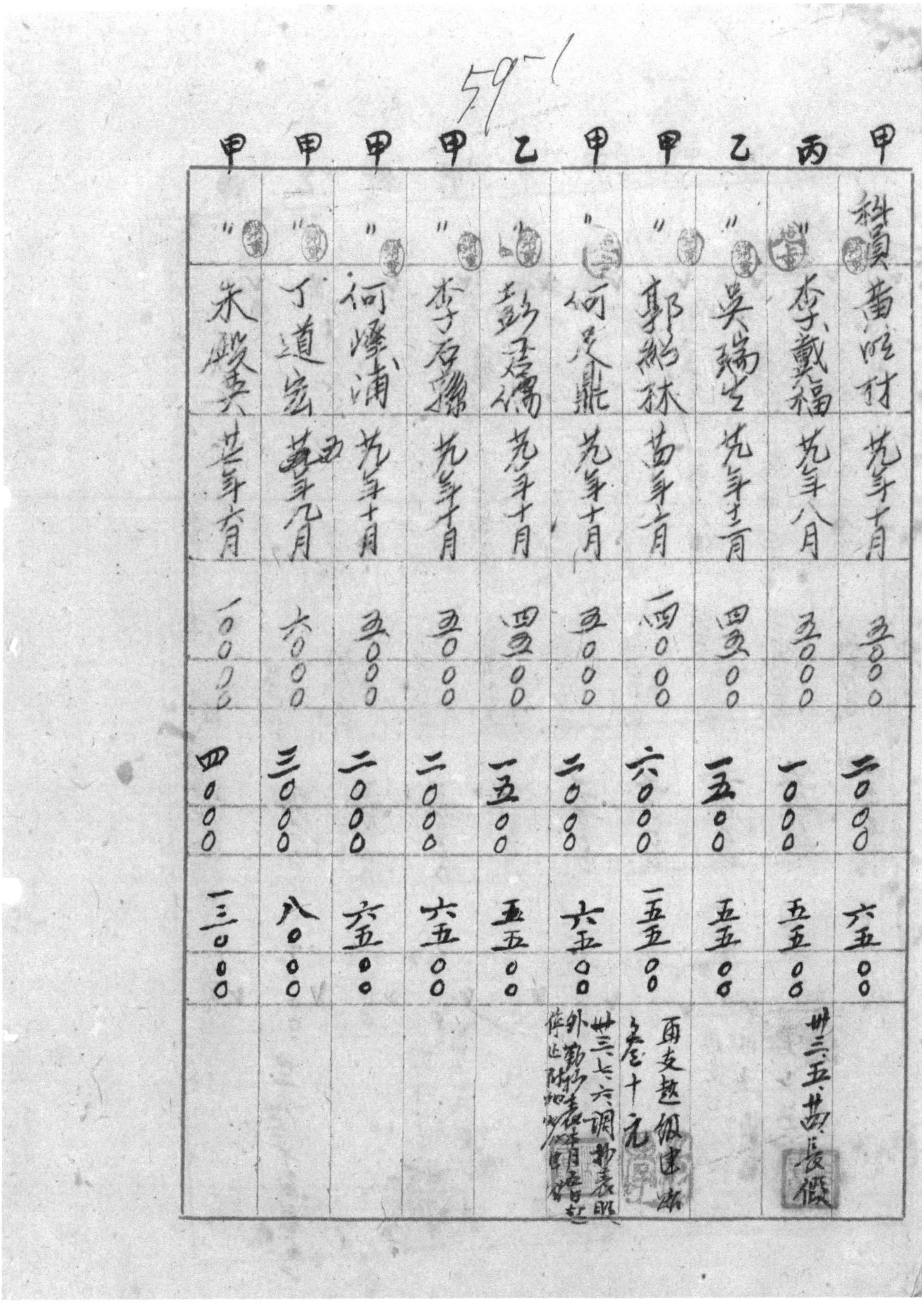

59-1

级	职别	姓名	到职年月				备注
甲	科员	黄旺材	廿年十一月	五〇〇〇	二〇〇〇	六五〇〇	卅三.五.黄长假
丙	〃	李戴福	廿年八月	五〇〇〇	一〇〇〇	五五〇〇	
乙	〃	吴瑞[illegible]	廿年十二月	四五〇〇	一五〇〇	五五〇〇	
甲	〃	郭[illegible]林	廿年十一月	四〇〇〇	六〇〇〇	一五五〇〇	再支越级津贴各十元
甲	〃	何[illegible]鼎	廿年十一月	五〇〇〇	二〇〇〇	六五〇〇	卅三.七.六.调外勤[illegible]
乙	〃	彭[illegible]儒	廿年十一月	四五〇〇	一五〇〇	五五〇〇	
甲	〃	李[illegible]	廿年十一月	五〇〇〇	二〇〇〇	六五〇〇	
甲	〃	何[illegible]浦	廿年十一月	五〇〇〇	二〇〇〇	六五〇〇	
甲	〃	丁道[illegible]	廿五年九月	六〇〇〇	三〇〇〇	八〇〇〇	
甲	〃	朱[illegible]	廿年十一月	一〇〇〇〇	四〇〇〇	一三〇〇〇	

60

	職別	姓名	到職年月	原薪	新增加薪額	改支薪額	附註
甲	稽查員	胡仲文	卅年九月	三五〇〇	二〇〇〇	五〇〇〇	
甲	〃	韓永慶	卅年九月	三五〇〇	二〇〇〇	五〇〇〇	
乙	〃	唐亞夫	卅年三月	三五〇〇	一五〇〇	四五〇〇	卅一、九、廿一、[illegible]
甲	〃	門慶仁	卅年九月	三五〇〇	二〇〇〇	五〇〇〇	
乙	〃	竇[illegible]色	卅年九月	三五〇〇	一五〇〇	四五〇〇	
甲	〃	劉心一	卅年四月	三五〇〇	二〇〇〇	五〇〇〇	
甲	〃	馮禮政	卅年六月	四五〇〇	二〇〇〇	六〇〇〇	
乙	〃	丁德昌	廿九年十二月	三五〇〇	一五〇〇	四五〇〇	卅一、七、[illegible]
甲	〃	王世相	卅年九月	三五〇〇	二〇〇〇	五〇〇〇	卅一、[illegible]

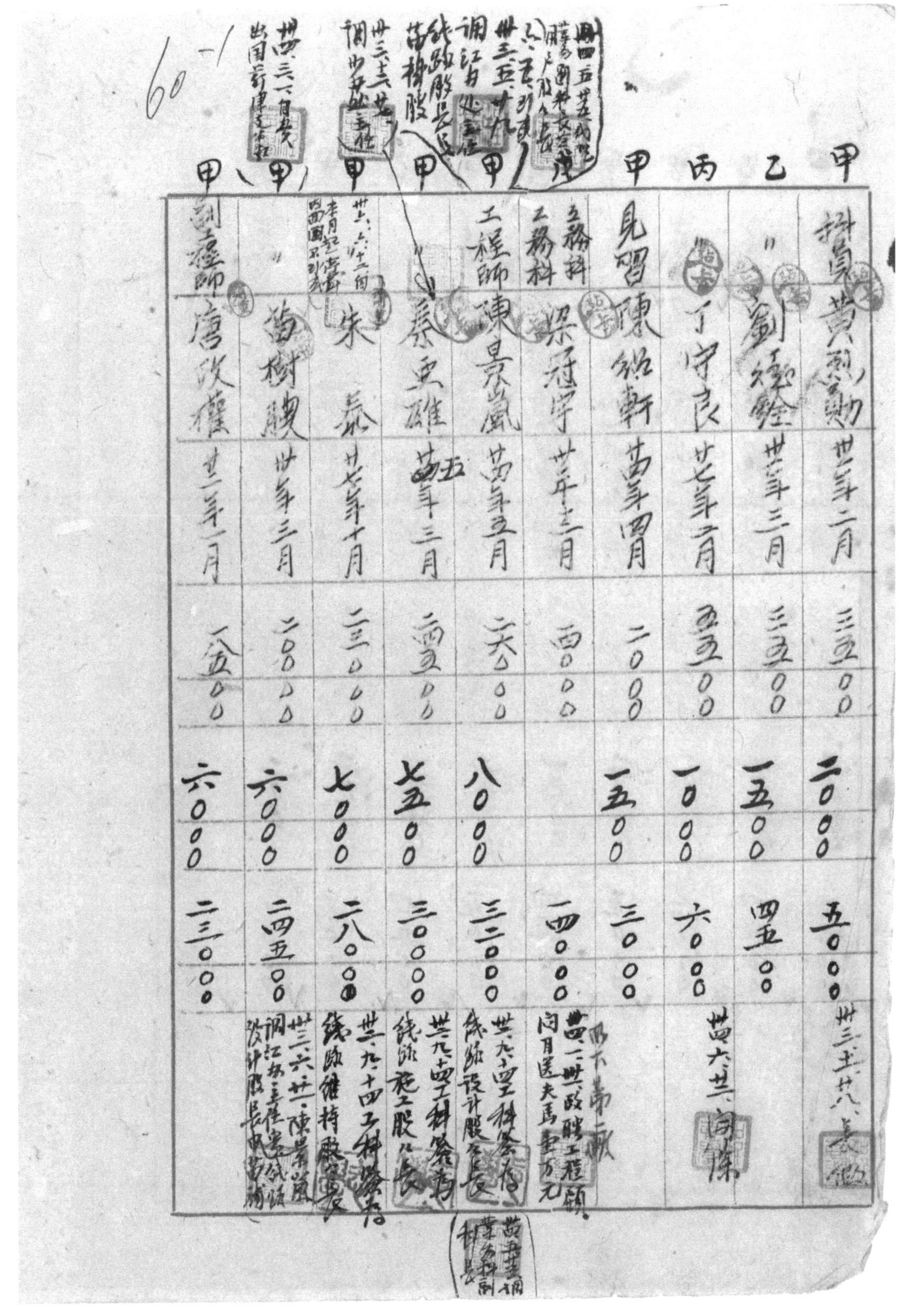

60-1

甲	乙	丙	甲	甲	甲	甲	甲	甲	甲
材料員	〃	〃	見習	工務科	工務科 工程師				副工程師
黃煦勳	劉繼銓	丁守良	陳紹軒	梁冠宇	陳景嵐	蔡更雄	朱[illegible]	[illegible]樹駿	廖啟權
卅年二月	卅年三月	廿七年二月	卅一年四月	廿六年十二月	卅一年五月	卅一年三月	廿七年十月	卅年三月	廿二年一月
三五〇〇	三五〇〇	五五〇〇	二〇〇〇	四〇〇〇	二六〇〇	二四〇〇	二三〇〇	二〇〇〇	一五〇〇
二〇〇〇	一五〇〇	一〇〇〇	一五〇〇		八〇〇〇	七五〇〇	七〇〇〇	六〇〇〇	六〇〇〇
五〇〇〇	四五〇〇	六〇〇〇	三〇〇〇	一四〇〇〇	三二〇〇〇	三〇〇〇〇	二八〇〇〇	二四五〇〇	二三〇〇〇
卅三.十一.廿八.[illegible]		卅六.廿二.[illegible]		卅二.一.卅一.改聘工程顧問 同月送夫馬費萬元	卅二.九.十四.工科簽為線路設計股長	卅二.九.十四.工科簽為線路施工股長	卅二.九.十四.工科簽為線路維持股長	卅三.六.廿一.陳景嵐調江蘇主任[illegible] 設計股長由[illegible]兼	

61

卅三.十二.一 升工程師

卅三.八.廿四 升副工程師

等級	職別	姓名	到職年月	原薪	增加薪額	改支薪額	附註 P.12
甲	工務員	鄧德元	廿四年八月	二〇〇〇	四五〇〇	一四〇〇〇	
甲	〃	張繼琴	廿二年十二月	一〇〇〇〇	四〇〇〇	一三〇〇〇	
甲	〃	吳昌恕	卅年九月	八〇〇〇	四〇〇〇	一二〇〇〇	卅三.十一.十六 升副工程師
甲	〃	張謁瑞	卅年七月	二五〇〇	六五〇〇	二〇〇〇〇	再支超級津貼陆十元
乙	助理工務員	何濬溥	廿四年[illegible]月	八〇〇〇	三〇〇〇	一〇〇〇〇	
乙	〃	曾淵湘	廿五年二月	八〇〇〇	三〇〇〇	一〇〇〇〇	
甲	科員	楊富尊	廿二年六月	四〇〇〇	六〇〇〇	一五五〇〇	再支超級津貼叁十元
甲	工程師	趙之陳	廿九年四月	三五〇〇	六五〇〇	二六〇〇〇	
甲	副工程師	楊貢生	廿二年二月	三〇〇〇	八〇〇〇	三二〇〇〇	再支超級津貼肆十元

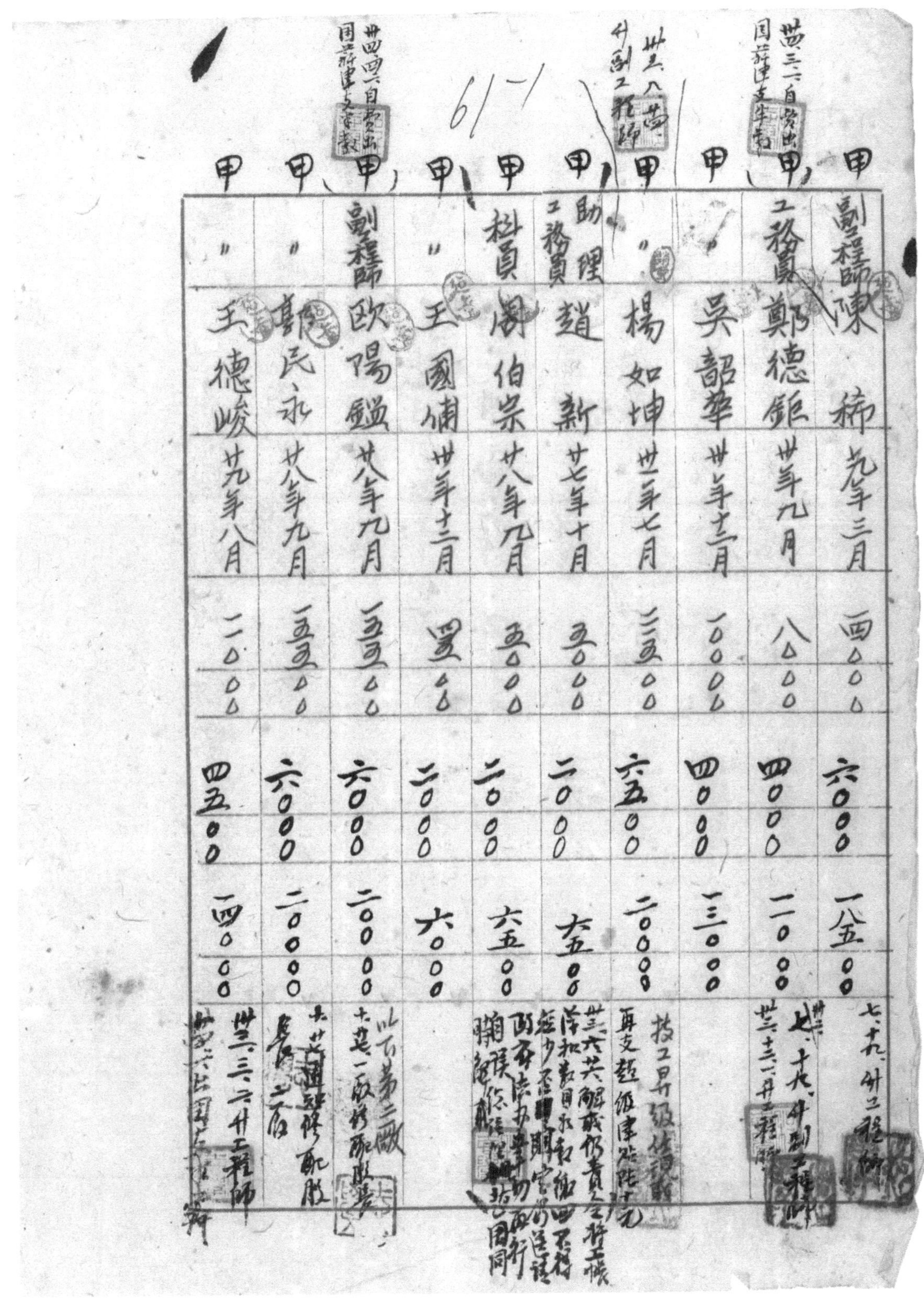

61-1

等级	职别	姓名	年月				备注	上方批注
甲	副工程師	陳　秭	廿九年三月	四〇〇〇	六〇〇〇	一八五〇〇	七、十九、升工程師	
甲	工務員	鄭德鉅	卅年九月	八〇〇〇	四〇〇〇	一二〇〇〇	卅二、十九、升副工程師；卅二、十二、一升工程師	卅三、六、自费出国，薪津支半数
甲		吴韶華	卅年十二月	一〇〇〇〇	四〇〇〇	一三〇〇〇		
甲	〃	楊如坤	卅一年七月	二五〇〇〇	六五〇〇	二〇〇〇〇	技工昇級依據再支超級津貼十元	卅二、八、卅一、升副工程師
甲	助理工務員	趙　新	廿七年十月	五〇〇〇	二〇〇〇	六五〇〇	卅二、六、卅、解職，仍責令將工帳簿和款目承[illegible]	
甲	稽核員	周伯崇	廿八年八月	五〇〇〇	二〇〇〇	六五〇〇		
甲	〃	王國俌	卅年十二月	四〇〇	二〇〇〇	六〇〇〇		
甲	副工程師	歐陽鎰	廿八年九月	一五五〇〇	六〇〇〇	二〇〇〇〇	以下第二級；十、卅二、一[illegible]	卅四、四、六、自费出国，薪津支半数
甲	〃	彭民永	廿八年九月	一五五〇〇	六〇〇〇	二〇〇〇〇	[illegible]	
甲	〃	王德峻	廿九年八月	二一〇〇〇	四五〇〇	一四〇〇〇	卅三、三、六、升工程師；卅四、六、出国[illegible]	

卅四、十八 [illegible] 假　　　　　　　　62　　　　　　　　卅六、八、十 升工程師

	職別	姓名	到職年月	原薪	增加薪額	改支薪額	附註
甲	工務員	黃士澄	卅年九月	二〇〇〇	四五〇〇	一四〇〇〇	卅六、四、二十升副工程師；卅六、七、十六升工程師
甲	〃	張先志	卅年八月	八〇〇〇	四〇〇〇	一二〇〇〇	卅六、八、十[illegible]升副工程師
甲	科員	高燮明	廿七年十二月	七〇〇〇	四〇〇〇	一〇〇〇〇	
甲	〃	彭光智	廿九年一月	五〇〇〇	二〇〇〇	六五〇〇	以下第三廠
甲	副技師	張萬楷	廿七年四月	二〇〇〇〇	六〇〇〇	二四五〇〇	六七通知修配廠廠長三廠
甲	〃	傅漸孫	廿九年九月	一〇〇〇〇	四〇〇〇	一三〇〇〇	與十九赴英實習[illegible]批准支第[illegible]
甲	〃	孫新傳	廿九年八月	一〇〇〇	四五〇〇	一四〇〇〇	卅六、三、二升工程師；卅四、六、五[illegible]股長
乙	工務員	戴次皋	卅四年八月	九〇〇〇	三〇〇〇	一二〇〇〇	
乙	〃	宋啓燦	卅年三月	八〇〇〇	三〇〇〇	一〇〇〇〇	卅三、四、廿八、升[illegible]；卅四、三、十九、廿二、工程師

P.13

62-1

乙	工務員	郭紓詠	卅年六月	八〇〇〇	三〇〇〇	一〇〇〇〇	卅三.七.六升副工程師
乙	〃	王國新	卅年五月	一〇〇〇〇	三〇〇〇	一二〇〇〇	卅三.五.十九.升副工程師
甲	科員	劉登嶽	廿九年五月	五五〇〇	二五〇〇	七〇〇〇	
乙	見習	陽光化	卅年一月	二〇〇〇〇	一〇〇〇	二六〇〇	(經務科考核管理材料)
丙	用戶股工程師	王紹倫	廿三年十一月	二三〇〇〇	三〇〇〇	二四五〇〇	七.十九.升工程師
特	副工程師	張博久	廿九年十月	五五〇〇	六〇〇〇	一〇〇〇〇	
甲	〃	李熠陽	卅年十一月	一二〇〇〇	五〇〇〇	一五五〇〇	卅三.四.廿八.升工程師
甲	工務員	曾澤民	廿五年九月	一〇〇〇〇	四〇〇〇	一三〇〇〇	
丙	〃	陳光武	廿三年七月	一三〇〇〇	二〇〇〇	一三〇〇〇	卅三.四.一.調工務科
甲	〃	馮先當	廿三年十月	一〇〇〇〇	四〇〇〇	一三〇〇〇	

63 63

職別	姓名	到職年月	原薪	增加薪額	改支薪額	附註
甲 江办処工務員	冉模	廿二年十月	九000	四000	一三000	
到職不半年不考 科員	李仰康	卅二年一月	四000		四000	准[illegible]列乙
甲 〃	吴季鶴	三三年九月	四五00	二000	六五00	
甲 〃	陳遠清	二九年一月	四000	二000	六000	
乙 〃	鄧興鄴	卅年七月	四五00	一五00	六000	八、十四調[illegible]
甲 〃	馬雲程	三五年六月	八000	四000	一二000	
丙 見習	杜復生	卅年十二月	二六00	九00	三000	卅六、十一、卅簽准 十六、十五通知
甲 南办処工務員	程孟晋	三四年八月	九000	四000	一三000	
甲 助理工務員	施慎安	卅年十二月	六五00	三五00	九000	

64

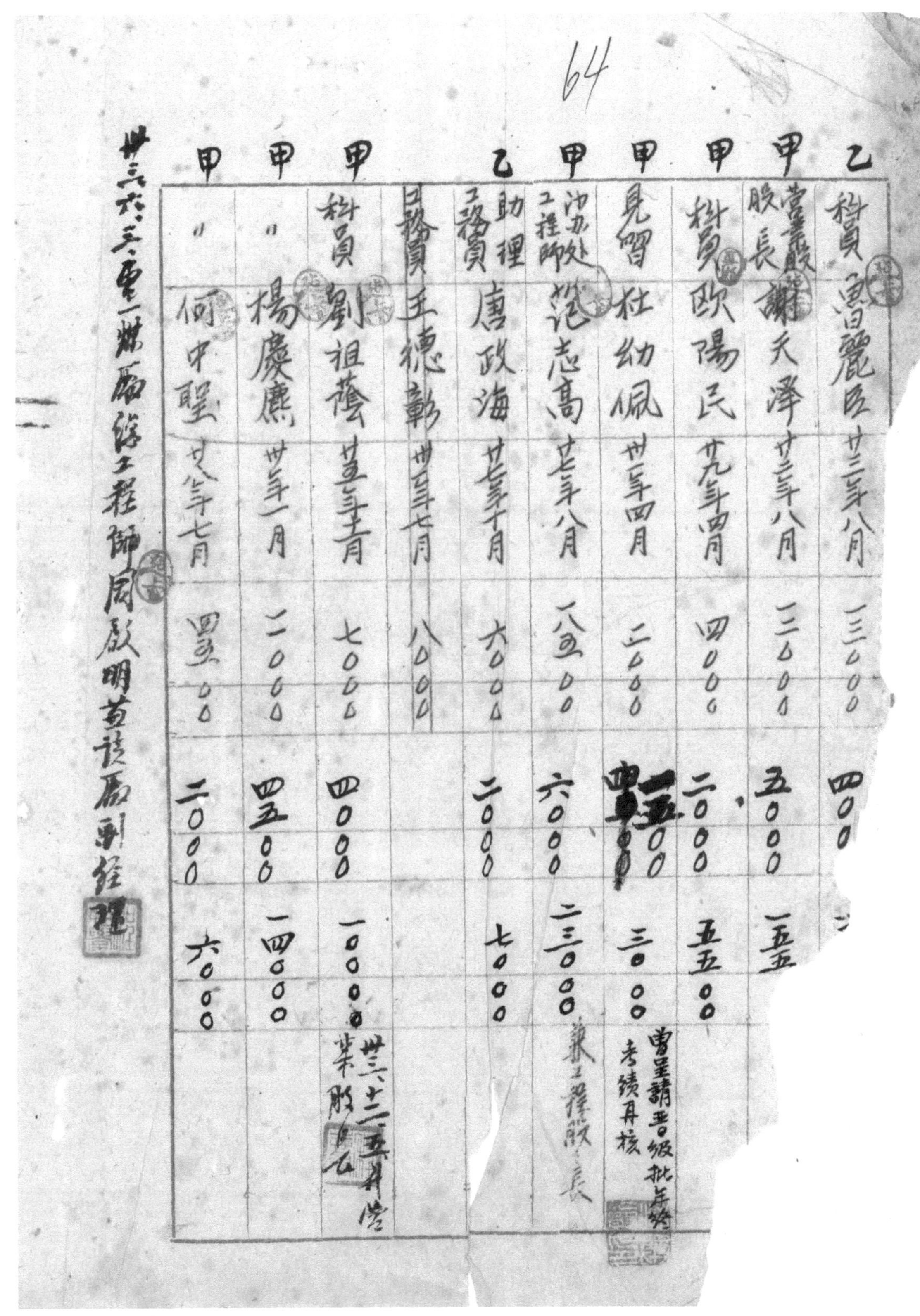

等	職別	姓名	年月			
乙	科員	魯麗臣	廿三年八月	一三〇〇〇	四〇〇	二
甲	營業股股長	謝天澤	廿三年八月	一三〇〇〇	五〇〇〇	一五五
甲	科員	歐陽民	廿九年四月	四〇〇〇	二〇〇〇	五五〇〇
甲	見習	杜幼佩	卅年四月	二〇〇〇	一五〇〇	三〇〇 曾呈請晉級俟年終考績再核
甲	汐坑處工程師	范志高	廿七年八月	一八五〇〇	六〇〇〇	二三〇〇〇 兼工程股長
乙	助理工務員	唐政海	廿七年十月	六〇〇〇	二〇〇〇	七〇〇〇
	工務員	王德彰	卅五年七月	八〇〇〇		
甲	科員	劉祖蔭	廿五年十二月	七〇〇〇	四〇〇〇	一〇〇〇〇 卅六.十二.一五 業股[illegible]
甲	〃	楊慶應	卅年一月	二〇〇〇	四五〇〇	一四〇〇〇
甲	〃	何中堅	廿八年七月	四五〇〇	二〇〇〇	六〇〇〇

卅六.三.三 電一煤廠總工程師周啟明兼該廠副經理

重庆电力股份有限公司一九四三年到职职员册考绩后记（时间不详） 0219-1-35

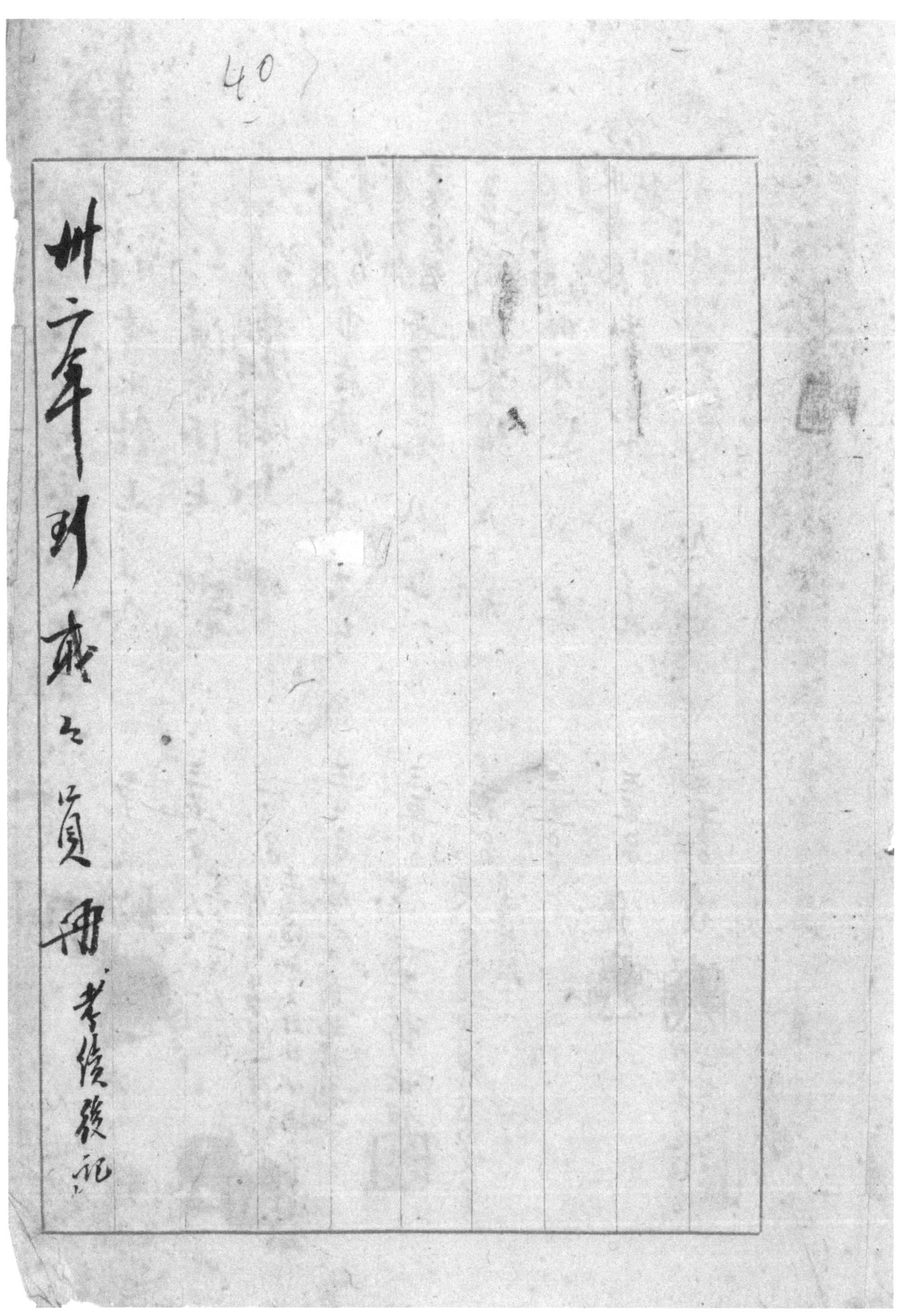

40

卅二年到職之員冊 考績後記

40-1

卅六、十、九，备职由

职别	姓名	到职年月日	薪资	备考
会计股见习	青永锺	七、廿九	三五〇〇	经总务科核以最高薪叙
人事股见习	陈裔法	七、卅	三五〇〇	仝 卅六、十二、十三，长缴
发行股见习	赵锦靖	七、卅	二〇〇〇	于月另迁津出版；十二、二通知，来行政派因文书接受
文书股见习	庄在庵	七、十五	三〇〇〇	卅六、八、十，调补科缺
业务科业务见习	叶泽霖	八、十	三五〇〇	卅六、卅，传职面谕
仝前	邓承瑄	八、九	三五〇〇	卅八、卅，通知自即日起停支薪 另案签
用户股见习	张永达	八、十六	三五〇〇	
收费股科员	萧藻年	九、十六	五五〇〇	复职
仝前	黄基泉	九、十四	三五〇〇	复职 卅六、十、核叙一百八十余万元

41

职务	姓名	日期	金额	备注
材料股科员	連鍾鏞	九、十三	三五〇〇	
业务股科员	余世昌	八、九	六五〇〇	
仝前	文伯威	八、十	六五〇〇	
材料股科员	鄭傑榮	九、廿六	六〇〇〇	
试用工务员	吴浩兴	十、十三	八〇〇〇	見習津貼 卅六、十二、[illegible]
业务科审核员	游永華	十六、一	中華 弍〇〇〇	
仝前	湯徽英	十六、一	中華 二〇〇〇	仝上
仝前	陳麗之	十六、一	中華 二〇〇〇	仝上
[illegible]股科员	鄭立農	十二、十六	張〇〇〇	
工务科[illegible]	何紹明	十、十五	二〇〇〇	卅六、五通知新奉[illegible] 卅八、先通知自[illegible]月份起照支 工務處 陳[illegible]

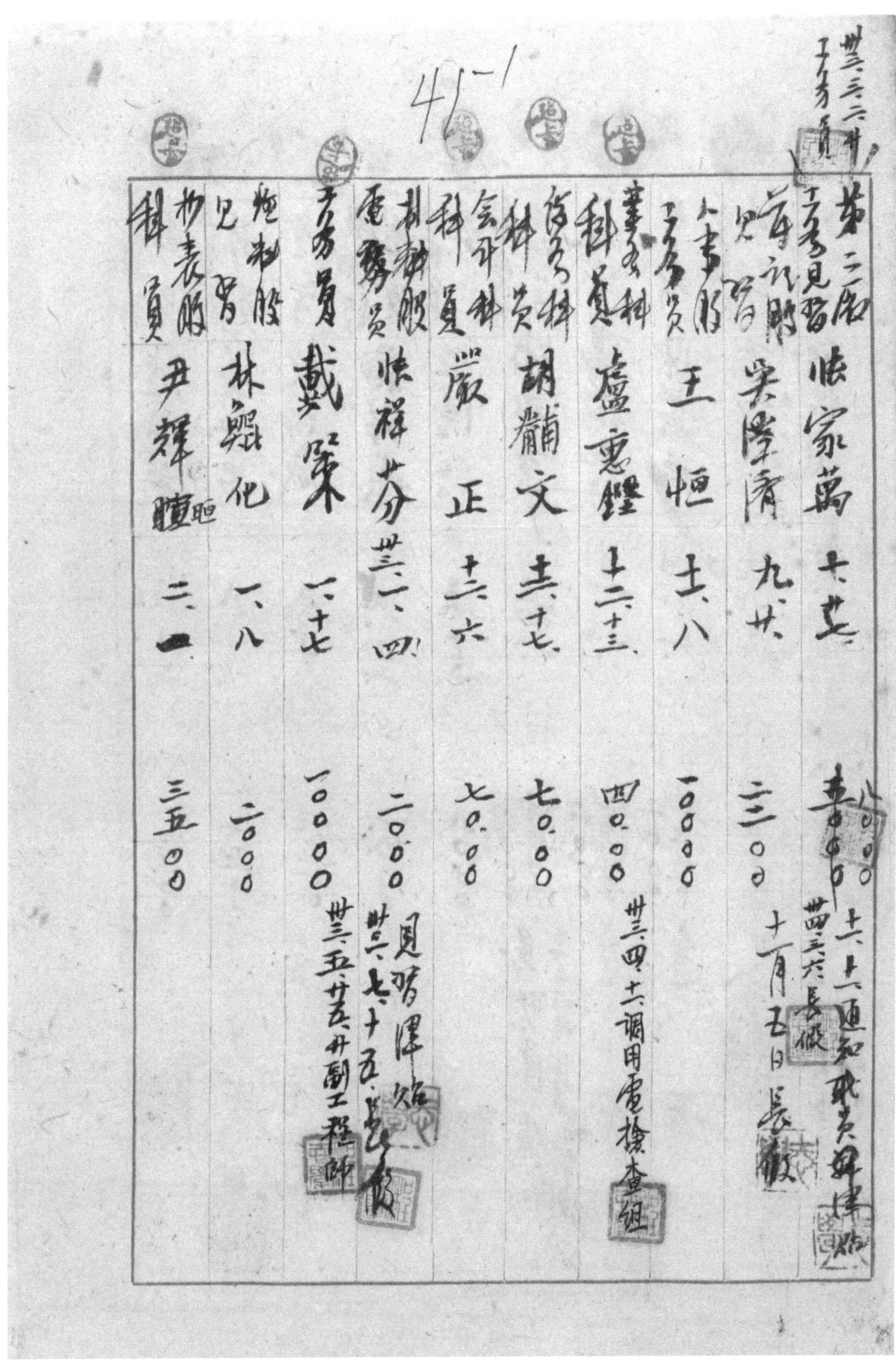

41-1

第二厂 帐家蔼 十、廿三 三〇〇〇 卅三、六、廿 工务员 卅六、十、十六通知辞职 卅六、十一、五日
会计股兼工务员 吴学清 九、廿 二三〇〇
人事股工务员 王恒 十一、八 一〇〇〇〇
业务科科员 卢惠铿 十二、十三 四〇、〇〇 卅三、四、十六调用电检查组
业务科科员 胡镛文 十三、十七 七〇、〇〇
会计科科员 严正 十三、六 七〇、〇〇
材料股电务员 张祥芬 卅三、一、四 二〇〇〇 卅三、七、十五 调明湖发电所
工务员 戴棨 一、十七 一〇〇〇〇 卅三、五、廿五、卅副工程师
燃料股见习 林熙化 一、八 二〇〇〇
报表股科员 尹辉瞳 二、一 三五〇〇

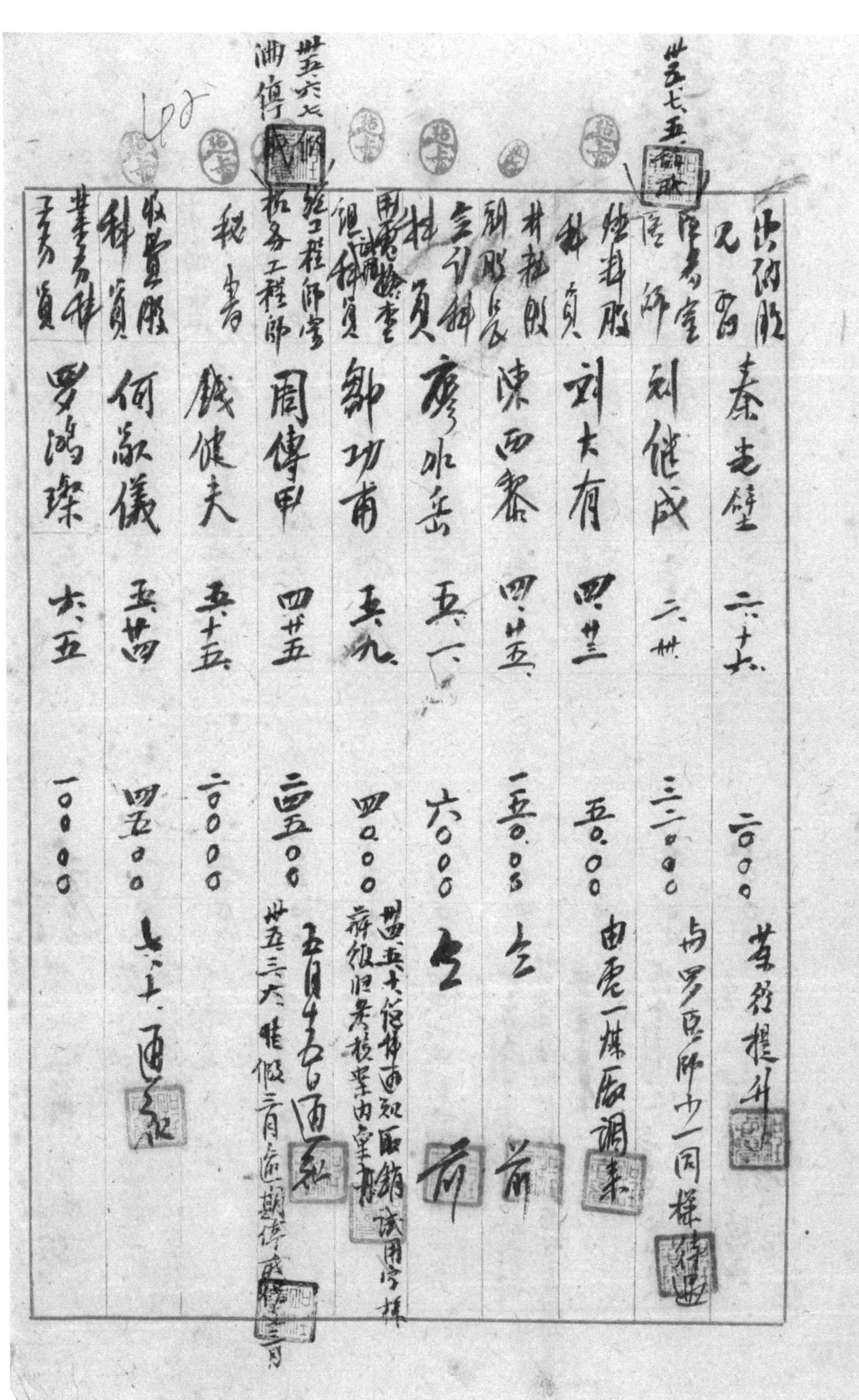

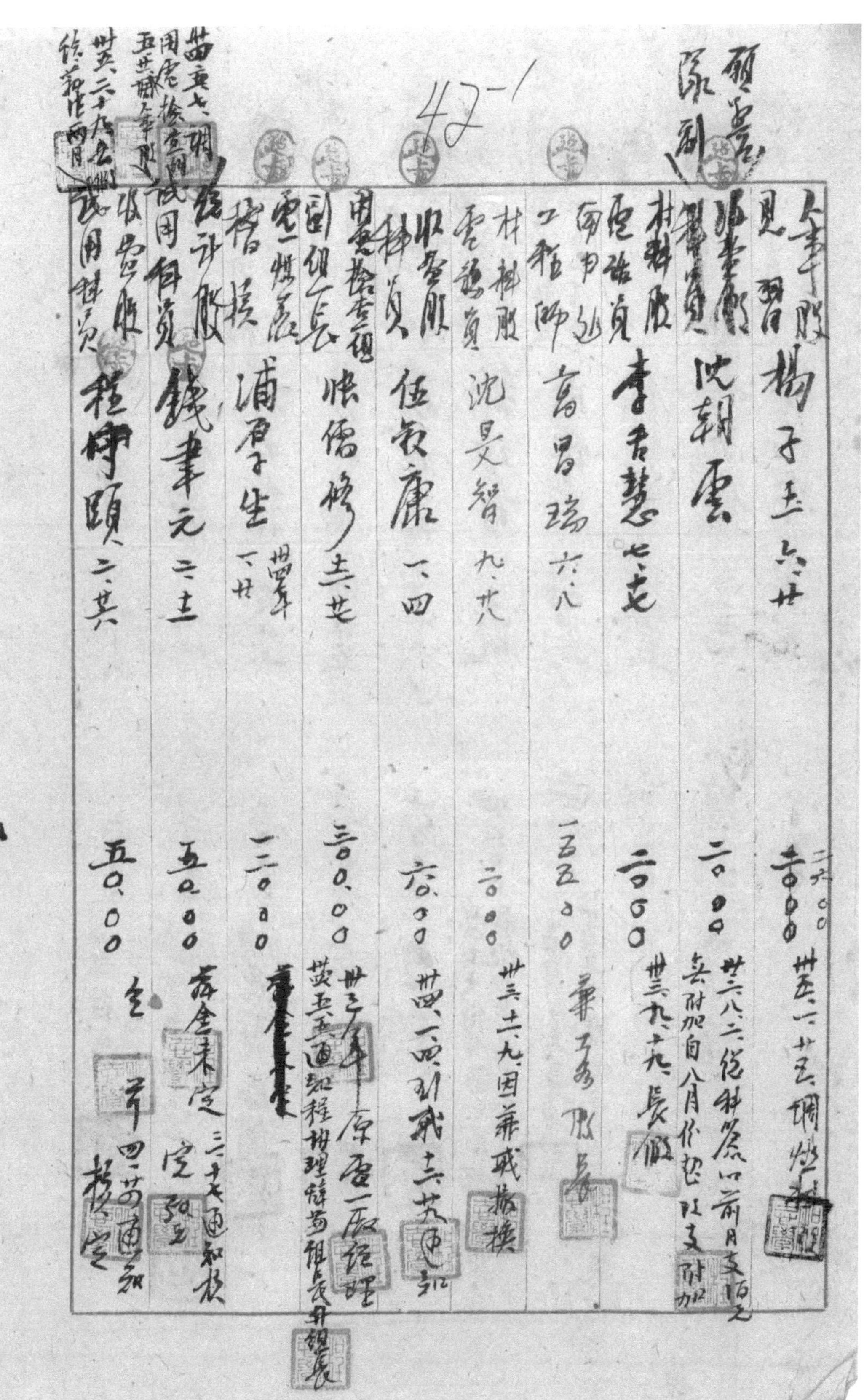

职别	姓名	年龄	金额
稽核股	龔伯階	[illegible]	三五.〇〇
文書股	陳志唐	[illegible]	二五.〇〇
事務股 見習	曾淳揚	[illegible]	三五.〇〇
業務股 [illegible]	葉秉香	[illegible]	二〇.〇〇
[illegible]	肖琴武	[illegible]	七〇.〇〇
仝前	吳英銓	[illegible]	一〇〇.〇〇
[illegible]	陳毓龍	[illegible]	七〇.〇〇
第一廠 [illegible]	黃文恭	[illegible]	[illegible]〇〇
[illegible]	王一宇	[illegible]	[illegible]〇〇
[illegible]	張道曾	[illegible]	一〇〇.〇〇

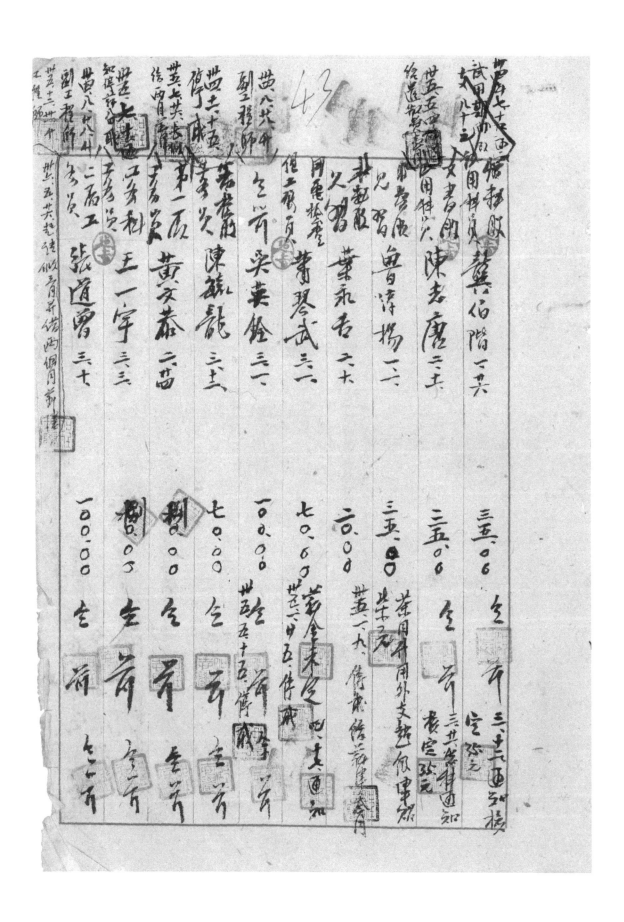

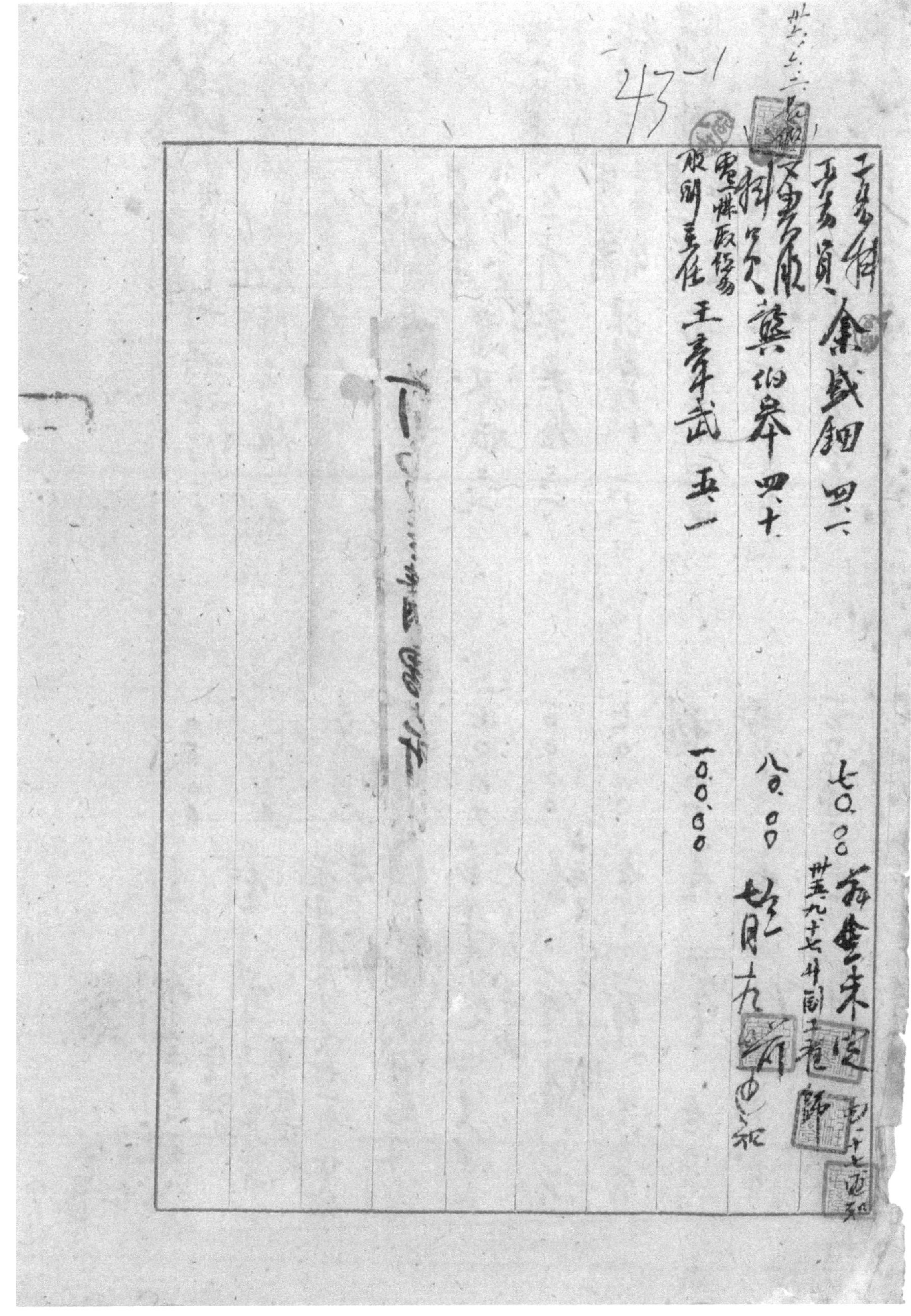

43-2

前曾呈请增薪，奉
批于年终考绩一併办理者，其已考绩者，照原考绩等级加薪，其不应考绩者，请
准加薪壹级。谨呈
总经理
协理

職 [illegible] 七月二日

[illegible]識 七、六

重慶電力股份有限公司便箋

重庆电力股份有限公司一九四五年到职职员名册（时间不详） 0219-1-35

卅四年到職々員冊

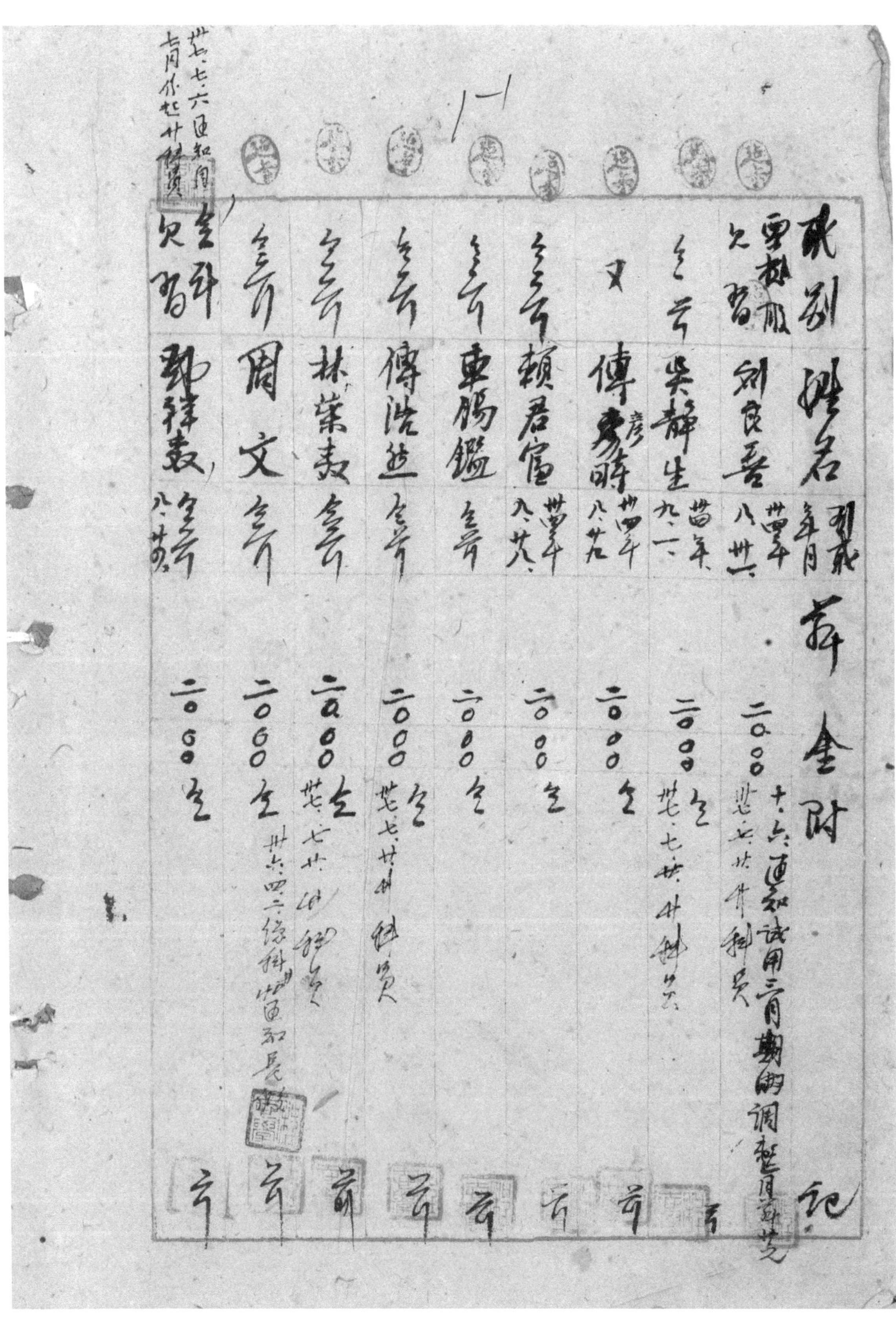

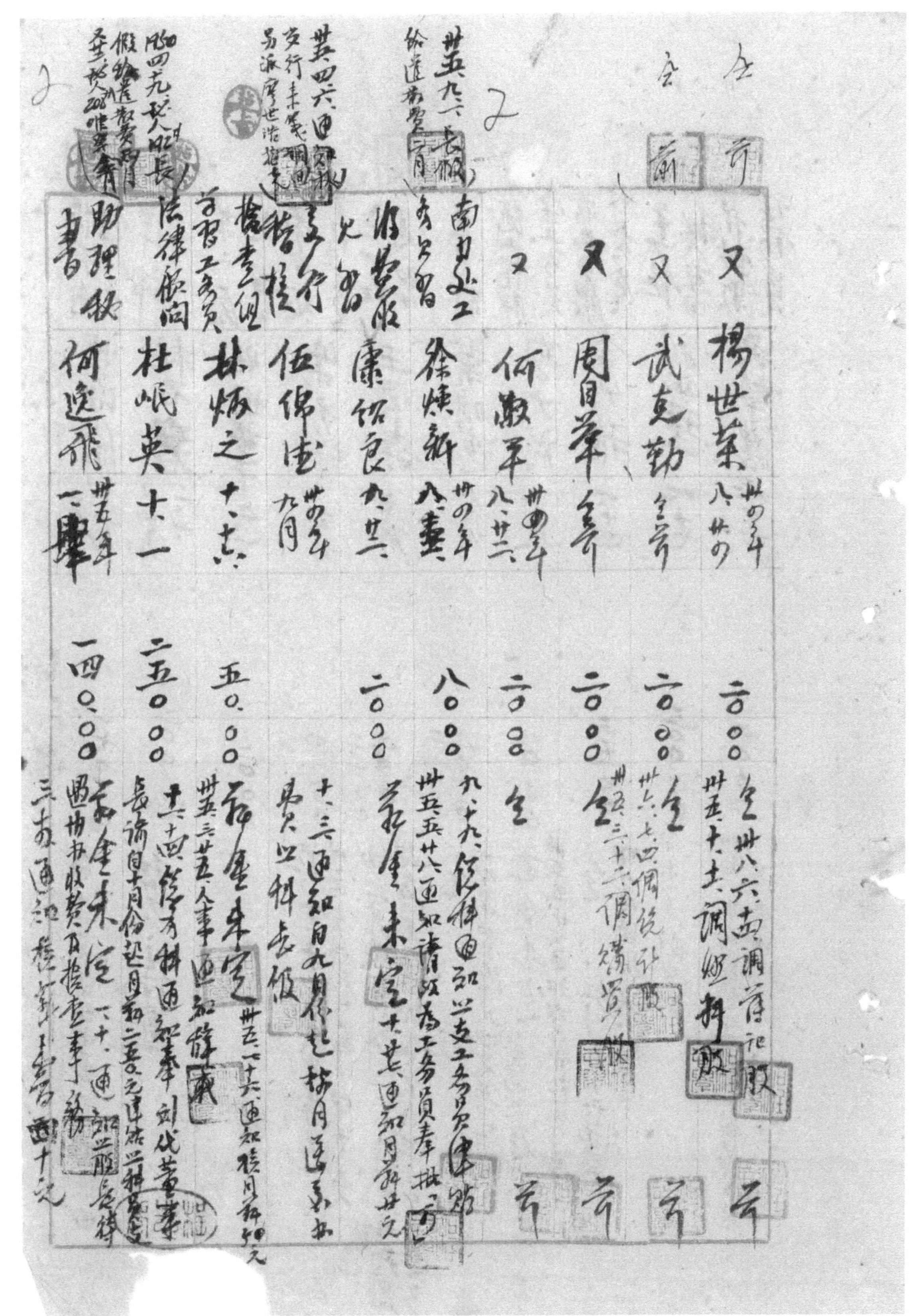

职别	姓名	到职日期	薪额	备考
又	楊世榮	卅四年八、廿四	三〇〇	[illegible]
又	武克勤	仝前	三〇〇	[illegible]
又	周冒華	仝前	三〇〇	[illegible]
又	何淑平	卅四年八、廿二	三〇〇	仝
南力延工务员	徐煥新	卅四年八、壹	八〇〇	[illegible]
[illegible]	康紹良	九、廿六	二〇〇	[illegible]
稽核	伍偉宏	卅四年九月		[illegible]
稽查组工务员	林炳之	十、廿六	五〇〇	[illegible]
法律顾问	杜岷英	十一	二五〇〇	[illegible]
助理秘书	何逸飛	卅五年一月	一四〇〇	[illegible]

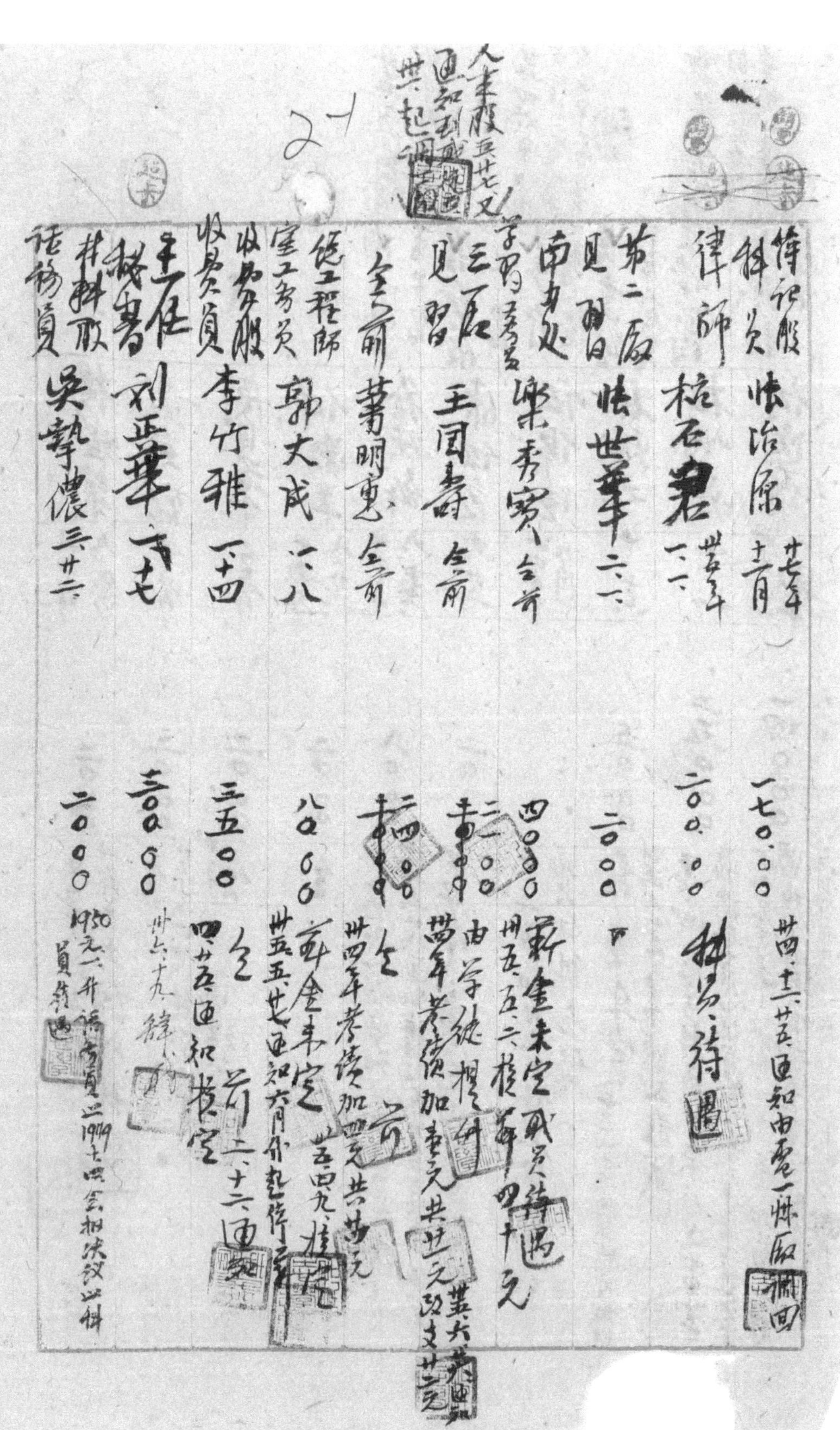

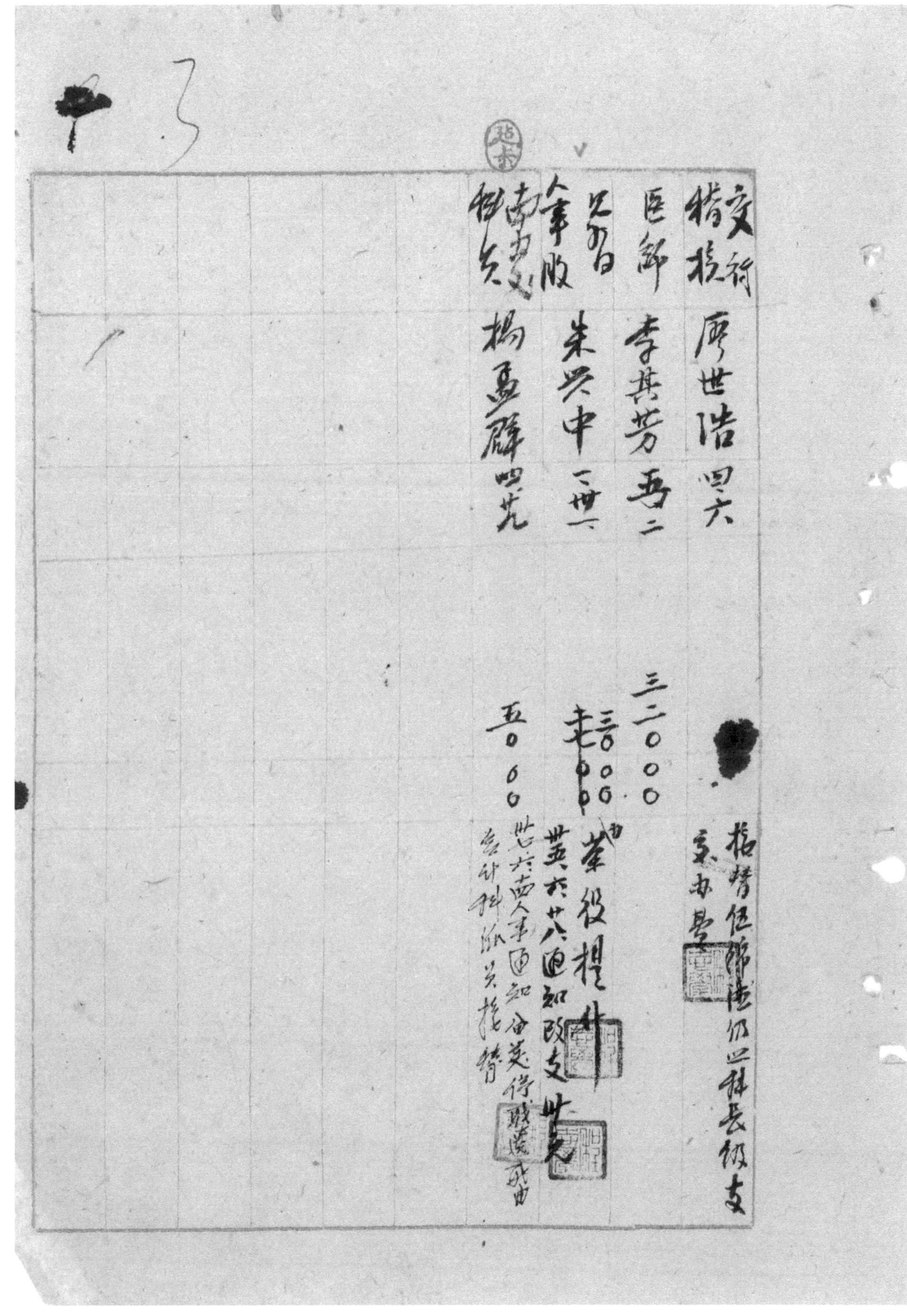

文衔 指挥 廖世浩 四六 指挥任职德仍照科长级支 京本学

医师 李其芳 五二 三二〇〇〇

见习 朱兴中 二卅一 三〇〇〇〇 二〇〇〇〇 革役 提升 卅六 廿六 通知改支 卅元

人事股 勤务兵 杨孟麟 四九 五〇〇 卅六 西人事通知 由英待职遗 成由 总计拜派 吴指挥

重庆电力股份有限公司一九四七年到职名册（时间不详） 0219-1-34

电1-1

卅六年到职名册

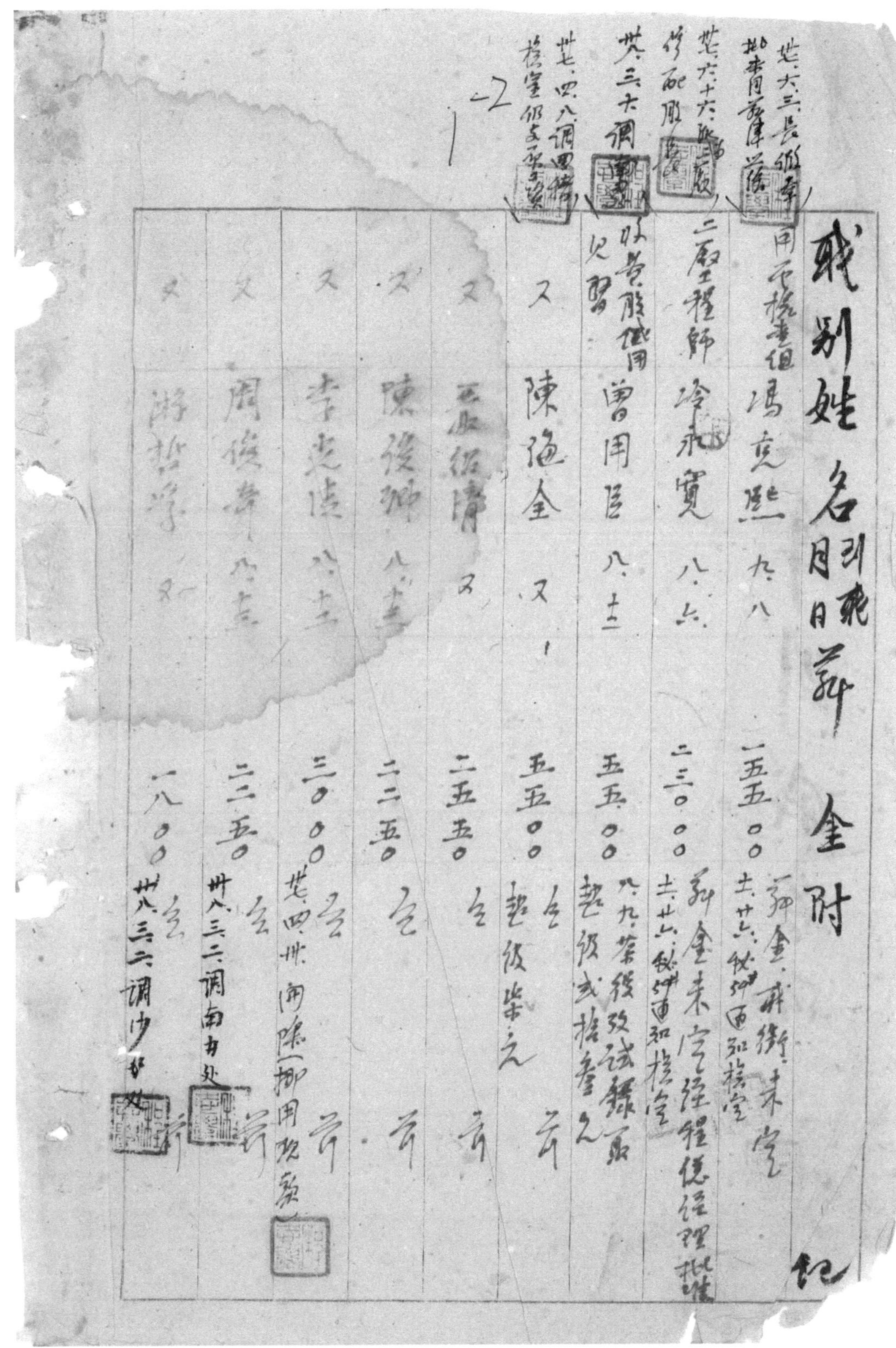

職別	姓名	到職月日	薪金	附記
[illegible]	馮克熙	九、八	一五五.〇〇	[illegible]
工程師	冷永寬	八、六	二三〇.〇〇	薪金未定 [illegible]
見習	曾用臣	八、十一	五五.〇〇	[illegible]
又	陳逸金	又	五五.〇〇	[illegible]
又	聶紹清	又	二五〇.〇〇	仝
又	陳俊卿	八、十一	二二五.〇〇	仝
又	李克俊	八、十一	三〇〇.〇〇	[illegible]
又	周俊[illegible]	八、十一	二三五.〇〇	[illegible]
又	游哲學	又	一八〇.〇〇	[illegible]

又	殷定成	又	二六五〇	卅八、三、二调沙办处
又	向德成	八、三	四六五〇	仝
庶务科副科长	欧阳鑑		三二〇〇〇	[illegible]
总务科副主任	[illegible]		二六〇〇〇	秘书待遇 [illegible]
以上人事股	姚文安	十二、廿三	五五〇〇	超级 [illegible]
又	萬正麟	又	五五〇〇	超级伍角
又	錢俊明	又	三七五〇	卅八、三、二调南办处
又	鄭子杰	又	五四〇〇	卅八、三、二调江办处
又	陳大芳	又	三六〇〇	小工提升
又	姚叙生		二二五〇	学徒提升

卅八、八、五、又升 [illegible]

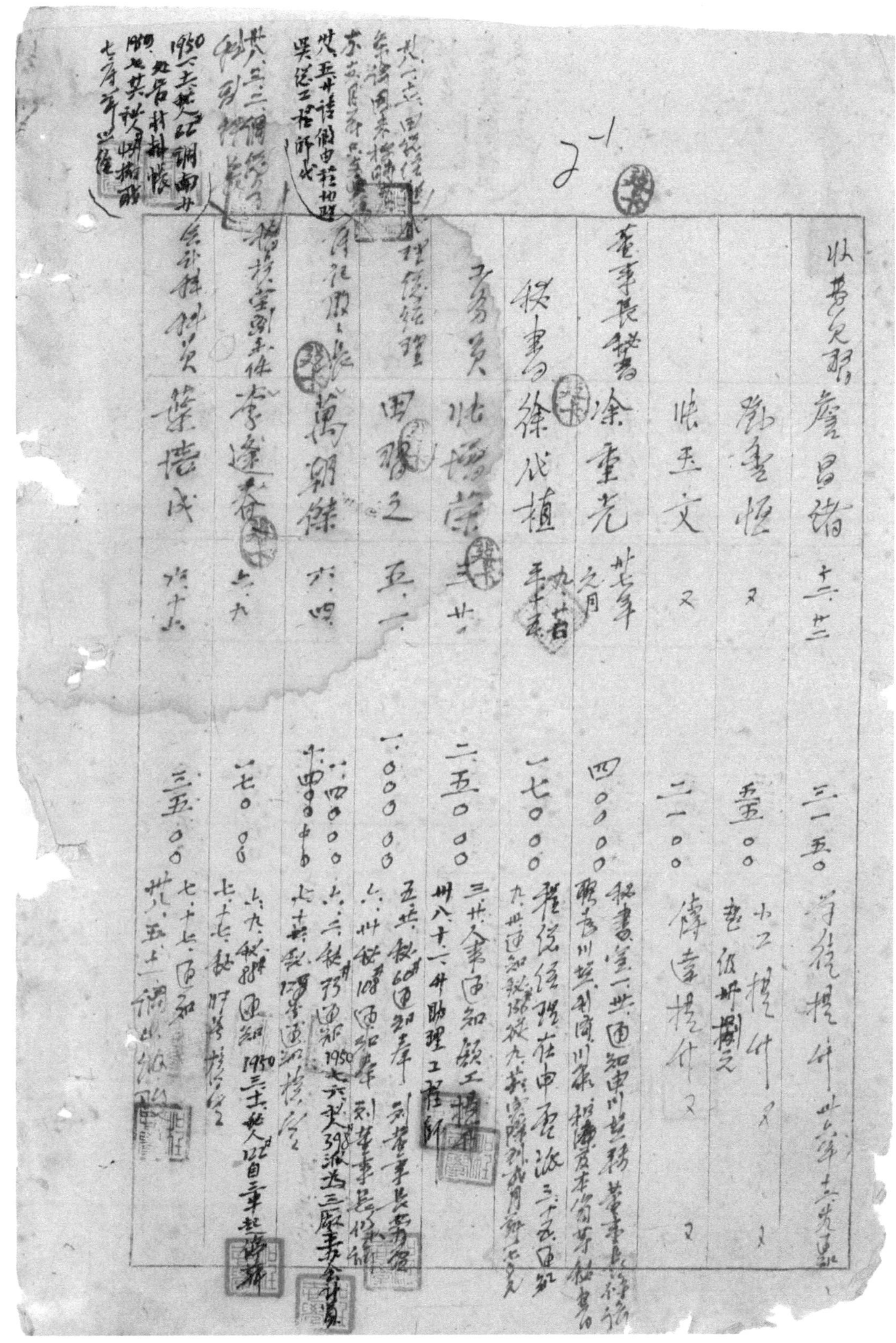

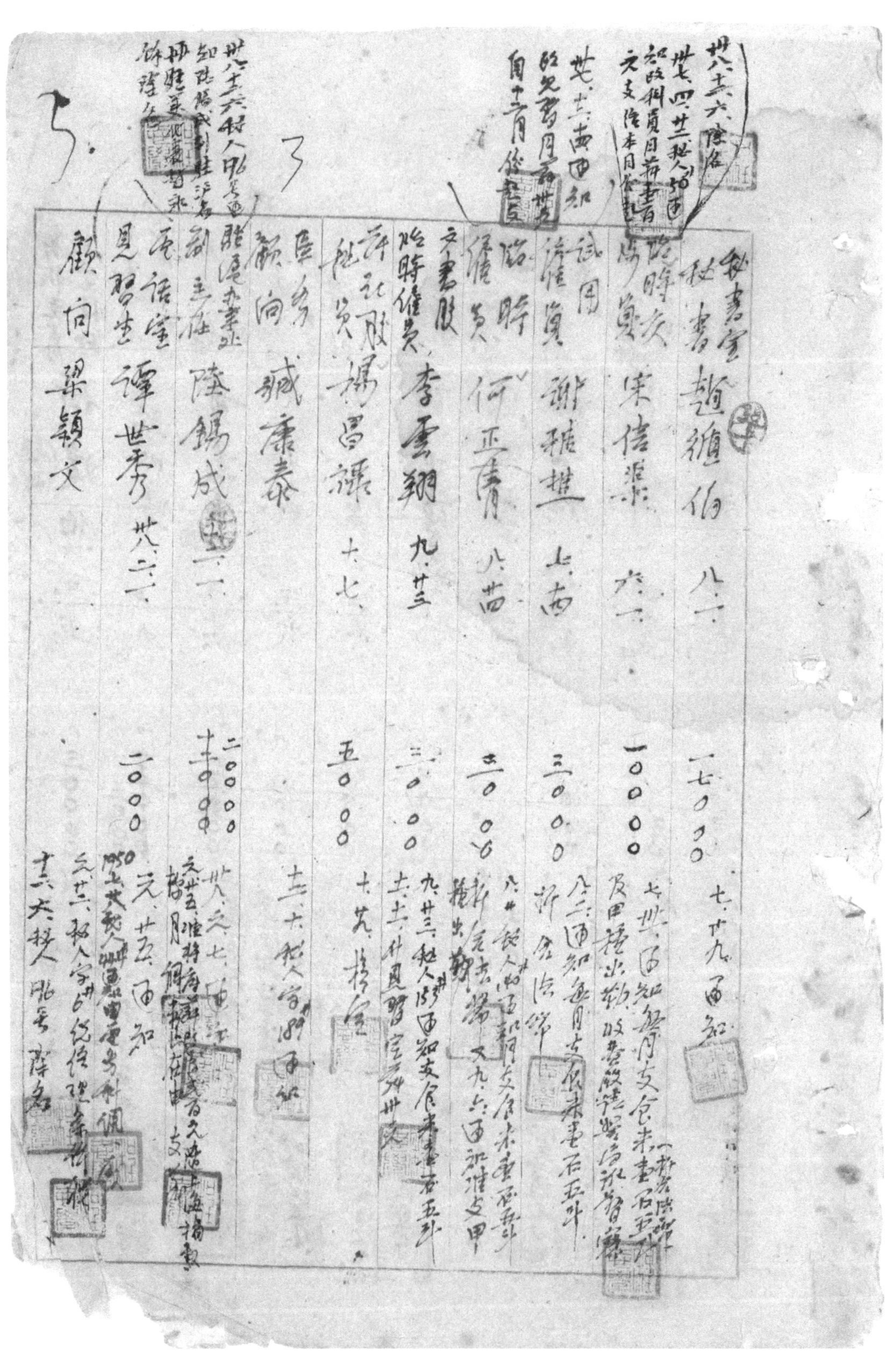

秘书室 赵循伯 八、一 一七〇〇〇

临时人员 宋信渠 六、一 一〇〇〇〇

试用 [illegible] 谢雅堪 七、卅 三〇〇〇〇

临时雇员 何正清 八、廿四 二〇〇〇〇

文书股临时雇员 李云翔 九、廿三 三〇〇〇〇

文书股 杨昌谦 十、七 五〇〇〇

区乡顾问 臧康泰

驻渝办事处副主任 陆锡成 十二、一 二〇〇〇〇

电话室见习生 谭世秀 卅八、二、一 二〇〇〇

顾问 梁颖文

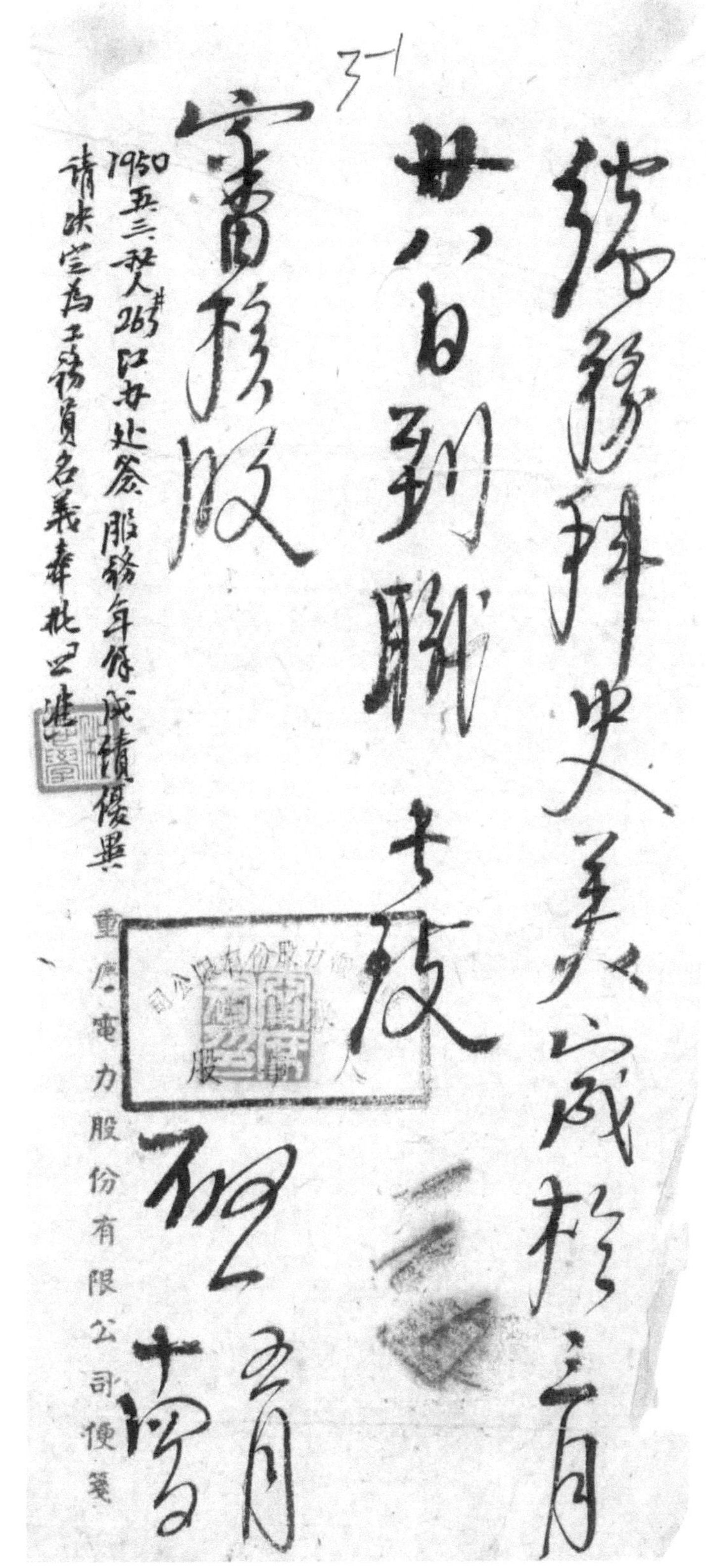
31

張務拜史美人歲於三月廿八日到職去後

審核股

1950 五三 秘人#2653 江北办事处签 服務年餘成績優異 請以[illegible]為工務員名義奉批已准

重慶電力股份有限公司 人事股

重慶電力股份有限公司便箋

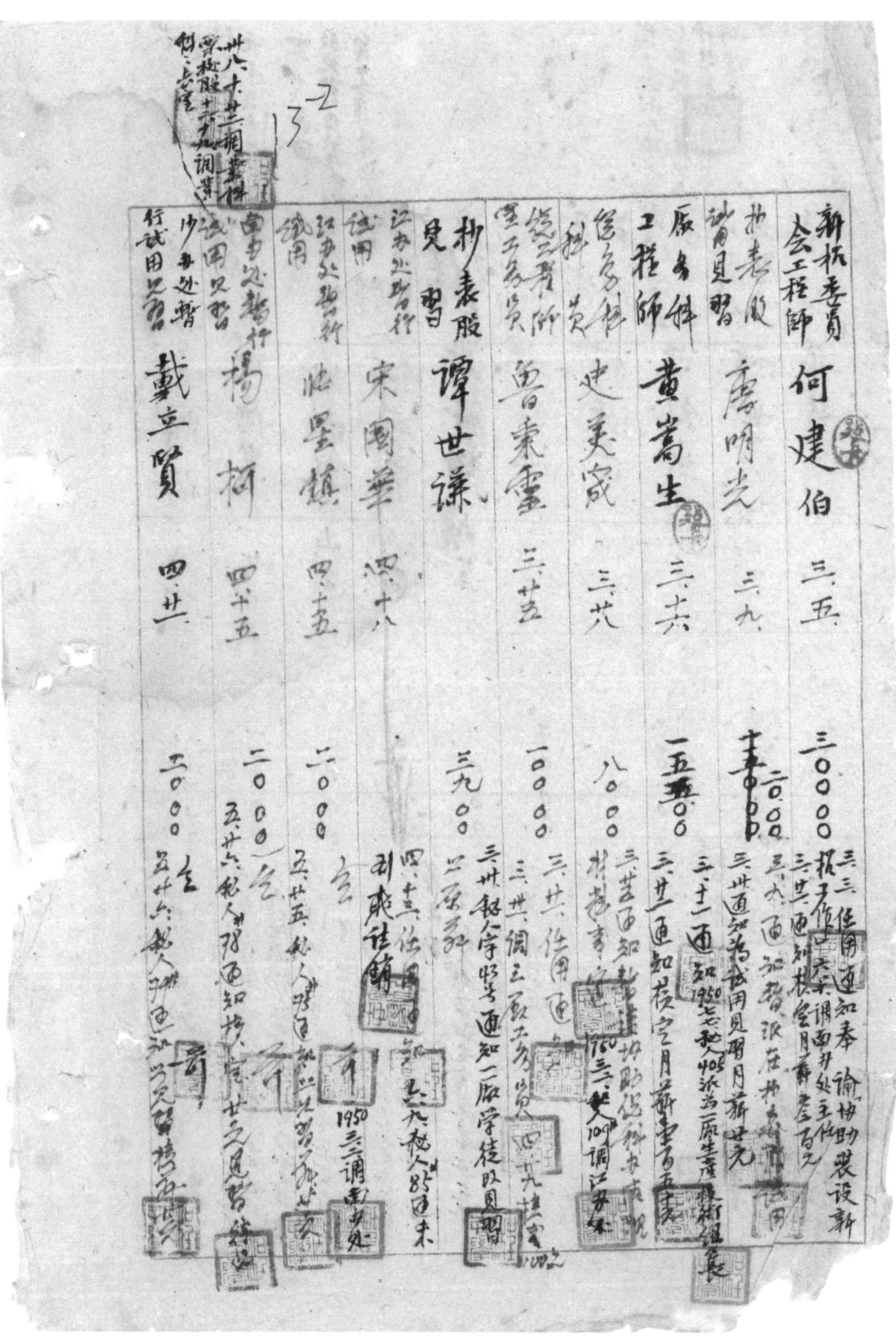

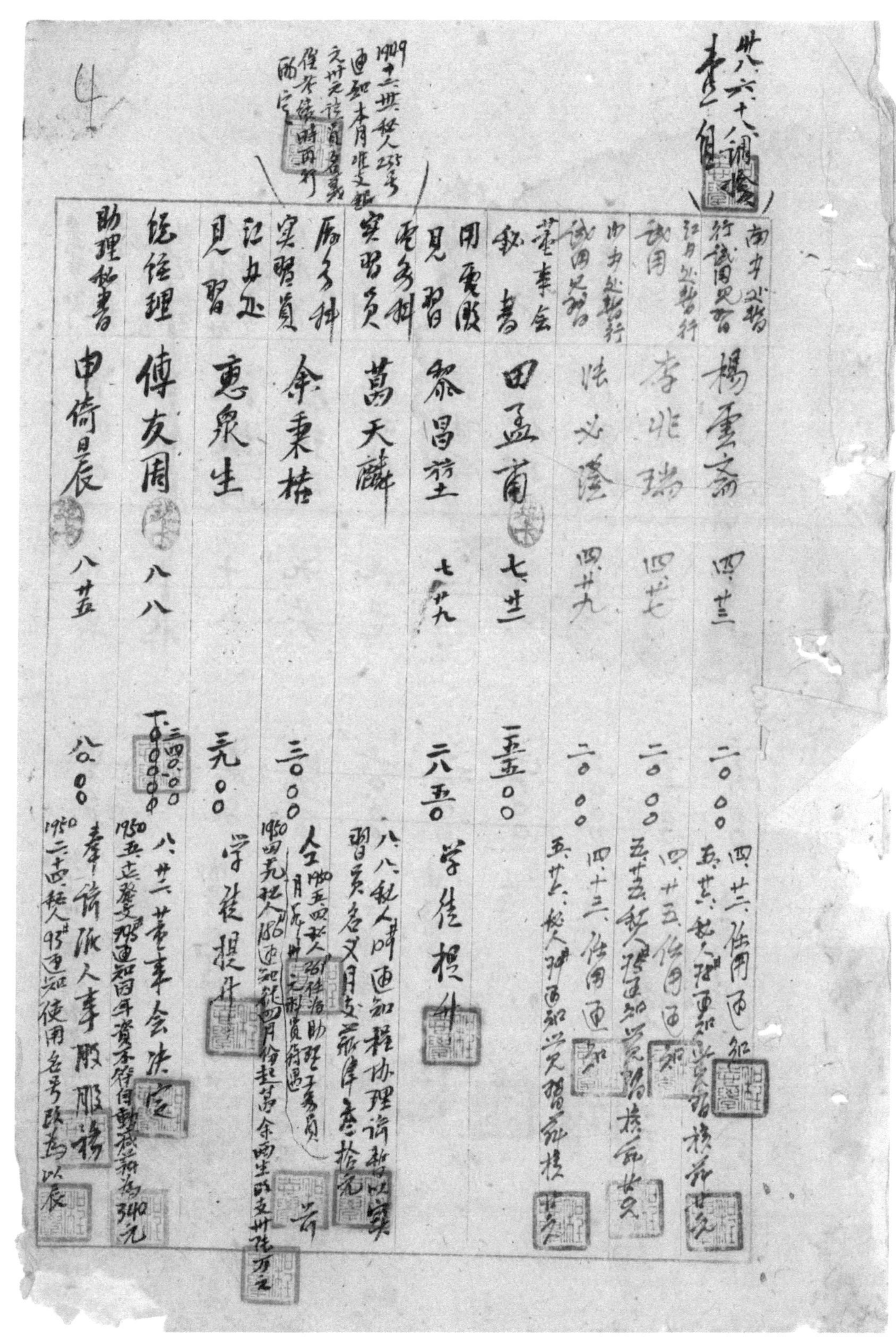

卅八、六、十八调除 李[illegible]

1949 十二 卅 秘人 235号通知 本月[illegible]

职务	姓名	日期	薪额	备注
南方必哲行试用见习	杨重斋	四、廿三	二〇〇〇	四、廿三 任用通知；五、廿六 秘人[illegible]通知[illegible]核薪廿元
江北必哲试用	李兆瑞	四、廿七	二〇〇〇	四、廿五 任用通知；五、廿五 秘人[illegible]通知[illegible]核薪廿元
南方必哲行试用见习	陆必达	四、廿九	二〇〇〇	四、廿三 任用通知；五、廿六 秘人[illegible]通知 见习[illegible]核薪廿元
董事会秘书	田孟甫	七、廿一	一五〇〇	
用电所见习	黎昌望	七、廿九	六八五〇	学徒提升
电务科实习员	葛天麟			八、八 秘人[illegible]通知 程协理[illegible]
房务科实习员	余秉桂		三〇〇〇	1950 五 四 秘人[illegible]通知[illegible]
江北止见习	惠泉生		三九〇〇	学徒提升
总经理	傅友周	八、八	[illegible]	八、廿二 董事会决定；1950 五[illegible]通知[illegible]
助理秘书	申倚辰	八、廿五	[illegible]	1950 二 十四 秘人 93号通知 使用名号改为以辰

4-1

职务	姓名	日期	薪额	备注
会计科助理秘书	曾昭明	九、十三	一四〇.〇〇	1949十二卅调薪和股副股长
秘书室助理秘书	由倚农	九、卅		
会计科统计股科员	沈怀丹	十、八	四五.〇〇	1950二六秘人80号通知迟到记过一次
业务科股科员	孙铁庵	九、卅	四五.〇〇	奉总经理谕一厂服务 1950四六秘人145号通知与二厂杨同培对调廷日移交
总务科科员	陈四维	九、廿七	六〇.〇〇	十一调燃置股
助表股见习	刘国军	十一、一	二〇.〇〇	由储贵调升
仝前	汪绍琦	十一、一	二〇.〇〇	仝
仝前	易东祝	十一、一	二〇.〇〇	仝
收发股见习	戴维师		三五.〇〇	补正 十一、十六通知秘人卅卅号由代理黄国桂
法律专员	王劭芸	十、廿	二五〇.〇〇	秘书待遇 十二、六调秘书室

5

职别	姓名	日期	薪额	备注
检查组科员	谭达崇	十二.廿六	四〇〇	十二.廿.通知 科员待遇
区务室区务员	骆路立	十二.一	五〇〇	十二.廿六秘人字151号從一月起改为叁月份元 张楚先
顾问	王瑞骙	十二.一		十二.廿五秘人字号通知月支四马 罗平元
又	邓伯奎			十二.六秘人字号通知停支四马
又	林龙菌			仝
票据股见习	孙渤塇		三一五〇	1950.一.六由学徒提升秘人15号
又	夏代瑔		三九〇〇	仝
抄表股见习	林学		三一五〇	1950.一.六由学徒提升秘人14号
又	陈祖铸		四六五〇	仝
又	卫连根		二八五〇	仝
检查组见习	刘素民		四五〇〇	1950.一.十九.秘人字54号通知由学徒提升